Kürti

Mein Führerschein ist weg –
was tun?

Karl Kürti
Diplom-Psychologe

Mein Führerschein ist weg – was tun?

Wie man den »tüvologischen« Schein-Test besteht oder ganz vermeidet

Zur Selbstvorbereitung mit:
- Tips für Senioren
- Hilfen für Promille-Fahrer und Punkte-Sammler
- Trink-Diagrammen
- Laborwert-Erläuterungen

Dorothee Bringewatt
Mitarbeit und Recherchen

Marta Kürti
Mitglied der Internationalen Akademie für Zytologie

Labormedizinische Beratung

4. überarbeitete Auflage

Werner Verlag

1. Auflage 1985
2. Auflage 1990
3. Auflage 1992
Aktualisierter Nachdruck 1994 der 3. Aufl. 1992
Aktualisierter Nachdruck 1995 der 3. Aufl. 1992
4. Auflage 1999

Die Deutsche Bibliothek – CIP-Einheitsaufnahme

Kürti, Karl:
Mein Führerschein ist weg – was tun? : Wie man den „tüvologischen" Schein-Test besteht oder ganz vermeidet; Zur Selbstvorbereitung mit: Tips für Senioren, Hilfen für Promille-Fahrer und Punkte-Sammler, Trink-Diagrammen, Laborwert-Erläuterungen / Karl Kürti. Dorothee Bringewatt, Mitarb. und Recherchen. Marta Kürti, labormed. Beratung. – 4. Aufl. – Düsseldorf : Werner, 1999
   ISBN 3-8041-4955-3

© Werner Verlag GmbH & Co. KG · Düsseldorf · 1999
Printed in Germany
Alle Rechte, auch das der Übersetzung, vorbehalten. Ohne ausdrückliche Genehmigung des Verlages ist es auch nicht gestattet, dieses Buch oder Teile daraus auf fotomechanischem Wege (Fotokopie, Mikrokopie) zu vervielfältigen sowie die Einspeicherung und Verarbeitung in elektronischen Systemen vorzunehmen. Zahlenangaben ohne Gewähr.
Umschlagentwurf: brose-design, Düsseldorf
Satz: Offizin Wissenbach, Höchberg bei Würzburg
Druck und buchbinderische Verarbeitung:
Koninklijke Wöhrmann B.V., Zutphen, Niederlande
Archiv-Nr.: 711/4-10.99
Bestell-Nr.: 3-8041-4955-3

Inhaltsverzeichnis

Lagebestimmung 1
Vorgedanken 7
In dem „blauen" Brief... 10
  1. Kann ich die Eignungsuntersuchung verweigern? 10
  2. Kann ich die Frist der Behörde verlängern lassen 11
  3. Welche Formalien muß ich in diesem Stadium beachten 11
  4. Kann ich meine Fahrer-Personalakte überprüfen? 12
  5. Ist die Liste der Untersuchungsstellen für mich verbindlich? .. 12
  6. Soll ich, jetzt schon einen Rechtsanwalt hinzuziehen? 13
  7. Wie kann mir ein Arzt vor der Untersuchung helfen? 13
  8. Wie kann mir ein Diplom-Psychologe helfen? 14
  9. Der Terminbrief der Gutachterstelle ist da – was tun? 15
 10. Was bringt mir ein „Vorgespräch" bei der Gutachterstelle? ... 15
Darauf kommt es an bei den häufigsten Untersuchungsanlässen .. 16

Kapitel 1 Zur Arbeitsweise des psychologischen Gutachters ... 17

  Die Fahrer-Personalakte der Verwaltungsbehörde 18
  Was aber steht in dieser Fahrer-Personalakte? 18
  Arbeitsschritte des Gutachters (schematisch) 19
  Muster eines vom Gutachter ausgearbeiteten Aktenauszuges ... 20
  Zu den Vorurteilen des Gutachters 20
  „Fahrer- oder Gesamtpersönlichkeit": ein Durcheinander 23
  Schematischer Gutachtenaufbau 29
  Schlüsselworte der „tüvologischen" Begutachtung 30

Kapitel 2 Die Begutachtung nach Promille-Fahrt 36

  Promille und Strafrecht 36
  Veränderungen der Wahrnehmung nach Alkoholgenuß 41
  Die unsichtbaren Folgen der Alkoholisierung 45
  Promille und Persönlichkeit 46
  Zur Bedeutung der Laborwerte 48
  Wie zuverlässig ist diese Leber-Fahreignungs-Diagnose? 49
  Fehlerquelle der Eignungsbeurteilung: Laborwerte 50
  Was Sie über Ihre Trinkgewohnheiten schon immer wissen wollten 58
  Wie ich meine Promille (‰) berechne – auch nachträglich 58
  Charaktertest für Radfahrer mit Promille 69
  Der klassische Fall 69
  Die Rechtslage vor Gericht 70
  Vorsicht! – Fahrverbot auch für das Fahrrad! 70

Noch mehr Vorsicht! Es gibt auch den direkten Entzug der Fahrerlaubnis für Promille-Radler! 71
Wie kann es für Promille-Radler zum Kraftfahrer-Charaktertest kommen? 71
Extra-Charaktertest für Frauen? 71
Kritik an der Frauen-Begutachtungs-Praxis 76
Tips für Frauen 76
Leitfaden zur Selbstvorbereitung nach Promille-Fahrt ... 77

Kapitel 3 Der Charaktertest für Punkte-Sammler 82

Kann ich meinen Führerschein überhaupt noch retten? ... 85
Gibt es besondere Charaktertests für Punkte-Sammler? ... 86
Die Analyse meiner Punkte-Sammlung 88
Leitfaden zur Selbstvorbereitung für Punkte-Sammler ... 90

Kapitel 4 „Seelen-TÜV" für Senioren – trotz weniger Unfälle als Junge 91

Wann ist der Senioren-Eignungstest fällig? 94
Was nützt ein freiwilliger Senioren-Leistungstest? 95
„Altes Eisen" – nicht mehr geeignet, was tun? 96

Kapitel 5 Krankheiten und Kraftfahreignung 98

Eignung und bedingte Eignung 100
Allgemeines Schema der medizinischen Untersuchung ... 110
Erläuterungen zur medizinischen Untersuchung 111
Fallbeispiel 115
Patient und Führerschein – Arzt und Schweigepflicht ... 115

Kapitel 6 Vor dem Schein-Test 119

Ihre Ausgangssituation 119
Ihr Auftreten in der Untersuchung 120
Es geht um Ihren „ersten Eindruck" 121
Soll das Gespräch auf Tonband aufgenommen werden? ... 124

Kapitel 7 Die Wahl der „richtigen" Begutachtungsstelle ... 127

Kapitel 8 Kleine Testprinzipkunde 136

Was ist ein Test? 136
Testkategorien 137
Die Kriterien eines „idealen" 'Tests 138
Die subjektiven Methoden beim „Schein-Test" 139

Lebenslauferforschung 140
Die Exploration 145
Fahrer-Exploration bei Zuwiderhandlungen ohne Alkohol 146
Fahrer-Exploration bei Trunkenheitsfahrten 146
Kritik am „tüvologischen" Gespräch 149
Hinweise für die gründliche Darstellung der Trinkgewohnheiten . 150
Ausdrucks- und Verhaltensbeobachtung 153

Kapitel 9 Unfallflucht bei Promille-Fahrern 156

Fallbeispiele 157

**Kapitel 10 Das Gespräch nach der ersten Promille-Fahrt und bei
der Erstbegutachtung** 161

Fallbeispiele 161
So bitte nicht! 163
Ein positiver Fall 165
Ein Fall „auf der Kippe" 167
„Ich bin trocken" 169
Keine Aussicht auf Erfolg 172
Im Netz der Widersprüche 176

**Kapitel 11 Das Gespräch nach der zweiten Promille-Fahrt und
die Begutachtung im Wiederholungsfall** 181

Fallbeispiele 181
Gefühle – Belastungen – Alkohol – Hilft die Intelligenz? 183
Keine Spur von Einsicht 187

**Kapitel 12 Der „Schein-Test" und das Gespräch nach drei und
mehr Promille-Fahrten** 192

Kein bißchen klüger! 192
„Ich bin bestimmt 100mal mit Alkohol gefahren!" 196

Kapitel 13 Zum Verständnis von Alkohol-Testbögen 201

Münchener Alkoholismustest (MALT) 203
Trierer Alkoholismusinventar (TAI) 205
Fragebogen zur Klassifikation des Trinkverhaltens Alkohol-
abhängiger (FTA) 207

Inhalt

Kapitel 14 Zum erfolgreichen Umgang mit Leistungstests 210

Das Wiener Determinationsgerät 212
Beschreibung des Testgerätes 212
Testdurchführung 213
Mehrfach-Wahlreaktionen auf Farbsignale 218
Testbeschreibung 218
Testgegenstand 218
Testauswertung 219
Linienverfolgen-Test (LVT) 220
Testbeschreibung 220
Testgegenstand 220
Testauswertung 220
Verkehrsgebundener tachistoskopischer Auffassungsversuch
(TAVT 2) 223
Testbeschreibung 223
Testgegenstand 223
Testauswertung 224
Der Test d2 225
Testbeschreibung 225
Testdurchführung 227
Testgegenstand 227
Testauswertung 227
Konzentrations-Leistungs-Test (K-L-T) 229
Testbeschreibung 229
Testdurchführung 229
Testgegenstand 230
Der Progressive-Matrizen-Test (P-M-T) 231
Testbeschreibung 231
Testgegenstand 231
Testdurchführung 231
Prüfung des Verkehrswissens 234

Kapitel 15 Fahrprobe und Testfahrt 235

Der Kölner-Fahrverhaltens-Test (K-F-V-T) 235
Die Fahrprobe 238
Tips für Frauen 241

Kapitel 16 Zum erfolgreichen Umgang mit Persönlichkeitstests . 243

Freiburger Persönlichkeitsinventar (FPI-R) 243
Testbeschreibung 243
Testgegenstand 243

Testauswertung 243
Kurzfragebogen für Problemfälle (K-F-P 30) 246
Testbeschreibung 246
Testgegenstand 246
Testergebnis 246
Schwedischer Persönlichkeitsfragebogen 248
Testbeschreibung 248
Testgegenstand 248
Testauswertung 249
Farbpyramidentest/FPT 250
Testbeschreibung 250
Testgegenstand 250
Testauswertung 250
Der Rosenzweig-P-F-Test 252
Testbeschreibung 252
Testgegenstand 252
Einstellungsfragebogen zum Straßenverkehr 256
Testbeschreibung 256
Testgegenstand 256
Testauswertung 256
Fragebogen zur Erfassung von Aggressivitätsfaktoren (FAF) . . 258
Testbeschreibung 258
Testdurchführung 259
Testauswertung 259
Streßverarbeitungsfragebogen (SVF) 260
Testbeschreibung 260
Testdurchführung 261
Testauswertung 261

Kapitel 17 Das Obergutachten 262

Obergutachten im Unterschied zu MPU-Gutachten und
Untersuchung 262

Kapitel 18 Das Für und Wider von Selbsthilfegruppen 265

Anhang 267

Bundeseinheitliche Liste der Amtlich Anerkannten Verkehrspsychologischen Berater mit Benutzungshinweisen 267
Anschriften der Begutachtungsstellen für Fahreignung der TÜV
und der DEKRA e.V. 285

Anschriften der „privaten" Begutachtungsstellen für
Fahreignung 291
Verzeichnis der Obergutachter   292
Anschriften von Beratungsstellen und Selbsthilfegruppen 295

Literaturhinweise 297

Trink-Diagramme, Trinkmusterbogen, Laborwert-Berichte   . . . 301

Lagebestimmung

Der Titel hat Sie vielleicht zögern lassen, dieses Buch in die Hand zu nehmen, es an der Kasse zu bezahlen und damit kundzutun, ohne Führerschein und eventuell auch noch straffällig geworden zu sein. Aber jetzt sind Sie dabei, einen entscheidenden Schritt zu tun, indem Sie sich zu Ihrem Problem bekennen.

Da wir aber wissen, daß eine Ihre Zukunft sichernde positive Fahreignungsbegutachtung nicht nur allein von Ihrer Einsichtsfähigkeit sondern genauso von den Fähigkeiten des Gutachters und der Umständen der Begutachtung abhängt, bieten wir Ihnen einen Einblick hinter die Kulissen der „TÜVologischen" Fahreignungsbegutachtung. Sie sollten nämlich wissen, daß die Organisationen und die Gutachter, die im Sinne staatlicher Normen und der reinen Lehre der „TÜVologie" Sie unter die Lupe nehmen, auch nur Menschen sind, mit all ihren Fehlern und Fähigkeiten.

Dieses Buch kann ohnehin nur denjenigen eine Hilfe sein, die sich zur Problemeinsicht bereit finden.

Seit seinem Erscheinen im Jahre 1985 habe ich manchmal an dem Titel gezweifelt. Ich meinte, die betroffenen Kraftfahrer würden dadurch eher abgeschreckt. In den vergangenen 15 Jahren bin ich aber durch die Leser selbst eines Besseren belehrt worden, denn nur diejenigen, denen es gelang, die Schwelle der unerläßlichen kritischen Selbsterkenntnis zu überschreiten, konnten sich mit diesem Buch erfolgreich auf die Begutachtung vorbereiten. Sie haben erkannt, daß es ihnen nur eine Hilfe zur Selbsthilfe sein kann – das meiste mußten sie selber tun.

Es ist keineswegs so, daß das Wissen über das, **worauf es bei der Begutachtung ankommt,** verschleiert werden müßte, denn die ministeriellen Anforderungen sind wissenschaftlich begründet, und die Verkehrspsychologie ist alles andere als eine „Geheimwissenschaft".

Eine gründliche Vorbereitung auf die Eignungsbegutachtung ist nach meinen Erfahrungen heute wichtiger denn je, weil insbesondere die TÜV- und DEKRA-Stellen noch weniger Zeit für den Untersuchten haben als früher und beispielsweise ein noch größeres Gewicht auf die medizinischen Befunde (Leberwerte) oder etwa bei Punkte-Sammlern auf schematisch statistische Daten legen. Wenn Sie in Kenntnis der Anforderungen in die Untersuchung gehen und zu Unrecht ein negatives Gutachten erhalten, geraten Sie in die häufig geradezu „unmenschlichen" Mühlen der Bürokratie, gleich ob Sie das Gutachten dem Amt vorlegen oder nicht. Falls Sie aber zu Recht ein negatives Gutachten erhalten haben oder ein solches fürchten, sind Sie für den Straßenverkehr noch nicht reif; wie Sie Ihre „Fahrer-Reife" wiedererlangen, finden Sie in diesem Buch.

Es ist anzuerkennen, daß der Gesetzgeber die unbefriedigende Sachlage und die begründete Kritik erkannt und mit der Einführung der neuen Fahrerlaubnis-Verordnung zum 1.1.1999 auch gehandelt hat. Wollte man bilanzieren, so könnte man folgende Plus- und Minuspunkte zusammenstellen:

Die wichtigsten Pluspunkte:
- die Zulassungsvoraussetzungen für Fahrlehrer wurden verschärft (der Gesetzgeber hat offenbar endlich eingesehen, daß Grund vieler Probleme der Verkehrsauffälligkeit die in vielen Bereichen unzureichende Qualifikation von Fahrlehrern ist),
- die Schulung verkehrsauffällig gewordenen Kraftfahrer – und somit die Vorbereitung auf die künftig angepaßte Verkehrsteilnahme – ist verbessert worden,
- verkehrspsychologische Beratung und Betreuung dürfen nur dafür zugelassene und damit entsprechend qualifizierte Diplom-Psychologen durchführen; unseriösen und fachfremden Geschäftemachern kann das Handwerk gelegt werden,
- es ist ab dem 1.1.1999 der erstmalig gesetzlich anerkannte Beruf des Amtlich Anerkannten Verkehrspsychologischen Beraters eingeführt worden (nach § 71 FeV),
- der Amtlich Anerkannten Verkehrspsychologischen Berater kann bei Erreichen von 14 Punkten helfen, um sich 2 Punkte in Flensburg stornieren zu lassen (der Staat straft nicht nur, er bietet zugleich auch eine winzige Hilfe an und es bleibt zu hoffen, daß die Vernunft siegt und bald mehr daraus wird, jedenfalls ist zu fordern, daß die Hilfestellung durch die Amtlich Anerkannten Verkehrspsychologischen Berater nicht nur nach oder bei Erreichen von 14 Punkten in Anspruch genommen werden darf), bliebe es bei dieser Regelung, müßte man nämlich befürchten, daß es weniger um die Verkehrssicherheit als ums Geldverdienen geht,
- ebenfalls ist ab dem 1.1.1999 der neue Beruf des Facharztes mit verkehrsmedizinischer Qualifikation eingeführt worden (diese Disziplin gibt es allerdings noch nicht),
- endlich hat der Monopolist in der Gestalt der Bundesanstalt für Straßenwesen eine Aufsichtsbehörde bekommen, die über die Güte der Fahreignungsgutachten zu wachen hat.

Die für Kraftfahrer wohl wichtigsten Negativpunkte:
- die Fahrerlaubnis wird bei Erreichen von 18 Punkten sofort entzogen (die frühere Vorwarnung und Begutachtung sind weggefallen),

- die Wiedererteilung nach einer derartigen Entziehung ist erst nach Ablauf von 6 Monaten und i.d.R. nur nach einem positiven Eignungsgutachten möglich,
- Punkterabatt ist nur einmal in 5 Jahren möglich.

Neutral:
- Die früheren Medizinisch-Psychologischen Untersuchungsstellen sind in „Begutachtungsstellen für Fahreignung" umgetauft worden. Ob dieses Umtaufen was bringt, muß sich noch erweisen.

Nach nunmehr 6 Monaten sind die Erfahrung mit der neuen Fahrerlaubnis-Verordnung noch nicht vielversprechend. Es ist offensichtlich, daß manche Behörden sich sehr lahm auf die neue Situation umstellen, und daß unter den Akteuren so etwas wie ein gnadenloser Verteilungskampf ausgebrochen ist.

So hat zum Beispiel der TÜV die **Impuls GmbH** gegründet, um praktisch den gesamten Bereich der Beratung und Schulung verkehrsauffälliger Kraftfahrer abzudecken. Dies hat den **B**erufsverband **N**iedergelassener **V**erkehrspsychologen (BNV) auf die Barrikade gerufen, der sich schon im Vorfeld der Zertifizierung der Amtlich Anerkannten Verkehrspsychologischen Berater hinters Licht geführt glauben mußte, da es ursprünglich nicht vorgesehen war, daß auch beim TÜV und DEKRA als Angestellte beschäftigten Diplom-Psychologen diese Zulassung erhalten. Es kam dann aber alles doch anders, und es verbreitet sich bereits der Verdacht, daß der Monopolist die strikte Trennung zwischen Gutachter und Berater (Therapeuten) unterlaufen will oder bereits hat.

Die Obergutachterstellen bzw. deren Funktion ist seit dem 1.1.1999 uneinheitlich geregelt, denn die „Die Richtlinien für die Prüfung der körperlichen und geistigen Eignung von Fahrerlaubnisbewerbern und -inhabern (Eignungsrichtlinien), in denen die Existenz der Obergutachterstellen geregelt wurde, sind seit dem 1.1.1999 nicht mehr gültig. So gibt es in einigen Bundesländern keine, in manchen anderen doch Obergutachterstellen.

Die seit langem fällige Zusammenführung des Eignungskatalogs „Krankheit und Kraftverkehr" und des durch den Berufsverband Deutscher Psychologen, Sektion Verkehrspsychologie vertretenen „Psychologischen Gutachtens" (Kroj, Hrsg.) zu den „Begutachtungsleitlinien Kraftfahreignung" erfolgte nach unendlichen Diskussionen erst im Juni 1999. Der Text liegt jedoch zunächst nur als Entwurf vor und der Zeitpunkt der Veröffentlichung und Inkraftsetzung dieses neuen Werkes für die Begutachtung der Kraftfahreignung steht immer noch nicht fest.

Die Qualität der medizinisch-psychologischen Begutachtungen, die seit 1988 mehr denn je in eine Sackgasse geraten ist, ist durch diesen neuen Stand der Entwicklung im rechtlichen und fachlichen Bereich nicht besser geworden. Der TÜV tut nach wie vor nichts dazu, die notwendige Wende herbeizuführen. Den kürzeren ziehen weiterhin die Betroffenen und die allgemeine Verkehrssicherheit. Die „tüvologischen" Gutachten stehen seit Jahrzehnten im Mittelpunkt der Kritik, niemand weiß etwas über ihre „prognostische Güte", der TÜV veröffentlicht nichts darüber, ob die Begutachtungen richtig oder falsch waren. Es scheint nur ein großes Geschäft zu sein, denn obwohl jährlich etwa 150 000 bis 160 000 Kraftfahrer auf ihre Eignung hin begutachtet werden, verschlechtert sich die Verkehrsmoral. Die Zahl der Unfälle erreicht neue Höchststände, und die Alkoholfahrten schätzen seriöse Wissenschaftler auf jährlich mindestens 220 Millionen, von denen aber nur 420 000 entdeckt werden.

Nach Schätzungen des Verkehrsmediziners *Arno Müller* entfallen davon etwa ein Drittel auf Alkoholiker, die im Durchschnitt 70mal pro Jahr mit Alkohol am Steuer sitzen. 80 % der Alkoholiker sind sogar schon mehr als 70mal pro Jahr unter Alkoholeinfluß gefahren, manche sogar schon mehr als 3 000mal, wobei ihr Risiko, entdeckt zu werden, nicht groß ist. Es wird nämlich nur einer von 300 Alkoholfahrern mit mehr als 1,8‰ und sogar nur einer von 600 Promille-Fahrern mit über 0,8‰ von der Polizei erwischt.

Die Zahl der Fahrverbote liegt bei 300 000 pro Jahr, d. h. das Fahrverbot als Erziehungsmaßnahme hat sich bereits jetzt als völlig ungeeignet erwiesen, denn in Bälde werden wohl die meisten Kraftfahrer mindestens einmal ein Fahrverbot gehabt haben..

Die Politikverdrossenheit der Kraftfahrer, die sich immer mehr gegängelt fühlen, und die offensichtlich unaufhaltsame Zunahme der Verkehrsdichte auf deutschen Straßen tragen zu einer steigenden Aggressivität im Straßenverkehr bei. Dennoch möchte weder ein „Verkehrsrowdy" noch ein „Promille-Fahrer" von seinesgleichen überfahren werden. Kein Verkehrsauffälliger möchte rückfällig werden, dennoch geschieht es, weil die gegenwärtige Art und Weise der Eignungsbegutachtung nicht den gewünschten erzieherischen Erfolg bringt. Statt Selbsterkenntnis erzeugt die „tüvologische" Begutachtung nur Frustration und noch mehr Verdrossenheit.

Die Situation war schon verworren, als das Bundesverwaltungsgericht den Streit zwischen Juristen und Psychologen, ob die **Fahrerpersönlichkeit** oder die **Gesamtpersönlichkeit** mit ihren persönlichen, beruflichen und familiären Vor- und Nachteilen Gegenstand der Untersuchung zu sein hat, entschieden und vorgeschrieben hat, daß bei jeder Art von

Fahreignungsprüfung die ganze Persönlichkeit zu durchleuchten ist. Insbesondere beim TÜV galten aber nach wie vor die alten Untersuchungsregeln: Es fand und findet in der Regel lediglich ein kurzes Gespräch (20–30 Minuten) statt, die Ärzte und Psychologen sind überlastet, viele Untersuchte kommen sich vor wie beim Militär zu Kaisers Zeiten oder wie bei einem schlechten Polizeiverhör. Viele beklagen sich darüber, daß sie als Betroffene, die ja Auftraggeber sind und die Untersuchung selbst bezahlen, wie ein Untergebener oder sogar als Mensch zweiter Klasse behandelt werden. Ohne eine gründliche Vorbereitung gelingt es kaum jemandem, seine positiven Eigenschaften oder seine wiedergewonnene Selbstkontrolle im Sinne des Urteils des Bundesverwaltungsgerichts darzustellen. Die „Vorbereitung" auf die Fahreignungsuntersuchung wird aber von den beiden großen Organisationen TÜV und DEKRA als etwas Unanständiges bezeichnet, obwohl es erwiesen ist, daß durch eine verkehrspsychologisch untermauerte Betreuung/Beratung vor dem „Idiotentest" die prognostische Güte der Begutachtung erhöht wird.

Es drängt sich der Verdacht auf, daß der TÜV deshalb die Vorbereitung auf die Untersuchung verteufelt, weil diese den eigenen Geschäftsinteressen abträglich wäre, weil bei einem Unvorbereiteten es leichter ist, ein negatives Gutachten zu schreiben, so daß der Betroffene nach einiger Zeit wiederkommen muß, und der Umgang mit einem unmündigen, weil nicht vorbereiteten Kraftfahrer ist für den Gutachter immer einfacher.

Häufig erkennen TÜV- und DEKRA-Gutachter die schriftlich bescheinigten seriösen Betreuungen ihrer eigenen Berufskollegen nicht an messen der Teilnahme an Sitzungen von Selbsthilfegruppen von Laien eine größere Bedeutung zu. Sie schaffen dadurch ein Klima der Verunsicherung von Betroffenen und erzeugen den Eindruck, als wären sie die höchste Instanz, der „Richter in Weiß", obwohl kein Gutachter beim TÜV und DEKRA persönlich staatlich anerkannt ist.

Eine persönliche staatliche Anerkennung besitzen dank der neuen Fahrerlaubnis-Verordnung seit dem 1. Januar 1999 nur die Amtlich Anerkannten Verkehrspsychologischen Berater. Der TÜV läßt jedoch nichts unversucht, die Kompetenzen dieser staatlich zugelassenen Spezialisten zu beschneiden. So drängt er darauf, durchzusetzen, daß diese Fachleute ihr Können und Wissen ausschließlich bei Erreichen von 14 Punkten zum Abbau von 2 Punkten durch ihre Beratertätigkeit beitragen dürfen.

Dies alles sollte Sie als Betroffenen nicht irritieren, wenn Sie Hilfe benötigen, denn aufgrund der hohen Anforderungen für ihre staatliche Zulassung verfügen die Amtlich Anerkannten Verkehrspsychologischen Berater häufig über ein größeres Fachwissen und mehr Erfahrung als die bei den TÜV- und DEKRA-Stellen angestellten Gutachter. Wenn Sie also vor einer drohenden oder nicht mehr abzuwendenden Fahreignungsbegutachtung stehen, darf sich Ihre unerläßlich Vorbereitung auf diese Untersuchung nicht bloß auf das kurzsichtige Ziel der Wiedererlangung der Fahrerlaubnis richten, denn es ist in allen Fällen, ob wegen Punkte, Alkohol, Krankheiten oder aus anderen Gründen, eine tiefgreifende Verhaltensanalyse und -änderung notwendig. Dies können Sie nur bei solchen Spezialisten bekommen, wie den Amtlich Anerkannten Verkehrspsychologischen Beratern.

Medizinisch-psychologische Fahreignungsuntersuchungen können sich also für Sie als Stolpersteine erweisen – unabhängig davon, ob Sie wegen einer Trunkenheitsfahrt (66,8 % der Untersuchten), wegen allgemeiner Verkehrsverstöße (13,7 % aller Begutachteten) und aus sonstigen Gründen Ihre künftige Eignung prüfen lassen müssen. Ihnen kann nur helfen, sich die notwendigen Kenntnisse anzueignen, um diese Untersuchung zu bestehen und – was natürlich viel wichtiger ist – sich in der Zukunft als „reifer" Verkehrsteilnehmer zu bewähren.

Weil infolge der Neuregelung durch die FeV die Fahrerlaubnis bei Erreichen von 18 Punkten sofort und ohne Vorwarnung entzogen wird, haben wir unsere Hilfestellungen so gestaltet, daß sie auch von denjenigen in Anspruch genommen werden können, deren Fahrerlaubnis am seidenen Faden hängt, so daß sie noch durchaus eine drohende Entziehung vermeiden können.

Vorgedanken

„Warum es passiert ist, daß ich ein paarmal zu schnell gefahren bin, und das mit der roten Ampel, das war sowieso nur Orange, das soll ich da erzählen? – Tja, das würden die mir ja gar nicht glauben ... ich war nur happy, und da geb' ich halt Gas, dabei ertappe ich mich immer wieder ... weil es auch Spaß macht, die Vorschriften etwas zu überschreiten – als ob man fremdgeht!

Das darf ich aber überhaupt nicht sagen beim ‚Idiotentest', denn happy kann ich immer wieder sein ...

Wenn ich aggressiv bin, bin ich sehr vernünftig und achte immer darauf, wie ich fahre, dann passe ich immer auf ...

„... die Wahrheit würde ich aber denen beim TÜV nicht sagen, und warum das alles mir nicht mehr passieren wird?! – Ich kann es nicht sagen – diesen Weg muß mir jemand zeigen! Ich kann es nur versprechen, daß ich es nicht mehr tue, daß ich mehr aufpasse, na logisch, daß ich keine Strafen mehr zahlen möchte, und diese ekligen Scherereien ... wer will das schon?! Mit meiner Intelligenz könnte ich nur eine solche Ausrede mir ausdenken, wo ich schon die Vermeidungstechnik auch beantworten kann. Ich muß ja schließlich weiterdenken, verdammt noch mal, weiter als die Frage des Psychologen, denn der sagt dann, das sei doch alles lauwarmes Blabla ... natürlich hab' ich zu viel getrunken, etwas über 2 Promille hatte ich, aber nur ein einziges Mal!"

„Also mir sagen die Kollegen, aber wirklich alle, die sich auch schon auskennen, ich soll da von mir aus nichts sagen! Ich soll nur dann was sagen, wenn ich gefragt werde! – Ist das jetzt richtig?! – Wie soll ich mich da rechtfertigen?! Oder soll ich etwa alles erzählen?"

„Hab' ich als Frau da überhaupt eine Chance? – Soll ich da überhaupt noch hin, wo ich auch schon in Rente bin?! – Na gut, ich hab' etwas getrunken gehabt, aber ich wußte ja nicht, daß im Baldrian so viel Alkohol ist. Das hat mir der Apotheker halt nicht gesagt ..."

„Ich bin schon seit über 30 Jahren zuckerkrank. Ich sage Ihnen, ich kenne mich mit dem Zucker besser aus als so manche Ärzte. Hier ist meine Insulinspritze! Ich bin wie ein Uhrwerk, ich weiß genau Bescheid! Und jetzt, wo ich noch nicht mal 70 bin, jetzt wollen die mir den Schein streitig machen. Mann, ich war zwei Jahrzehnte Kraftfahrer, das sag' ich Ihnen! Ich hab' noch nie einen Unfall gemacht! Und jetzt soll ich da hin, zum Idiotentest, nur weil ich alt bin?!"

„Na klar, hab' ich die Verwarnung bekommen und mußte die Theorie noch mal machen. Die Wiederholung der Theorie ist mir aber gar kein Problem. So intelligent bin ich doch! Ich dachte aber, daß nach der Theorie die Punkte gelöscht würden ...

Die Wiederholung der Theorie war für mich keine Demütigung, im Gegenteil: Ich hab' mich wieder behauptet, denn die Regeln kannte ich Demütigend wäre für mich, wenn jetzt da ein Ar ... beim Idiotentest mir gegenüber sitzen würde ... wie er mich fragen würde, wie mein Feedback wäre. Wenn er da mit so einem beschissenen Beamtendeutsch käme, da wüßte ich: Da sitzt einer mit Scheuklappen ... kann sein, daß.; ich nicht typisch denke. Aber beleidigend wäre, wenn er mich nach Schema F abfertigen würde, denn das würde bedeuten, daß er mich ja gar nicht. ernst nimmt"

... ich müßte vor dem Test unbedingt wissen, was auf mich zukommt, genauso wie vor einer Operation. Da erkundige ich mich auch sehr genau beim Arzt ...

... wenn ich nicht weiß, was von mir verlangt wird, habe ich Angst, Prüfungsangst

Ich will nicht etwaige Tricks wissen, sondern ganz konkret, was von mir erwartet wird, wie ich mich vorbereiten muß! Wenn ich meinen Anwalt anrufe und frage, wie es ist, und der sagt, daß er keine Ahnung hat, dann kriege ich natürlich Angst ... Es ist ärgerlich, daß ich 300 bis 500 Mark zahlen muß und ich mir den Gutachter gar nicht wählen kann. Aber was würde es mir nützen, wenn ich zwischen Schmitz und Müller als (Gutachter wählen könnte. Ich kenne diese Psychologen doch überhaupt nicht. Sie haben weder einen Namen als Fachleute noch sonstwas. Bei einem Arzt weiß ich, daß er sich so und so qualifiziert hat ... es ist egal, weshalb ich nun diesen Test machen muß, die (beim TÜV) halten alles geheim!"

„Ich hab' dem Psychologen seine Papiere aus der Hand gerissen und bin weg! Die Notizen, die er sich gemacht hat, die ganze Akte, die da lag! Der ha t mit mir gesprochen, als wäre ich der letzte Dreck! Die hatten mich dann angezeigt wegen Diebstahls ... da war ich beim Staatsanwalt, und der hat die Sache sofort niedergeschlagen, wie man das so schön sagt. Ich hab' die ganze Akte immer noch!"

All diese beispielhaft zitierten Gedanken, die die meisten Kandidaten vor ihrem schweren Gang zum berüchtigten „Idiotentest" bewegen, sind verständlich und für mich nachvollziehbar – und so vernünftig und einsichtig sie in den meisten Fällen auch sein mögen: Sie reichen für eine positive Beurteilung der künftigen Fahreignung bei weitem nicht. Wenn Sie bei Ihrer Selbstkritik erst in diesem Stadium sind, aber schon einen Untersuchungstermin haben, schieben Sie ihn bis auf weiteres auf! Warum das nötig ist und welche Änderungen in Ihren Einstellungen und Haltungen unerläßlich sind, erfahren Sie aus diesem Buch.

Wenn Sie als ehemaliger Trunkenheitsfahrer oder Punkte-Sammler Ihre charakterliche Eignung verspielt haben oder sie aus diesen Gründen zumindest fraglich geworden ist, geben Ihnen die rechtsstaatlich abgesicherten „Eignungsrichtlinien" in der seit dem 1.1.1999 geltenden neuen Fahrerlaubnis-Verordnung (FeV) die legale Möglichkeit, sich erneut zu bewähren. Es trifft nämlich nicht in jedem Fall zu, daß, „wer einmal bestraft ist, immer bestraft bleibt". Dies gilt auch dann, wenn die neue FeV den Punktestand von 18 zur nunmehr unwiderruflichen bürokratisch festgelegten Grenze der erwiesenen Ungeeignetheit erhoben hat, die sofort und nunmehr ohne jede Vorwarnung zum Entzug der Fahrerlaubnis führt. Es gibt aber einen sicheren und begehbaren Weg, der Sie aus Ihrer mißlichen Lage herausführt, für die es zwar viele, durchaus auch schwerwiegende Gründe geben mag, für die aber letztlich nur Sie verantwortlich gemacht werden. Dieser Weg ist nicht leicht, aber auf keinen Fall unmöglich. Da Ihr Wunsch nach einer gründlichen Aufklärung oder sogar „Vorschulung" ohne jeden Zweifel berechtigt ist, finden Sie in diesem Buch alle legalen Hilfen – faule Tricks würden Ihnen nur schaden und nicht weiterhelfen!

In dem „blauen" Brief

den Sie vom Straßenverkehrsamt in der Regel per Postzustellungsurkunde erhielten steht ein Standardtext, den die Ämter Monat für Monat zigtausendfach versenden, und er verheißt nichts Gutes. Sie werden darin etwa mit folgenden Sätzen aufgefordert, zur

> *„Ausräumung bestehender Zweifel an der Eignung zum Führen von Kraftfahrzeugen ... nach den Vorschriften des §11 Abs. 2 FeV ein Gutachten einer amtlich anerkannten Begutachtungsstelle für Fahreignung"*

vorzulegen. Diese Aufforderung erhalten fast alle, die einen Antrag auf Erteilung der Fahrerlaubnis nach vorangegangener Entziehung gestellt haben, wie auch jene, die zwar noch fahren dürfen, aber der Behörde wegen Verdachts vorliegender gesundheitlicher Mängel" und/oder „wiederholter Verkehrsauffälligkeit" mit oder ohne Alkohol ganz und gar ungeeignet erscheinen oder nur noch beschränkt geeignet sein könnten. Dem „blauen Brief" ist eine „Einverständniserklärung" samt einer mehr oder weniger umfangreichen Liste der Untersuchungsstellen des TÜV bzw. der Obergutachterstellen – falls es in Ihrem Bundesland noch welche gibt – beigefügt.

Und natürlich ist auch noch eine Frist für die Vorlage des Gutachtens bei der Behörde festgesetzt: Sie haben vom Erhalt des „blauen Briefes" in der Regel etwa 2 bis 3 Monate Zeit bis zum Charaktertest. Das gilt auch dann, wenn Sie sich nach Ihrer Sperrfrist richten, denn rund 10 Wochen vor deren Ende können Sie Antrag auf Erteilung bzw. Begutachtung stellen. Nachdem Wut, Ärger, Verzweiflung oder gar Erleichterung (so etwas kommt auch vor!) zumindest etwas verflogen sind, geht es darum, die Reihen zu ordnen und aus Ihrer Situation das Beste zu machen. Dazu hilft der nachfolgende Fragenkatalog, der Sie in dieser Phase gleichzeitig über wichtige Zusammenhänge und formale Möglichkeiten aufklärt:

1. Kann ich die Eignungsuntersuchung verweigern?

Selbstverständlich! – Aber damit beweisen Sie nach geltendem Recht Ihre Ungeeignetheit um so mehr, denn die Weigerung wird als Uneinsichtigkeit gewertet. Ihr Antrag auf Erteilung der Fahrerlaubnis wird umgehend abgelehnt bzw. die angedrohte Entziehung sofort vollstreckt. Sollten Sie später einen neuen Anlauf unternehmen, ist Ihre Ausgangssituation schlechter denn je!

2. Kann ich die Frist der Behörde verlängern lassen:

a) Wenn die Entziehung der Fahrerlaubnis angedroht ist: im Prinzip ja, aber nur mit Zustimmung der Behörde. Ob die Zustimmung erteilt wird, hängt natürlich von den Gründen ab, die Ihrer vermuteten Ungeeignetheit zugrunde liegen, und von der Begründung, die Sie für den Aufschub vortragen. Wenn der Sachbearbeiter der Führerscheinstelle nicht kulant ist, kommen nur sehr ernsthafte Begründungen in Betracht (Atteste usw.). Der Ermessensspielraum des Sachbearbeiters ist recht groß!

b) Bei Neuerteilung/Wiedererteilung: Die Fristverlängerung ist wesentlich einfacher. Sie kann nach Rücksprache mit dem Sachbearbeiter sogar telefonisch oder mit einem formlosen Brief erreicht werden. Es sollte aber vorher geklärt werden, ob die Behörde eine Begründung verlangt.

Es gibt aber auch Gegenbeispiele von Behördenwillkür (z. B. Kreis Düren, Az.: 36/3 – 3640 01b vom 1.3.1999), wo die durch die Behörde gesetzte Frist zur Vorlage eines Gutachtens von der Gutachterstelle nicht eingehalten wurde. Die Behörde hat aber trotzdem den Antrag abgelehnt und die erneute Zahlung einer Verwaltungsgebühr von 155,00 DM verlangt. Sie nahm erst nach Intervention eines Rechtsanwaltes davon Abstand – Achtung: Abkassierer gibt es überall!

In allen Fällen ist jedoch zu bedenken, daß Sie zur Mitarbeit verpflichtet sind und es psychologisch sehr bedenklich sein kann, wenn etwa ein ehemaliger Promille-Fahrer wieder zu seinem Schein kommen möchte, andererseits aber eine Verzögerungstaktik betreibt, wenn es darum geht, Farbe zu bekennen. Das löst bei den Gutachtern und der Verwaltungsbehörde bei nicht schlüssiger Begründung die Vermutung aus, daß ein nicht bewältigtes Alkoholproblem vorliegt.

3. Welche Formalien muß ich in diesem Stadium beachten!

a) Die Einverständniserklärung ist möglichst umgehend unterschrieben zurückzusenden.

b) Wenn der Untersuchungsanlaß Alkohol im Verkehr ist, besorgen Sie sich so früh wie möglich Ihre Leberwerte. Je größer der Zeitraum ist, den die Laboruntersuchungen abdecken, um so besser ist das für Sie?

c) Wenn es um Verkehrsverstöße ohne Alkohol geht, verschaffen Sie sich ein möglichst konkretes Bild über die Umstände Ihrer Verstöße. In der Untersuchung wird von Ihnen erwartet, sich damit auseinandergesetzt zu haben. Stellen Sie die nötigen Unterlagen zusammen, aus denen Datum, Ort und Vorgang zu entnehmen sind.

Falls Sie keine Unterlagen mehr haben, können Sie sich diese aus Ihrer Führerscheinakte im Straßenverkehrsamt zeigen oder kopieren lassen. Ein Musterbrief zur Anforderung der Auszüge zu den einzelnen Eintragungen im Flensburger Bundesamt für das Kraftfahrzeugwesen (KBA-Auszug) finden Sie auf Seite 240 in Kürti, „Der Weg zurück zum Führerschein", 3. Aufl., Werner Verlag, Düsseldorf 1999

d) Wenn es (auch) um Erkrankungen geht, lassen Sie sich von einem Facharzt untersuchen und begutachten. Sein Attest/Gutachten sollten Sie der BfF-Stelle des TÜV einige Wochen vor dem Untersuchungstermin zusenden und anfragen, ob noch weitere Atteste notwendig sind. Dadurch sparen Sie unter Umständen sehr viel Zeit!

4. Kann ich meine Fahrer-Personalakte überprüfen?

In der von Ihnen verlangten Erklärung steht, daß Sie „mit der Übersendung sämtlicher Führerscheinunterlagen des Straßenverkehrsamtes an die Gutachter" einverstanden sind. Da Sie aber diese Unterlagen im einzelnen nicht kennen, empfiehlt sich folgendes:

a) Sie oder Ihr Anwalt nehmen Einsicht in die Akte und prüfen, ob tatsächlich nur die nicht getilgten Verkehrsverstöße darin enthalten sind. Die Erfahrung zeigt nämlich, daß es die Behörde mit der „Aktenbereinigung" nicht immer sehr genau nimmt.

b) Sie können aber auch schriftlich darauf bestehen, daß nur die nicht getilgten Eintragungen weitergeleitet werden. Eine entsprechende Anmerkung in der vorgefertigten Erklärung genügt nicht.

c) Es ist ratsam, sich Ablichtungen aus der Fahrerakte geben zu lassen, z. B. von früheren Gutachten, Verkehrsverstößen und dergleichen, damit Sie Ihre Kenntnisse aktualisieren.

5. Ist die Liste der Untersuchungsstellen für mich verbindlich?

a) Die Liste der Führerscheinstelle enthält lediglich eine Auswahl der in Ihrem näheren Umkreis befindlichen BfF-Stellen. Sie können jede BfF-Stelle im Bundesgebiet auswählen. Sie sind der Auftraggeber mit all den Rechten nach dem Bürgerlichen Gesetzbuch (BGB). Zwar berichtet *Himmelreich* (Rn 57) über den behördlich erfundenen „Gutachten-Tourismus", wonach die Führerscheinstellen Bürger dazu anhalten wollen, nur die im Bundesland des Wohnsitzes befindlichen Gutachterstellen in Anspruch zu nehmen eine verbindliche Regelung ist nicht bekannt.

b) Die freie Wahl gilt auch für die Obergutachterstellen. Viele Behörden schreiben dennoch eine bestimmte Obergutachterstelle vor, die Sachbearbeiter kreuzen sogar selber die Stelle an, was jedoch nicht zulässig ist. Seit dem 1.1.1999 gibt es nicht mehr in allen Bundesländern Obergutachterstellen.

c) Ob Sie eine Medizinisch-Psychologische Untersuchungsstelle (BfF) oder ein Medizinisch-Psychologisches Institut (MPI) auswählen, ist ohne jede Bedeutung. Sie heißen seit dem 1.1.1999 Begutachtungsstellen für Fahreignung (BfF).

d) Selbstverständlich gibt es „leichtere" und „schwerere" Untersuchungsstellen bzw. solche, denen ein solcher Ruf vorausgeht. Sie sollten sich davon nicht beeinflussen lassen, weil Sie die Untersuchung nur dann bestehen, wenn Sie sich richtig und gründlich darauf vorbereiten, d.h. alles Notwendige dafür tun, künftig ein angepaßtes Verkehrsverhalten zu praktizieren. Unter dieser Voraussetzung bleibt die Auswahl der Untersuchungsstelle lediglich eine Frage der geographischen Entfernung.

6. Soll ich jetzt schon einen Rechtsanwalt hinzuziehen?

a) Im Vorfeld der Untersuchung ist die Beauftragung eines Rechtsanwalts ratsam, wenn Ihre Angelegenheit rechtlich nicht einfach ist oder Sie sich verfahrensrechtlich absichern möchten für den Fall, daß Ihr Gutachten negativ ausfällt.

b) Ihr Rechtsanwalt kann unter Umständen auch Ihrer Untersuchung beiwohnen – das hat es schon gegeben –, es wäre aber für Sie eher ein Nachteil: Ein vertrauensvolles Gespräch mit dem Gutachter würde dann sicher noch weniger zustande kommen.

c) Ihr Rechtsanwalt wird Ihnen zwar keine psychologischen oder medizinischen Ratschläge erteilen können, aber er wird Ihnen sagen, welche Fachleute (Arzt und Psychologe) Sie richtig beraten können.

7. Wie kann mir ein Arzt vor der Untersuchung helfen?

a) Eine haus- oder fachärztliche Untersuchung ist vor dem BfF-Test immer ratsam, damit Sie beim TÜV keine Überraschungen erleben, und zwar auch dann, wenn Sie nicht aus gesundheitlichen Gründen den Eignungstest machen müssen. Eine verkehrsmedizinische Untersuchung findet beim TÜV nämlich immer statt. Zu beachten ist jedoch, daß durch die neuen Fahrerlaubnis-Verordnung im Bereich des Fahrerlaubniswesens die Bescheinigung eines Facharztes mit verkehrsmedizinischer Qualifikation oder Arztes des Gesundheitsamtes oder eines Arztes für Arbeitsmedizin oder Betriebsmedizin gefordert wird. Bescheinigung eines Haus- oder Facharztes werden nur noch bedingt anerkannt.

b) Wenn medizinisch bedeutsame Befunde vorliegen, wird Ihr Arzt Sie über deren Bedeutung aufklären. Falls notwendig, haben Sie in den nächsten Wochen noch Zeit, sich behandeln zu lassen oder Ihre Lebensweise umzustellen.

c) Bei rein medizinischen Fragestellungen (z. B. Zuckerkrankheit, Bluthochdruck usw.) müssen Sie ohnehin vor der MPU zum Facharzt (siehe Kapitel 5). Falls Ihnen diese Aufklärung von der Behörde nicht erteilt wurde, müssen Sie das jetzt in die Wege leiten; im übrigen stellt diese Unterlassung der Behörde einen triftigen Grund dar, die Frist für die Vorlage des Gutachtens verlängern zu lassen.

d) Lassen Sie sich in jedem Fall auch aus früheren Zeiten ärztliche Atteste geben, um bei der BfF-Stelle eine fehlerhafte Beurteilung zu vermeiden.

8. Wie kann mir ein Diplom-Psychologe helfen?

a) Achtung: Seit dem 1.1.1999 kann Ihnen mit einer Verkehrstherapie nur ein Diplom-Psychologe helfen. Nur dieser Titel ist gesetzlich geschützt. Andere Berufsbezeichnungen – etwa „Praktischer Psychologe" – sind gesetzlich nicht geschützt und die fachliche Kompetenz ist bei diesen Anbietern nicht gewährleistet. Außerdem muß der Diplom-Psychologe auf die Verkehrspsychologe spezialisiert sein – dies ist in der Regel bei den Amtlich Anerkannten Verkehrspsychologischen Beratern und den Mitgliedern des Bundesverbandes Niedergelassener Verkehrspsychologen der Fall. Er kann Sie über die verkehrspsychologischen Aspekte Ihres Falles aufklären, Sie beraten und sogar im Rahmen einer Therapie betreuen.

b) Der Verkehrspsychologe sollte Ihnen die Schulung unbedingt in einem ausführlichen Bericht zur Vorlage bei der Gutachterstelle und beim Straßenverkehrsamt bescheinigen.

c) Die TÜV-Gutachterstellen erkennen bei bestimmten Voraussetzungen eine solche Betreuung an.

d) Von dubiosen Gruppen-Wochenend-Seminaren „bei Kaffee und Kuchen" ist abzuraten, insbesondere deshalb, weil letztendlich nur eine Einzelberatung sinnvoll sein kann. In Gruppensitzungen kann die eigene Problematik naturgemäß nicht bzw. nicht hinreichend aufgearbeitet werden.

9. Der Terminbrief der Gutachterstelle ist da – was tun?

a) Diese Briefe enthalten in der Regel neben dem Untersuchungstermin nur oberflächliche, teilweise sogar schlicht und einfach lächerliche Informationen.

b) Achtung bei Laborwerten! – Im Brief steht häufig nur etwas über die Möglichkeit, ein Leberattest, das nicht älter als 4 Wochen ist, mitzubringen. Das ist insofern nicht ganz ausreichend, als Sie zusätzlich auch ältere, sogar mehrere Monate alte Atteste vorlegen können und sollten (siehe Seite 43).

c) Falls Sie den Termin nicht wahrnehmen können, teilen Sie es so schnell wie möglich mit. Es ist sehr wichtig, und zwar nicht nur aus finanziellen Gründen, daß Sie etwaige Absagen oder Terminverlegungen mit Attesten begründen. Ehemalige Promille-Fahrer können sich leicht dem Verdacht aussetzen, wegen Alkoholkonsums den Termin übersehen, vergessen oder verschlafen zu haben – und deshalb sollten Sie insbesondere eine hieb- und stichfeste Entschuldigung mitliefern.

10. Was bringt mir ein „Vorgespräch" bei der Gutachterstelle?

a) Eigentlich gar nichts, denn Sie lernen „Ihren Gutachter" nicht kennen. Ein „Vorfühlen" kann nicht stattfinden.

b) Sie erhalten eine nichtssagende, sehr oberflächliche Unterrichtung.

c) Beim TÜV kann es leicht passieren, daß der Psychologe, der mit Ihnen ein „Beratungsgespräch" gegen Honorar führt, einen Bericht erstellt, der eine positive Eignungsbegutachtung vorerst unmöglich macht.

d) Wenn Sie zu einem nicht beim TÜV angestellten Verkehrspsychologen gehen, wird er Sie über die Begutachtung aufklären – es gibt nichts Geheimes. Sie als privater Auftraggeber haben das Recht auf gründliche vorherige Aufklärung.

Darauf kommt es an bei den häufigsten Untersuchungsanlässen

Um Ihnen bereits an dieser Stelle das weitere Vorgehen für Ihre Selbstvorbereitung zu erleichtern, sind nachfolgend die häufigsten Untersuchungsanlässe und die dazugehörigen Voraussetzungen für eine positive Begutachtung zusammengestellt. Diese erste Übersicht hilft Ihnen, Ihren eigenen Fall richtig einzuordnen.

Punkte-Sammler ohne Alkohol	Sie müssen sich über die in Ihrer Person liegenden Gründe Ihrer Verkehrsauffälligkeit im klaren und bereits in der Lage sein, ein dauerhaft normangepaßtes Verkehrsverhalten zu erreichen. Lippenbekenntnisse reichen natürlich nicht, Ihr Vortrag muß nicht nur einsichtig begründet, sondern auch ganz persönlich sein (siehe Kapitel 3).
Promille-Fahrer – auch Rückfäller	Die Ursache der Trunkenheitsfahrten ist immer die unzureichende Selbstkontrolle beim Alkoholkonsum. Sie müssen Ihre früheren Trinkgewohnheiten umgestellt bzw. ganz eingestellt, die neuen Verhaltensweisen erprobt und auch genügend gefestigt haben. Persönliche Probleme, die mit dem Alkoholkonsum zusammenhingen, müssen bewältigt sein. Bei Alkoholkrankheit ist der Besuch von Sitzungen einer AA-Gruppe (Anonyme Alkoholiker) oder dergleichen sowie die Vorlage normaler Leberwerte über einen Zeitraum von 6 bis 12 Monaten unerläßlich (siehe Kapitel 2, 8, 9 und 10).
	Rückfäller müssen in der Lage sein, die Ursachen für den Rückfall nicht nur zu kennen und realistisch darzustellen, sondern sie müssen sie auch bewältigt haben.
	Achtung: Solange eine Therapie nicht erfolgreich abgeschlossen und der Besuch der AA- und Selbsthilfegruppen nicht beendet ist, kann es kein positives Gutachten geben.
Punkte ohne Alkohol und zusätzlich Promillefahrt	Je „bunter" die Verkehrsvorgeschichte, um so wahrscheinlicher ist, daß dieses Verkehrsverhalten durch Persönlichkeitsprobleme verursacht worden ist. Diese müssen erkannt und bereits bewältigt sein (siehe Kapitel 2, 3, 8, 9 und 10).
Krankheiten	Ob für sich allein oder im Zusammenhang mit nüchterner oder alkoholbedingter Verkehrsauffälligkeit: Eine Erkrankung sollten Sie im voraus durch verkehrsfachärztliches Attest abklären und der Gutachterstelle gegenüber absichern. Dabei wird es immer darauf ankommen, ob Sie mit Ihrer Krankheit verantwortungsbewußt umgehen und etwaige Behinderungen ausgleichen können (siehe Kapitel 5).

Kapitel 1
Wissen ist Macht – Zur Arbeitsweise des verkehrspsychologischen Gutachters

Ihre verständliche Unsicherheit oder Angst vor der Untersuchung können Sie am besten überwinden, wenn Sie darüber informiert sind, wie die Gutachter vorgehen, sich vorbereiten, welches Material sie zur Verfügung haben und welche vorgefaßten Meinungen, Vorurteile sie mitunter – zu Ihrem Nachteil haben. Das folgende Kapitel ist deshalb als Hintergrundinformation besonders wichtig.

Die Begutachtung der Kraftfahreignung ist ein viel zu komplexer Vorgang, als daß sie ohne weiteres in ihre einzelnen Bestandteile zerlegt werden könnte. Aus dem „Schematischer Gutachtenaufbau" (Seite 29) ist zu entnehmen, daß bei der Untersuchung von mit oder ohne Alkohol auffällig gewordenen Betroffenen immer mindestens mit den folgenden Einzeluntersuchungen zu rechnen ist:

Untersuchungsgespräch/Exploration
Leistungstests + verkehrsmedizinische Untersuchung
Analyse von Einstellungen und Haltungen

Hinsichtlich des Einsatzes von Persönlichkeitsfragebögen hat sich bei den BfF-Stellen die Ansicht durchgesetzt, solche Tests i.d.R. nicht mehr zu gebrauchen. Vor einem „Seelenstriptease" braucht sich der Betroffene also angeblich nicht mehr zu fürchten. Auch bei Promille-Fahrern sei nicht damit zu rechnen, daß sie auf ihre „Normalität" hin untersucht werden würden.

Hier ist allerdings Vorsicht zu empfehlen: Denn trotz der „Begutachtungsgrundsätze", die nur eine begrenzte Anzahl von Tests zulassen und die „anlaßbezogene" Begutachtung vorschreiben, kann es durchaus vorkommen, daß der BfF-Gutachter dennoch zu Tests greift, die üblicherweise nicht auf dem Programm stehen. Anzumerken ist in diesem Zusammenhang, daß die Obergutachter die TÜV-Test-Grundsätze ohnehin nicht zu berücksichtigen brauchen, ihre Tests also völlig frei wählen. Erst 1984 entschied das Bundesverfassungsgericht in Karlsruhe, daß psychologische Tests beim TÜV auch dann grundsätzlich abverlangt werden können, wenn dabei Fragen aus dem (sogenannten) Intimbereich gestellt werden. Gleichwohl kann niemand dazu gezwungen werden, solche Fragen zu beantworten. Der Betroffene trägt allerdings dann das Risiko, daß der Psychologe Folgerungen aus dieser Nichtbeantwortung ableitet und in seinem Gutachten auch verwertet – so die Ausführungen der Richter!

Im Klartext: Der Psychologe **kann** durchaus dem Betroffenen standardisierte Fragebögen und Tests vorlegen, die bei diesem Widerstand hervorrufen (können). Daß diese Fragen und Tests zur Zeit nur selten vorkommen, hängt in erster Linie mit der öffentlichen Kritik zusammen.

Wenn auch die einzelnen Tests und Methoden später noch näher beschrieben werden, sollen in diesem Kapitel der besseren Übersicht wegen die wesentlichen Arbeitsschritte des Gutachters und der Gutachtenaufbau schematisch dargestellt werden (Anmerkung: Sie gelten im Prinzip für BfF- und Obergutachten):

Die Fahrer-Personalakte der Verwaltungsbehörde

Sobald sich der Betroffene mit der von der Behörde veranlaßten Beibringung eines Fahreignungsgutachtens einverstanden erklärt hat und die Behörde auch wissen läßt, durch welche BfF-Stelle er sich untersuchen lassen möchte, setzt sich die Verwaltungsmaschinerie in Gang.

So hat der Kraftfahrer der Behörde die Zustimmung zu erteilen, daß diese die für die Begutachtung „erforderlichen Verwaltungsvorgänge" an den Gutachter übersenden darf.

Zwar steht in Ziffer 5 der früheren „Eignungsrichtlinien", deren Inhalte in der beruflichen Praxis nach wie vor gelten, daß nur die „Verwaltungsvorgänge an den Gutachter" abzugeben sind, die im Hinblick auf die „gestellten Fragen über den Betroffenen Aufschluß geben können" und dabei die „Verwertungsverbote für Taten und Entscheidungen" zu berücksichtigen seien.

Die Wirklichkeit sieht dennoch anders aus: Sicherlich gibt es Straßenverkehrsbehörden, die diese Fahrerakte vor Übersendung an den Gutachter neu zusammenstellen oder gar „lichten", also nicht mehr verwertbare Vorgänge daraus entfernen. Aber eine solche Arbeit ist mitunter sehr mühsam und personal- wie auch zeitaufwendig.

In der Regel wird daher die Fahrerakte, so wie sie ist, an den Gutachter geschickt – auch mit den nicht mehr verwertbaren Vermerken. Die Behörden gehen nämlich häufig davon aus, der Gutachter werde schon wissen, was er nicht mehr berücksichtigen dürfe. Im übrigen betrifft diese Möglichkeit der Nichtverwertung nur Verstöße, die im nüchternen Zustand erfolgt sind; Promillefahrten bleiben bei der Erstellung von Eignungsgutachten praktisch für alle Zeiten zu berücksichtigen.

Was aber steht in dieser Fahrer-Personalakte?

Es sind darin alle Angaben über den erworbenen Führerschein enthalten: wann und wo die Prüfung bestanden; sofern nicht bestanden, wann und wie oft wiederholt. In dieser Akte finden sich aber auch alle Angaben über frühere getilgte Verkehrszuwiderhandlungen mit allen Einzelheiten wie Datum, Uhrzeit, Ort der Tat oder Ordnungswidrigkeit einschließlich der Namen aller Beteiligten und Polizeibeamten.

Außer verkehrsrechtlichen Zuwiderhandlungen sind in der Fahrerakte auch Vermerke darüber zu finden, ob gegen den Betroffenen jemals nicht verkehrsbezogene strafrechtliche Maßnahmen ergangen sind, d. h., es werden auch solche Gesetzesverstöße aufgenommen, die nicht im Zusammenhang mit dem Führen eines Kraftfahrzeuges standen. Die Justizbehörden sind nämlich zur Mitteilung verpflichtet.

In der Fahrerakte sind natürlich ebenfalls Hinweise über Ersatzführerscheine vorhanden. Für den Sachbearbeiter, Richter und Gutachter sind diese Angaben zum Beispiel bei den Kraftfahrern von Wichtigkeit, die kurz vor der drohenden Entziehung ihrer Fahrerlaubnis einen Ersatz wegen Verlust des Originals beantragt und auch erhalten haben.

Arbeitsschritte des Gutachters
(schematisch)

1. Vor der Untersuchung: $\dfrac{\text{Aktenanalyse}}{\text{Aktenauszug}}$ = Vorurteil

2. Während der Untersuchung:
   Untersuchungsgespräch/Exploration
       Ursache der Verstöße aus der Sicht des Betroffenen
       Wenn ja, welche Lehren daraus gezogen?
       Lebenslauferforschung
       Trinkgewohnheiten (bei Promille-Fahrern)

   Leistungstests
       Objektive Messung der funktionalpsychischen Leistungsfähigkeit
       Subjektive Beobachtung des Verhaltens in Belastungssituationen

   Analyse von Einstellungen und Haltungen
       Befragung (sehr subjektiv)
       Fragebogen

Arbeitsziel des Gutachters: Erhebung von positiven wie negativen Befunden (= objektive Testergebnisse, begründete Tatsachen und Anhaltspunkte), die eine Beurteilung ermöglichen.

Diese Beurteilung fällt für den Betroffenen positiv aus, wenn die Zusammenschau aller Befunde geeignet ist, das aufgrund der Aktenanalyse gebildete vorläufige Meinung des Gutachters, das ja logischerweise zunächst negativ ist, ins Positive umzukehren. Bevor dies näher erläutert wird, soll der Gutachtenaufbau einen weiteren Einblick ermöglichen.

Muster eines vom Gutachter ausgearbeiteten Aktenauszuges

Name: X. Y. – 22 Jahre; Kraftfahrer, seit 1 Jahr arbeitslos
25.03.91 FE Klasse 3 erworben
03.01.92 zu schnelles Fahren/Geldbuße: DM 100,–
05.03.93 zu schnelles Fahren/Urteil AG: DM 90,–
06.04.93 Fahrzeugmängel (abgefahrene Reifen, Auspuff schadhaft), Bußgeld: DM 120,–
08.08.93 zu schnelles Fahren (um 45 km/h schneller als innerorts erlaubt), Bußgeld: DM 150,–
10.08.94 Fahrzeugmängel (abgefahrene Reifen), Bußgeld: DM 300,–
02.12.94 zu schnelles Fahren und Fahrzeugmängel (abgefahrene Reifen), Bußgeld: DM 150,–
25.01.95 Trunkenheit am Steuer (BAK 1,6‰), Bußgeld: DM 500,– und 1 Monat Fahrverbot
02.03.95 SVA fordert BfF-Gutachten (vorsorglich!)
05.04.95 Proband stellte Antrag auf Ausstellung eines Zweitführerscheins wegen Verlust des Originals. Er unterschreibt eine Erklärung, wonach ihm die FE nicht entzogen worden sei und er auch kein Fahrverbot habe. Er erhält Zweitführerschein, vorläufig.
10.06.95 BfF-Gutachten: Konzentrationsstörungen, Neigungen zu Reizbarkeit, geringe Selbstkritik, Anpassungsschwierigkeiten
Vermerk: Achtung! Der Ausstellungswunsch nach einem Zweitführerschein könnte vorsorglich erfolgt sein, um im Falle des Entzuges der Fahrerlaubnis doch im Besitz eines Führerscheins zu sein!

Zu den Vorurteilen des Gutachters

In Ziffer 2.1 des zunächst noch weiterhin gültigen „Leitfadens zur Begutachtung der Fahreignung" findet sich u. a. folgendes:

„Aktenanalyse Die Gutachter haben bei der Aktenanalyse folgende Aufgaben:

Der Psychologe analysiert die Akten mit dem Ziel, festzustellen, welche im Hinblick auf den Untersuchungsanlaß bedeutsamen (auch „entlastenden") Sachverhalte in der Vorgeschichte enthalten sind. Durch die Analyse der Akten erhält er weitere Anhaltspunkte für die Vorbereitung einer gezielten Untersuchung der individuellen verkehrsspezifischen Problematik."

Die Kenntnis darüber, daß z. B. ein noch dazu junger Kraftfahrer in kurzer Zeit bereits 4mal wegen zu schnellen Fahrens, 2mal wegen abgefahrener Reifen und zudem dann auch noch wegen einer Promillefahrt bestraft wurde, führt bei jedem Leser automatisch zu einer mehr oder minder vagen Vorstellung von dieser Person, deren „Kraftfahrer-Vorleben" – je nach Betrachter – unterschiedlich beurteilt werden kann; so zum Beispiel wie folgt:

„Männlich, 22 Jahre jung, Beruf: Kraftfahrer; seit 1 Jahr arbeitslos. Hatte 6 Geldbußen und Geldstrafen wegen Fahrzeugmängel und schnellen Fahrens und dann eine Trunkenheitsfahrt mit 1,6 Promille."

Dies ist die Zusammenfassung der sachlichen Punkte ohne eine persönliche, subjektive Wertung. Eine subjektive Beurteilung könnte anhand des Aktenauszuges etwa wie folgt lauten:

„Junger Bursche, hat schlechten Gebrauchtwagen und wahrscheinlich wenig Geld. Deshalb konnte er sich keine neuen Reifen kaufen. Ist ein dynamischer Kerl, fährt gerne spritzig, ist auf die schiefe Bahn geraten, deshalb hat er getrunken."

Es wäre aber zum Beispiel auch folgendes denkbar

„Unverantwortlicher junger Mann, hat seinen Beruf aufs Spiel gesetzt, da er als Berufskraftfahrer ein Säufer geworden ist. Seine Unreife zeigt sich auch darin, daß er mehrmals mit abgefahrenen Reifen fuhr."

Wie auch immer die Vorstellung bzw. die vorgefaßte Meinung von dieser Beispiel-Person sein mag: Für den Psychologen zeichnet sich aufgrund des Akteninhaltes vor der Untersuchung etwa folgendes Bild als vorläufiges Urteil ab:

„Erhebliche Risikobereitschaft und geringe Sorgfaltshaltung, da nach der wissenschaftlichen Literatur ‚abgefahrene Reifen' (im Wiederholungsfall) als typisches Merkmal bei jungen Leuten bezeichnet wird. Ggf. sogar Hang zur Sorglosigkeit. Möglicherweise geringe Persönlichkeitsreife. Wahrscheinlich auch leicht verleitbar, beeinflußbar, falls er sich die 1,6‰ in Gesellschaft angetrunken hat. Sofern allein, evtl. depressive Stimmung oder gar Neigung zur Depressivität. Arbeitslosigkeit kann dafür kein Grund sein, da er seinen Job erst nach der Trunkenheitsfahrt und eben deswegen verlor.

Die allgemeine statistische Rückfallwahrscheinlichkeit liegt bei ihm über 50 %, es ist also eine überwiegende Ausgangswahrscheinlichkeit dafür gegeben, daß er in absehbarer Zeit wegen einer Promillefahrt erneut bestraft werden würde."

Mit diesem zwar vorläufigen, aber wissenschaftlich fundierten Bild kann der Psychologe in der bevorstehenden Untersuchung natürlich eine Menge anfangen. So stellt er z. B. seine Vorgehensweise für die Befragung zusammen, wobei er auch auf die Lebensumstände des jungen Mannes achten wird.

Dieses „Vor-Urteil" ist also methodischer Bestandteil, Handwerkszeug des Gutachters.

Es soll aber nicht verschwiegen werden, daß dieses Bild auch durch die Berufserfahrung des Gutachters mitbestimmt wird. Er hat täglich sogar mehrere einander sehr ähnliche Fälle zu beurteilen, und so ist es kein Wunder, daß auch unter Psychologen die „Berufsblindheit" keine unbekannte Erscheinung ist: Das „Schema-F"-Verfahren breitet sich auch in diesem Beruf aus, und es gibt Gutachter, deren Beurteilungen sich gleichen wie ein Ei dem anderen.

Es läßt sich nicht leugnen, daß die gewissenhaften Gutachter mit diesem „Abfärben" des einseitigen Berufsalltags mitunter viel zu kämpfen haben, wenn sie die von ihnen Untersuchten nicht nach Standardschema abfertigen wollen.

Bleiben wir bei dem aufgrund des Beispiel-Aktenauszuges erstellten „Vorurteil", denn dies ist bei der Untersuchung von wesentlicher Bedeutung. Für den psychologischen Gutachter wird es, vereinfacht gesagt, in der Untersuchung des Betroffenen nämlich auf eine doppelte Fragestellung ankommen:

1. Ist es wahrscheinlich, daß der Betroffene auch künftig wegen Verkehrszuwiderhandlungen ohne Alkohol auffallen wird?
2. Ist mit einem Rückfall in eine Promillefahrt zu rechnen, und wenn ja, wie groß ist die Wahrscheinlichkeit dafür?

Für den Betroffenen gibt es zwei Möglichkeiten:

1. Die Untersuchungsergebnisse bestätigen das „Vorurteil" des Gutachters, d. h., der Betroffene kann nichts Positives einbringen (z. B.: Er trinkt übermäßig, kann sich nicht genügend kontrollieren usw.). In diesem Fall wird das Gutachten negativ ausfallen.
2. Der Betroffene widerlegt das „Vorurteil" des Gutachters. (Er überzeugt ihn, daß er den Alkoholkonsum im Griff hat und ein auch sonst normgerechtes Verhalten erreichen wird.) Das Gutachten wird positiv sein.

Zusammenfassung:

Ihr psychologischer Gutachter weiß von Ihnen schon vor der Untersuchung eine ganze Menge. Er hat sich über Sie und Ihren „Fall" auch schon eine vorläufige Meinung, ein vorläufiges Urteil gebildet. Er wird in der Untersuchung, zumindest beim TÜV, nicht sehr viel Zeit für Sie haben. Das liegt weniger an seiner Ungeduld als vielmehr an seiner

Arbeitseinteilung. (Böse Zungen behaupten: Geringes Honorar – kurze Untersuchung!) Deshalb ist damit zu rechnen, daß der Gutachter bestrebt sein könnte, im Gespräch mit Ihnen nur sein „Vorurteil" bestätigen zu lassen. (Achtung: Im Durchschnitt sind rund 48 % aller Beurteilungen negativ!)

Tricks und Fallen unseriöser Gutachter:

Achten Sie im Gespräch besonders auf Suggestivfragen! Das sind z. B. Fragen, die eigentlich nur eine Antwort zulassen, oder solche, mit denen dem Befragten auch die Antwort „in den Mund gelegt" wird. Als Beispiel ein typischer Gesprächsausschnitt:

Gutachter: Wieviel haben Sie vor der Trunkenheitsfahrt etwa getrunken?

Befragter: Ungefähr 10 bis 12 Glas Bier.

Gutachter: Sie haben also vor der Fahrt gar nicht so viel getrunken?!

Befragter: Also so sehr viel auch nicht ...

Nach einem solchen oder ähnlichen Dialog kann der Betroffene dann im Gutachten nachlesen, daß er die Wirkung des Alkohols unrealistisch einschätze, da 10 bis 12 Glas Bier für ihn nicht sehr viel seien.

Falls für Sie eine Frage nicht ganz eindeutig ist, bitten Sie den Gutachter um Aufklärung darüber, was er damit eigentlich meint! Lassen Sie es nicht zu, daß allein der Gutachter das Gespräch bestimmt! Sie wissen, worauf es ankommt und daß der Gutachter bestrebt sein könnte, nur seine „Vorurteile" bestätigen zu lassen.

Wenn diese Vorurteile negativ sind, kann das Gespräch schnell einen für Sie ungünstigen Verlauf nehmen.

Sie sollten deshalb darauf bestehen, alles vorzubringen, was Sie für Ihre zukünftige Verkehrsbewährung für positiv halten!

„Fahrer- oder Gesamtpersönlichkeit": ein Durcheinander

Für Sie als Betroffenen ist es vielleicht nicht ohne weiteres verständlich, daß es in der Verkehrspsychologie und unter Verkehrsjuristen einen offenbar nie endenden Streit darüber gibt, ob der Kraftfahrer als **Gesamtpersönlichkeit** oder nur als **Fahrerpersönlichkeit** die Verkehrsverstöße begangen hat. Dieses Thema ist aber für die Begutachtung von größter Wichtigkeit, und Sie sollten sich darüber informieren, denn damit kommen Sie dem positiven Gutachten einen weiteren Schritt näher.

Die Vertreter der einen Meinung sagen: Es ist immer die Gesamtpersönlichkeit, die am Steuer sitzt, da der Mensch als Ganzheit aufzufassen sei mit all seinen vorteilhaften und nachteiligen (Charakter-)Eigenschaften, die je nach äußeren und/oder inneren Gegebenheiten auch im jeweiligen Verkehrsverhalten zum Ausdruck kommen (können).

Diese Ansicht dürfte als theoretische Grundlage die Fahreignungsbegutachtung bis zum 1.4.1983, also vor Einführung der neuen Begutachtungsgrundsätze, beherrscht haben. Denn seinerzeit mußten sich die Betroffenen noch einem kompletten „Seelenstriptease" unterziehen, da sie restlos durchleuchtet werden sollten. Auch heute gilt nach Anlage 15 zu § 11 Abs. 5 der Fahrerlaubnis-Verordnung die „anlaßbezogene" Begutachtung, die letztlich nur eine oberflächliche Kosmetik und Zugeständnis an die Juristen ist, denn sie bedeutet nichts anderes, als daß der Gutachter von sich aus nicht nach tiefer liegenden Gründen fragt – diese müssen Sie von sich aus berichten.

Dies bedeutet im Klartext etwa folgendes: Sie sind mit 2,0‰ am Steuer aufgefallen und erzählen in der Untersuchung, in der Vergangenheit häufig viel getrunken zu haben, wodurch auch eine Alkoholgewöhnung und eine abnorme Verträglichkeit entstanden sind. Dies liegt für jeden Gutachter auf der Hand – somit ist das Kriterium der Anlaßbezogenheit dem Anschein nach erfüllt.

Sie absolvieren aber nicht bloß eine Befragung, sondern eine psychologische Untersuchung – jeder Verkehrspsychologe weiß, daß in solchen Fällen nicht nur der Spaß an der Freud, also der Alkoholgenuß, eine Rolle spielte, sondern möglicherweise auch andere Hintergründe – Familie, Beruf usw.. Wenn Sie von sich aus darauf nicht eingehen, wird der sich am Kriterium „Anlaßbezogenheit" orientierende Gutachter Sie auch nicht danach fragen, und notgedrungen ein negatives Gutachten schreiben, weil er die Hintergründe der Entstehung des gewohnheitsmäßigen Vielkonsums nicht nachvollziehen kann, denn niemand wird zum Vieltrinken ohne seelische Beweggründe.

Kehren wir jedoch zu unserem ursprünglichen Gedanken der Fahreroder Gesamtpersönlichkeit zurück: Die Vertreter der anderen Ansicht meinen, daß es doch viele Menschen von „schlechtem Charakter" gibt, also Leute mit negativ zu bewertenden Charaktereigenschaften (z. B. Kriminelle, eigensinnige, lügenhafte oder geltungssüchtige Menschen, oder auch solche, die anderen immer ein Bein stellen wollen oder die ihre Frauen, Kinder verprügeln), die sich aber am Steuer ihres Wagens trotzdem beispielhaft verhalten. Wegen Verkehrszuwiderhandlungen seien sie noch nie aufgefallen.

Diese Auffassung ist die theoretische Grundlage der seit dem 1.4.1983 bundeseinheitlich gültigen „anlaßbezogenen" Eignungsbegutachtung, die laut FeV weiterhin gilt. Die Untersuchung und die Beurteilung sollen sich nur auf die Fragestellung erstrecken, die die Behörde

„ihrer Anordnung der Beibringung eines Gutachtens" zugrunde legt (Ziffer 1.5).

Für den Psychologen, der eine Beurteilung der charakterlichen Eignung eines Betroffenen zu erstellen hat, kann diese Unterscheidung zwischen Gesamtpersönlichkeit und Fahrerpersönlichkeit nur zweitrangig sein, geht es ihm doch vor allen Dingen darum, soviel wie möglich über den zu Untersuchenden in Erfahrung zu bringen, den er ja lediglich als einen Fall unter anderen kennt. Er hat ihn aufgrund der Fahrer-Personalakte, seiner Vorgeschichte, in sein Gutachter-Denkschema eingeordnet und sich sein Urteil gebildet.

Da beim TÜV die Persönlichkeitstests aus dem Verkehr gezogen wurden, ist der Gutachter mehr denn je darauf angewiesen, aus anderen Quellen alles darüber zu erfahren, was die Ursache der Verkehrsauffälligkeit des Probanden sein könnte. Je weniger der Gutachter in Erfahrung bringen kann, um so größer wird seine Unsicherheit, und er wird in erster Linie seine aufgrund der Verkehrsvorgeschichte gebildete und durch Statistiken abgesicherte Meinung gelten lassen.

Das ist ein großer Konflikt, denn der Gutachter ist nach seinem Berufsethos ja eigentlich verpflichtet, nicht nur Negatives, sondern auch Positives über den Untersuchten festzustellen, damit sein Charaktergutachten ausgewogen bleibt – doch in der Fahrerakte steht nichts Positives! So läßt der neue Bußgeldkatalog es ausdrücklich nicht zu, daß bei der Zumessung von Bußgeldern wegen Ordnungswidrigkeiten selbst jahrzehntelange vorschriftsgerechte Teilnahme am Straßenverkehr in Form von Bonuspunkten berücksichtigt wird. Demzufolge enthält die Fahrer-Personalakte nur negative Tatsachen, und das auch nur in abstraktem Verwaltungsdeutsch. Was alles im Zusammenhang mit der Begehung der Ordnungswidrigkeiten und/oder Verkehrsstraftaten noch Wichtiges passierte, müßte in der Untersuchung geklärt werden, doch dazu bleibt beim TÜV in den üblichen 20–40 Minuten überhaupt keine Zeit.

Diesen unhaltbaren Zustand hat die Entscheidung des Bundesverwaltungsgerichts vom 20.2.1987 (BVerwG 7 C 87, 84) nur noch verschlimmert, weil es generell festlegte, daß die Gutachter immer nur die **Gesamtpersönlichkeit** zu durchleuchten haben:

„Wie der erkennende Senat im Anschluß an das Urteil des l. Senates (BVerwGE 2, 259) wiederholt dargelegt hat, beurteilt sich die Eignung zum Führen von Kraftfahrzeugen auf der Grundlage einer umfassenden Würdigung der Gesamtpersönlichkeit des Kraftfahrers, und zwar nach dem Maßstab seiner Gefährlichkeit für den öffentlichen Straßenverkehr (...). Dabei sind sämtliche im Einzelfall bedeutsame Umstände heranzuziehen, die Aufschluß über die körperliche, geistige und charakterliche Eignung geben können. Insbesondere bei der

charakterlichen Eignung kommt eine Vielzahl von Tatsachen und persönlichen Merkmalen in Betracht, wie Art, nähere Umstände und Anzahl der bereits begangenen verkehrsrechtlichen oder nichtverkehrsrechtlichen.

Straftaten, außerdem das Alter, die persönlichen und familiären Verhältnisse, etwaige Alkohol- oder Drogenauffälligkeit und anderes mehr" (ZfS Juni 1987, S. 189).

Die Beurteilung der Gesamtpersönlichkeit ist psychologisch ohne den Einsatz von Persönlichkeitstests und die sehr ausführliche Exploration gar nicht möglich. Beim TÜV sind aber die Persönlichkeitsfragebogen abgeschafft, und das alles entscheidende Gespräch dauert nur wenige Minuten.

Die TÜV-/DEKRA-Untersuchungsstellen können also mit ihrer Beurteilungspraxis nicht nur keine wissenschaftlich anspruchsvollen Leistungen erbringen, sie erfüllen auch die Vorgaben des Bundesverwaltungsgerichtes nicht. Damit dienen sie weder der Verkehrssicherheit noch der Gerechtigkeit, und auch Ihnen nicht.

Nur die Obergutachterstellen (siehe Kapitel 14) bzw. einige besondern gründlich arbeitende BfF-Stellen haben sich auf das BVG-Urteil umgestellt und richten ihre Untersuchungen nach diesen Maßstäben aus. In der Schlußbeurteilung eines Gutachtens der Obergutachterstelle des Landes NRW und zum Beispiel der BfF-Stelle Hamburg (Prof. H. Lewrenz und Prof. D. Püschel) wird sogar konkret auf die **Gesamtpersönlichkeit** des Untersuchten Bezug genomen.

Um das Dilemma der Gutachter noch deutlicher zu machen, hier einige Fallbeispiele:

1. Beispiel:

Ein 36jähriger Geschäftsinhaber mußte seinen Führerschein abgeben, weil er in den letzten Jahren in häufiger Folge in 25 Fällen wegen Verkehrsverstößen, die er alle in nüchternem Zustand beging, bestraft wurde. In der Mehrzahl waren es „zu schnelles Fahren" und „Nichtbeachtung von Verkehrszeichen".

Aufgrund der Tilgungsvorschriften waren bei ihm aber lediglich die letzten beiden Verstöße noch verwertbar, also ein Auffahrunfall und Nichtbeachtung eines Verkehrszeichens.

Der Gutachter der BfF des TÜV legte alle 25 Verstöße seiner Begutachtung zugrunde und führte aus, daß bei dem Betroffenen ein angepaßtes Verkehrsverhalten nicht erwartet werden könne.

Diese Annahme ist bereits, seien wir ehrlich, auch ohne jede charakterologische Begutachtung folgerichtig, hat doch der Autofahrer durch seine vielen Verkehrsverstöße in relativ kurzer Zeit zu erkennen gegeben, daß er geradezu notorisch gegen Vorschriften verstößt und auch die erheblichen Geldbußen ihn nicht dazu zu bewegen vermochten, sich angepaßt zu verhalten.

Sein Rechtsanwalt protestierte aber mit Recht gegen die Berücksichtigung der bereits getilgten ersten 23 Bestrafungen.

Die Sache kam zum Obergutachter. Dieser stellte seine Prognose, unter Berücksichtigung des Verwertungsverbotes, nur auf die beiden letzten Verstöße ab und führte aus: Zwar habe der Untersuchte erklärt, daß er sich in Zukunft an die Vorschriften halten werde, aber das sagten schließlich alle in einer solchen Prüfungssituation. Zudem sei er ein Mensch, der eigene Interessen vor die der Allgemeinheit stelle, und neige auch noch zu einer gewissen Störanfälligkeit. Andererseits sei er durchweg intelligent und könne sich durchaus disziplinieren. Also: Er werde auch in Zukunft gegen Verkehrsvorschriften verstoßen, wenn auch in nicht stärkerem Maße, als dies der Durchschnitt der Kraftfahrer tue.

Zusammenfassung: Der Autofahrer erhielt seinen Führerschein, sein Rechtsanwalt setzte sich durch, weil der Obergutachter eine „salomonische" und keine psychologische Beurteilung erstellte.

Psychologisch richtig ging nur der Gutachter der BfF des TÜV vor, denn er versuchte, wissenschaftlichen Kriterien gerecht zu werden, indem er die „Gesamtpersönlichkeit" des Untersuchten zugrunde legte. Auf der Strecke blieb also die wissenschaftliche Verkehrspsychologie.

2. Beispiel:

Einem 45jährigen Händler, der wegen einer Reihe von Eigentumsdelikten, bei denen er seinen Personenkraftwagen benutzte, mit Gefängnis bestraft wurde, ist folgerichtig auch die Fahrerlaubnis entzogen worden. Nach Verbüßung der Strafe fiel er in der Folgezeit bei der Polizei auf, da er in sehr stark angetrunkenem Zustand randalierte und Nachbarn bedrohte. Nachdem er die FE von der Behörde nach einer gewissen Zeit und unter Vorlage eines für ihn positiven BfF-Gutachtens neu erteilt bekam, beging er mehrere Verkehrsverstöße in nüchternem Zustand und alsbald auch eine Trunkenheitsfahrt mit über 2,0 Promille.

In den folgenden drei Jahren ließ er sich mehrmals begutachten, immer mit negativem Ergebnis. Schließlich bewirkte sein Rechtsanwalt einen für ihn günstigen Beschluß des Verwaltungsgerichtes, an das er sich mit einer Klage gegen die Behörde gewandt hatte. Danach sollte er sich einer weiteren Begutachtung unterziehen mit der richterlichen Maßgabe an den Gutachter, daß er die Untersuchung nur auf die letzte Bestrafung wegen Trunkenheit am Steuer vor 6 Jahren abzustellen habe.

Der vom Verwaltungsgericht beauftragte Gutachter sah sich allerdings außerstande, in diesem Fall die bewegte und charakterologisch äußerst bedeutsame Vorgeschichte des Betroffenen unberücksichtigt zu lassen. Deshalb nahm er in seinem Gutachten zu dieser Frage wie folgt Stellung: Ohne Berücksichtigung der in nüchternem Zustand erfolgten Verkehrsverstöße und Eigentumsdelikte sowie des Randalierens im Vollrausch könnte zwar ein Gutachten allein aufgrund der im Beweisbeschluß zugelassenen Trunkenheitsfahrt erstattet werden, dieses würde aber nur von einer hypothetischen (also tatsächlich nicht vorhandenen) Persönlichkeit handeln.

Das wiederum kann nicht der Gegenstand und Sinn von Fahreignungsbegutachtung sein.

Fazit: Den kürzeren zog auch in diesem Fall der Betroffene, der zwischen die Fronten der auf ihrer wissenschaftlichen Freiheit bestehenden Psychologen auf der einen und der die juristischen Möglichkeiten nutzenden Richter und Rechtsanwälte auf der anderen Seite geriet.

Bereits diese beiden Fallbeispiele verdeutlichen, daß sich die psychologischen Sachverständigen in einer für ihre Aufgabenstellung keineswegs sachdienlichen Situation befinden. Die Psychologen sagen: Um eine wirklich begründete Aussage über die charakterliche Eignung eines Betroffenen machen zu können, sind alle maßgeblichen Vorgeschichtsdaten zu berücksichtigen. Andernfalls wird das Gutachten zu einem Teil der „Juristerei", bei der der Psychologe unerlaubterweise die Rolle eines „Richters in Weiß" übernimmt.

Schematischer Gutachtenaufbau

1. Formulierung der Fragestellung für die Untersuchung. Sie wird vom federführenden Gutachter (Arzt oder Psychologe) vorgenommen, da die Straßenverkehrsbehörde nur ein allgemeingehaltenes „Bedenken an der Fahreignung" äußert.
2. Analyse der Vorgeschichte
   a) Aktenanalyse (Bestrafungen, Fahrpraxis)
   b) Lebenslauferforschung in wesentlichen Punkten
3. Befunde der ärztlichen Untersuchung
   a) Leberwerte
   b) Angaben über eventuelle Krankheiten, Verletzungen
4. Explorationsergebnisse
   a) zu Zuwiderhandlungen mit oder ohne Alkohol
   b) Trinkgewohnheiten (nur bei Promille-Fahrern)
   c) Angaben über künftige Vermeidungsvorsätze des Untersuchten
5. Ergebnisse der Testverfahren
   a) Leistungsvermögen
   b) ggf. Intelligenztest
   c) ggf. Persönlichkeitstests
   d) ggf. Fahrprobe/Testfahrt
6. Zusammenfassung/Ergebnis

Schlüsselworte der „tüvologischen" Begutachtung

Abhängigkeit Bei Alkoholabhängigkeit (Sucht) wird der Nachweis einer Entziehung und Alkoholabstinenz von etwa einem Jahr zur Voraussetzung einer positiven Begutachtung gemacht.

Abstinent/Abstinenz Der völlige Verzicht auf den Genuß alkoholischer Getränke. (Vorsicht: Wer auch nur 1 Glas Alkoholisches trinkt bei einem einzigen Anlaß, kann für sich nicht in Anspruch nehmen, abstinent zu leben!)

Alkoholiker Eine Person, die nicht mehr fähig ist, ohne Alkohol Stunden oder Tage zu überstehen. Die Sucht zeigt sich unter anderem in Zittern und Unruhegefühl, die der Alkohol vorübergehend beseitigt. Ein „trockener" Alkoholiker kann nur dann mit einem positiven Gutachten rechnen, wenn er mindestens 8 bis 12 Monate abstinent gelebt hat.

Alkoholkrankheit Schädigung durch Alkohol, Mißbrauch oder Abhängigkeit von Alkohol mit Auftreten von Entzugserscheinungen bei Abstinenz. Bei den meisten Trinkern wird auf Dauer vor allem die Leber geschädigt, die zunächst Verfettungen und bei stärkeren Schäden Fibrose bzw. Zirrhose aufweist. Daneben kommt es zu Schäden der Bauchspeicheldrüse, des Magen-Darm-Traktes, des Herzens, der Haut sowie des peripheren und zentralen Nervensystems. Neben den körperlichen Wirkungen sind vor allem psychische Schäden sowie soziale Isolation, Verlust des Führerscheins und des Arbeitsplatzes bzw. eine allgemein niedrigere Lebenserwartung zu nennen.

Alpha-Alkoholismus Alkohol wird konsumiert, um mit Problemen psychischer und körperlicher Art „leichter fertig zu werden". Der Alkohol wird als Mittel der Entspannung und der Betäubung angesehen, wobei durch regelmäßiges oder häufiges Trinken eine Abhängigkeit entstehen kann, die jedoch nicht als Sucht zu bezeichnen ist. Aus Alpha-Alkoholismus kann in der weiteren Entwicklung ein Gamma-Alkoholismus entstehen.

Beta-Alkoholismus	Bei diesem Personenkreis handelt es sich um „normale" Menschen, die gerne in der Kneipe, oder in Gesellschaft mit anderen zusammen Alkohol konsumieren. Bei dieser Gruppe sind noch keine Merkmale einer körperlichen Abhängigkeit festzustellen.
Delta-Alkoholismus	Bei dieser Form des Alkoholismus kann der Betroffene nicht mehr ohne Alkoholkonsum existieren, da er bereits Entzugserscheinungen aufweist. In dieser speziellen Form wird ständig Alkohol getrunken, ohne daß der Kranke dabei die Kontrolle über sein eigenes Verhalten verliert bzw. darüber, wieviel er zu einer bestimmten Zeit trinken will. Diese Form des Alkoholkonsums kann über Jahre hinweg anhalten, und der Betroffene ist nicht in der Lage, die Abstinenz durchzuhalten.
Epsilon-Alkoholismus	Hierbei handelt es sich um eine Form des Alkoholismus, bei der in mehr oder minder kurzen Abständen große Mengen von Alkohol getrunken werden und ein Kontrollverlust eintritt. Dieses übermäßige Trinken kann mehrere Tage, Wochen oder sogar Monate anhalten, aber danach ist der Epsilon-Trinker in der Lage, sogar ganz auf Alkohol für eine bestimmte Zeit zu verzichten.
Gamma-Alkoholismus	Die Suche nach Erleichterung mit Hilfe von Alkohol führt zu häufigerem und stärkerem Alkoholgenuß. Dies kann sogar zu körperlicher Abhängigkeit führen, die sich in „Kontrollverlust" ausdrückt. Es wird immer häufiger bis zum Rausch weitergetrunken, wodurch ein Anzeichen der Sucht erfüllt ist. Häufigste Form des Alkoholismus in der Bundesrepublik.
Alkoholproblem	In der Verkehrspsychologie wird von einem Alkoholproblem gesprochen, wenn es nicht gelingt, die Trinkgewohnheiten hinreichend und dauerhaft zu kontrollieren.
Anonyme Alkoholiker (AA)	Diese Selbsthilfegruppe ist eine „Gemeinschaft von Männern und Frauen, die miteinander ihre Erfahrung, Kraft und Hoffnung teilen. Die einzige Voraussetzung für die Zugehörigkeit ist der Wunsch, mit dem Trinken aufzuhören." Ach-

tung: Viele BfF-Stellen verlangen den Besuch der Sitzungen einer AA-Gruppe auch von Betroffenen, die keine Alkoholiker waren. Es wird sogar eine Bescheinigung abverlangt, obwohl diese AA-Gruppen anonym sind: Die Teilnehmer müssen namenlos bleiben.

Bagatellisierung Wenn die eigene Verantwortung und eine etwaige Alkoholproblematik verniedlicht werden, ist kein positives Gutachten zu erwarten, weil dies als ein sicheres Zeichen von Uneinsichtigkeit gewertet wird.

Einsicht Die selbstkritische Einsicht in die Zusammenhänge des eigenen Fehlverhaltens ist unerläßliche Voraussetzung der positiven Beurteilung.

Fahrerlaubnis Die Erlaubnis der Verwaltungsbehörde, ein Kraftfahrzeug mit einer Höchstgeschwindigkeit von mehr als 6 km/h führen zu dürfen. Ohne Fahrerlaubnis gibt es keinen Führerschein.

Führerschein Der Nachweis der erteilten Fahrerlaubnis, der beim Autofahren immer mitzunehmen ist. Mit Entzug der Fahrerlaubnis wird der Führerschein sofort ungültig.

Gesellschaftstrinker Personen, die alkoholische Getränke fast ausschließlich in Gesellschaft anderer konsumieren. Sie gelten als beeinflußbar, da sie im Schutz der Gruppe ihre Selbstkontrolle leicht aufgeben.

Gewohnheitstrinker Personen, die alkoholische Getränke mit sehr großer Regelmäßigkeit konsumieren. Ihre Gewohnheit verselbständigt sich, was auch dann zur Abhängigkeit führen kann, wenn die tägliche Trinkmenge noch nicht allzu groß ist.

Lippenbekenntnis Zeugt von unkritischer Sicht und hat negatives Gutachten zur Folge, weil derartige Äußerungen natürlich nicht ehrlich sind und keinen Ausdruck der unerläßlichen Verhaltensänderung darstellen. Der Gutachter muß zwangsläufig annehmen, daß dem Betroffenen jedes Mittel recht ist, um die Fahrerlaubnis wiederzubekommen, und daß der Betroffene deshalb stark rückfallgefährdet ist.

Nachtrunk	Alkoholkonsum noch vor der Blutentnahme zwecks Verdunkelung der vor der Tatfahrt tatsächlich getrunkenen Trinkmenge. Ist keine Straftat, kann jedoch zum Verlust des Versicherungsschutzes führen.
Normaltrinker	Eine Person, die Alkoholisches niemals regelmäßig und jeweils nur in geringen Mengen (bis etwa 5 Glas je Trinkgelegenheit) zu sich nimmt.
Problemtrinker	Personen, die wegen ihrer nicht gelösten Probleme übermäßig Alkohol trinken. Eine positive Begutachtung ist nur dann denkbar, wenn nicht nur der Alkoholkonsum eingeschränkt, sondern auch die Fähigkeit erworben wird, mit Problemen zu leben und diese verarbeiten zu können.
Promille (‰)	Maßeinheit für das Verhältnis von Körperflüssigkeit und Alkohol in Tausendstel. „Promille" bedeutet wörtlich: „pro Tausend". „Ein Promille" = in einem Liter Blut (= 1 000 Gramm) befindet sich 1 Gramm reiner Alkohol. Ein 70 kg schwerer Mensch hat etwa 5 bis 6 Liter Blut.
„Quartalsäufer"	Eine Person, die Alkohol regelmäßig nur in recht großen, mitunter mehrmonatigen Abständen konsumiert, allerdings stets unkontrolliert, auch bis zum Vollrausch. Diese Personen streben häufig Enthaltsamkeit an, halten ihren Vorsatz aber nur zeitweise durch und werden immer wieder rückfällig.
Reaktionsvermögen	Die Gesamtheit von Reaktionssicherheit, Reaktionsgenauigkeit und Reaktionsschnelligkeit
Selbstbeobachtung	Unerläßlich, um die eigenen Gewohnheiten zuerkennen und diese in den Griff zu bekommen, z. B. beim Autofahren, etwa wegen der Neigung zu schnellem Fahren oder beim Alkoholkonsum im Hinblick auf eigene Trinkgewohnheiten.
Selbsthilfegruppe	Zusammenschluß einer kleineren Zahl von Betroffenen in regelmäßigen Abständen zur Besprechung von Problemen, Austausch von Erfahrungen bzw. gegenseitige Motivation. Diese Selbsthilfegruppen sind meist Wohlfahrtsorganisationen angeschlossen und tagen ohne fachliche Anleitung durch Ärzte oder Psychologen. (Adressen der Zentralstellen im Anhang.)

Selbstkontrolle	Unerläßliches Lernziel, wenn die Verkehrsauffälligkeit die Folge fehlender Anpassung an die allgemeingültigen Normen war.
„Spiegeltrinker"	Jemand, der sich ständig unter Alkoholeinfluß befindet und den „Alkoholspiegel" immer nur auffüllt.
„Spontantrinken"	Ungeplanter und unüberlegter Konsum beträchtlicher Alkoholmengen (zum Beispiel 10 und mehr Glas Bier bei Geburtstagen in der Firma oder zufälligem Treffen mit Bekannten).
„Sturztrinken"	Sehr hoher Alkoholkonsum (15 und mehr Glas) innerhalb sehr kurzer Zeit (etwa 2 Stunden). Siehe hierzu auch Abbildung auf Seite 57.
Trinkgewohnheit	Angaben über die tägliche Flüssigkeitsmenge. Inder Eignungsbeurteilung versteht man darunter fälschlicherweise nur die Gewohnheit beim Konsum alkoholischer Getränke.
Trinkhäufigkeit	Ist von größter Bedeutung für die Gewohnheitsbildung beim Alkoholkonsum. Bereits tägliches Alkoholtrinken wird bei der Fahreignung ungünstig gewertet.
Verarbeitung	Der selbstkritischen Einsicht eigener Fehler muß auch die Verarbeitung der persönlichen Problematik folgen. Sie ist eine der Grundvoraussetzungen der positiven Begutachtung.
Verdrängung	Die Verdrängung von Problemen reicht für die positive Beurteilung nicht aus.
Verhaltensänderung	Bezieht sich auf alle Verhaltensweisen, die mit der Verkehrsauffälligkeit ursächlich zusammenhängen (Umgang, Trinkgewohnheit usw.).
Vermeidungstechnik	Die bereits erfolgreich angeeignete und häufig erprobte Technik der Verhinderung des Rückfalls in alte Gewohnheiten des Alkoholkonsums. Sie schließt Standhaftigkeit ein.
Verträglichkeitsgrenze	Jene Trinkmenge, die man subjektiv für sich gelten läßt. Ein sehr wichtiger Maßstab für den Umgang mit Alkohol. Je höher die Verträglichkeitsgrenze, um so größer die Gefahr der Selbstüberschätzung. Wer viel verträgt, trinkt auch viel!

Vieltrinker	Ohne Alkoholiker, also krank zu sein, trinkt ein Vieltrinker je Anlaß zwischen 20 und 40 Glas Bier.
Wissensvermehrung	Voraussetzung einer positiven Begutachtung. Umfaßt alles, was mit der Verkehrsauffälligkeit zusammenhängt, aber was früher nicht bekannt war, so z. B. alles über Alkoholwirkung.

```
ALKOHOL MACHT DISZIPLINIERT     bis    3    🍷🍷🍷                    (= 0,4 ‰)

ALKOHOL MACHT DISSZIPPLINIRT    bei    8    🍷🍷🍷🍷🍷🍷🍷🍷         (= 1,2 ‰)

ALLOKOL MACHT DISPPLIZIRT       bei   12    🍷🍷🍷🍷🍷🍷🍷
                                              🍷🍷🍷                   (= 1,8 ‰)

ALLOLL MAAT DSPLIERT            bei   18    🍷🍷🍷🍷🍷🍷🍷🍷
                                              🍷🍷🍷🍷🍷🍷🍷🍷🍷      (= 2,7 ‰)
```

Kapitel 2
Die Begutachtung nach Promillefahrt

Promille und Strafrecht

Das Führen eines Kraftfahrzeuges unter erheblichem Alkoholeinfluß kann, juristisch gesehen, als Ordnungswidrigkeit (OWi) bei 0,5‰ oder mehr, oder als Straftat bei 1,1 oder mehr Promille bewertet werden.

Wie auch immer die näheren Umstände einer solchen Fahrt gewesen sein mögen: Mit dem Führen eines Kraftfahrzeuges unter erheblichem Alkoholeinfluß hat der Fahrzeuglenker seine – bei der Erteilung der Fahrerlaubnis als gegeben angenommene – Eignung in den Augen der Staatsgewalt eingebüßt, wenn auch, zumeist, nur vorübergehend.

Diese Folgerung ergibt sich aus der in § 69 StGB (Entziehung der Fahrerlaubnis) aufgestellten Norm, die besagt, daß

> *„in der Regel als ungeeignet zum Führen von Kraftfahrzeugen anzusehen (ist)",*

wer seine Pflichten als Kraftfahrer dadurch verletzt, daß er, unter erheblichem Alkoholeinfluß stehend, am motorisierten Straßenverkehr teilnimmt. Der Gesetzgeber ist sich darüber im klaren, daß eine Norm immer eine Idealforderung ist und der Zustand der „Ungeeignetheit" durchaus vorübergehender Natur sein kann.

Aus diesem Grunde ist auch jedem Betroffenen die Möglichkeit eingeräumt worden, den Nachweis – i. d. R. nach Ablauf der Sperrfrist – zu erbringen, charakterlich doch (bzw. wieder) geeignet zu sein.

Das Strafrecht als für jeden Bürger verpflichtende Norm **unterstellt** also zunächst, daß in einem solchen Fall charakterliche Unzulänglichkeiten vorliegen oder während der verbotenen Promillefahrt vorgelegen haben. Es war also weder ein körperlicher noch ein geistiger Eignungsmangel ursächlich, sondern eben ein in der Persönlichkeit des Betroffenen begründeter.

In der Bundesrepublik Deutschland, wo nicht das absolute Alkoholverbot beim Führen eines Kraftfahrzeuges gilt, hat der Gesetzgeber den Fahrzeuglenkern mit der geltenden Regelung einerseits eine sehr große Eigenverantwortung aufgebürdet, andererseits aber auch relativ großzügige Möglichkeiten zur Besserung und Bewährung vorgesehen.

Die sogenannte 0,8-Promille-Grenze ist in der Bundesrepublik Deutschland 1973 eingeführt worden. Nach § 24a Straßenverkehrsgesetz lautet jedoch die seit dem 28. April 1998 gültige Fassung nach Einführung der Atemalkoholanalyse und der 0,5‰-Grenze nunmehr wie folgt:

„(1) Ordnungswidrig handelt, wer im Straßenverkehr ein Kraftfahrzeug führt,

1. obwohl er 0,40 mg/l oder mehr Alkohol in der Atemluft 0,8 Promille oder mehr Alkohol im Blut oder eine Alkoholmenge im Körper hat, die zu einer solchen Atem- oder Blutalkoholkonzentration führt, oder

2. obwohl er 0,25 mg/l oder mehr Alkohol in der Atemluft oder 0,5 Promille oder mehr Alkohol im Blut oder eine Alkoholmenge im Körper hat, die zu einer solchen Atem- oder Blutalkoholkonzentration führt."

Bei 0,5 bis 0,79 Promille oder 0,25 bis 0,39 mg/l Atemalkohol gibt es bereits 2 Punkte und DM 200,00 Geldbuße, und ein Fahrverbot ist geplant.

Neben Fahrverbot und Geldbuße gibt es bei 0,8‰ bis 1,09‰ folgende Strafen:

1. Verstoß 1 Monat Fahrverbot
            500,– DM Geldbuße, 4 Punkte;
2. Verstoß 3 Monate Fahrverbot
            1 000,– DM Geldbuße, 4 Punkte;
3. Verstoß 3 Monate Fahrverbot
            1 500,– DM Geldbuße, 4 Punkte.

Das hohe Maß an Selbstverantwortung liegt darin, daß ein Autofahrer auch nach Genuß alkoholischer Getränke fahren darf: Er muß nur im Rahmen der noch akzeptierten Promillegrenze (siehe Tabelle 1 Seite 33) bleiben und sein Fahrzeug auf jeden Fall sicher steuern.

Aus dieser Übersicht geht auch hervor, daß die 0,5-Promille-Grenze keineswegs besagt – wie landläufig angenommen –, daß das Fahren unter Alkoholeinfluß erst dann strafbar ist, wenn die BAK mindestens 0,5‰ beträgt.

Vielmehr gilt der Grundsatz, daß sich strafbar macht, wer ein Fahrzeug infolge Genusses alkoholischer Getränke nicht sicher führen kann und dennoch am motorisierten Straßenverkehr teilnimmt.

Einer Richtigstellung bedarf außerdem die Bezeichnung „Trunkenheit am Steuer". Es hat sich im allgemeinen Sprachgebrauch, aber auch in der Rechtsprechung durchgesetzt, daß alle Fahrten unter Alkoholeinfluß als „Trunkenheit am Steuer" bezeichnet werden, obwohl von Trunkenheit im eigentlichen Sinne nicht immer die Rede sein kann.

Zweifelsohne liegt auch nach sehr geringen Mengen alkoholischer Getränke eine Beeinträchtigung der Fähigkeit vor, ein Kraftfahrzeug sicher führen zu können; dieser Zustand der Beeinträchtigung ist aber mit „Trunkenheit" nicht gleichzusetzen. Zutreffender wäre die Bezeichnung „Promillefahrt oder besser: Fahren unter Alkoholeinfluß", die dem Sachverhalt wie auch dem Tatbestand Rechnung trüge.

Es ist wissenschaftlich erwiesen, daß bereits mit 0,3‰ BAK, die je nach momentaner körperlicher Verfassung schon beim Genuß von 2–3 Gläsern Bier oder Schnaps entstehen kann, eine unfallträchtige Störung des Reaktionsvermögens vorliegen kann.

Hinsichtlich dieser Wirkung bereits relativ geringer Mengen alkoholischer Getränke ist es wichtig, darauf hinzuweisen, daß bei der Festlegung der 0,5 bzw. 0,8-Promille-Grenze folgende wissenschaftlich gesicherte Sachverhalte, die im nächsten Abschnitt erläutert werden, berücksichtigt wurden:

ab 0,3‰	können meßbare Beeinträchtigungen in der psychophysischen Leistungsfähigkeit eintreten W"
ab 0,6‰	sind schon erhebliche Fehlleistungen vorhanden;
bei 0,8‰	liegt die absolut sichere „Gefahrengrenze" zur Fahruntüchtigkeit;
zwischen 0,5‰ und 1,09‰	liegt die Spannweite der **relativen** alkoholbedingten Fahruntüchtigkeit;
ab 1,1‰	gilt die juristisch festgelegte **absolute** alkoholbedingte Fahruntüchtigkeit.

Die wissenschaftlich festgestellten BAK-Werte der Gefahrengrenze und der absoluten Fahruntüchtigkeit sind jeweils niedriger (0,6‰ und 1,0‰) als diejenigen in der Rechtsprechung. Dies folgt daraus, daß die Rechtsprechung einen Zuschlag von jeweils 0,1‰ als möglichen Meßfehlerausgleich gelten läßt.

Um Mißverständnisse zu vermeiden: Eine gesetzliche Regelung für die Festlegung von Promillegrenzen gibt es in der Bundesrepublik Deutschland nicht. Die in Tabelle 1 beschriebenen Promille-Grenzbereiche sind durch die ständige Rechtsprechung festgelegt worden. Maßgebend dafür sind die Entscheidungen des Verkehrssenates des Bundesgerichtshofes (BGH), der die anfangs auf 1,5 Promille festgelegte Grenze der absoluten Fahruntüchtigkeit 1966 auf 1,3 Promille herabgesetzt hatte. Hanskarl Salger, damaliger Vizepräsident des BGH und Vorsitzender des Verkehrssenates, hat sich bereits Anfang 1990 für die Herabsetzung des Grenzwertes auf 1,1 Promille ausgesprochen, weil aufgrund der präzisen Meßmethoden und -instrumente *„heute ein Sicherheitszuschlag von nur 0,05 als ausreichend angesehen werden könnte"*, der zugunsten der 34 Millionen Kraftfahrer auf 0,1 Promille verdoppelt werden könne (Blutalkohol Vol. 27/1990). In seiner am 29. 6. 1990 veröffentlichten Entscheidung hat der BGH dann den Grenzwert für die absolute Fahr-

Tabelle 1: Übersicht zu den „Promille-Grenzen" und deren Folgen

	Bereiche in Promille (‰) und Atemalkohol		Bestrafung
		Die charakterliche Kraftfahreignung kann in Frage gestellt sein und zu einer Begutachtung führen:	
1	weniger als 0,3‰	Nur in besonderen Ausnahmefällen wie etwa bei krankhafter Alkoholunverträglichkeit, die den Fahrer zu besonderer Vorsicht hätte veranlassen müssen.	OWi/Straftat je nach den Umständen des Falles.
2	0,3–0,49‰ oder 0,25–0,39 mg/l	Nur in Ausnahmefällen bzw. bei mehrfacher Wiederholung.	Wie oben, jedoch nur bei Unfall und sonstiger Auffälligkeit.
3	0,5–0,79‰	Bei unsicherer und/oder gefährdender Fahrweise (z. B. Unfall, Schlangenlinienfahren) und/oder bei Wiederholung.	OWi (Bußgeld, 2 Punkte/je nach den Umständen auch Straftat.
4	0,8–1,09‰ oder 0,4 mg/l oder mehr	Wenn alkoholbedingte Fahruntüchtigkeit mit oder ohne Gefährdung festgestellt wurde und bei Wiederholung.	OWi/Straftat je nach den Umständen. OWi (Fahrverbot von 1 bis 3 Monaten und 4 Punkte)
5	1,1‰ und mehr (siehe Seite 00)	Die charakterliche Ungeeignetheit ist in jedem Fall eingetreten. Bei Ersttätern ist i.d.R. ab 1,6‰, bei Rückfällern in jedem Fall ein positives Eignungsgutachten erforderlich.	Straftat (Entzug der Fahrerlaubnis, 7 Punkte)

‰ = Blutalkoholkonzentration in Promille
mg/l = Atemalkoholkonzentration

untüchtigkeit weiter von bisher 1,3‰ auf 1,1‰ BAK heruntergesetzt. Ab 1,1‰ ist künftig jeder Auto- und Motorradfahrer von den Gerichten ohne die Möglichkeit eines Gegenbeweises als fahruntüchtig anzusehen und wegen Trunkenheit am Steuer zu verurteilen. Bereits damit waren die Grundlagen für die Einführung der 0,5‰-Grenze gelegt, was im übrigen Teil der Harmonisierung innerhalb der Europäischen Union war, und von nun an hing der Zeitpunkt der Einführung lediglich von der Politik ab.

Tabelle 2
Internationaler Vergleich der „Promille-Grenzen"

Land	Promille grenze	Land	Promille grenze
Belgien	0,5	Norwegen	0,5
Bulgarien	0,5	Österreich	0,5
Dänemark	0,5	Polen	0,2
Deutschland	0,5	Portugal	0,5
Finnland	0,5	Rumänien	0,0
Frankreich	0,5	Schweden	0,2
Griechenland	0,5	Schweiz	0,8
Großbritannien	0,8	Slowakei	0,0
GUS-Staaten	0,0	Slowenien	0,5
Irland	0,8	Spanien	0,5
Italien	0,8	Tschechische Republik	0,0
Kroatien	0,5	Türkei	0,0
Luxemburg	0,8	Türkei Pkw-Fahrer ohne Anhänger	0,5
Jugoslawien	0,5	Ungarn	0,0
Niederlande	0,5	EJR Mazedonien	0,5

(Quelle: /ADAC motorwelt 6/99)

Diese teilweise sehr stark voneinander abweichenden Regelungen sind auf (gesellschafts)politische Gründe zurückzuführen. So hat Belgien erst Ende 1994 den Grenzwert von 0,8 auf 0,5 Promille gesenkt – und die Strafen erhöht.

In den Ländern, in denen die 0,5-Promille- bzw. 0,8-Promille-Grenze gilt, hat der Gesetzgeber die wissenschaftlichen Erkenntnisse berücksichtigt, die im nächsten Abschnitt dargestellt werden.

Aus welchen Gründen auch immer diese Promille-Grenzen eingeführt wurden: Im Bewußtsein der Masse der Autofahrer bedeuten diese Grenzwerte, daß die alkoholbedingten Beeinträchtigungen der Fahrtüchtigkeit bis zu 0,49‰ bzw. 0,79‰ nicht oder nicht sehr ernst genommen werden müssen oder gar „erlaubt" sind – ein folgenschwerer Irrglaube.

Eine Ordnungswidrigkeit, die das Fahren mit einer BAK von unter 1,1‰ in der Regel noch ist, wird aus psychologisch verständlichen Gründen auch nicht so bedeutsam empfunden wie eine Bestrafung nach dem StGB, die meist erst bei einer BAK von 1,1‰ zu erwarten ist.

Aber auch letztere verfängt in Wirklichkeit kaum, denn rund 38 % aller Bestraften, die wegen Fahrens unter Alkoholeinfluß mit über 1,1‰ BAK verurteilt wurden, werden rückfällig.

Veränderungen der Wahrnehmung nach Alkoholgenuß
Was Sie unbedingt wissen müssen

Die nachteilige Wirkung des Alkohols auf die Fahrtüchtigkeit zeigt besonders stark in den objektiv nachweisbaren Störungen der optischen Wahrnehmung:

Störung der Fähigkeit zur Einschätzung von Entfernung und Geschwindigkeit:
Bereits geringe BAK-Werte (0,2‰–0,3‰) bewirken eine Störung des Zusammenwirkens beider Augen. Daraus folgt, daß besonders bei ungünstigen Sichtverhältnissen (Dämmerung, Regen, Nebel, Dunkelheit) die Entfernung zu vorausfahrenden und/oder entgegenkommenden Fahrzeugen nicht mehr zutreffend eingeschätzt werden kann.

Fernsehen/Nahsehen/Umschalten:
Das menschliche Auge ist besonders gut ausgestattet, von nah auf fern und umgekehrt umzuschalten, ohne jeden merkbaren Übergang. Diese für das sichere Autofahren unerläßliche Fähigkeit wird unter Alkoholeinfluß dahin gehend beeinträchtigt, daß die Gegenstände, je nach Stärke der Alkoholwirkung, unscharf, verschwommen und auch doppelt erscheinen.

„Linkstendenz" des Sehens:
Als eine ganz bedeutende Beeinträchtigung der optischen Wahrnehmung gilt die wissenschaftlich gesicherte Erkenntnis, daß der Mensch eine „Linkstendenz" hat: Unter Alkoholeinfluß von weniger als 0,8‰ und auch ohne das Auftreten des Augenzitterns werden links stehende oder erscheinende Gefahrenquellen nur vermindert wahrgenommen.

Störung der Hell-Dunkel-Adaption:
Die gute Anpassung der Augen an unterschiedliche Helligkeiten ist Voraussetzung der sicheren Orientierung – nicht nur beim Fahren.

Kommt man nach längerem Aufenthalt im Dunkeln in große Helligkeit, tritt Blendung ein. Das Auge paßt sich aber normalerweise innerhalb von weniger als einer Minute diesen Lichtverhältnissen an.

Blendung aber bewirkt trotz dieser Anpassung auch unter normalen Umständen immer eine Störung der Formwahrnehmung. Im Straßenverkehr ist dies nachts wegen der ständig wechselnden Lichteinfälle des Gegenverkehrs stets der Fall. Unter Alkoholeinfluß ist die Anpassungsfähigkeit des Auges erheblich herabgesetzt, und das Farbsehen ist ebenfalls gestört. Die Folge ist: Ampeln, Bremslichter und Verkehrszeichen werden übersehen oder verspätet wahrgenommen.

Blickfeldeinengung:
Unter dem Begriff Blickfeld versteht man in der Wissenschaft das, was der Mensch bei unbewegtem Kopf, mit seinen Augen, die sich frei bewegen, erblicken kann.

Für das Führen eines Kraftfahrzeuges gilt generell die Forderung: Je mehr ein Fahrer sehen kann, um so sicherer kann er lenken, insbesondere im Hinblick auf das rechtzeitige Anhalten und/oder Ausweichen.

Unter Alkoholeinfluß wird der Blickwinkel enger. Daraus folgt, daß der Fahrer seitlich der Straße immer weniger erkennt. Sein Blickfeld wird von einem bestimmten Promille-Wert an so eng, daß man in der Wissenschaft vom sogenannten Tunnelblick spricht.

Während es bei den ersten drei Arten der Beeinträchtigung der optischen Wahrnehmung sehr starke individuelle Unterschiede gibt, ist bei der Blickfeldeinengung ein allgemeingültiger Promille-Wert festgestellt worden. Deshalb spielte diese wissenschaftliche Erkenntnis bei der Einführung der „0,8-Promille-Grenze" eine ausschlaggebende Rolle.

Wegen der außerordentlichen Bedeutung dieses Phänomens wird diese Untersuchung nachfolgend dargestellt:

Die beiden niederländischen Wissenschaftler W. *Buikhuisen* und R. W. *Jongmann* erdachten einen beeindruckenden Versuch zur Prüfung der Frage: Wann und unter welchen Bedingungen kann mit objektiver Sicherheit behauptet werden, daß jemand „unter Alkoholeinfluß" steht? Diesen objektiven Tatbestand versuchten sie unter Einbeziehung von Blutprobe und Atemtest mit Hilfe eines aus der Position des Autofahrers aufgenommenen Films und eines speziellen Gerätes einzugrenzen, das die Augenbewegungen der Versuchspersonen registrierte. Sie gingen von der Annahme aus, daß der Alkoholeinfluß die optische Aufmerksamkeitsfähigkeit von einem bestimmten Promille-Wert an entscheidend beeinträchtigt. In dem gezeigten Verkehrsfilm wurden alltägliche, aber stets gefährliche Verkehrssituationen gezeigt, auf welche die Versuchsfahrer entsprechend zu reagieren hatten. Während der Versuche nahmen die Versuchspersonen genau dosierte Alkoholmengen zu sich, und ihr BAK-Wert wurde durch Blutentnahme und Atemtest kontrolliert.

Ob und – wenn ja – wann sie die Gefahrensituationen auch tatsächlich bemerkten, registrierte das Television-Eye-Marker-Gerät, das einen Lichtpunkt aufs Auge projizierte und diesen auch filmte.

Das Ergebnis dieses Versuchs faßten sie in folgenden Sätzen zusammen:

„Die Wirkung des Alkohols auf den Wahrnehmungsprozeß zeigt sich in einer gesetzmäßigen Störung des Wahrnehmungs- und Suchschemas, und zwar in Form einer Wahrnehmungseinengung (Tunneleffekt) oder als Übersehen von Verkehrsaspekten, die entweder als Teil einer komplizierten Situation oder als stillstehende Objekte der Aufmerksamkeit entgehen.

Die Prüfung des ‚Alkoholnystagmus' neben Blutprobe und Atemtest als Diagnostikum für die eingetretene Wirkung des Alkohols erwies sich in der Untersuchung als ein objektives Maß für den Tatbestand unter Alkoholeinfluß und ist somit geeignet als Auslesekriterium für die Prüfung der Fahrtüchtigkeit. Dies ist besonders von Bedeutung, weil die Versuchspersonen bei gleicher Menge Alkohol einen unterschiedlichen Blutalkoholspiegel, jedoch ausnahmslos ab 0,8 ‰ alle einen Nystagmus aufwiesen."

Die Wissenschaftler stellten fest, daß schon bei einer BAK von 0,3 ‰ im Einzelfall die Fahruntüchtigkeit gegeben sein kann. Die individuellen Unterschiede sind jedoch sehr groß.

Bei einer BAK von 0,8 ‰ zeigte sich, daß jeder Fahrer der Versuchsgruppe die Verkehrssituationen nur in der Mitte des Blickfeldes wahrgenommen hatte. Es tritt also unter Alkoholeinfluß eine auf die Mitte des Blickfeldes konzentrierte Einengung der optischen Aufmerksamkeit auf.

Bei einer BAK von 0,8 ‰ sieht der Mensch zwar wie erforderlich nach vorn in Fahrtrichtung, doch nur wie mit Scheuklappen, wie in einem Tunnel.

Dieser Tunneleffekt bewirkt, daß der Autofahrer die Dinge seitlich nicht wahrnimmt.

Gleichzeitig tritt bei einer BAK von 0,6 ‰–0,8 ‰ eine von der Person bewußt nicht beeinflußbare, also nicht steuerbare Zitterbewegung des Auges auf. Diese unwillkürliche Zitterbewegung heißt in der Fachsprache Nystagmus.

Wichtig ist dabei, gleichgültig, wie geübt man im Genuß alkoholischer Getränke auch sein mag: Der Nystagmus (Augenzittern) tritt immer auf.

Da der Mensch dieses Augenzittern nicht einfach abstellen kann und es für ihn in der Regel auch nicht spürbar ist, übersieht ein „alkoholisierter" Autofahrer im Straßenverkehr natürlich eine ganze Menge.

Dieses physiologische Problem tritt schleichend auf, der unter Alkoholeinfluß stehende Fahrer merkt es nicht und kann subjektiv mit Recht sagen, er registriere alles, was vor ihm sei oder geschehe.

Die Sache hat folgenden Haken: Daß sein sogenanntes peripheres Sehen schon ganz wesentlich eingeengt ist, fällt dem Autofahrer deshalb subjektiv nicht auf, weil er sich in seinem Fahrzeug vorwärts bewegt und ihm sein Blickfeld infolge einer optischen „Täuschung" sehr groß und weit erscheint: Die Gefahr von Fehlleistungen vervielfacht sich:

Das Auftreten des Nystagmus (Zitterbewegung des Auges) ist der handfeste „körperliche" Beweis dafür, daß ein Mensch unter Alkoholeinfluß steht, und er hat ganz wesentlich die Entscheidung des Gesetzgebers beeinflußt, die Gefahrengrenze bei 0,8‰ BAK zu ziehen.

Aufklärung

Das, was über die Beeinträchtigung der Wahrnehmung unter Alkoholeinfluß bisher ausgeführt wurde, wissen Polizei, Staatsanwaltschaft und Gerichte wie auch die Sachbearbeiter der Behörden ganz genau. Worauf aber die am Tatort" tätigen Polizeibeamten bei ihren Ermittlungen (Vernehmung des Beschuldigten und der Zeugen) bei einer Promillefahrt noch ganz besonders zu achten haben, sollten Sie zu Ihrer eigenen Sicherheit und der anderen wissen (in Anlehnung an *Grohmann*, Zeitschrift „Polizei Verkehr + Technik", 5/85):

Die unsichtbaren Folgen der Alkoholisierung

Ab 0,3‰

Beim Sehen Veränderung der **Tiefenschärfe** möglich. Folgen: Fehler beim Überholmanöver, zu geringer seitlicher Abstand zum Vorausfahrenden; Geschwindigkeit wird nicht zutreffend geschätzt.

Um 0,6‰

Größere **Sehstörungen:** Das aus dem fahrenden Fahrzeug Gesehene wird mitunter unscharf und versetzt wahrgenommen. Mögliche Folgen: große Fahrfehler in Kurven bis hin zum Geradeausfahren in Kurven. Häufiger **Flüchtigkeitsfehler** schon bei Fahrtantritt in der Dunkelheit oder im Regen: Fahren ohne Licht oder mit Standlicht bzw. Fernlicht. Verwechseln der Seiten bei Betätigung des Blinkers; Blinken nach links, fahren nach rechts und umgekehrt.

Rotlichtschwäche: Rotlicht von Ampeln und Bremsleuchten wird verspätet bemerkt (= Auffahrunfall).

Reaktionszeit erheblich verlängert, daher verlängerter Anhalteweg. **Gleichgewichtsstörungen** und **hilfloses Reagieren** in unerwarteten Fahrsituationen (besonders bei Zweiradlenkern).

Um 0,8‰

Verzögerung beim Drehnystagmus

Achtung: Dieses Symptom ist kein einwandfreies Beweismittel! (Drehnystagmus: Der kontrollierte Autofahrer muß sich mit offenen Augen einige Male um seine eigene Achse drehen und soll danach seinen Blick auf den vor sein Gesicht gehaltenen Zeigefinger des Arztes fixieren. Dieser zählt dann das Nachzucken der Augen. Zeitabstand des Nachzuckens in nüchternem Zustand unter 6 Sekunden, unter Alkoholeinwirkung bei 0,8‰ 10–11 Sekunden).

Bei 0,8‰

Mehr als die Hälfte aller Kraftfahrer kann nicht mehr sicher fahren. Es ist also damit zu rechnen, daß bei diesem BAK-Wert die meisten durch typische Fahrfehler auffallen.

Bei 1,0‰

Erhebliche Verlängerung der **Hell-Dunkel-Anpassung** der Augen. Wenn etwa bei einem an sich harmlosen Unfall infolge Abkommens von der Fahrbahn der Fahrer meint, „durch Gegenverkehr geblendet worden zu sein", dann ist das zwar nicht falsch, aber Zeugen und Polizeibeamte werden auf Alkoholeinfluß tippen können.

Die **Sehschärfe** läßt in der **Dämmerung,** aber auch bei nur schlechten Sichtverhältnissen (Regen, Nebel usw.), sehr stark nach. Der Fahrer hat das Gefühl, als führe er mit Sonnenbrille.

Wesentliche **Einengung des Blickfeldes,** besonders auf der linken Fahrbahnseite; das bereits beschriebene „Tunnelsehen": Ursache von Vorfahrtverletzungen.

Promille und Persönlichkeit

Es bedarf eigentlich gar keiner wissenschaftlichen Untersuchungen, um zu beweisen, daß der Mensch unter Alkoholwirkung vor allen Dingen seine Hemmungen verliert, seine Selbstdisziplin aufgibt, sich stark oder gar stärker als sonst fühlt und sich mehr zutraut als in nüchternem Zustand. Der Genuß alkoholischer Getränke bringt Entspannung und erleichtert es, die alltäglichen Zwänge abzulegen.

Es gilt – wenn auch mit großen individuellen Unterschieden –, daß jeder Mensch unter Alkoholeinfluß wagemutiger, risikofreudiger wird und zunehmend die Distanz verliert: Die eingeübte Verhaltenssteuerung funktioniert nicht.

Wie bereits dargestellt, tritt neben einer Beeinträchtigung der gesamten Sinnesleistungen – also der Auffassungs-, Aufmerksamkeits- und Koordinationsfähigkeit und somit auch der Geschicklichkeit – eine die Persönlichkeit als Ganzes berührende Veränderung ein. Diese läßt sich, etwas verallgemeinernd formuliert, mit Kritikschwäche und Selbstüberschätzung charakterisieren mit der Folge, daß der Autofahrer in der Regel das Problem „Trinken und Fahren" nicht mehr realistisch beurteilt.

Wenn von Verhaltenssteuerung, Alkoholgenuß und Autofahren die Rede ist, muß insbesondere auf die im öffentlichen Straßenverkehr in jeder Sekunde lebenswichtige Reaktionsfähigkeit eingegangen werden.

Darunter wird in der Verkehrspsychologie das Reaktionsvermögen, bestehend aus

        Reaktionsschnelligkeit,

        Reaktionssicherheit und

        Reaktionsgenauigkeit

verstanden. Die Reaktionsgenauigkeit ist aber noch mehr als die Summe von Schnelligkeit, Sicherheit und Genauigkeit, denn es kommt noch die notwendige intellektuelle, jedem Menschen eigene persönlichkeitsbedingte Art der Verhaltenssteuerung hinzu.

Es geht hier also um die Beeinträchtigung der Fähigkeit zu Mehrfachleistungen, die sich nicht so genau messen läßt wie die alkoholbedingten Störungen der optischen Wahrnehmung, aber nach Ansicht der Wissenschaft für das jeweilige Fahrverhalten wesentlicher ist als Störungen in Teilbereichen.

Konkrete Beispiele dafür sind z.B.: zu schnelles Fahren generell und insbesondere an gefährlichen Stellen, aber auch riskantes Überholen und Kurvenfahren nach Rennfahrerart, um nur die typischsten Verhaltensweisen zu nennen. Unter den persönlichkeitspsychologischen

Aspekten der Alkoholeinwirkung bei Kraftfahrern wird also mehr als die Summe der einzelnen Störungen von Wahrnehmungsleistungen verstanden.

Der psychologische Gutachter wird deshalb die typischen, bei jedem Menschen individuell beobachtbaren alkoholbedingten Merkmale der Veränderung der Persönlichkeit mit berücksichtigen müssen.

Dabei spielt natürlich die bei der entdeckten Promillefahrt festgestellte Höhe der Blutalkoholkonzentration eine wesentliche Rolle.

Denn je höher sie ausfällt, um so wahrscheinlicher ist, daß der Betroffene in nicht geringem Maße geübt im Konsum alkoholischer Getränke war oder ist. Der Basiswert der BAK dürfte in diesem Zusammenhang bei etwa 1,5‰ bis 1,6‰ liegen. Für den Gutachter wird es dann darauf ankommen, abzuschätzen, wie groß etwa die Beeinträchtigung sein dürfte, die sich bei einer zu erheblichen Alkoholmengen neigenden Person noch zusätzlich als individuelle Variante in der Veränderung der Persönlichkeit ergibt. Es wird daher bei der Fahreignungsbegutachtung von Promille-Fahrern ausschlaggebend sein, wie groß die generelle Hinwendung zum Alkoholgenuß bei dem Betroffenen ist, inwiefern eine über das übliche Maß hinausreichende Veränderung von Persönlichkeitszügen unter Alkoholeinfluß anzunehmen ist und ob der Betroffene aus dem unter Gutachtern gängigen Spruch etwas Positives in die Tat umsetzen kann:

„Trinken ist überhaupt nicht verboten, bloß das Fahren mit dem Wagen danach ..."

TIP

Wenn Sie in Ihrer Eignungsuntersuchung die nachfolgende Steigerungsrate des Unfallrisikos berichten, machen Sie einen positiven Eindruck, denn Sie zeigen damit Problembewußtsein:

0,0 Promille (‰)	einfaches Unfallrisiko
0,5‰	**doppeltes Unfallrisiko**
0,8‰	**v i e r f a c h e s Unfallrisiko**
1,0‰	*z e h n f a c h e s Unfallrisiko*
1,3‰	**zwölffaches Unfallrisiko**
1,6‰	**35faches Unfallrisik**

Zur Bedeutung der Laborwerte

Auch wenn Sie die nachfolgenden Ausführungen nicht auf Anhieb verstehen, weil sie Fremdwörter und wissenschaftliche Hinweise enthalten, ist es ratsam, sich die Mühe zu machen und sich zumindest all die Kenntnisse über den Zusammenhang zwischen Alkoholkonsum und Ihrer Leber anzueignen, die für Ihre positive Begutachtung und Ihre eventuelle Genesung wichtig sind. Bei der Begutachtung kommt nämlich den Leberwerten, die infolge Alkoholkonsums über Norm erhöht sein können, eine immer größere Bedeutung zu.

Wichtig ist zunächst einmal zu wissen, daß der Alkohol durch den Magen und den Darm ins Blut gelangt. Er verteilt sich dann gleichmäßig in der Körperflüssigkeit (Mediziner sagen: im „wasserhaltigen Gewebe") und wird nach einiger Zeit durch das Entgiftungsorgan, nämlich die Leber, abgebaut und ausgeschieden. Dieser Abbauvorgang wird durch das Enzym Alkoholhydrogenase besorgt – eine andere Möglichkeit, den Alkohol aus dem Körper zu entfernen, gibt es überhaupt nicht! Denn die Niere (Urin) und die Lunge (Atemluft) bauen höchstens 5 % des Alkohols ab.

Übermäßiger und langjähriger Alkoholgenuß führt in der Regel zu einer Überbelastung der Leber, die Leberzellen werden geschädigt, und der Abbau des Giftes Alkohol gelingt nicht mehr vollständig.

Dieser Zustand, der noch lange keine Krankheit (Alkoholismus, Leberzirrhose) sein muß, drückt sich in überhöhten Leberwerten aus.

Es handelt sich dabei vorwiegend um folgende **Leberfunktionswerte**

GPT = Glutamat-Pyruvat-Transaminase*
GOT = Glutamat-Oxalacetat-Transaminase*
GGT = Gamma-Glutamat-Transpeptidase*

und um den MCV-Wert, der kein Leberwert ist, der jedoch auch eine alkoholbedingte Veränderung im Blutbild widerspiegeln kann.

MCV = Mittleres Corpuskuläres Volumen (der Erythrozyten)

Außerdem ist in den letzten Jahren der CDT-Wert (Kohlenhydratdefizientes Transferrin – englisch: Carbodeficient Transferrin) als sogenannter „Alkoholmarker" stärker herangezogen worden.

Nach der unter Fahreignungsgutachtern stark verbreiteten Auffassung **kann** die Gamma-GT-Aktivität sowohl zur Diagnose wie auch zur Kontrolle der Alkoholabstinenz berücksichtigt werden. Bei erheblichem bis sehr hohem Konsum alkoholischer Getränke steigt bei den meisten

---

* Da diese Leberwerte im Blutserum erhoben werden, werden sie auch als S-GPT, S-GOT, S-GGT in den Gutachten oder Laborberichten aufgeführt.

Menschen der Gamma-GT-Wert recht schnell an, wenn die Leber bereits geschädigt ist. Nach Beginn der völligen Alkoholenthaltsamkeit kommt es i.d. R. nach mehrwöchiger und strikter Alkoholenthaltsamkeit zu einer Normalisierung des Gamma-GT-Wertes – sofern keine anderen Organschäden vorliegen. Der Zeitraum, in dem sich diese positiven wie auch negativen Werteverschiebungen einstellen können, bewegt sich zwischen 5 und 54 Tagen.

Bei der Beurteilung der Rückfallgefahr ehemaliger Trunkenheitsfahrer wird, unter allzu einseitiger Berücksichtigung der **Daten aus der Vorgeschichte,** ein Gamma-GT-Wert ab etwa 50 U/l als hinreichender Nachweis eines **weiterhin** überdurchschnittlichen Alkoholkonsums angesehen. Es wird nämlich unterstellt, daß der Untersuchte, bei dem dieser Wert gemessen wurde, in einem Zeitraum von ungefähr 5 bis 54 Tagen vor der Eignungsuntersuchung **übermäßige** Mengen alkoholischer Getränke konsumiert haben muß.

Der Gamma-GT-Wert wird demnach als ein **Kurzzeit-Nachweis** übermäßigen Alkoholkonsums gewertet.

Der MCV-Wert steigt in der Regel über die Obergrenze des Normbereichs von 96 µm^3 (fl) erst nach langjährigem und regelmäßigem Alkoholkonsum oder bei Alkoholkrankheit an. Er reguliert sich auch sehr langsam. Der Normwert stellt sich bei Abstinenz, aber auch bei starker Einschränkung der Trinkgewohnheiten, nach drei bis vier Monaten oder erst nach einer noch längeren Zeit wieder ein.

Der MCV-Wert wird deshalb als ein **Langzeit-Nachweis** normabweichenden Alkoholkonsums gewertet.

Wie zuverlässig ist diese Leber-Fahreignungs-Diagnose?

Die Leberwerte sind generell unsichere Meßwerte zum Nachweis eines problematischen Alkoholkonsums.

Leberwerte sagen lediglich etwas über den Gesundheitszustand des Lebergewebes aus: Werte im Normbereich zeigen an, daß die Leber gesund ist, was freilich noch lange nicht bedeutet, daß normabweichende Alkoholgewöhnung oder gar Alkoholmißbrauch nicht vorliegt. Leberwerte lassen also keine zuverlässige Aussage über Trinkgewohnheiten zu. Auch bei krankhaft erhöhten Werten ist lediglich die Vermutung möglich, die Ursache könnte ein alkoholbedingter Leberschaden sein. Es sind aber auch andere Ursachen denkbar, wie z. B. Infektionen oder auch zahlreiche Arzneien. Die medizinische Fachwelt ist zerstritten.

Fehlerquelle der Eignungsbeurteilung: Laborwerte

Bei der Fahreignungsbegutachtung ist allgemein ein Mangel an sorgfältiger Gewichtung der Leberwerte zu beklagen. Insbesondere wird beim TÜV nicht geprüft, ob etwa Medikamenteneinnahme, Übergewicht oder falsche Ernährung zum Anstieg der Gamma-GT-Werte beigetragen haben könnte. Die Laborwerte werden beim TÜV einfach zu den Trinkangaben des Betroffenen in Beziehung gesetzt – sie dienen als quasi **„Lügen-Meßwerte"**. Im Klartext: Einem, der gutgläubig seine Leberwerte erst durch die Blutentnahme beim TÜV am Untersuchungstag bestimmen läßt und guten Gewissens angibt, nichts mehr zu trinken, kann es leicht passieren, daß seine Eignung wegen erhöhter Gamma-GT-Werte verneint wird, da der TÜV bei ehemaligen Promille-Fahrern nicht prüft, welche andere Ursache (Infektion usw.) noch in Frage kommen könnte. Viele TÜV-Gutachter machen sich die Sache sehr einfach: Sie hören sich die Angaben des Betroffenen an und entscheiden im Zweifelsfalle nicht für den „Angeklagten", sondern für die Laborwerte, wobei sie diese erst Tage nach der Untersuchung vorliegen haben.

Deshalb ist auf jeden Fall anzuraten, die Leberwerte vor der Untersuchung durch den Hausarzt und nicht erst beim TÜV bestimmen zu lassen.

Es wird also aufgrund einer insbesondere in den Grenzbereichen sehr unsicheren medizinischen Diagnose psychologisch und auch juristisch zum Nachteil des Betroffenen entschieden – er wird für ungeeignet erklärt. Ein unhaltbarer, unwissenschaftlicher Zustand!

Da die durchschnittliche Blutalkoholkonzentration aller Trunkenheitsfahrten 1,90 ‰ beträgt, handelt es sich bei den meisten Betroffenen, jährlich etwa 250000, um zumeist nicht alkoholkranke Gewohnheitstrinker, deren Leberwerte in den diagnostisch so unsicheren Grenzbereichen liegen.

Eine sorgfältigere Gewichtung der einzelnen Laborwerte wäre jedoch unerläßlich und auch möglich, zumal es kein Zufall ist, daß neben dem Gamma-GT-Wert auch GPT-, GOT- und Erythrozyten- wie auch Leukozytenwerte erhoben werden.

Diese ergänzenden Laborwerte würden eine bessere Diagnose ohne weiteres zulassen, wenn erhöhte Gamma-GT- oder gar krankhafte Werte vorliegen. So ist es zum Beispiel im Falle einer Leberzellverfettung und/ oder Übergewicht grundsätzlich denkbar, daß die erhöhte Gamma-GT-Aktivität **nicht** auf den gegenwärtigen Alkoholkonsum zurückzuführen ist, denn der gestiegene Gamma-GT-Wert wird in der Fachliteratur als außerordentlich unspezifisch angesehen (die Gamma-

GT kann bei den weitaus meisten Lebererkrankungen, die nicht in Zusammenhang mit dem Alkohol stehen, erhöht sein). Wenn etwa die Erythrozytenwerte normal sind, ist die erhöhte Gamma-GT-Aktivität nicht alkoholbedingt. Denn bei Alkoholkranken steigen neben dem Gamma-GT-Wert auch das Volumen der Erythrozyten wie auch die Hämoglobinkonzentration im Erythrozyt ganz erheblich an.

„Es ist sachlich falsch die Beurteilung hinsichtlich eines weiter bestehenden Alkoholusus (insbesondere bei juristischen oder verkehrsrichterlichen Entscheidungen) **ausschließlich** *auf einen erhöhten Gamma-GT-Wert zu stützen. Die „Möglichkeit" einer alkoholbedingten Gamma-GT-Erhöhung muß in jedem Einzelfall durch weitere laborchemische Parameter, durch psychologische Untersuchung und durch weitergehenden Ausschluß anderer Ursachen einer Gamma-Gt-Erhöhung „wahrscheinlich" gemacht werden." (Kuntz, E., Kuntz, H.-D., Praktische Hepatologie, S. 87, J.A. Barth Verlag Heidelberg, 1998)*

Da bei erhöhten Gamma-GT-Werten die Ärzte der BfF-Stellen nicht prüfen, ob diese die Folge einer nicht alkoholbedingten Krankheit sind (sie unterstellen automatisch Alkoholkonsum), sind obige Ausführungen wichtig, damit Sie den **Grund** Ihrer erhöhten Leberwerte mit Ihrem Hausarzt besprechen und für den TÜV bescheinigen lassen.

Der bereits oben genannte CDT-Wert wird bei den meisten BfF-Stellen überhaupt nicht geprüft beziehungsweise zur weiteren Eingrenzung der Diagnose herangezogen.

Bei allen sogenannten „Alkoholmißbrauchsmarkern" (Gamma-GT, GOT, GPT, GLDH, MCV und CDT) ist darauf hinzuweisen, daß man nicht mit Sicherheit sagen kann, daß jemand Alkoholmißbrauch betreibt oder überhaupt Alkohol trinkt, wenn diese Werte im Normbereich sind.

Bei diesen (und allen anderen) sogenannten „Alkoholmarkern" muß man zwischen der „**Spezifität**" und der „**Sensitivität**" des jeweiligen Markers unterscheiden. Dabei bezeichnet die Spezifität die Wahrscheinlichkeit, mit der ein solcher Marker – zum Beispiel der CDT-Wert – auf Alkoholkonsum „anspricht", d. h. bei einer Spezifität von 90 % wird der Marker in 90 % der Fälle eine Veränderung zeigen. Demgegenüber bezeichnet die Sensitivität die Sicherheit, mit der der Marker auf einen erhöhten Alkoholgenuß reagiert, d. h. ob sich der Wert bei erhöhtem Alkoholkonsum immer erhöht. Bei den obigen Alkoholmarkern ist zu beachten, daß die Sensitivität bei allen wesentlich geringer ist als die Spezifität. D. h. bei erhöhten Werten kann man es als erwiesen ansehen, daß zuviel Alkohol getrunken wurde, andererseits kann aber bei normalen Werte nicht als erwiesen gelten, daß keine Alkohol getrunken wurde, denn dazu haben Werte wie der Gamma-GT-Wert eine zu geringe Sensitivität.

Insbesondere der CDT-Wert (Kohlenhydratdefizientes Transferrin) wurde lange Zeit als eine „sichere" Methode zum Nachweise von lang andauerndem Alkoholmißbrauch betrachtet. Derzeit ist die Fachwelt jedoch gespalten, was den klinischen Einsatz als Alkoholmarker anbelangt. Insgesamt herrscht heute allgemein die Meinung vor, daß ein CDT-Spiegel von 20 bis 30 U/l bei gleichzeitig erhöhtem Gamma-GT-Wert als sicherer Hinweis auf erhöhten Alkoholkonsum zu werten ist.

Dies bedeutet:

> „Bei regelmäßigem, hohem Alkoholgenuß treten im Serum kohlenhydratarme Transferrin-Isoformen (CDT) auf. Täglicher Alkoholkonsum von mehr als 60 g Äthanol während mindesten einer Woche führt in den meisten Fällen zu erhöhten CDT-Konzentrationen. Bei Alkoholabstinenz normalisieren sich die Werte mit einer mittleren Halbwertzeit von 14 bis 17 Tagen. Wegen der langen Halbwertzeit und der hohen Spezifität von über 90 % hat die Bestimmung des CDT wesentliche Vorteile gegenüber herkömmlichen Alkoholismusmarkern, wie Gamma-GT und MCV. In seltenen Fällen kann einem erhöhtem CDT-Spiegel eine genetische D-Variante des Transferrin oder eine schwere Leberinsuffizienz zugrunde liegen." (Aus einem Befundbericht von Dr. med. D. Laue, Köln)

Zusammengefaßt gilt also folgendes:

- Im Normbereich befindliche Werte der „Alkoholmarker" beweisen nicht, daß Sie wirklich keine alkoholischen Getränke trinken.

- Wenn die Werte der „Alkoholmarker" im Normbereich liegen, läßt sich Ihre Behauptung, keine alkoholischen Getränke zu konsumieren, medizinisch nicht widerlegen.

- Sind die Werte der „Alkoholmarker" krankhaft – also erheblich über den oberen Grenzwert hinaus – erhöht, beweisen sie auch nicht, daß die Erhöhung mit Sicherheit auf Alkohol zurückzuführen ist. In einem solcher Fall ist immer eine Differentialdiagnose erforderlich. Dabei ist wichtig zu wissen, daß beim Gamma-GT und beim MCV die krankhafte Erhöhung der Werte zahlreiche andere als alkoholbedingte Ursachen haben kann, weil diese Marker nicht so spezifisch auf Alkohol sind, wie der CDT-Wert. Aber Vorsicht: Bei den meisten BfF-Stellen wird bei ehemaligen Trunkenheitsfahrern wird ohne Differentialdiagnose ein bestehender Alkoholkonsum unterstellt – und negativ begutachtet, wenn Sie bei der psychologischen Befragung Unsicherheiten erkennen lassen.

Tabelle 3: Die Normwerttabelle der Leberwerte, des MCV-Wertes und des CDT-Wertes

Parameter	Normbereiche	
	Männer	**Frauen**
GOT	bis 18 U/l (0,20–0,80 µkat/l)	bis 15 U/l (0,20–0,60 µkat/l)
GPT	bis 23 U/l (0,20–0,80 µkat/l)	bis 19 U/l (0,20–0,60 µkat/l)
Gamma-GT	6–28 U/l (0,15–0,65 µkat/l)	4–18 U/l (0,15–0,60 µkat/l)
CDT	bis 20 µg/ml	bis 20 µg/ml
MCV	76–96 µm^3 (fl)	
Erythrozyten	4,8–5,9 Tera/l	
Leukozyten	4,0–9,0 Giga/l	

Es ist wichtig zu wissen, daß es unterschiedliche Methoden zur Bestimmung dieser laborchemischen Werte gibt, die vom jeweiligen Hersteller des Prüfverfahrens vorgegeben werden.

Wenn Sie diese Werte noch vor der BfF-Untersuchung bestimmen lassen oder wenn Ihnen Laborbefunde aus einem Krankenhaus oder von Großlabors vorliegen, achten Sie bitte unbedingt darauf, daß die Normbereiche und die Methodik mit angegeben werden. Unterschiedliche Prüfverfahren und Normbereiche können natürlich, wenn sie unbekannt bleiben, zu völlig falschen Schlußfolgerungen führen.

Falls Ihr Arzt die Normwerte nicht angibt, geben sich die TÜV-Ärzte keine Mühe und schreiben nicht selten ins Gutachten: „Normwerte fehlen, Werte nicht verwertbar", was für Sie u. U. ein negatives Gutachten oder eine neue Untersuchung zur Folge haben kann.

In den entsprechenden Gutachten wird sehr häufig damit argumentiert, normale Befunde seien kein Beweis dafür, daß ein Untersuchter abstinent lebt. Das ist zwar richtig, aber mit gleicher Berechtigung ließe sich auch sagen, bei normalen Werte kann auch nicht widerlegt werden, daß ein Untersuchter abstinent lebt. Dabei kommt noch erschwerend hinzu, daß die von den BfF-Untersuchungsstellen ausschließlich verwendeten Werte Gamma-GT, GOT, GPT und MCV nicht so spezifisch sind wie der CDT-Wert. Also kann man auch mit überhöhten Werten keinen Alkoholmißbrauch beweisen, wenn der CDT-Wert normal ist, weil die erhöhten Gamma-GT- GOT-, GPT- und MCV-Befunde auch viele andere Ursachen haben können. Dazu zählen Medikamente, nicht alkoholbedingte Leberverfettung, eine Schädigung anderer Organe wie der Gallenwege, Niere , Herz, Lunge etc.. Auch in Kombination mit anderen Laborbefunden beträgt die Spezifität des Gamma-Gt-Wertes beispielsweise nur 50–80 %, d. h. bei 20 bis 30 % der „Trinker" findet man normale Gamma-GT-Werte.

Nach den neueren wissenschaftlichen Untersuchungen (Versicherungsmedizin, Heft 3/89) ist hinsichtlich der Bewertung der Leberwerte beim „tüvologischen" Schein-Test eine deutliche Verschärfung zu erwarten. Eine Gruppe von Wissenschaftlern *(Kornhuber* und andere) glaubt festgestellt zu haben, daß der oben dargestellte „**Gamma-GT-Normbereich bisher falsch definiert**" war. Sie meint, der obere Normwert liege nicht bei **28** (Männer) und **18** (Frauen), sondern **bei 10 U/l:**

„Mindestens sind Gamma-GT-Werte über 10 U/l mögliche Hinweise auf krankhafte Wirkungen kleiner täglicher Alkoholdosen."

Immer mehr Medizinisch-Psychologische Untersuchungsstellen ziehen eigenartigerweise gerade bei der **psychologischen** Begutachtung diese Studie heran. Sie behaupten, die vom Untersuchten gemachten Angaben zu seinen Trinkmengen stünden im Widerspruch zu den Gamma-GT-Werten, falls diese über 10 U/L liegen. Im gleichen Gutachten finden sich aber die vom Zentrallabor des TÜV erhobenen Werte mit den Normbereichen, die für den Gamma-GT-Wert zwischen 6 und 28 U/L festgelegt und millionenfach erprobt sind.

Es ist eine eindeutige Tendenz unter den TÜV-Psychologen erkennbar, die darin gipfelt, daß sie sich bei einer unsicheren Befundlage statt einer gründlichen Untersuchung einfach auf diese Zahlenwerte stützen, obwohl deren Richtigkeit noch lange nicht überprüft worden ist – davon erst gar nicht zu sprechen, daß die Studie von *Kornhuber* kein Bestandteil der Fahreignungsdiagnostik ist. Der Gegenstand der Untersuchung war „die Diagnostik von Bluthochdruck, Adipositas (Übergewicht) und Diabetes (Zuckerkrankheit) infolge ‚normalen' Alkoholkonsums", den nach Angaben des Verfassers „mehr als 90 % der Männer und eine zunehmende Zahl von Frauen und Jugendlichen praktizieren".

Diese Untersuchung kommt, vereinfacht gesagt, zu dem Ergebnis, daß **auch** der „normale" Alkoholkonsum (50 bis 60 g pro Tag beim Mann und 20 g bei der Frau) zu Fettleber, Bluthochdruck, Übergewicht und/oder Zuckerkrankheit führen kann – und dafür ist ein Beleg der Gamma-GT-Wert über 10 U/L.

Wie ein Laborbericht aussehen kann, entnehmen Sie bitte aus der nachfolgend veröffentlichten Kopie. Dieser Laborbericht wird bei jedem ehemaligen Promille-Fahrer erstellt, auch wenn die Trunkenheitsfahrt schon sehr lange zurückliegt. Der TÜV geht nämlich davon aus, daß ehemalige Promille-Fahrer **immer** übermäßig alkoholische Getränke konsumieren:

Obwohl im „Befundkommentar" außerhalb des Normbereichs liegende Werte mit der Klassifizierung:

*   – unkritisch
**   – auffällig
*** – kontrollbedürftig

bezeichnet sind, wird bei erhöhten Gamma-GT-Werten von den TÜV-Ärzten keine Ursachenkontrolle vorgenommen. Diese Vorgehensweise wird praktiziert, obwohl es der ärztlichen Standespflicht entspricht, einen positiven Laborbefund mindestens einmal durch eine neue Untersuchung zu kontrollieren.

Wie bereits oben erwähnt, wäre bei einer so unsicheren Nachweismethode wie dem Gamma-GT-Wert eine Differentialdiagnose notwendig. Dabei werden systematisch alle anderen möglichen Einflußfaktoren untersucht und es wird geprüft, ob sie als Ursache für eine Erhöhung in Frage kämen. Aber selbst wenn sich keine andere Ursache findet, wäre es aufgrund der geringen Sensitivität dieses „Alkoholmarkers" nicht zulässig, bei einem erhöhten GGT-Wert automatisch auf einen erhöhten Alkoholkonsum zu schließen. Leider wird das von den TÜV-Ärzten aber immer wieder so interpretiert.

Die Folgen für den Betroffenen sind mitunter verheerend (Auszug aus einem Gutachten des Rheinisch-Westfälischen TÜV):

„Er gab an, daß die Gamma-GT-Erhöhung auf 32 U/l (...) nicht vom Alkohol kommen könne, da er damals vier bis fünf Wochen zuvor keinen Alkohol getrunken habe."

Dennoch befundet der TÜV-Arzt:

„Die (...) geringgradige Erhöhung der Gamma-GT auf 32 U/l ist mit großer Wahrscheinlichkeit als alkoholtoxisch (Anm. des Verfassers: alkoholbedingt) anzusehen, auch wenn die subjektiven Angaben, damals 4 bis 5 Wochen und zuvor keinen Alkohol getrunken zu haben, dazu in Widerspruch stehen. Ärztlicherseits bleiben somit erhebliche Bedenken bestehen."

Das Gutachten fiel negativ aus – und es war falsch

TIP

Die Leberfunktionswerte GGT, GOT, GPT und den MCV-Wert sollten Sie also unbedingt noch vor dem „Schein-Test" durch Ihren Hausarzt erheben lassen. Die Kosten dafür übernimmt die Krankenkasse, jedoch

TÜV RHEINLAND	Köln, den
Arbeitsmedizinisches Zentral-Labor:	**Bei Rückfragen**
Frankfurter Straße 200	AMZ Düsseldorf Vogelsanger Weg 6
5000 Köln 80 – Mülheim	4000 Düsseldorf
Tel.: 02 21/83 93-15 12	Tel.: 02 11/6 35 41

Persönlich/vertraulich

Befundbericht

Alter: Jahre

(261) MPU Düsseldorf
Auftragsnummer:
Tätigkeitsschlüssel:
Datum der Untersuchung: (keine Nüchternwerte)

Labortag: Labornummer: Serumbeschaffenheit.: trüb
Untersuchungsart

Blutbild	**Ist-Wert**		**Normbereich**	
105. Erythrozyten	14,66	Tera/l	4,50 –	5,50
112. Hämoglobin	41,5	g/dl	14,00 –	18,0
106. Hämatokrit	41,5	%	40,0 –	50,0
107. Mittleres Zellvolumen	89	femtol	83 –	103
110. Mittlerer Hämoglobingehalt	30,5	pg	27,0 –	32,0
113. Mittl. korp Hämoglobinkonz.	34,2	g/dl	32,0 –	36,0
111. Leukozyten *	9,1	Giga/l	4,0 –	9,0
114. Thrombozyten	265	Giga/l	150 –	300

Allgemeine Blut-/Serum-Untersuchung

167. Glutamat-Oxalat-Transaminase	13	U/l		– 18
168. Glutamat-Pyruvat-Transaminase	8	U/l		– 22
164. Gamma-Glutamyl-Transferase	10	U/l	6	– 28
165. Creatinin i. S.	0,87	mg/dl	0,60 –	1,20
173. Bilirubin i.S.	0,52	mg/dl	0,10 –	1,00
172. Gesamt-Eiweiß	8,4	g/dl	6,6 –	8,7

Stoffwechselbefunde

169. Harnsäure i. S.	4,5	mg/dl	3,4 –	7,0
170. Cholesterin **	252	mg/dl		–200
166. Triglyzeride**	351	mg/dl		–250
171. Glucose i. S.	102	mg/dl	70	–120

TÜV RHEINLAND	Köln, den
	Befundbericht Blatt 2
	RV Nr
	Ist-Wert **Normbereich**

Befundkommentar:
* = unkriktisch   ** = auffällig,   *** = kontrollbedürftig
Laborantin ....   Betriebsarzt ....

nur dann, wenn bei Ihnen eine Behandlungsbedürftigkeit besteht. Liegt kein Grund für eine medizinische Behandlung bzw. Abklärung vor, sind die (gesetzlichen und möglicherweise auch manche privaten) Krankenkassen nicht verpflichtet, die Kosten für eine Tauglichkeitsuntersuchung zu übernehmen.

Falls Ihre Werte erhöht sind, sollte der Hausarzt in einem Attest auf mögliche Gründe (Medikamente, Erkrankungen) hinweisen. Diese Bescheinigungen müssen Sie dann bei der TÜV-Untersuchung sowohl dem Arzt wie auch dem Psychologen vorlegen. (Mehrere Kopien mitbringen, damit der Psychologe die Leberwerte bereits vor der Befragung kennt und sie nicht erst Tage später von seinem Arztkollegen erfährt!) Die so erhobenen Leberwerte dürfen nicht älter als 4 Wochen sein! Wenn Sie auch über ältere Leberwerte verfügen, können Sie natürlich auch diese mitnehmen (siehe „Einleger").

Laborbefunde mit erhöhten Werten der Alkoholmarker eignen sich durchaus dazu, bei der Untersuchung nachzuweisen, daß Sie ihren Alkoholkonsum radikal reduziert haben, und zwar dann, wenn diese aus der Zeit vor und/oder unmittelbar nach einer Trunkenheitsfahrt stammen. Sie müssen allerdings in der Folgezeit nach der Trunkenheitsfahrt alle 4 bis 6 Wochen die Alkoholmarker durch Laboruntersuchungen ermitteln lassen. Wenn sich die Werte sichtbar und kontinuierlich normalisieren oder gar wieder in den Normbereich zurückgehen, haben Sie einen außerordentlich schwer zu widerlegenden Beweis für Ihr gründlichst verändertes Alkoholtrinkverhalten.

Außerdem ist zumindest bei erhöhtem GGT-Wert zu empfehlen, auch den CDT-Wert bestimmen zu lassen, damit die Sicherheit bei der Diagnose erhöht wird. Wenden Sie sich an einen der in der neuen FeV eingeführten „Fachärzte mit verkehrsmedizinischer Qualifikation", um eine gründlichere Untersuchung zu erhalten als dies während der Eignungsuntersuchung bei den meisten BfF-Stellen der Fall wäre. Außerdem können dann die BfF-Ärzte die Befunde eines solchen Spezialisten nicht einfach bei ihrem Gutachten übergehen, wie sie es bei Hausärzten häufig tun.

Diese Vorgehensweise ist absolut legal. Selbst der TÜV (BfF) weist auf diese Möglichkeit hin, verschweigt allerdings die eigentliche Bedeutung der Leberwerte im Zusammenhang mit der Fahreignung.

Leberwerte sind auch dann vorzulegen, wenn sie normal sind. Sie werden im übrigen nicht nur bei ehemaligen Promillefahrern herangezogen! Aber Achtung! – Normale Leberwerte reichen noch lange nicht für eine positive Beurteilung der künftigen Fahreignung!

Was Sie über Ihre Trinkgewohnheiten schon immer wissen wollten

Es steht außer Frage, daß eine Alkoholfahrt in den allermeisten Fällen die Folge des Vieltrinkens ist. Vieltrinken hängt mit häufigem Alkoholgenuß zusammen und führt zu Gewohnheitsbildungen. Gewohnheiten bestimmen unseren Alltag und sind deshalb tückisch, weil wir sie nicht sonderlich beachten: Gewohnheitsmäßige Handlungen machen sich selbständig, sie laufen automatisch ab.

Da Vieltrinken durch langjähriges und häufiges Training zur Gewohnheit wird, wird die jeweilige Alkoholbeeinflussung sogar von Ärzten falsch eingeschätzt. Erst recht unterschätzen die Wirkung von Bier oder Wein diejenigen, die sich noch keine Gedanken darüber gemacht haben und es sich nur schmecken lassen – und das sind die meisten Bundesbürgerinnen und Bundesbürger. Die Unterschätzung der Gefahr der Droge Alkohol, die Unkenntnis über deren Wirkung und die Selbstüberschätzung sind die häufigsten Ursachen von Promillefahrten.

Wenn Sie nun den „Schein-Charakter-Test" bestehen wollen, müssen Sie all diese früheren Mängel Ihres Charakters nicht nur selbstkritisch erkannt, sondern auch verarbeitet haben. Dazu gehört natürlich auch das Wissen darüber, was all die Getränke, die zum alltäglichen Genuß gehören, in unserem Körper und unserer Seele „anrichten".

Der direkteste Weg dazu führt über die Berechnung der Blutalkoholkonzentration (BAK, ausgedrückt in ‰).

Wie ich meine Promille (‰) berechne – auch nachträglich

Die nachfolgende Übersicht in Tabelle 4 stellt natürlich nur eine Faustregel dar, die aber dennoch recht zuverlässig ist.

Da es um Grundkenntnisse geht, sollten Sie sich an dieser Stelle zunächst nicht darum kümmern, wie groß z. B. die Abweichung der Promille-Werte beim Trinken auf leeren Magen sein könnte oder wieviel Gläser mehr nach einer fetten Haxe oder einem Heringsessen getrunken werden können, ohne daß sich das Promille wesentlich erhöht.

Das Lebensalter wurde bei diesen Beispielberechnungen ebenfalls nicht berücksichtigt, obwohl es nicht ohne Bedeutung ist.

Wie Sie wissen, können Sie eine erneute Promillefahrt nur dann erfolgreich vermeiden und ein positives Eignungsgutachten erhalten, wenn Sie über gründliche Kenntnisse der Wirkung alkoholischer Getränke verfügen.

Bei den nachfolgenden Beispielberechnungen wurden die verschiedenen Getränke hinsichtlich ihres Alkoholgehaltes je Glas gleichgesetzt, was nur zu Ihrem Vorteil gereichen kann:

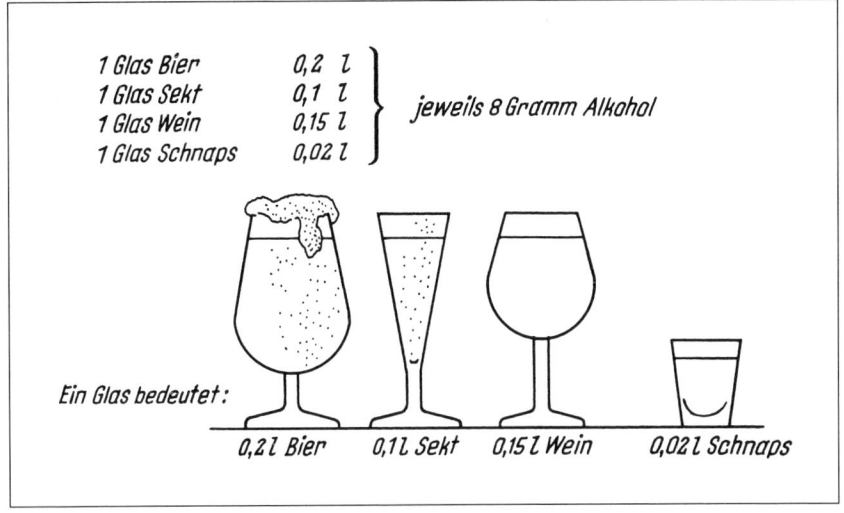

Anhand der folgenden Formel kann natürlich auch die wahrscheinliche Trinkmenge Ihrer Promillefahrt, wegen der Sie zum Charaktertest müssen, konkreter nachvollzogen werden. Es ist nämlich auch eine Rückrechnung vom festgestellten Promille zu dem Wert zur Tatzeit möglich, was deshalb wichtig sein kann, weil einem wegen der gewohnheitsbedingten Alkoholverträglichkeit und des subjektiven Wohlbefindens bzw. der gestörten Wahrnehmung durch hochgradige Alkoholisierung die tatsächliche Trinkmenge häufig gar nicht bewußt ist.

Beispiel für eine Rückrechnung:

Promille zur Tatzeit:	2,13 ‰
Körpergewicht:	75 kg
Anteil wasserhaltigen Gewebes	70 % = 52,5 kg
Getränk (Bier) hat je Glas 8 Gramm Alkohol	
Getrunkene Menge in Glas (x) = 2,13 ‰ : 8 × 52,5 = ?	
× 2,13 ‰ : 8 = 0,27 × 52,5 = 14	
14 Gläser × 8 Gramm = 112 Gramm Alkohol	
Gegenrechnung: 112 : 52,5 = 2,13 ‰	

Diese Trinkmenge von 14 Gläsern ist aber eigentlich zu gering. Denn 14 Gläser machen immerhin 3 Liter Flüssigkeit aus, was nicht in einer Stunde getrunken werden kann. Deshalb müssen noch **Trink-Zeit** und **Alkoholabbau** berücksichtigt werden. Beide hängen eng zusammen,

Tabelle 4: Entstehung und Abbau von Promille bei Frauen und Männern

	Frau 50 bis 65 kg	Frau 70 bis 80 kg	Mann 60 bis 70 kg	Mann 70 bis 80 kg	Mann 80 bis 90 kg	Mann 100 bis 110 kg Übergewicht
Anteil des wasserhaltigen Körpergewebes	55%	60%	70%	70%	70%	55%
Beispielgewicht	60 kg	75 kg	65 kg	75 kg	85 kg	105 kg
Anteil des wasserhaltigen Gewebes Formel: kg · % : 100 =	33 kg	45 kg	45,5 kg	52,5 kg	59,5 kg	57,5 kg
Promille nach einer Trinkmenge von 5 Gläsern (5 · 8 = 40 Gramm Alkohol)	$\frac{40}{33\,kg} = 1,21‰$	$\frac{40}{45\,kg} = 0,89‰$	$\frac{40}{45,5\,kg} = 0,88‰$	$\frac{40}{52,5\,kg} = 0,76‰$	$\frac{40}{59,5\,kg} = 0,67‰$	$\frac{40}{57,5\,kg} = 0,70‰$
Abbau des Alkohols im Körper je Stunde	5–6 Gramm	6–7 Gramm	6–7 Gramm	7–8 Gramm	8–9 Gramm	etwa 7/8 Gramm
Abbau des Alkohols im Körper je Stunde	0,15‰ etwa 1 Glas	0,15‰ etwa 1 Glas	0,15‰ etwa 1 Glas	0,15‰ etwa 1 Glas	0,15‰ etwa 1 Glas	0,15‰ etwa 1 Glas
Dauer des vollständigen Abbaus des Restalkohols, gerechnet ab Beendigung des Alkoholkonsums	8 Stunden	6 Stunden	6 Stunden	5 Stunden	4,5 Stunden	4,5 Stunden

denn der Körper baut in der Regel je Stunde **8 Gramm (= 1 Glas)** auch wieder ab. Der Aufschlag an Trinkmenge beträgt noch etwa 20 %, so daß sich in diesem Fall nicht 14, sondern 17 Gläser als Trinkmenge ergeben.

Es gibt derzeit bereits zahlreiche Computerprogramme zur nachträglichen Berechnung der Trinkmengen, die man z. B. auch im Internet findet. Lassen Sie sich nicht verwirren, denn Trinkmenge kann nicht mehr absolut genau errechnet werden. Es genügt, wenn Sie nach der obigen Formel immer davon ausgehen, daß in einem üblichen Glas gleich welchen Getränks im Durchschnitt 8 Gramm reiner Alkohol enthalten ist.

An dieser Stelle sollte auch die sehr wichtige Frage erörtert werden, nach wieviel Gläsern Alkohol denn das Autofahren noch überhaupt verantwortet werden kann?

Die dazu nötige Berechnungsformel lautet für den Mann:

$$\frac{\text{Körpergewicht in kg}}{40} = \text{Anzahl der noch erlaubten Gläser}$$

Beispiel: 75 kg : 40 = etwa 2 Gläser

Gegenrechnung: 2 Gläser × 8 Gramm = 16 : 52,5 = **0,30 Promille**

52,5 = 70% des Körpergewichts (siehe auch Tabelle 4)

Die dazu nötige Berechnungsformel lautet für die Frau:

$$\frac{\text{Körpergewicht in kg}}{40} = \text{Anzahl der noch erlaubten Gläser}$$

Beispiel: 75 kg : 40 = etwa 2 Gläser

Gegenrechnung: 2 Gläser × 8 Gramm = 16 : 45,0 = **0,35 Promille**

45,0 = 60% des Körpergewichts (siehe auch Tabelle 4)

Von den auf dem Markt erhältlichen Atemalkoholmeßgeräten, Röhrchen und Taschen-Promillerechner ist grundsätzlich zu warnen, weil deren Testergebnisse unzuverlässig sind. Insbesondere dann, wenn die Werte von einem bereits alkoholisierten Selbsttester gedeutet werden.

Es gibt nur eine goldene Regel: maximal 2 Gläser × 8 Gramm reiner Alkohol = etwa 0,3 Promille.

Alles andere ist gefährlich und sollte nicht einmal ausprobiert werden.

Achtung: Eine Alkoholbeeinflussung liegt schon ab 0,3 Promille vor! Die Fahrerlaubnis wird auch dann entzogen, wenn jemand an einem Verkehrsunfall **unverschuldet** beteiligt ist. Außerdem kann sich der

Versicherer weigern, den eventuell verursachten Schaden zu bezahlen.

Mit diesen Formeln kann man sich ein sehr realistisches und sicherlich überraschendes Bild über seine früheren und jetzigen Trinkgewohnheiten machen. Als empfehlenswert und leicht nachvollziehbares Beispiel sind vier selbstgefertigte Diagramme von zwei ehemaligen Promille-Fahrern beigefügt, die es mit der Wiedererlangung ihrer Fahreignung sehr ernst genommen und sich erfolgreich umgestellt haben. Sie stellten die vier Hauptsäulen ihres früheren Trinkverhaltens dar, die allgemein gültig sind:

1. Trinkverhalten **unmittelbar** vor der Straftat
2. Täglicher **(gewöhnlicher)** Trinkrhythmus
3. Trinken bei **besonderen** Anlässen
4. Sturztrinken

Eine der Voraussetzungen, einen Rückfall in eine Trunkenheitsfahrt und in alte Trinkgewohnheiten zu vermeiden und zugleich ein positives Gutachten zu bekommen, ist, sich ein realistisches und kritisches Bild über die früheren (aber auch jetzigen) Trinkgewohnheiten zu machen.

Erstellen Sie sich anhand der folgenden Beispieldiagramme die Verlaufskurven Ihrer Trinkgewohnheiten: Auf die horizontale Linie tragen Sie die Uhrzeit, auf die senkrechte die Trinkmengen in Glas oder Gramm Alkohol ein (1 Glas = 8 Gramm).

Mit Hilfe der Berechnungsformel (Seite 59/61) können Sie das Promille ausrechnen.

Ihre Diagramme machen Ihnen den Anstieg der **Blutalkoholkonzentration,** den **Alkoholabbau** und den so gefährlichen, weil häufig unterschätzten **Restalkohol** anschaulich. Damit können Sie in der Untersuchung glaubhaft über Ihre Wissensvermehrung berichten und dem Gutachter zeigen, daß Sie eine klare Vorstellung von Ihrem Trinkverhalten haben.

TIP

Die in Tabelle 4 als Lernhilfe auf „lediglich" 40 g reinen Alkohol berechneten Beispiele zeigen, daß bereits nach 5 Gläsern bei Männern die „Gefahrengrenze des Fahrverbots" von 0,8‰ und bei Frauen sogar die Grenze der absoluten Fahruntüchtigkeit erreicht wird. Die „Schallmauer" von 0,5‰, bei der bereits ein Bußgeld von DM 200,00 droht erreichen Sie natürlich noch viel früher mit 4 Gläsern – getrunken in 1 Stunde – bei Männern von 75 kg Körpergewicht (32 Gramm : 52,5 = 0,60 Promille) und mit 2 Gläsern bei einer Frau von 55 kg Körpergewicht (16 Gramm : 30 = 0,53 Promille – siehe Tabelle 4).

Wenn Sie Ihr Trinkverhalten danach ausrichten, werden Sie in der „tüvologischen" Eignungsuntersuchung Selbsterkenntnis und Problembewußtsein erkennen lassen und dem gutachterlichen „Vorurteil" der Bagatellisierung erfolgreich begegnen können.

Insbesondere die Obergutachterstelle des Landes Nordrhein-Westfalen in Köln zieht zur Überprüfung der Abstinenz drei Blutwerte bzw. Prüfkriterien verstärkt heran; dabei handelt es sich um die sogenannte „Transferasensumme" (bestehend aus dem Werten von GGT + GOT + GPT), die bei Abstinenz nicht über 36 U/L liegen sollte.

Diese Methode dürfte wohl als fraglich gelten, weil wie bereits oben dargestellt, die Erhöhung des Gamma-GT-Wertes außer Alkoholkonsum noch unzählige andere, nicht alkoholbedingte Ursachen haben kann.

Die Begutachtung nach Promillefahrt

Abbildung 1

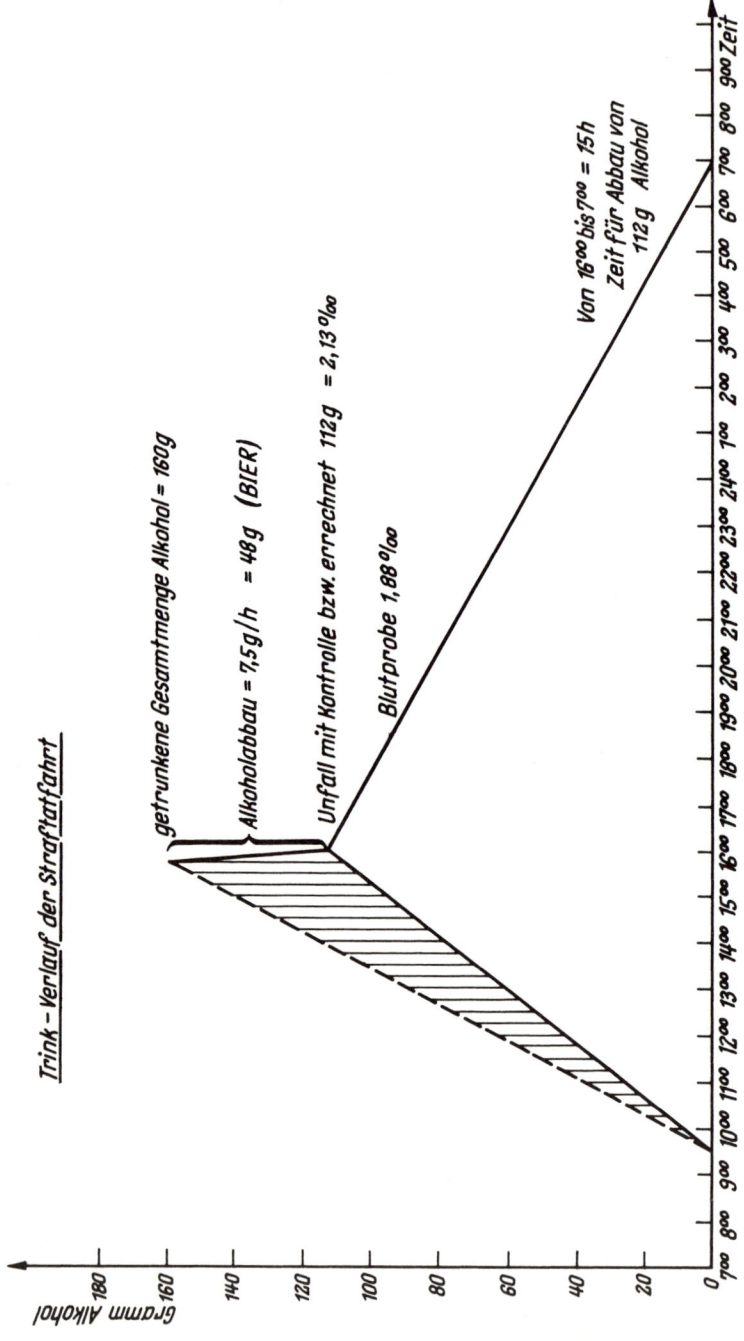

Wie ich meine Promille (‰) berechne – auch nachträglich

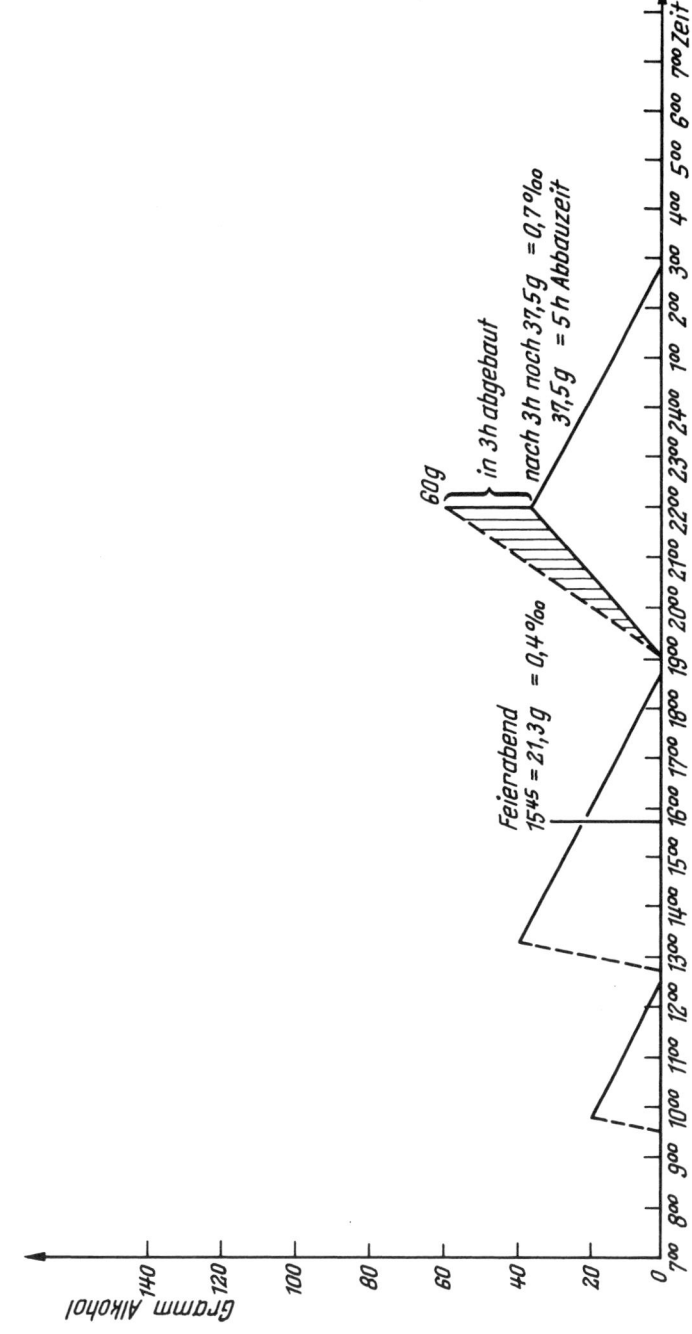

Abbildung 2

Die Begutachtung nach Promillefahrt

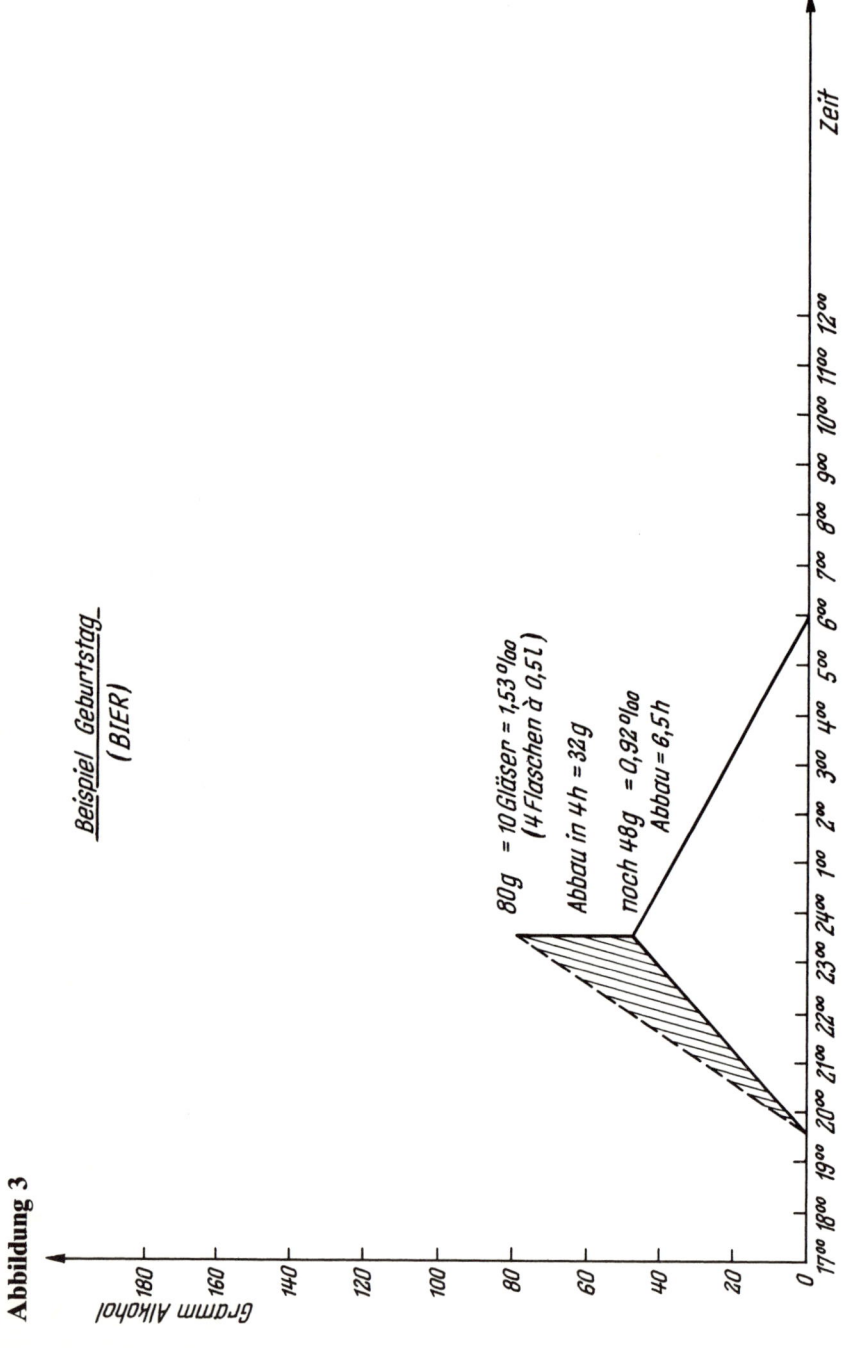

Abbildung 3

Wie ich meine Promille (‰) berechne – auch nachträglich

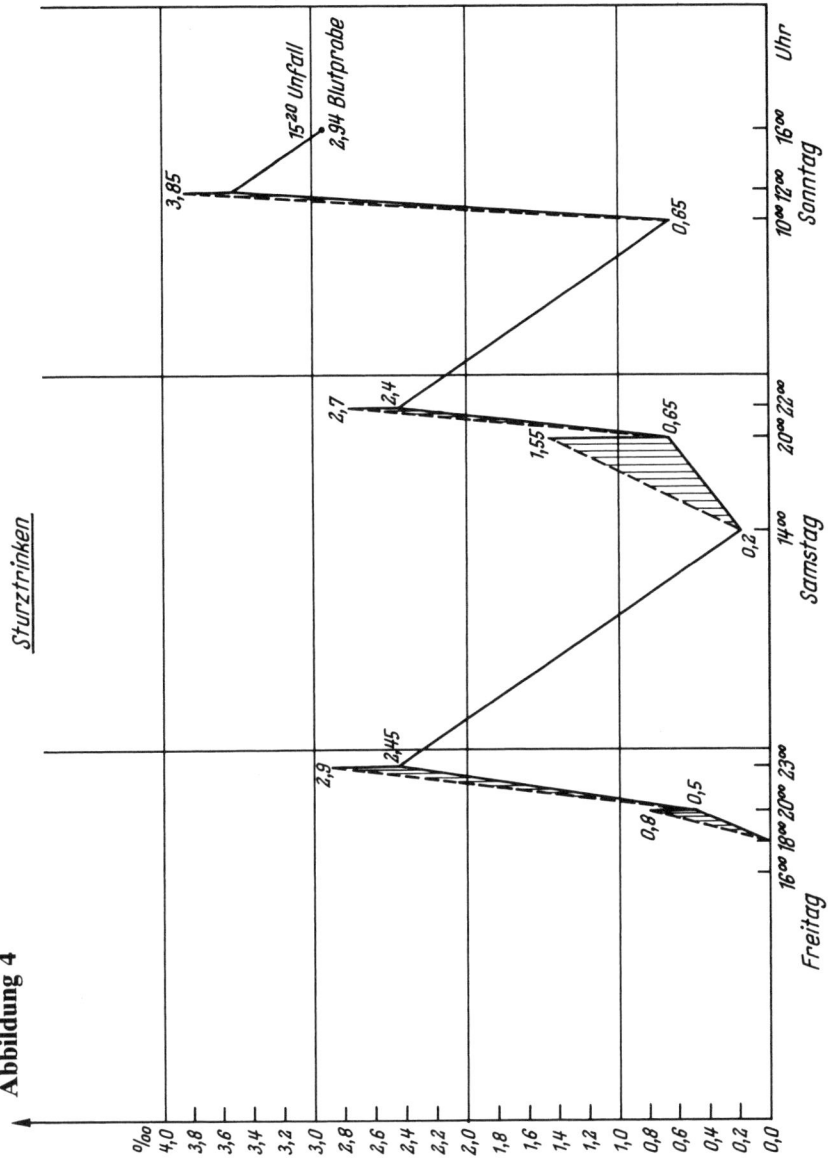

Abbildung 4

67

Die Begutachtung nach Promillefahrt

Abbildung 5

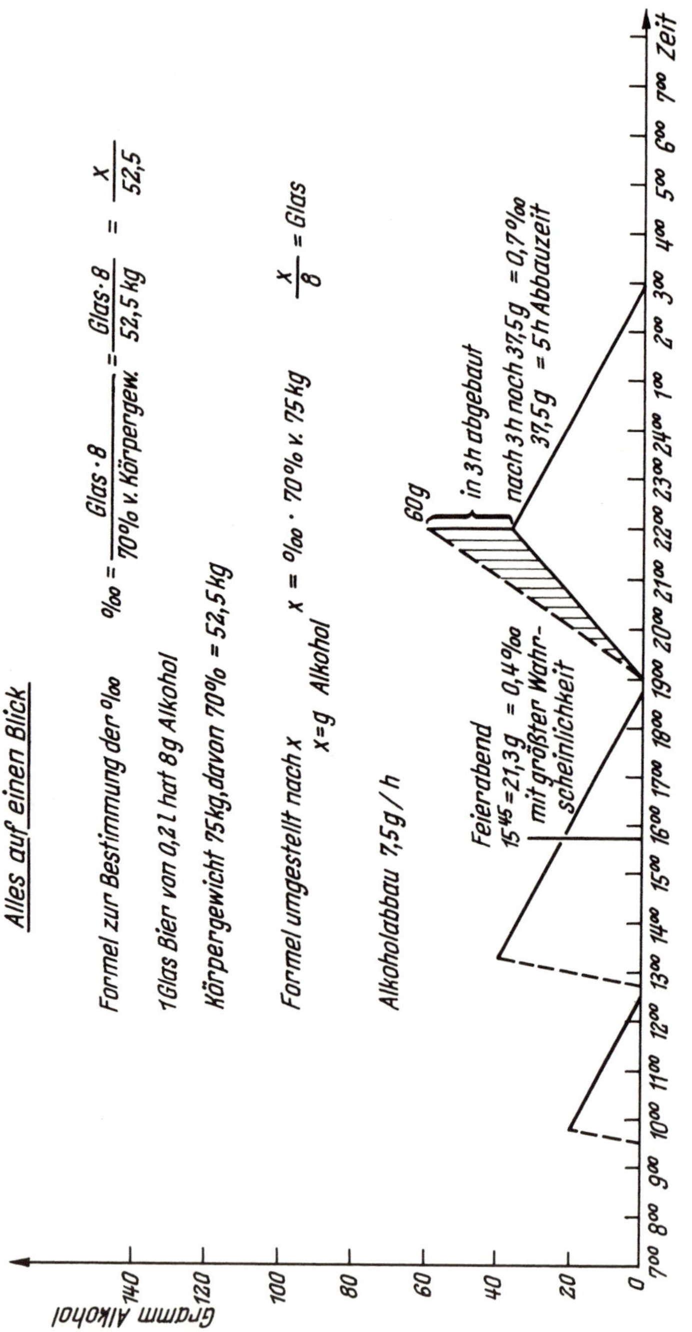

Charaktertest für Radfahrer mit Promille

Obwohl im neuen Verwarnungs- und Bußgeldkatalog 1999 auch für Radfahrer empfindliche Strafen vorgesehen sind, auch wenn sie lediglich die Hälfte des Regelsatzes für Kraftfahrer zahlen müssen und auch Punkte bekommen können, und nach der Deutschen Verkehrswacht 92 % aller Radfahrer die Verkehrsvorschriften nicht beachten", ist der Charaktertest für Radfahrer noch nicht generell eingeführt.

Da aber Politiker und Polizei immer wieder den Fahrradführerschein, Nummernschild für Räder fordern, wird es nicht mehr lange dauern, bis die medizinisch-psychologische Eignungsuntersuchung auch für die offensichtlich große Schar der „Rüpel-Radler" generell zur Pflicht gemacht werden wird.

Der „Radler-Charakter-Test" findet allerdings auch bereits jetzt schon statt, und zwar immer dann, wenn ein **Führerscheinbesitzer** wegen einer Promillefahrt am Lenker eines Fahrrades mit hoher Blutalkoholkonzentration bestraft wird. Und dazu ist es nicht einmal erforderlich, daß ihm das Gericht die Fahrerlaubnis entzieht!

Nach einer Grundsatzentscheidung des Bundesverwaltungsgerichtes (BVerwG VRS 91, 221 (222) = DAR 96, 70 gilt folgendes: *„In der Regel (...) ist bei einem Fahrerlaubnisinhaber, der sich mit hoher Blutalkoholkonzentration als Fahrradfahrer am Straßenverkehr beteiligt und damit eine Verkehrsstraftat (...) begeht, bei vernünftiger lebensnaher Einschätzung die ernsthafte Besorgnis begründet (...), er werde in alkoholisiertem Zustand nicht stets die nötige Selbstkontrolle aufbringen, vom Führen eines Kraftfahrzeuges abzusehen."* (zitiert nach Himmelreich, 1999)

Dies bedeutet mit anderen Worten zum einen, daß es letztendlich um die Eignung zur Teilnahme am öffentlichen Straßenverkehr geht und nicht darum, mit welchem Verkehrsmittel man auf der Straße fährt. Zum anderen ist die hohe Blutalkoholkonzentration entscheidend – und somit steht fest, daß nach diesen Kriterien bezüglich der charakterlichen Eignung zwischen Fahrradfahrer und Autofahrer oder Motorradfahrer prinzipiell kein Unterschied gemacht wird.

Der klassische Fall

Herr N. entschließt sich, den Sommerabend im Biergarten zu verbringen. Da er wegen Promillefahrt vor einigen Jahren schon einmal bestraft wurde, sagt er sich vorsorgend: „Das Auto lass' ich stehen! Ich nehm' das Rad!" – Als er nach etlichen Stunden sich fröhlich von seinen Freunden verabschiedet und vor dem Biergarten auf sein Rad schwingt, ereignet sich Unglaubliches, denn er segelt auf der anderen Seite seines Drahtesels in den Straßenstaub – und das auch noch vor den Augen zweier

Streifenbeamten. – Nach dem Spruch des Gerichtes hat er eine Geldstrafe von 1500 Mark zu zahlen, womit er sich schnell abfindet, denn er bangte auch um seinen Führerschein. Den durfte er behalten – aber nicht für lange. Denn einige Wochen nach Rechtskraft des Urteils bekommt er einen Brief vom Straßenverkehrsamt. Darin steht: Wegen der Trunkenheitsfahrt am Lenker eines Fahrrades habe die Behörde Zweifel an seiner Eignung zum Führen von Kraftfahrzeugen, weshalb er aufgefordert werde, ein medizinisch-psychologisches Eignungsgutachten vorzulegen. Herr H. ärgert sich zwar darüber, geht dennoch seelenruhig zum TÜV, denn er glaubt, wenn der Richter ihm seinen Führerschein belassen hat, habe er auch beim Idiotentest" nichts zu befürchten – im Gegenteil: Er habe doch Vorsorge bewiesen, indem er seinen Wagen in der Garage gelassen habe. Als er dann das negative TÜV-Gutachten bekommt und ihm die Fahrerlaubnis nach fast einem Jahr nach dem Promille-Radeln entzogen wird, versteht er die Welt nicht mehr.

Die Rechtslage vor Gericht

Nach § 316 StGB wird bestraft, wer „**im Verkehr ... ein Fahrzeug führt,** obwohl er infolge des Genusses alkoholischer Getränke oder anderer berauschender Mittel nicht in der Lage ist, daß Fahrzeug sicher zu führen". Im Gegensatz zu Kraftfahrern wird dieser Zustand der absoluten Fahruntauglichkeit bei Radfahrern nicht bei 1,1 Promille, sondern bei **1,7 Promille** (BGH 17. 7. 1986, NJW 1986, 2650) angenommen. Ist diese Bedingung erfüllt, liegt eine Straftat vor. Der Grund dafür ist, daß nach wissenschaftlichen Studien das Reaktionsvermögen von Radfahrern, deren BAK-Wert zwischen 1,3 und 1,5 Promille lag, um 81,8 % bzw. 96,5 % schlechter war als von nicht alkoholisierten Fahrradfahrern.

Die richterliche Entziehung seiner Fahrerlaubnis nach § 69 a StGB braucht ein wegen Trunkenheit am Lenker eines Fahrrades bestrafter Führerscheininhaber nicht zu fürchten. Denn die Fahrerlaubnis gilt für (motorbetriebene) Kraftfahrzeuge.

Vorsicht! – Fahrverbot auch für das Fahrrad!

Nach einer Entscheidung des Verwaltungsgerichts Stade wurde einem 60jährigen Mann ein Fahrverbot auch für führerscheinfreie Fahrzeuge auferlegt. Da er wegen Verkehrsstraftaten wiederholt bestraft worden war, sei bei ihm nicht anzunehmen, daß er künftig ohne Promille unterwegs sein werde. Er stelle deshalb nach Ansicht des Gerichtes auch auf dem Fahrrad eine potentielle Gefahr dar (NJW 87, 148).

Noch mehr Vorsicht! Es gibt auch den direkten Entzug der Fahrerlaubnis für Promille-Radler!

Himmelreich (DAR 10/88) berichtet folgenden Fall: Der Betroffene fuhr im Mai 1984 mit einer BAK von 1,33‰ mit seinem Pkw. Die Fahrerlaubnis wurde entzogen. Nach acht Monaten wurde sie aber wiedererteilt. Der Betroffene fuhr nun drei Monate später mit einem **Fahrrad** am späten Nachmittag mit einer BAK von 2,05‰ in starken Schlangenlinien auf der Straße einer Gemeinde; er war bis auf die Socken und Schuhe unbekleidet; hinter ihm fuhr ein Pkw, in dem sich drei Frauen, darunter seine Ehefrau, befanden. Unter Gewaltanwendung konnte die Polizei ihn in das Polizeiauto bringen. Er wurde zu einer Geldstrafe verurteilt. Wenige Monate später entzog ihm die Verwaltungsbehörde, ohne vorherige MPU-Begutachtung, die Fahrerlaubnis mit der Begründung, er habe sich durch sein Verhalten auch zum Führen von Kraftfahrzeugen als ungeeignet erwiesen. Das Oberverwaltungsgericht Bremen bestätigte die Richtigkeit der behördlichen Entscheidung.

Es blieb auf die Beurteilung ohne Einfluß, ob die drei Frauen in dem Pkw lediglich „Geleitschutz" geben wollten oder ob sie aus anderen Gründen so hartnäckig ihm auf der Radspur blieben.

Wie kann es für Promille-Radler zum Kraftfahrer-Charaktertest kommen?

Auf folgendem Umweg: Die Bestrafung eines betrunkenen Radfahrers wird an das Bundeszentralregister gemeldet. Von dort ergeht eine Meldung an das Kraftfahrt-Bundesamt in Flensburg, das wiederum die nach Wohnort zuständige Straßenverkehrsbehörde unterrichtet. Dort prüft der Sachbearbeiter die Fahrer-Personalakte, und wenn er feststellt, daß bereits früher eine Alkoholfahrt mit dem Auto vorgelegen hat oder der Promille-Radler im Vollrausch (2,5‰ und mehr) überhaupt das erste Mal auffällt, schlägt er Alarm. Denn es liegt im Ermessen der Straßenverkehrsämter, darüber zu befinden, ob jemand als Kraftfahrer noch geeignet ist. Die Führerscheinstelle kann die Fahreignung in begründeten Fällen jederzeit bezweifeln!

Wenn ein wegen Trunkenheit am Steuer einmal bereits bestrafter Führerscheininhaber auch betrunken Fahrrad fährt und somit den Verkehr und sich gefährdet, liegt ein gewichtiger Grund vor, seine Fahreignung zu bezweifeln, weil er entweder Alkoholgenuß und Teilnahme am öffentlichen Straßenverkehr nicht auseinanderhalten kann oder weil er seinen Alkoholkonsum nicht zügeln kann, was neuerdings ab einer BAK von mehr als 1,6 Promille angenommen wird.

Was wird beim Charaktertest bei „Promille-Radlern" getestet?

Für die Gutachter ist absolut ohne Belang, welches Fahrzeug Sie unter hohem Alkoholeinfluß gelenkt haben, d.h., Sie müssen grundsätzlich und in jeder Situation mit Alkohol diszipliniert umgehen können, wenn Sie als Autofahrer geeignet sein wollen.

Wenn Sie einmal wegen Trunkenheit bestraft worden sind und beim jetzigen „Promille-Radeln" eine hohe BAK festgestellt wurde, wird vermutet, daß Sie gerade das nicht können und am Steuer Ihres Wagens nur deshalb nicht wieder aufgefallen sind, weil Sie eben Glück hatten.

Sie stellen also eine vermutete potentielle Gefahr für die Sicherheit im Straßenverkehr dar!

Hohe BAK-Werte – in der Regel über 1,6 Promille – setzen **Trinktraining, hohe Verträglichkeit** und **Gewöhnung** voraus, die naturgemäß zu **Selbstüberschätzung** führen.

Aus diesem Grunde gibt es für ‚Promille-Radler" weder Milde noch irgendwelche Sondertestung. Im Gegenteil: Sie werden härter herangenommen als andere weil der Gutachter davon ausgeht, daß Sie die strikte Trennung von **Trinken und Straßenverkehr** immer noch nicht akzeptiert und gelernt haben.

Extra-Charaktertest für Frauen?

Frauen haben am Steuer immer noch einen besseren Ruf als Männer, denn sie fahren nicht nur genauso geschickt – sie sind grundsätzlich etwas zurückhaltender. Frauen fallen auch weniger durch Verkehrsverstöße auf. Dem Charaktertest wegen zu vieler Flensburg-Punkte ohne Alkohol müssen sie sich selten stellen. Die Statistik belegt eindeutig: Autofahrerinnen handeln eben verantwortungsbewußter als Männer. Dafür spricht auch die Tatsache, daß nach Verkehrsunfällen doppelt soviel Männer wie Frauen Unfallflucht begehen.

Promille-Fahrerinnen sind allerdings doch auch gar nicht so selten, und die Tendenz ist eindeutig steigend – gleichwohl haben Männer mit jährlich über 400 000 Promillefahrten einen wohl uneinholbaren Vorsprung.

Frauen sind beim „Seelen-TÜV" folglich eine Minderheit, deren Schicksal bekanntlich nirgendwo rosig ist. Wenn ein Mann eine Stammkneipe hat und sich dort allabendlich eine beträchtliche Anzahl Biere erlaubt, fällt er nicht sonderlich auf – Trinken ist eben „männlich". Alkohol am Steuer wird bei einem Mann in unserer Gesellschaft stärker toleriert. Wenn ein Mann mit Promille fährt, gilt er nicht schon deshalb als „charakterschwach" – er hat bloß „ein oder zwei Gläser mehr zur Brust genommen".

Wenn eine Frau sich ein „männliches" Trinkverhalten erlaubt, was durchaus vorkommt, wird sie schief angesehen. Fährt sie dann unter Alkoholeinfluß auch noch Auto, hat sie in der weit überwiegend von Männern bestimmten Welt der TÜV-Gutachter einen denkbar schweren Stand. Trotz bestehender Vorurteile der Männerwelt gibt es keine Sonderkriterien für Frauen bei der Eignungsuntersuchung. Dies gilt allerdings nur für den äußeren Rahmen, für die eingesetzten Tests – nicht jedoch für die inhaltliche Gestaltung des entscheidenden **diagnostischen Gesprächs.** Im Gegensatz zu ehemaligen Promille-Fahrern legen die Gutachter bei ehemaligen Promille-Fahrerinnen ein viel größeres Gewicht auf die Ausforschung des sozialen Umfeldes (Familie, Beruf, Kinder usw.) und die Belastbarkeit des „Nervenkostüms".

Das Vorurteil ist unter den Gutachtern sehr verbreitet, daß eine Frau, die übermäßig Alkoholisches getrunken hat, auch ein Problem gehabt haben **muß,** sie ist also eine „Problem-Trinkerin".

Aus Spaß an der Freud' und weil es halt gut schmeckt, dürfen nach diesem Gutachterdenken nur Männer trinken.

Bei näherer Betrachtung von Frauen-Fallbeispielen fällt allerdings auf, daß die oben beschriebene Gewichtung der Exploration auf Themen der seelischen Belastbarkeit nicht ganz unbegründet ist. Sie wird verständlich aus der sozialen Stellung der meisten Frauen und aufgrund der Tatsache,

daß der weibliche Organismus auf Alkohol empfindlicher reagiert als der männliche.

Während ein 60 kg schwerer Mann nach 5 Glas Pils auf 0,88 Promille kommt, beträgt die Alkoholbeeinflussung einer 60 kg schweren Frau 1,21 Promille! (Der beträchtliche Unterschied folgt aus dem naturbedingten höheren Fettgewebeanteil der Frau [siehe Tabelle 4, Seite 51]).

Da bei Frauen die Schwelle wesentlich niedriger angesiedelt ist als beim Mann, liegt auch die subjektive Alkoholempfindlichkeit bei geringen Trinkmengen, was sie zu größerer Vorsicht veranlassen müßte – so wird es gemeinhin vorausgesetzt.

Zudem gilt für die Mehrheit der Frauen, daß sie in der Regel heimliche oder Solo-Alkoholkonsumentinnen sind, da sie als Folge gesellschaftlicher Zwänge die als „männlich" geltenden Gastwirtschaften, Sportvereine und dergleichen meiden oder meiden müssen.

Frauen unterscheiden sich im Trinkverhalten auch hinsichtlich der Art der Getränke von Männern: Während bei Männern Bier und Wein hoch im Kurs stehen, bevorzugen Frauen Sekt, Wein und häufig Weinbrand. Letzterer ist besonders für „heimliches Trinken" günstig, da schon mit einer geringen Menge Wirkung erzielt werden kann.

Wenn also Frauen durch übermäßigen Alkoholkonsum auffällig werden, wird deshalb ein seelisches Problem unterstellt, weil sie sich ein als typisch männlich bewertetes – mithin wesensfremdes – Trinkverhalten angeeignet haben, was schon für sich allein eine „Charakterschwäche" ist. Die Psychologen übersehen dabei, daß es heute eine gesellschaftliche Wirklichkeit ist, daß Frauen an der Theke keine Seltenheit mehr sind.

Ein weiterer Grund, warum Gutachter bei Frauen wesentlich stärker auf die psychosozialen Fallbedingungen eingehen, liegt sicherlich darin, daß Frauen durch ihre Erziehung und ihren Lebensverlauf, die im klassischen Fall immer noch zu der Rolle „Ehefrau-Mutter-Hausfrau" führen, einen ‚besseren Draht" für alles Zwischenmenschliche haben als Männer – ob das, im konkreten Fall zutrifft oder nicht, spielt meistens keine große Rolle.

Zwei typische Fallbeispiele!

Eine 53 Jahre alte Geschäftsfrau von überdurchschnittlicher Intelligenz geriet sowohl in geschäftliche wie auch eheliche Schwierigkeiten, die gut 5 Jahre anhielten: Ihr unheilbar erkrankter Ehemann zog zu einer anderen Frau und ließ sie mit drei Kindern, dem Haus und all den Sorgen allein. Es kam zur Scheidung, zur Hausversteigerung und zu Erbschaftsstreitigkeiten. Den über sie hereinbrechenden Belastungen hielt sie nicht stand. Es kam zu einem Nervenzusammenbruch und sie flüchtete sich, schließlich in den Alkohol – innerhalb von 4 Jahren beging sie 3 Trunkenheitsfahrten mit Promille-Werten zwischen 2,3‰ und 3,3‰. – Doch nach ihrer letzten Bestrafung fand sie wieder zu sich selbst und ordnete mit einer geradezu bewundernswerten Selbstdisziplin ihr Leben neu. Nur rnit dem Führerschein wollte es nicht klappen: Drei Gutachten fielen negativ aus, denn die sie begutachtenden Männer hielten ihr unzureichende seelische Stabilität vor und urteilten:

> „Die Gefahr, daß Frau K. in derartigen Fällen auch künftig wieder einmal Zuflucht in exzessivem Alkoholkonsum suchen wird, um Entlastung zu finden, ist groß."

Das war aber noch lange nicht genug, denn bei der letzten MP-Untersuchung wurde ihr auch noch angekreidet,

> „... einen immer stärker gewordenen Widerwillen allein schon gegen Alkoholgeruch (quasi allergisch), z. B. aufkommende Übelkeit vom Geruch von Glühwein auf einem Weihnachtsmarkt"

zu empfinden. Daß angesichts der mit dem Alkoholkonsum gemachten **schlechten** Erfahrungen während der anschließenden jahrelangen Enthaltsamkeit eine solche Empfindung bei einer Frau psychologisch durchaus verständlich sein kann, hielten ihre männlichen Gutachter für nicht nachvollziehbar. Und die Tatsache, daß sie mit der selbständigen Regelung ihrer desolaten Lebensverhältnisse und dem jahrelang durchgehaltenen Verzicht auf jeglichen nennenswerten Alkoholkonsum Charakterstärke bewiesen hat, wollten sie auch nicht wahrhaben.

Für viele männliche Gutachter scheint eine Frau endgültig versagt zu haben, wenn sie nur einmal unter seelischer Belastung zusammenbricht auch wenn diese Last so groß gewesen ist, daß sie auch einen „bärenstarken" Mann zu Boden gedrückt hätte. Gutachter erkennen nun mal die Charakterstärke und sozusagen „männliche" Folgerichtigkeit bei der Problembewältigung von Frauen häufig nicht an, weil sie sie für unwahrscheinlich halten, ja sogar für „unweiblich" – die Folge: negatives Gutachten. Daß hingegen Gutachter auch viel umsichtiger sein können, belegt der folgende, nicht minder schwere Fall:

Die hochschwangere 27jährige Frau M. wartete schon täglich auf die Niederkunft, als ihre lungenkranke Mutter in ihren Armen während ihrer Mund-zu-Mund-Beatmung starb. Einige Tage nach diesem tragischen Todesfall lag sie im Kindbett und brachte ihre Tochter zur Welt. Sie überstand zunächst alles ohne sichtbare Folgen, obwohl sie alles allein meistern mußte: Ihr Mann befand sich gerade auf einem Lehrgang am anderen Ende der Republik. Der seelische Schock des Todes ihrer Mutter wurde aber vertieft, denn die Verwandten, die sie am Kindbett im Krankenhaus besuchten, wühlten das Erlebnis sogar mehrmals täglich auf. Zu einer seelischen Verarbeitung konnte es hernach nicht kommen, weil die sicherlich nicht alltäglichen Umstände die Phantasie der Verwandtschaft nicht ruhen ließen, und die Alltagssorgen, die sie als junge Mutter und Hausfrau monatelang allein zu bewältigen hatte, führten schließlich dazu, daß sie täglich eine: Flasche Wein trank, wenn auch auf gut 10 Stunden verteilt. Die Trunkenheitsfahrt, ihre erste, kam dann selbst für sie nicht überraschend.

Dank ihrer Fähigkeit, die verhängnisvolle Verkettung der Ereignisse, ihre psychosoziale Situation wie auch ihre damalige Flucht in den Alkoholkonsum, realistisch darstellen zu können, führte beim ersten Anlauf zu einem positiven Gutachten. Die Gutachter ließen sich nicht davon beeinflussen, daß bei der Trunkenheitsfahrt von Frau M. 2,75 % festgestellt wurden. Sie legten richtigerweise das Hauptgewicht der Begutachtung darauf, was Frau M. in der Folgezeit aus sich gemacht hat: Sie bewies nämlich Charakterstärke durch den Verzicht auf übermäßigen Alkoholgenuß, Konsequenz und war in der Lage, die damalige seelische Belastung zu verarbeiten und sich zu festigen.

Kritik an der Frauen-Begutachtungs-Praxis

Obwohl die Auftraggeber für die Eignungsbegutachtung in jedem Fall die Untersuchten sind, hat niemand Einfluß auf die Wahl des/der Gutachters(in). Das ist für viele sicherlich schwer verständlich in einem Staat, dessen Gesetze die freie Arztwahl garantieren, und zwar auch in einem Krankenhaus. Da die TÜV-/BfF-Ärzte und -Psychologen nach den gleichen Vorschriften arbeiten, müßte der TÜV zumindest darauf eingehen, daß sich eine Promille-Fahrerin von einer Gutachterin untersuchen lassen kann. Diesem Wunsch wird nur selten entsprochen, was unverständlich ist, denn Psychologen müßten am besten wissen, daß ein Mann, auch wenn er der „größte Psychologe aller Zeiten" ist, nicht wie eine Frau empfinden kann. Da aber das besondere Empfinden von Frauen in der Charaktertestung sehr stark gewichtet wird und die Promille-Fahrerinnen eine Minderheit darstellen, müßte auf ihre Lage auch seitens der Gutachterstellen mit mehr Verständnis eingegangen werden. Gerade wenn zum Beispiel Probleme der Mutterschaft oder Erziehung der Kinder zu einer Überforderung und zum übermäßigen Alkoholkonsum führten, beklagten Frauen, daß der ihnen zugeteilte Gutachter auf diese Themenbereiche überhaupt nicht oder nur unzulänglich einging.

TIP

Bestehen Sie darauf, von einer Gutachterin untersucht zu werden, falls Sie der Meinung sind, daß Fragen, die Sie bewegen, einen Lebensbereich betreffen, zu dem Männer naturbedingt nur schwer Zugang haben. Frauen sind insbesondere in Fragen der Lebenssituation einfühlsamer.

Falls Sie an einen „oberlehrerhaften" Gutachter geraten, der streng guckt, auf Sie nicht eingeht und bei dem Sie sich automatisch unterlegen fühlen, sprechen Sie ihn gleich darauf an, daß Sie nicht autoritär behandelt werden wollen.

Da dies sicherlich nicht ohne weiteres zu realisieren ist, sollten Sie nicht unvorbereitet zur Eignungsuntersuchung gehen. Auch wenn Sie lediglich ein Problem haben, das auch Männer in vergleichbare Situationen bringen kann, müssen Sie bedenken, daß Sie zusätzlich auch noch die besondere Problematik als Minderheit in einer von Männern dominierten Welt meistern müssen. Ihr verkehrspsychologischer Betreuer kann Ihnen auch dabei helfen.

Leitfaden zur Selbstvorbereitung nach Promille-Fahrt

1. Wie ist meine Promillefahrt passiert?
   - Ich wußte zwar, daß ich trinken werde, und bin trotzdem mit dem Auto hingefahren, weil ich nicht viel trinken wollte.
   - Ich trinke immer so viel wie bei der Promillefahrt und kann sehr gut fahren. Ich vertrage eben so viel.
   - Ich hatte so viel getrunken, daß ich nicht mehr wußte, was ich tat.
   - Ich habe die Trinkmenge völlig falsch eingeschätzt, ich handelte aber auch sorglos, leichtsinnig und unverantwortlich.
   - Es hat sich alles unverhofft ergeben: Es war mir wegen der anderen peinlich, nicht mit dem Auto zu fahren, da sie auch noch fuhren.

2. Was war mein Trinkanlaß vor der Promillefahrt?
   - Kein besonderer Anlaß.
   - Ich habe allein getrunken (zu Hause, in der Kneipe).
   - Ich war mit Freunden/Bekannten zusammen.
   - Ich kam nur so an der Gastwirtschaft vorbei.
   - Es war eine Festlichkeit.
   - Ich hatte beruflich trinken müssen.
   - Es gab eine Krise in der Partnerschaft.
   - Ein mir nahestehender Mensch hatte einen Unfall oder ist gestorben.

3. Wie war meine Stimmung dabei?
   - Ich war fröhlich (wie die anderen).
   - Ich hatte Ärger (beruflich, familiär usw.).
   - Nicht anders als sonst.

4. Wieviel habe ich schätzungsweise vor der Promillefahrt getrunken:
   - …Glas Bier (0,2 l)
   - …Flasche(n) Bier (0,3/0,5 l)
   - …Kurze (20-ccm-Glas)
   - …Wein, Sekt, Longdrinks (0,1–1-Glas)

5. Welche Sorten (Bier, Wein usw.) bevorzuge ich im allgemeinen?
   - Nur Bier
   - Nur Wein
   - Bier mit Kurzem
   - Nur Sekt
   - Ich habe keine bevorzugten Sorten
   - Nur Kurze
   - Cola mit Kognak/Whisky usw.

6. Wieviel muß ich bei der Promillefahrt getrunken haben, wenn ich meine BAK und mein Körpergewicht berücksichtige?

Nach der Faustformel **Rückrechnung** ausrechnen (Seite 59)
Promille zur Tatzeit: Ist bekannt!
Körpergewicht zur Tatzeit: Ist bekannt!
Anteil wasserhaltigen Gewebes (siehe Tabelle 4, Seite 60)
Getränk: 8 Gramm Alkohol je Glas

$$\text{Gesucht ist die Trinkmenge,} \frac{Promille}{8\ Gramm}, \text{wasserhaltiges Gewebe}$$

Faustformel für die Berechnung von 0,3 Promille (Seite 61):

$$\frac{\text{Körpergewicht in kg}}{40} = \text{Zahl der Gläser, die etwa 0,3–0,4‰ ergeben.}$$

1 Glas Bier = 0,2 l Bier; 0,1 l Sekt; 0,15 l Wein; 0,02 l Kurze

Das heißt: Ein normalgewichtiger Mann von 70 kg kann schon nach 3 Glas mehr als 0,3 Promille erreichen und sich unter Umständen strafbar machen und den Führerschein verlieren. **Die Fahrerlaubnis wird nämlich schon bei 0,3 Promille im Falle eines Unfalls entzogen.**

7. Nach welcher Trinkmenge fahre ich im allgemeinen nicht mehr:
   – In konkreter Menge angeben: … Gläser/Flaschen
   – Getränkesorte(n): Bier Wein Kurze mit oder ohne Cola/Saft

8. Ich spüre die Wirkung des Alkohols bei mir heute schon nach
   …Glas Bier   Früher: …
   …Glas Wein   Früher: …
   …Gläser Kurze   Früher: …
   …Flaschen Bier   Früher: …

9. Worauf kann ich am wahrscheinlichsten zurückführen, daß ich diesmal doch mit dem Wagen fuhr?
   – Ich hatte mich schon zu sehr an den Alkohol gewöhnt?
   – Da ich nach meinen üblichen Trinkmengen schon immer mit dem Auto fuhr und nie einen Unfall hatte oder in eine Polizeikontrolle kam, glaubte ich, es nicht falsch zu machen – schließlich schaffte ich es bis jetzt immer.
   – Die anderen fahren auch nach Alkoholgenuß, weshalb ich nicht?

10. Wie verhielt ich mich früher, wenn ich das Gefühl hatte, zuviel getrunken zu haben?
    – Ich ließ ein Taxi kommen.
    – Ich rief zu Hause an und wurde abgeholt.
    – Ich ging zu Fuß nach Hause.

- Ich fuhr mit Bekannten mit (auch wenn der Fahrer mehr getrunken hatte).
11. Was bedeutet für mich Geselligkeit?
    - Nur gutgelaunt unter Freunden zu sein.
    - Geselligkeit hängt immer mit Alkoholtrinken zusammen.
    - Ohne Freunde fühle ich mich allein.
    - Ich fühle mich erst wohl, wenn ich etwas getrunken habe.
    - Entspannung vom täglichen Trott.
12. Was trifft für mich zu?
    - Ich trinke meistens nur so viel, wie ich mir vorgenommen habe – Ich trinke so, wie es kommt.
    - Ich trinke in der Regel weniger, als ich vertragen könnte.
    - Ob das Auto dabei ist, spielt keine Rolle.
    - Wenn das Auto dabei ist, achte ich besonders auf die Trinkmenge
13. Meine Trinkgewohnheiten hinsichtlich alkoholischer Getränke:
    - Ich trinke Alkoholisches seit meinem ... Lebensalter.
    - Ich trinke
        - täglich
        - nicht täglich
        - regelmäßig
        - nicht regelmäßig.

    - Ich trinke nur
        - an Wochenenden
        - zu Hause
        - bei Bekannten
        - in der Kneipe
        - wenn Besuch kommt usw.
    - Ich trinke nur zum Essen.
    - Ich trinke nach Lust und Laune.
    - Ich trinke auch morgens/nur abends/nur mittags und abends.
    - Mein Beruf bringt es mit sich, häufig alkoholische Getränke trinken zu müssen.
14. Ich habe früher meine Trinkgewohnheiten stark eingeschränkt:
    - wegen einer Promillefahrt.
    - aus gesundheitlichen Gründen.
    - weil ich Alkohol nicht mehr gut vertragen habe.
    - Es wurde mir zu teuer.
    - Ich war umgezogen und hatte eine Zeitlang keine Freunde/Bekannten.
15. Nach der vorübergehenden Einschränkung des Alkoholkonsums habe ich wieder mehr getrunken, weil
    - ich den Führerschein wiederbekommen habe.

- es mir gesundheitlich wieder besser ging.
- ich wieder mehr Geld hatte.
- ich aus meinen Fehlern nichts gelernt habe.
- ich meine guten Vorsätze nicht durchhalten kann/konnte.
- mir aus
  - persönlichen
  - beruflichen
  - finanziellen
  - familiären
  - sonstigen Gründen alles egal ist

16. Warum habe ich nicht auf diejenigen gehört, die mich von Promillefahrt zurückhalten wollten?
    - Mich hält keiner zurück, wenn ich etwas machen will!
    - Ich war uneinsichtig, und der Alkohol hat mich risikofreudig gestimmt, deshalb trinke ich nicht mehr/weniger.
    - Keiner wollte mich zurückhalten.

17. Ich habe meinen Alkoholkonsum jetzt (wieder) eingeschränkt, weil
    - ich sonst den Führerschein nicht wiederbekomme,
    - ich den Zusammenhang zwischen Trinken und Fahren einsehen mußte.
    - ich aus meiner Erfahrung gelernt habe.
    - nur der Alkohol mich in meine Lage gebracht hat.
    - ich mindestens 1 Jahr völlig trocken sein muß, um mich wieder in den Griff zu bekommen.
    - ich andere und mich nicht wieder gefährden will.
    - ich mich vor Strafe/Haft fürchte.

18. Habe ich eigentlich mit jemandem über meine Lage gesprochen?
    - Sie geht keinen etwas an.
    - Meine Frau hilft mir dabei, Abstand zu gewinnen, um Fehler und Fehlentwicklungen einsehen zu können.
    - Man braucht das Gespräch mit anderen, denn man steckt viel zu sehr drin, um alles durchschauen zu können.
    - Meine Kollegen kennen viele Tricks, die helfen mir dabei, aus dieser Situation herauszukommen.
    - Mit meinem Rechtsanwalt, denn mich interessieren nur die rechtlichen Gesichtspunkte.

19. Was hindert mich eigentlich daran, über meine Lage mit einer mir nahestehenden Person zu sprechen?
    - Ich stünde vor anderen damit nicht gut da.
    - Ich habe keinen, dem ich mich anvertrauen könnte.
    - Es ist besser, wenn ich alles für mich behalte.

20. Was sind meine guten Vorsätze für die Zukunft, um eine weitere Promillefahrt zu verhindern?
    – Ich habe die Trinkmengen auf ein sehr vernünftiges Maß reduziert.
    – Ich habe mir Ablehnungstechniken angeeignet und diese seit mindestens 1 Jahr auch vielfach mit Erfolg erprobt.
    – Ich brauche keinen guten Vorsätze, denn ich war einfach ein Pechvogel!
21. Füllen Sie bitte die dem Buch beigefügten „Trinkmusterbogen" und „Trink-Diagramme" aus – aber ehrlich!
    Sie müssen sich nämlich dadurch in die Lage versetzen, ein **realistisches**, der **Wirklichkeit entsprechendes Bild** über Ihren früheren und jetzigen Alkoholkonsum geben zu können.

Zusammenfassung:

Wenn Sie diese Punkte durchgearbeitet und Ihre in den „Trinkmusterbogen" und „Trink-Diagrammen" für sich selbst festgehaltenen Da betrachten, erkennen Sie eindeutig, warum Ihre Trinkgewohnheiten der Trunkenheitsfahrt bzw. zu dem/den Rückfall/Rückfällen geführt haben. Außerdem werden Sie erkennen, ob und inwiefern sich Ihr Trinkgewohnheiten im Laufe der Zeit geändert haben.

Die Kenntnis dieser Gesichtspunkte und deren Darstellung in der Eignungsuntersuchung ist die Voraussetzung für eine positive Begutachtung wie dies bereits von einem der leitenden Psychologen des TÜV Rheinland, Dipl.-Psychologen **Kajan** formuliert wurde:

„Eine solche Frage (Fahrereignung) kann immer nur in einem günstigen Sinn beantwortet werden, wenn der Betroffene seinen Alkoholkonsum ausreichend und stabil geändert hat. Eine Änderung ist ausreichend, wenn die erhöhte Alkoholgewöhnung abgebaut ist und Alkohol entweder gar nicht mehr oder nur in geringen und damit überschaubaren Mengen getrunken wird. Die Änderung ist stabil, wenn sie einem angemessenen Problembewußtsein heraus erfolgt und in Gesamtverhalten integriert ist."

Diese Darstellung wird neuerdings als Kriterium für die Begründung eines positiven Gutachtens, aber auch für eine negative Begutachtung heran, zogen. Leider halten sich nur wenige Gutachter bei ihren Bemühungen diese durchaus zutreffende Bedingung. Deshalb sollten Sie selbst obigen Sinne vorgehen.

Und vergessen Sie nicht: Der TÜV verpflichtet Sie zur *„aktiven"* Mitarbeit. Dieser vertraglichen Verpflichtung kommen Sie mit unserem Leitfaden sicher nach.

Kapitel 3
Der Charaktertest für Punkte-Sammler

Die wohl empfindlichsten Neuerungen in der neuen Fahrerlaubnis-Verordnung betreffen diejenigen Kraftfahrer, die 18 Punkte in der Flensburger „Verkehrssünderkartei" erreichen – ihnen wird die Fahrerlaubnis sofort entzogen, und sie können sie erst nach Ablauf von 6 Monaten beantragen.

Die früher übliche Verwarnung, theoretische Fahrerlaubnisprüfung und erst dann noch eine Eignungsuntersuchung als Möglichkeiten zur Vermeidung der Entziehung sind weggefallen.

Seit dem 1. 1. 1999 gilt folgende Regelung:

Punktestand	Maßnahmen
8 Punkte	schriftliche Unterrichtung und Verwarnung
14 Punkte	Anordnung, an einem Aufbauseminar (früher: Nachschulung) teilzunehmen (Pflichtseminar). Falls innerhalb der letzten fünf Jahre bereits Teilnahme an einem Aufbauseminar, nur schriftliche Verwarnung.
	Schriftlicher Hinweis auf die Möglichkeit einer freiwilligen verkehrspsychologischen Beratung.
	Neu: Verkehrspsychologische Beratung mit 2 Punkten Gutschrift bei einem Amtlich anerkannten Verkehrspsychologischen Berater.
	Hinweis, daß bei Erreichen von 18 Punkten die Fahrerlaubnis sofort entzogen wird.
18 Punkte	*Neu:* Sofortiger Entzug der Fahrerlaubnis (Früher war noch vorher die MPU-Begutachtung möglich.)

Nimmt ein Punkte-Sammler freiwillig an einem Aufbauseminar teil, so werden ihm bei einem Punktestand bis 8 Punkten 4 Punkte, bei einem Punktestand von 9 bis 13 Punkten noch 2 Punkte erlassen.

Auch bei 14 Punkten greift noch das neue Entlastungssystem: Wenn der Betroffene freiwillig zusätzlich an einer verkehrspsychologischen Beratung bei einem Amtlich Anerkannten Verkehrspsychologischen Berater teilnimmt, werden ihm 2 Punkte abgezogen. Einzelheiten hierzu finden Sie in Kürti: „Der Weg zurück zum Führerschein", 3. Auflage, Werner Verlag, Düsseldorf, 1999.

Die Gründe für diese Verschärfung dürften wohl darin liegen, daß das Bundesverkehrsministerium die dem Punkte-System zugrunde liegende philosophische Konstruktion für den unerschütterlichen Beweis für die Ungeeignetheit eines jeden Kraftfahrers erklärt hat. Der Vater dieser bürokratischen Konstruktion sagt sogar in einer seiner Veröffentlichungen, daß ein Kraftfahrer bereits dann ungeeignet sei, wenn er überhaupt einen Punkt bekommt. Der Staat lasse ihn jedoch zunächst bis 8 Punkte gewähren, denn er wird erst bei dieser Punktzahl daran erinnert, daß ihm die Fahrerlaubnis entzogen werden könnte. Die Konsequenzen daraus, daß der ab 1 Punkt bereits ungeeignete Kraftfahrer weitere Punkte bekommen hat, treten dann bei 18 Punkten automatisch ein. Die danach folgende Zwangspause von 6 Monaten soll dann den Betroffenen dazu anhalten, wegen seines registriert negativen Verkehrsverhaltens zur Besinnung zu kommen. Daß die Fahrerlaubnis in der Regel nicht ohne ein positives Eignungsgutachten erteilt wird, soll diesen bürokratischen Druck weiter erhöhen. Jahrzehntelange punktefreie Verkehrsteilnahme wird ausdrücklich nicht zum Vorteil des Betroffenen gewertet!

Mit der wissenschaftlich untermauerten Beurteilung der charakterlichen Fahreignung hat diese Konstruktion des Punkte-Systems nicht das geringste zu tun. Es dürfte sicherlich auf diese bürokratische Konstruktion zurückzuführen sein, daß Gutachter mit den Punkte-Sammlern allem Anschein nach härter umgehen als etwa mit Promille-Fahrern.

Das ist sicherlich schwer zu begreifen, zumal dann, wenn Sie meinen, zwar schneller als erlaubt, aber doch nur so schnell wie die meisten anderen gefahren zu sein, und nur dann im Überholverbot überholt zu haben, wenn es (vermeintlich) niemand sah, und die Kreuzung nicht bei „Rot", sondern allenfalls bei „Orange" überquert zu haben, denn wenn Sie abgebremst hätten, wäre Ihr Hintermann unweigerlich aufgefahren. Wenn man es also richtig bedenkt, haben Sie eigentlich einen schlimmen Unfall verhindert. Und so weiter, usw., usw... .

Schließlich ist seit Jahren amtlich bekannt, daß in geschlossenen Ortschaften jeder neunte Autofahrer zu schnell fährt.

Sie glauben jetzt sicherlich, Punkte-Sammler würden von den Gutachtern deshalb stärker in die Mangel genommen, weil sie in den Untersuchungen zumeist solche und ähnliche Ausreden zu hören bekommen und ihrer längst überdrüssig sind. Wenn Sie das meinen, liegen Sie völlig falsch. Damit will ich nicht sagen, die Gutachter hätten gegenüber Punkte-Sammlern keine Vorurteile. Im Gegenteil: Ihre Vorurteile sind gewaltig. Und wenn Sie deren Gründe erfahren, werden auch Sie selbstkritischer denken und damit auch den erfolgreichen Weg zu sich selbst und Ihrem Gutachter finden.

In der Flensburger „Verkehrssünderkartei" waren 1998 etwas mehr als 6,2 Millionen Kraftfahrer mit Strafpunkten registriert. Das sind etwas über 12 % von 50 Millionen Führerscheininhabern. Von allen Punktebelasteten war die Mehrzahl mit nur wenig Strafpunkten eingetragen. Die Fahrer mit dicken Kontoständen von 18 Punkten und mehr machten lediglich 0,3 % aller Eingetragenen – das sind etwa 17 000 – aus. Da aber zu ihnen auch die Promille-Fahrer gerechnet werden, kann man davon ausgehen, daß die Punkte-Sammler ohne Alkoholfahrt, jene also mit 18 und mehr Flensburg-Punkten wegen in nüchternem Zustand begangenen Verstößen, eine extrem kleine Gruppe unter den Führerscheininhabern bilden. Diese absolute Minderheit, zwischen 18 und 30 Jahre jung, ist weniger als einer von tausend aller Führerscheininhaber.

Wenn wir uns die überaus laschen Kontrollsitten der bundesdeutschen Verkehrspolizei vor Augen halten, können wir behaupten, daß ein dickes Punktekonto mit Sicherheit ein dauerhaft vorschriftswidriges Verhalten bedeutet. Denn so häufig kann man bestimmt nicht Pech haben, und auch eine ganze Pechsträhne reicht nur selten, um innerhalb von 2 Jahren 18 Punkte und mehr anzuhäufen.

Das Gutachter-Vorurteil wird nun zusätzlich auch dadurch begründet, daß in der Regel niemand 18 Punkte über Nacht ansammelt und eine Verwarnung nach 8 Punkten und das Aufbauseminar nach 14 Punkten vorausgegangen sind. Es spricht für Unbelehrbarkeit, Unbeeindruckbarkeit oder auch fehlende Verhaltenskontrolle, wenn beides ohne Wirkung blieb – diese Aspekte müssen von Betroffenen ebenfalls berücksichtigt werden.

Doch damit sind die Gründe der Gutachter-Vorurteile noch lange nicht ausgeschöpft, denn wir haben ja die Möglichkeit der Tilgungen noch gar nicht erörtert. Da schlichte Ordnungswidrigkeiten, etwa zu schnelles Fahren, für die es 3 bis 4 Punkte gibt, schon nach 2 Jahren gelöscht werden, wenn in dieser Zeit keine weiteren Strafen hinzukommen, kann das Punktekonto noch weiter abgebaut und der drohende Charaktertest vermieden werden. Geschieht es nicht, denkt der Gutachter: Der Betroffene hat die Chance nicht genutzt, die charakterliche Fehlhaltung muß bei ihm sehr tiefe Wurzeln haben.

Es stimmt also mit dem **Charakter** etwas nicht, denn eine lange Zeit anhaltende Auffälligkeit kann nicht mehr mit bloßer Flüchtigkeit erklärt werden. Es steckt mit Sicherheit mehr dahinter – denkt der Gutachter. Ganz unrecht hat er mit seiner Vermutung meistens nicht, denn die Punkte-Sammler ohne Alkoholfahrt sind durch diese drei- bis vierstufige Regelung besser vorgewarnt als Promille-Fahrer, denen ja die Fahrerlaubnis schon nach der ersten Alkoholfahrt entzogen wird.

Es wäre jedoch verfehlt zu glauben, die Gutachter würden Milde walten lassen und ihr oben dargestelltes Vorurteil schon deshalb aufgeben, weil die Regelsätze des neuen Bußgeldkatalogs nicht nach wissenschaftlichen, sondern rein verkehrspolitischen Gesichtspunkten willkürlich bestimmt wurden. Denn auch wenn sich die Zahl der Punkte-Sammler verdoppelt, werden sie nach wie vor nur eine **Minderheit** der Kraftfahrer darstellen.

Das Schema-Vorurteil wird unverändert bestehenbleiben.

Entscheidend ist und bleibt das Punkte-System, mit anderen Worten die darin bürokratisierte Verhaltensnorm, und nicht der Umstand, ob ein Kraftfahrer die 18 Punkte wegen 6 oder schon nach 3 Verkehrszuwiderhandlungen erreicht. Die bessere qualitative Bewertung der einzelnen Verkehrsverstöße und die Berücksichtigung der eventuell jahrzehntelangen Punktefreiheit kommen in diesem verschärften System viel zu kurz bzw. überhaupt nicht zur Geltung. Darin liegt eine vorsätzlich negativlastige Vorgehensweise der staatlichen Bürokratie.

Kann ich meinen Führerschein überhaupt noch retten beziehungsweise wiedererlangen?

Die Rettungsaktion kann sich natürlich nur dann auswirken, wenn Ihr Führerschein nur noch „am seidenen Faden hängt". Dies dürfte ab 10 Punkten auf jeden Fall so sein. Natürlich wird es Ihnen darum gehen, den Punktestand zu verringern – dies ist auch verständlich. Wenn Sie darüber hinaus jedoch nichts unternehmen, handeln Sie kurzsichtig, zumal ein Punkteabbau durch Aufbauseminare und/oder verkehrspsychologische Beratung nur einmal in 5 Jahren erfolgen kann. Wenn Sie auf Dauer etwas Gutes für sich selbst tun wollen, müssen Sie sich in die Einzelberatung bei einem zugelassenen Verkehrspsychologen begeben.

Die Gruppenseminare taugen in diesem Fall nicht viel, weil kein Teilnehmer dort seine wahren Probleme im Beisein von anderen ihm fremden Menschen preisgibt, folglich kann ein solches Seminar nur etwas Oberflächliches sein.

Wenn Ihnen die Fahrerlaubnis bei 18 Punkten bereits entzogen wurde, dürfen Sie die 6monatige Zwangspause nicht untätig verstreichen lassen. Durch bloßes Zuwarten und in dem in dieser führerscheinlosen Zeit zwangsläufig sich aufbauenden Frust sind Sie bei der in der Regel unvermeidlichen Begutachtung, den Sie dann noch mehr für einen „Idiotentest" halten, bestimmt in einer sehr schlechten Position.

Auch für diesen Fall gilt: Begeben Sie sich zu einem niedergelassenen und zugelassenen Verkehrspsychologen, der Ihnen vielleicht auch dabei helfen kann, nach Ablauf der 6monatigen Sperre die Fahrerlaubnis ohne BfF-Gutachten wiederzubekommen. Die Vorbereitung auf die Eignungsuntersuchung oder auf das Gespräch in der Führerscheinstelle, die ja darüber entscheidet, ob Sie ein Gutachten vorlegen müssen oder nicht, ist unerläßlich – aber dazu ist fachliche Hilfe notwendig.

Das Gefühl, bei der Eignungsuntersuchung den begründeten Vorurteilen der Gutachter nichts entgegensetzen zu können, ist nicht sehr angenehm. Wenn Sie so empfinden, sind Sie schon jetzt auf dem richtigen Weg. Ein rücksichtsloser, unempfindlicher Mensch, der immer nur auf Selbstdurchsetzung aus ist, würde sich nämlich auch in dieser Lage keine Gedanken machen.

Unser Stichwort ist schon gefunden: Sich Gedanken darüber zu machen, worauf, auf welche Ursachen, welchen gemeinsamen Nenner die **bisherige** Verkehrsauffälligkeit zurückzuführen ist. Daß sie durch **Pech** nicht erklärt werden kann, haben wir schon festgestellt. Der Grund oder die Gründe dafür liegen tiefer. Wenn Sie diese durch eine kritische Selbstprüfung herausgefunden haben, haben Sie eine sehr gute Chance, gegen die Vorurteile der Gutachter anzukommen. Sie werden den Charaktertest mit Sicherheit dann **bestehen,** wenn Sie über die Analyse der Vergangenheit hinaus auch noch handfeste, also in Ihrer Person liegende und durch Ihre persönlichen Lebensverhältnisse begründete glaubhafte Überzeugungen und Gründe dafür vortragen, warum und wieso Sie in der **Zukunft** nicht wieder wie in der Vergangenheit die Verkehrsvorschriften lediglich als eine farbige Straßendekoration betrachten werden.

Gibt es besondere Charaktertests für Punkte-Sammler?

Es gibt sie, aber sie werden in den BfF-Stellen des TÜV seit 1983 nicht mehr eingesetzt. Es sind die sogenannten Persönlichkeitstests, die den landläufigen „Seelen-Striptease" ermöglichen sollen, sie werden allerdings nur in einigen Obergutachterstellen eingesetzt. Ihre Brauchbarkeit ist nach wie vor sehr fraglich. Deshalb ist und bleibt die **Exploration,** also das **diagnostische Gespräch** mit dem Gutachter, die einzige Untersuchungsmethode, auf die Sie sich vorbereiten müssen. Denn Ihre neuen Überzeugungen können Sie nur in diesem Gespräch glaubhaft vortragen darin liegt Ihre Chance!

In wissenschaftlicher Hinsicht ist die Begutachtung äußerst fraglich, und die Untersuchungsmethode entspricht nicht dem, was das Bundesverwaltungsgericht (BVerwG 7 C 87 84) hinsichtlich der „Würdigung der Gesamtpersönlichkeit des Kraftfahrers" vorgegeben hat. Die Diagnose der charakterlich bedingten Anpassungsunfähigkeit (nicht genügend kontrollierte Aggressivität, übersteigertes Durchsetzungsvermögen, Mangel an Selbstkritik usw.) läßt sich nämlich in der wissenschaftlichen Verkehrspsychologie ohne Persönlichkeitstests, also lediglich aufgrund einer (sehr kurzen „tüvologischen") Befragung, nicht verantworten. Da aber wie gesagt in den TÜV-Untersuchungsstellen diese Tests aus dem Verkehr gezogen wurden, erfolgt die Beurteilung der **künftigen Eignung** aufgrund der Analyse der **Verkehrsvorgeschichte** und dem, was Sie über die Ergebnisse Ihrer kritischen **Selbstprüfung** dem Gutachter berichten. Wie Sie dabei vorgehen können, finden Sie im Fragenkatalog zur Selbstanalyse und Selbstvorbereitung auf Seite 66.

Was Ihnen alles widerfahren kann, wenn Sie aufgrund von Punkten zu einer medizinisch-psychologischen Begutachtung geschickt werden und sich nicht vorbereiten, verdeutlicht das folgende

TIP

- Bedenken Sie bitte, daß nach der Statistik des Kraftfahrt-Bundesamtes die weitaus meisten Unfallursachen folgende waren:
  - "Nicht angepaßte Geschwindigkeit"
  - Abstandsfehler

  Im Klartext: Wenn Sie etwa durch zu schnelles oder den Verkehrsverhältnissen nicht angepaßtes Fahrverhalten oder/und zu dichtes Auffahren aufgefallen sind, gehören Sie zu der Gruppe von Kraftfahrern, die auch die öffentliche oder veröffentlichte Meinung gegen sich hat.
  Dagegen hilft nur redliche Selbstprüfung!

- Sie müssen sich alle Auszüge zu den Verkehrsverstößen aus dem Kraftfahrt-Bundesamt besorgen, denn darin sind sämtliche Daten enthalten, an die Sie sich sicherlich nicht mehr erinnern, auf die Sie aber bereits bei Ihrem verkehrspsychologischen Berater angesprochen werden.

- Diese Auszüge können Sie sich auch bei der Führerscheinstele beantragen oder aus Ihrer Führerscheinakte fotokopieren lassen.

- Der nachfolgende Fragenkatalog zur Analyse Ihrer Verkehrsverstöße gibt Ihnen ein gründliches Bild über den Umfang der Themen, auf die man sich vorbereiten muß.

Die Analyse meiner Punkte-Sammlung

1. Habe ich gegen die Ordnung oder gegen die Sicherheit im Straßenverkehr oder gegen beide laufend verstoßen?
   - Verstöße gegen die Sicherheit (Gefährdungen) wiegen schwerer
   - Verstöße gegen die Ordnung sind gewichtig, wenn sie notorisch erscheinen

2. War mit mir, mit meinem Leben damals, als sich die Punkte häuften, etwas Besonderes los?
   - persönlich: verliebt, verlassen …
   - familiär: Knatsch, Scheidung …
   - beruflich: kein Job, neuer Job, zuviel Arbeit …
   - gesundheitlich

3. Habe ich die Bußgelder und Verwarnungen damals einfach nicht ernst genommen?
   - Ja
   - Nein
   - Nachgedacht, aber ohne Ergebnis

4. Ging ich damals beim Fahren die großen Risiken eigentlich bewußt ein, habe ich Lust an der Gefahr empfunden, oder war ich bloß unaufmerksam oder habe die Situationen immer falsch eingeschätzt?

5. Hing meine Fahrweise häufig sehr stark von meiner momentanen Stimmungslage ab (fröhlich, mürrisch, frustriert, aggressiv usw.)?
   - immer
   - niemals
   - ich war immer cool

6. Ich bin nach dem Unfall (den Unfällen) geflüchtet, weil ich
   - getrunken hatte,
   - erschrocken war,
   - feige war,
   - in Panik geriet.

7. Die Mängel an meinem Wagen haben mich,
   - nicht gestört
   - nicht interessiert,
   - irritiert, hatte aber kein Geld.

8. Wie habe ich meine Geschwindigkeit kontrolliert?
   - ich fuhr nur nach Gefühl
   - ich muß immer den Rausch spüren,
   - ich fahre nur so wie die anderen,
   - ich habe einen Bleifuß,
   - ich fahre nach Lust und Laune,

- ich achte häufig auf den Tacho, den ich auch markiert habe,
- nur beim „feste druff" kann ich entspannen.

9. Habe ich in meinem Leben früher wirklich den nötigen Halt in der Familie, bei Freunden gehabt oder gefunden?
   - ich hing nur durch,
   - die anderen brauchten mich,
   - ich schaffte alles selbst,
   - ich war überall dabei,
   - ich kannte dieses Problem nicht.

10. Unter welchen Umständen sind meine Verkehrsverstöße eigentlich passiert?
    - Ort, Straße, Tageszeit,
    - Witterung,
    - ich war allein,
    - ich hatte Beifahrer,
    - ich kam von ...,
    - ich wollte zu ...,
    - mich störte sehr, daß ...,
    - es gab nichts Besonderes.

Leitfaden zur Selbstvorbereitung für Punkte-Sammler

Bei dieser Selbstvorbereitung sollten Sie auf folgende Gesichtspunkte achten:

Herausarbeitung der Gemeinsamkeiten meiner früheren Fehlverhaltensweisen bei Verstößen gegen die

- Sicherheit im Verkehr:
- Ordnung im Verkehr:
- Die Lehre, die ich aus heutiger Sicht aus meinen Verstößen und aus meinem fehlerhaften Verhalten gezogen habe:
- Um mich am Riemen zu reißen, tue ich folgendes:
- Die Problematik, die mir damals nicht bewußt war, für mich aber aus heutiger Sicht betrachtet eine Belastung war, habe ich gelöst, indem ich

- Diese Problematik besteht nach wie vor, ich kann daran bis auf weiteres nichts ändern, weil
- Die Problematik ist unlösbar, deshalb habe ich folgende Änderungen in meinem Leben
- geplant:
- verwirklicht:
- Die Ergebnisse meiner Selbstbeobachtung beim Fahren sind folgende: Meine Technik, mit der ich es erreicht habe, mich am Steuer zu disziplinieren:

Auf weitere Tips wird hier bewußt verzichtet, denn Sie müssen etwas auch selber schaffen und die Gründe Ihrer Verkehrsauffälligkeit selbst erkennen. Sollten Sie bei manchen Punkten allein doch nicht weiterkommen, hilft Ihnen ein zugelassener Verkehrspsychologe Ihres Vertrauens. Die Liste von Verkehrspsychologen finden Sie im Anhang beziehungsweise in Kürti: „Der Weg zurück zum Führerschein", 3. Aufl., Werner Verlag, Düsseldorf, 1999.

Kapitel 4
„Seelen-TÜV" für Senioren – trotz weniger Unfällen als junge Kraftfahrer

Die Bundesrepublik Deutschland ist einer der wenigen Staaten, in denen die regelmäßige medizinische Eignungsuntersuchung für Kraftfahrer nicht vorgeschrieben ist.

In vielen Ländern ist es anders: Sehtest und medizinische Untersuchung werden alle 2 bis 3 Jahre durchgeführt, und die Eignung wird im Führerschein immer neu bescheinigt.

In Deutschland erwirbt man die Fahrerlaubnis in der Regel um das 20. Lebensjahr herum, und die Fahreignung wird ein Leben lang nicht angezweifelt, solange man nicht negativ auffällt – auch wenn mit den Jahren Augen, Ohren, Körper und Geist – also die funktional-psychische Leistungsfähigkeit – naturgemäß nachlassen. Der mit rund 100 Jahren wohl älteste bundesdeutsche Kraftfahrer, Robert Hübener aus Geltendorf in Bayern, machte seinen Führerschein erst, als er 71 war – und den ersten (leichten) Blechschaden verursachte er drei Monate nach seinem 100. Geburtstag – im Herbst 1988.

Würde es die Europäische Gemeinschaft nicht geben, in der am 1. 1. 1993 die Binnengrenzen gefallen sind, mit der Folge einer allgemeinen Harmonisierung der Gesetze, würde es nach wie vor kaum ein deutscher Politiker wagen, zwischen hohem Lebensalter und Fahreignung einen direkten Zusammenhang herzustellen. Schließlich ist das Thema ein heißes Eisen. Doch nicht bloß Opportunismus ist der Grund für diese Zurückhaltung. Hinzu kommt die Erkenntnis, daß das Lebensalter allein nur ganz beschränkt etwas über die Leistungsfähigkeit eines Menschen aussagt – das wissen auch die Psychologen!

Dennoch: Obwohl es Millionen kraftfahrende ältere Bundesbürger gibt, die sich gerade dank ihres hohen Alters, das ihnen Besonnenheit und einen großen Erfahrungsschatz beschert hat, mit 70 und mehr Jahren hervorragend am Steuer ihres Wagens bewähren, wird die Frage der Alterseignung im Straßenverkehr immer aktueller.

Die Fakten sprechen durchaus für die Senioren: Um die Jahrtausendwende werden rund 11 Millionen über 65 Jahre alte Mitbürger auf Deutschlands Straßen mit ihren Fahrzeugen fahren, wobei sie nach der statistischen Erwartung etwa 6 % aller schweren Verkehrsunfälle verursachen werden. Dabei beträgt der Anteil der Senioren über 65 etwa 10 Prozent aller Führerscheinbesitzer.

Da in unserer Ellenbogengesellschaft Besonnenheit und Zurückhaltung nicht besonders hoch im Kurs stehen – was nicht „jung" ist, ist bekanntlich auch nicht „in" –, werden Senioren am Steuer skeptisch betrachtet. Sie sind nun mal die Schwächeren – bis jetzt!

Die Brüsseler „Eurokraten" sind jedenfalls kräftig dabei, den „Senioreneignungstest" europaweit einzuführen: ab dem 75. Lebensjahr sollen regelmäßig jährliche medizinische und psychologische Kontrolluntersuchungen stattfinden. Dabei wird es den Regierungen der Mitgliedsstaaten freigestellt bleiben, das Lebensalter der Pflichtkontrollen auch niedriger, bei 65 oder 70 Jahren, anzusetzen. In der Schweiz und in Spanien müssen ältere Kraftfahrer ihre Fahrtauglichkeit in regelmäßigen Abständen überprüfen lassen. Fällt der Test negativ aus, wird die Fahrerlaubnis entzogen, wenn der Betroffene es nicht schafft, altersbedingte Mängel auszugleichen, oder wenn es nicht mehr zu erwarten ist, daß eine Leistungseinbuße noch ausgeglichen werden kann.

Während zum Beispiel 1980 erst rund 3 Millionen Bundesbürger im Alter von über 60 Jahren am Steuer ihrer Autos saßen, wird ihre Zahl Ende des Jahrhunderts etwa 11 Millionen betragen, davon 70 % mit Führerschein. Und das ist zugleich auch die unglaublich große Chance für die ältere Generation, denn die Zusammensetzung der kraftfahrenden Bevölkerung wird sich gewaltig verändern: Es ist anzunehmen, daß die Ruhigen und Besonnenen den Autoverkehr künftig mehr bestimmen werden als die hektischen, rasenden Jungen und Jüngeren bzw. diejenigen, die glauben, sogenannte Attribute der Jugend stünden ihnen besser an als Vernunft und Umsicht.

Gegenwärtig gibt es dennoch unumstößliche Tatsachen, die zumindest statistisch belegen, daß höheres Lebensalter mit einer Zunahme der **Gesamt-Unfallhäufigkeit** einhergeht, wobei über 90 % der Senioren-Unfälle **keine schweren Unfälle** sind. Der TÜV Rheinland veröffentlichte bereits Ende 1988 eine Studie, wonach Senioren bei vergleichbarer Fahrleistung rund siebenmal häufiger verunglücken als 40- oder 50jährige Kraftfahrer. Im Klartext: Mit höherem Alter nimmt die Unfallhäufigkeit zu, aber Senioren verursachen dank ihrer Erfahrung und Besonnenheit weit überwiegend Kleinunfälle.

Die Gründe dafür lassen sich im allgemeinen leicht ausmachen:
- Im höheren Alter läßt die funktional-psychische Leistungsfähigkeit nach: Alterssichtigkeit, Vergeßlichkeit, verlangsamte Reaktionsfähigkeit, möglicherweise schnelleres Ermüden und häufig auch eine zum Beispiel bei Arthrose zunehmende Beeinträchtigung von Arm- und Fußbewegungen usw. sind typisch;
- Regelmäßige Medikamenteneinnahme, was die Leistungsfähigkeit am Steuer ebenfalls beeinträchtigt; ältere Menschen nehmen täglich im Schnitt 2–3 Medikamente ein, die die Fahrtüchtigkeit ebenfalls einschränken können;

– Selbstüberschätzung des nachlassenden Leistungsvermögens. Nach verschiedenen Untersuchungen schätzt nur jeder zweite der älteren Semester die eigenen Fähigkeiten noch realistisch ein.

Der Idealfall wäre, wenn wir einsichtig wären und den Führerschein zum gegebenen Zeitpunkt freiwillig zurückgeben oder auf das Fahren verzichten würden. Wir sind aber keine Idealhelden, sondern nur Menschen, die eben an dem hängen, von dem wir glauben, daß es einen Teil unserer Freiheit, Selbstbestimmung und Selbständigkeit ausmacht. Und das ist gut und richtig so, denn das Alter allein ist **kein eignungsausschließender Grund!** Die Fahreignung ist wegen altersbedingter Leistungseinbußen nur dann nicht **(mehr)** gegeben, wenn die wie auch immer geartete Einschränkung durch **Routine** nicht **ausgeglichen** werden kann.

Da Autofahren eine Fertigkeit ist, die aus Routinemechanismen besteht, können tatsächlich vorhandene Einschränkungen der Reaktionssicherheit, -schnelligkeit und -genauigkeit in der Regel von älteren (60 Jahre und mehr) Fahrern ohne weiteres aufgefangen werden, und zwar durch ein besonders umsichtiges, besonnenes, die eigene Leistungsfähigkeit beachtendes, risikobewußtes Verhalten.

Die Fähigkeit zum Leistungsausgleich muß immer im Einzelfall geprüft werden. Der Gegenstand dieser Prüfung ist es, festzustellen, ob sich die altersbedingte Leistungsstörung **auch** auf das Fahrverhalten **direkt** auswirkt. Eine solche Eignungsprüfung ist grundsätzlich nur im Rahmen einer langen, mehr als einstündigen Fahrprobe möglich (siehe Kölner Fahrverhaltenstest, Seite 235), und zwar deshalb, weil eventuelle Minderleistungen in den Reaktionstests am Steuer eines Wagens durch die im Regelfall jahrzehntelangen Erfahrungen häufig wettgemacht werden können.

Es wäre aber falsch, nicht darauf hinzuweisen, daß es trotz dieser oben beschriebenen wissenschaftlichen Tatsachen eine zunehmende bürokratische Tendenz gegen ältere Kraftfahrer gibt. Es ist nicht zu verkennen, daß parallel zur Zunahme der Verkehrsdichte auch eine immer stärker werdende politische Grundstimmung dafür gibt, ältere Kraftfahrer bei der kleinsten Auffälligkeit zum Eignungstest zu zwingen. Es ist ebenfalls unverkennbar, daß die Fahrtauglichkeitsüberprüfung älterer Fahrerinnen und Fahrer ganz erheblich von der verkehrspolitischen Ausrichtung einer jeden Landesregierung abhängig ist, und es gibt einen Trend, wonach die Fahrerlaubnis ab einem bestimmten Lebensalter nur in Ausnahmefällen belassen werden soll.

Beachtenswert ist, daß Polizeibeamte sehr häufig in fragwürdigen Berichten auf nach ihrer Ansicht auffällige Verhaltensweise von älteren Kraftfahrern hinweisen, und somit eine Eignungsuntersuchung anregen, und zwar auch dann, wenn sich der ältere Bürger sich nichts hat zuschulden kommen, sondern sich bei einer alltäglichen Kontrolle „störrisch" oder gar „aufmüpfig" benimmt. Es soll sogar Anweisungen an Polizeibeamte geben, bei älteren Kraftfahrern in jedem Fall einen „Beobachtungsbericht" abzugeben.

Die Bürokratie hat sich also allem Anschein nach darauf vorbereitet, sich der kraftfahrenden älteren Generation anzunehmen.

TIP

Da ein Seniorentest im Zusammenhang mit Erkrankungen und/oder wegen altersbedingter Beeinträchtigungen, die keine Krankheiten darstellen, fällig werden kann, ist eine Abklärung der Ursachen vor dem Test dringend zu empfehlen. Sie sollten sich deshalb zunächst zu einem niedergelassenen Verkehrspsychologen und/oder Amtliche Anerkannten Verkehrspsychologischen Berater begeben, der die Problematik abklären und Sie beraten kann. Die Liste der in der Nähe Ihres Wohnortes anzutreffenden Berater finden Sie im Anhang bzw. im Buch: Kürti „Der Weg zurück zum Führerschein", 3. Aufl., Werner Verlag, Düsseldorf, 1999.

Insbesondere bei altersbedingten Beeinträchtigungen ist eine gründliche Diagnose und Beratung wichtig, weil man sich an diese in der Regel mit der Zeit gewöhnt, und einen etwaigen Leistungsabbau gar nicht mehr als störend empfindet.

Sie können selbst im nächsten Kapitel „Krankheiten und Kraftfahreignung" nachprüfen, ob in Ihrem Fall überhaupt von einer Erkrankungen gesprochen werden kann, die Ihre Fahreignung beeinträchtigen oder ausschließen könnte.

Die Aufgaben einer Fahrprobe und der gesamten Testfahrt enthält das Buch und die dazugehörige Tonbandkassette von Kürti „Superstart zum Führerschein, zu bestellen beim Autor, Decksteiner Str. 86, 50935 Köln.

Wann ist der Senioren-Eignungstest fällig?

Er ist vorerst – wie erwähnt – noch nicht vorgeschrieben. Die Frage, ob altersbedingte Fähigkeitseinbußen vorliegen, wird gegenwärtig beim TÜV und in den Obergutachterstellen als zusätzlicher Prüfungspunkt gestellt, wenn der Eignungstest etwa wegen zuviel Punkte in der Verkehrssünderkartei oder wegen Alkohol am Steuer, etwa wegen einer meldepflichtigen, eignungsbeeinträchtigenden Krankheit oder aufgrund eines irgendwie auffälligen Fahrverhaltens, angeordnet wird.

Die Prüfstelle für Medikamenteneinflüsse auf Verkehrs- und Arbeitssicherheit des TÜV Rheinland bietet bereits seit Anfang 1989 eine freiwillige, vertrauliche Beratung für ältere Autofahrer an. Es werden 7 Testverfahren durchgeführt, die Reaktionsvermögen (Schnelligkeit, Genauigkeit und Sicherheit), Aufmerksamkeitsbelastbarkeit, Ausdauer (Ermüdbarkeit, Leistungssturz) und die Fähigkeit, sich im komplexen Verkehrsgeschehen zu orientieren, prüfen.

Diese Testverfahren sind im Prinzip mit den üblichen in diesem Buch im Abschnitt „Zum erfolgreichen Umgang mit ‚objektiven' Tests" beschriebenen Untersuchungsverfahren identisch bzw. vergleichbar – lediglich ihre Normwerte sind für ältere Kraftfahrer besonders zusammengestellt.

Wichtig ist zu wissen, daß die Begutachtungsstellen über besondere Senioren-Normwerte verfügen, die seinerzeit auf Beschluß des Fachausschusses Medizinisch-Psychologische Arbeitsgebiete erstellt und als „Beurteilungsmaßstab" abgesegnet wurden. Bei den „Senioren-Tests" erstreckt sich der kritische Leistungsbereich von 0 bis 15 Prozentränge (PR) (siehe Kapitel 7). Sofern der/die Untersuchte lediglich Leistungen in diesem Bereich erbringt, „sind erhebliche Zweifel am Vorhandensein ausreichender Leistungsvoraussetzungen für das Führen von Kraftfahrzeugen angebracht" (TÜV Rheinland).

Der TÜV Rheinland geht davon aus, daß ältere Kraftfahrer nach dieser Testung und Beratung *„die eigene Leistungsfähigkeit hinter dem Lenkrad objektiv einordnen werden. Denn darüber besteht bei den Senioren oft ein unkritischer Zweckoptimismus"* (TÜV Rheinland).

Was nützt ein freiwilliger Senioren-Leistungstest?

Da diese Leistungsprüfung nur im Laboratorium an überwiegend elektronischen Testapparaten und Projektoren stattfindet, wird ein heute 65 bis 70jähriger Mensch allenfalls die Erfahrung machen, daß es besser gewesen wäre, wenn er mehr und häufiger mit dem Heimcomputer der Enkelkinder gespielt hätte. Es wird sich ebenfalls als falsch erweisen, in den letzten 20 Jahren nicht mehr am Spielautomaten in den Spielhallen oder gar in Las Vegas herumgesessen zu haben.

Ein schlechtes Laborergebnis im „Senioren-Test" besagt zunächst nur, daß Sie vielleicht indisponiert oder eben nur ungeschickt waren.

Daran ändern auch die meterlangen Computerausdrucke, die Zahlenkolonnen über die Test- und Normwerte enthalten, nichts, denn die Ergebnisse einer solchen Labortestreihe wären nur dann ernsthaft aussagefähig, wenn im Anschluß eine längere Fahrprobe im dichten Stadtverkehr und auf Landstraßen stattfände.

Wenn die im Testlabor festgestellten Leistungseinschränkungen auch auf das Fahrverhalten durchschlagen, indem es Ihnen z. B. nicht mehr gelingt, sich im Kreisverkehr zurechtzufinden, oder die Fahrweise ist so verlangsamt, daß die Hintermänner dauernd hupen und Ihre innere Spannung immer unerträglicher wird, um nur einige wenige Beispiele zu nennen, dann ist eine psychologische Beratung zum künftigen Autofahren oder Nicht-Fahren sicherlich richtig – aber nur dann!

Ohne Fahrprobe ist diese freiwillige Labortestung höchstens eine gute Gelegenheit dazu, sich an den Testapparaten zu erproben, wenn Sie zum älteren Semester zählen und aus anderen Gründen (Punkte, Promille usw.) den Eignungstest zu absolvieren haben und dabei unweigerlich auch mit der noch gar nicht offiziell eingeführten, aber seit 1976 praktizierten **tüvologischen** „Senioren-Auslese" konfrontiert werden.

„Altes Eisen" – nicht mehr geeignet, was tun?

Wenn Ihre Fahreignung aus den heute noch nicht amtlichen „Altersgründen" einer Medizinisch-Psychologischen Untersuchungsstelle des TÜV/BfF in Frage gestellt wird, ohne daß Sie eine **Fahrprobe** abgelegt haben, legen Sie Widerspruch ein und lassen Sie das Gutachten durch einen Amtlich Anerkannten Verkehrspsychologischen Berater für mangelhaft, weil unvollständig, erklären. Dazu ist allerdings zunächst einmal eine richtige Diagnose notwendig, wobei insbesondere die Frage abzuklären ist, ob die bei Ihnen behördlich vermutete Leistungseinbuße überhaupt besteht und falls ja, ob sich diese auch auf Ihre Fahrtauglichkeit auswirkt.

Bevor Sie sich einer eventuell großen Strapaze aussetzen, sollten Sie deshalb zu einem Amtlich Anerkannten Verkehrspsychologischen Berater gehen, weil er befugt ist, auch Testfahrten durchzuführen.

Außerdem sollte Ihr beratender Verkehrspsychologe über ein Reaktionstestgerät verfügen, an dem Ihre Leistungsfähigkeit unter standardisierten Bedingungen in einer ruhigen Umgebung geprüft werden kann.

Wenn die Leistungseinbuße korrigierbar ist, gibt es die Möglichkeit, sich unter verkehrspsychologischer Anleitung ausgleichende Verhaltensweisen anzutrainieren.

Schließlich kann eine Untersuchung durch eine medizinische und psychologische Obergutachterstelle eingeholt werden, deren Testung und Beurteilung in der Regel gründlicher und sorgfältiger ist als die beim TÜV. In den Obergutachterstellen wird auch immer eine mindestens anderthalbstündige Fahrprobe oder ein Fahrverhaltenstest durchgeführt.

Wenn auch das Obergutachten negativ ausfällt, d. h. nicht mehr ausgleichbare altersbedingte Minderleistungen festgestellt werden, besteht die Möglichkeit, ein Gegen-(Ober)gutachten einzuholen – allerdings sollten Sie dann wirklich daran denken, ob Sie nicht doch den Führerschein abgeben wollen.

Kapitel 5
Krankheiten und Kraftfahreignung

Selbstverständlich kommt es immer wieder vor, daß im Rahmen einer Eignungsuntersuchung wegen Verkehrsverstößen Erkrankungen festgestellt werden, die allein genügen, die Eignung zu verneinen, so daß die psychologische Untersuchung völlig entfallen kann. Genauso gibt es zahlreiche Fälle, in denen keinerlei Verkehrsverstöße vorliegen, die Fahreignung aber wegen einer oder mehrerer Krankheiten in Frage gestellt und deshalb eine medizinisch-psychologische Untersuchung angeordnet wird. Um eine weitgehende Gleichbehandlung zu gewährleisten, besteht beim Bundesminister für Verkehr und beim Bundesminister für Jugend, Familie und Gesundheit ein Gemeinsamer Beirat für Verkehrsmedizin, der in seinem Gutachten, das den Titel „KRANKHEIT UND KRAFTVERKEHR" (Heft 73/1996, BMV) trägt, die **Mindestnormen** für die 41 Krankheitskreise festgelegt hat, bei denen die Kraftfahreignung nicht mehr gegeben ist oder zumindest fraglich wird. Diese Kriterien sind seit 1985 ständig weiterentwickelt worden, und zwar in Anlehnung an die internationalen Normen unter besonderer Beachtung der einheitlichen Führerscheinrichtlinien für die Mitgliedstaaten der Europäischen Gemeinschaft.

Die wesentlichsten **Krankheitsgruppen** und **Mindestanforderungen** sind Teil der neuen seit dem 1. 1. 1999 gültigen Fahrerlaubnis-Verordnung (FeV) und werdennachfolgend abgedruckt, des besseren Verständnisses wegen zusammen mit den 7 Fahrzeugklassen und 6 weiteren Unterklassen:

Klasse A: Krafträder mit oder ohne Beiwagen;

Klasse B: Kraftwagen mit einer zulässigen Gesamtmasse von nicht mehr als 3 500 kg und mit nicht mehr als acht Sitzplätzen außer dem Führersitz; hinter dem Kraftwagen dieser Klasse darf ein Anhänger mit einer zulässigen Gesamtmasse von höchstens 750 kg mitgeführt werden;
Fahrzeugkombinationen, die aus einem Zugfahrzeug der Klasse B und einem Anhänger bestehen, sofern die zulässige Gesamtmasse der Kombination 3 500 kg und die zulässige Gesamtmasse des Anhängers die Leermasse des Zugfahrzeugs nicht übersteigen;

Klasse B + E: Fahrzeugkombinationen, die aus einem Zugfahrzeug der Klasse B und einem Anhänger bestehen und die als Kombination nicht unter die Klasse B fallen;

Klasse C: Kraftwagen – ausgenommen jene der Klasse D – mit einer zulässigen Gesamtmasse von mehr als 3 500 kg; hinter dem

Kraftwagen dieser Klasse darf ein Anhänger mit einer zulässigen Gesamtmasse von höchstens 750 kg mitgeführt werden;

Klasse C + E: Fahrzeugkombinationen. die aus einem Zugfahrzeug der Klasse C und einem Anhänger mit einer zulässigen Gesamtmasse von mehr als 750 kg bestehen;

Klasse D: Kraftwagen zur Personenbeförderung mit mehr als acht Sitzplätzen außer dem Führersitz; hinter dem Kraftwagen dieser Klasse darf ein Anhänger mit einer zulässigen Gesamtmasse von höchstens 750 kg mitgeführt werden;

Klasse D + E: Fahrzeugkombination, die aus einem Zugfahrzeug der Klasse D und einem Anhänger mit einer zulässigen Gesamtmasse von mehr als 750 kg bestehen.

Innerhalb der Klassen A, B, B + E, C, C + E, D und D + E kann für das Führen von Fahrzeugen in folgender Unterklassen ein besonderer Führerschein ausgestellt werden:

Unterklasse A1: Krafträder mit einem Hubraum von nicht mehr als 125 ccm und einer Motorleistung von nicht mehr als 11 kW (Leichtkrafträder);

Unterklasse B1: dreirädrige und vierrädrige Kraftfahrzeuge;

Unterklasse C1: Kraftwagen – ausgenommen jene der Klasse D – mit einer zulässigen Gesamtmasse von mehr als 3 500 kg, jedoch nicht mehr als 7 500 kg, hinter dem Kraftwagen dieser Unterklasse kann ein Anhänger mit einer zulässigen Gesamtmasse von höchstens 750 kg mitgeführt werden;

Unterklasse C1 + E: Fahrzeugkombinationen, die aus einem Zugfahrzeug der Unterklasse C1 und einem Anhänger mit einer zulässigen Gesamtmasse von mehr als 750 kg bestehen, sofern die zulässige Gesamtmasse der Kombination 12 000 kg und die zulässige Gesamtmasse des Anhängers die Leermasse des Zugfahrzeugs nicht übersteigen;

Unterklasse D1: Kraftwagen zur Personenbeförderung mit mehr als acht Sitzplätzen außer dem Führersitz, jedoch mit nicht mehr als 16 Sitzplätzen außer dem Führersitz; hinter dem Kraftwagen dieser Unterklasse kann ein Anhänger mit einer zulässigen Gesamtmasse von höchstens 750 kg mitgeführt werden;

Unterklasse D1 + E: Fahrzeugkombinationen, die aus einem Zugfahrzeug der Unterklasse D1 und einem Anhänger mit einer zulässigen Gesamtmasse von mehr als 750 kg bestehen, sofern

- die zulässige Gesamtmasse der Kombinationen 12 000 kg und die zulässige Gesamtmasse des Anhängers die Leermasse des Zugfahrzeugs nicht übersteigen;
- der Anhänger nicht zur Personenbeförderung verwendet wird.

Der Katalog der gesundheitlichen Mängel enthält folgende Mindestnormen und schreibt folgende Untersuchungsarten vor:

Eignung und bedingte Eignung zum Führen von Kraftfahrzeugen Anlage 4 (zu den §§ 11, 13 und 14) FeV
Vorbemerkung:

1. Die nachstehende Aufstellung enthält häufiger vorkommende Erkrankungen und Mängel, die die Eignung zum Führen von Kraftfahrzeugen längere Zeit beeinträchtigen oder aufheben können. Nicht aufgenommen sind Erkrankungen, die seltener vorkommen oder nur kurzzeitig andauern (solche sind z. B. grippale Infekte, akute infektiöse Magen-/Darmstörungen, Migräne, Heuschnupfen, Asthma).

2. Grundlage der Beurteilung, ob im Einzelfall Eignung oder bedingte Eignung vorliegt, ist in der Regel ein Gutachten eines Facharztes mit verkehrsmedizinischer Qualifikation, oder eines Amtsarztes, oder eine Arbeits- bzw. Betriebsmediziners (§ 11 Abs. 2 Satz 3), in besonderen Fällen ein medizinisch-psychologisches Gutachten (§ 11 Abs. 3) oder ein Gutachten eines amtlich anerkannten Sachverständigen oder Prüfers für den Kraftfahrzeugverkehr (§ 11 Abs. 4).

3. Die nachstehend vorgenommenen Bewertungen gelten für den Regelfall, Kompensationen durch besondere menschliche Veranlagung, durch Gewöhnung, durch besondere Einstellung oder durch besondere Verhaltenssteuerungen und -umstellungen sind möglich. Ergeben sich im Einzelfall in dieser Hinsicht Zweifel, kann eine medizinisch-psychologische Begutachtung angezeigt sein.

Krankheiten, Mängel	Eignung oder bedingte Eignung		Beschränkungen/Auflagen bei bedingter Eignung	
	Klassen A, A1, B, BE, M, L, T	Klassen C, C1, CE, C1E, D, D1, DE, D1E, FzF	Klassen A, A1, B, BE, M, L, T	Klassen C, C1, CE, C1E, D, D1, DE, D1E, FzF
1. Mangelndes Sehvermögen siehe Anlage 6				
2. Schwerhörigkeit und Gehörlosigkeit				
2.1 Hochgradige Schwerhörigkeit (Hörverlust von 60 % und mehr), beidseitig sowie Gehörlosigkeit, beidseitig	ja wenn nicht gleichzeitig andere schwerwiegende Mängel (z.b. Sehstörungen, Gleichgewichtsstörungen)	ja (bei C, C1, CE, C1E) sonst nein	–	vorherige Bewährung von 3 Jahren Fahrpraxis auf Kfz der Klasse B
2.2 Gehörlosigkeit einseitig oder beidseitig oder hochgradige Schwerhörigkeit einseitig oder beidseitig	ja wenn nicht gleichzeitig andere schwerwiegende Mängel (z.b. Sehstörungen, Gleichgewichtsstörungen)	Ja (bei C, C1, CE, C1E) sonst nein	–	Wie 2.1
2.3 Störungen des Gleichgewichts (ständig oder anfallsweise auftretend)	nein	nein	–	–
3. Bewegungsbehinderungen	ja	ja	ggf. Beschränkung auf bestimmte Fahrzeugarten oder Fahrzeuge, ggf. mit besonderen technischen Vorrichtungen gemäß ärztlichem Gutachten, evtl. zusätzlich medizinisch-psychologisches Gutachten und/oder Gutachten eines amtlich anerkannten Sachverständigen oder Prüfers. Auflage: regelmäßige ärztliche Kontrolluntersuchungen; können entfallen, wenn Behinderung sich stabilisiert hat.	
4. Herz- und Gefäßkrankheiten				
4.1 Herzrhythmusstörungen mit anfallsweiser Bewußtseins-	nein	nein	–	–

Krankheiten, Mängel		Eignung oder bedingte Eignung		Beschränkungen/Auflagen bei bedingter Eignung	
		Klassen A, A1, B, BE, M, L, T	Klassen C, C1, CE, C1E, D, D1, DE, D1E, FzF	Klassen A, A1, B, BE, M, L, T	Klassen C, C1, CE, C1E, D, D1, DE, D1E, FzF
	trübung oder Bewußtlosigkeit	nein	nein	–	–
	– nach erfolgreicher Behandlung durch Arzneimittel oder Herzschrittmacher	ja	ausnahmsweise ja	regelmäßige Kontrollen	regelmäßige Kontrollen
4.2	Hypertonie (zu hoher Blutdruck)				
4.2.1	Bei ständigem diastolischen Wert von über 130 mmHg	nein	nein	–	–
4.2.2	Bei ständigem diastolischen Wert von über 100 bis 130 mmHg	ja	ja wenn keine anderen prognostisch ernsten Symptome vorliegen	Nachuntersuchungen	Nachuntersuchungen
4.3	Hypotonie (zu niedriger Blutdruck)				
4.3.1	In der Regel kein Krankheitswert	ja	ja	–	–
4.3.2	Selteneres Auftreten von hypotoniebedingten, anfallsartigen Bewußtseinsstörungen	ja wenn durch Behandlung die Blutdruckwerte stabilisiert sind	ja wenn durch Behandlung die Blutdruckwerte stabilisiert sind	–	–
4.4	Koronare Herzkrankheit (Herzinfarkt)				
4.4.1	Nach erstem Herzinfarkt	ja bei komplikationslosem Verlauf	ausnahmsweise ja	–	Nachuntersuchung
4.4.2	Nach zweitem Herzinfarkt	ja wenn keine Herzinsuffizienz oder gefährliche Rhythmusstörungen vorliegen	nein	Nachuntersuchung	–
4.5	Herzleistungsschwäche durch angeborene oder erworbene Herzfehler oder sonstige Ursachen				

Krankheiten, Mängel	Eignung oder bedingte Eignung		Beschränkungen/Auflagen bei bedingter Eignung	
	Klassen A, A1, B, BE, M, L, T	Klassen C, C1, CE, C1E, D, D1, DE, D1E, FzF	Klassen A, A1, B, BE, M, L, T	Klassen C, C1, CE, C1E, D, D1, DE, D1E, FzF
4.5.1 In Ruhe auftretend	nein	nein	–	–
4.5.2 Bei gewöhnlichen Alltagsbelastungen und bei besonderen Belastungen	ja	nein	regelmäßige ärztliche Kontrolle, Nachuntersuchung in bestimmten Fristen, Beschränkung auf einen Fahrzeugtyp, Umkreis- und Tageszeitbeschränkungen	–
4.6 Periphere Gefäßerkrankungen	ja	ja	–	–
5. Zuckerkrankheit				
5.1 Neigung zu schweren Stoffwechselentgleisungen	nein	nein	–	–
5.2 Bei erstmaliger Stoffwechselentgleisung oder neuer Einstellung	ja nach Einstellung	ja nach Einstellung	–	–
5.3 Bei ausgeglichener Stoffwechsellage unter Therapie mit Diät oder oralen Antidiabetika	ja	ja	ja ausnahmsweise, bei guter Stoffwechselführung ohne Unterzuckerung über etwa 3 Monate	Nachuntersuchung
5.4 Mit Insulin behandelte Diabetiker	ja	wie 5.3	–	regelmäßige Kontrollen
5.5 Bei Komplikationen siehe auch Nummer 1, 4, 6 und 10				
6. Krankheiten des Nervensystems				
6.1 Erkrankungen und Folgen von Verletzungen des Rückenmarks	ja abhängig von der Symptomatik	nein	bei fortschreitendem Verlauf Nachuntersuchungen	–

103

Krankheiten, Mängel		Eignung oder bedingte Eignung		Beschränkungen/Auflagen bei bedingter Eignung	
		Klassen A, A1, B, BE, M, L, T	Klassen C, C1, CE, C1E, D, D1, DE, D1E, FzF	Klassen A, A1, B, BE, M, L, T	Klassen C, C1, CE, C1E, D, D1, DE, D1E, FzF
6.2	Erkrankungen der neuro-muskulären Peripherie	ja abhängig von der Symptomatik	nein	bei fortschreitendem Verlauf Nachuntersuchungen	–
6.3	Parkinsonsche Krankheit	ja bei leichten Fällen und erfolgreicher Therapie	nein	Nachuntersuchungen in Abständen von 1, 2 und 4 Jahren	–
6.4	Kreislaufabhängige Störungen der Hirntätigkeit	ja bei leichten Fällen und erfolgreicher Therapie und Abklingen des akuten Ereignisses ohne Rückfallgefahr	nein	Nachuntersuchungen in Abständen von 1, 2 und 4 Jahren	–
6.5	Zustände nach Hirnverletzungen und Hirnoperationen, angeborene und frühkindlich erworbene Hirnschäden				
6.5.1	Schädelhirnverletzungen oder Hirnoperationen ohne Substanzschäden	ja in der Regel nach 3 Monaten	ja in der Regel nach 3 Monaten	bei Rezidivgefahr nach Operationen von Hirnkrankheiten Nachuntersuchung	bei Rezidivgefahr nach Operationen von Hirnkrankheiten Nachuntersuchung
6.5.2	Substanzschäden durch Verletzungen oder Operationen	ja unter Berücksichtigung von Störungen der Motorik, chron.-hirnorganischer Psychosyndrome und hirnorganischer Wesensänderungen	ja unter Berücksichtigung von Störungen der Motorik, chron.-hirnorganischer Psychosyndrome und hirnorganischer Wesensänderungen	bei Rezidivgefahr nach Operationen von Hirnkrankheiten Nachuntersuchung	
6.5.3	Angeborene oder frühkindliche Hirnschäden Siehe Nummer 6.5.2				

Krankheiten, Mängel	Eignung oder bedingte Eignung		Beschränkungen/Auflagen bei bedingter Eignung	
	Klassen A, A1, B, BE, M, L, T	Klassen C, C1, CE, C1E, D, D1, DE, D1E, FzF	Klassen A, A1, B, BE, M, L, T	Klassen C, C1, CE, C1E, D, D1, DE, D1E, FzF
6.6 Anfallsleiden	ausnahmsweise ja, wenn kein wesentliches Risiko von Anfallsrezidiven mehr besteht, z. B. 2 Jahre anfallsfrei	ausnahmsweise ja, wenn kein wesentliches Risiko von Anfallsrezidiven mehr besteht, z. B. 5 Jahre anfallsfrei ohne Therapie	Nachuntersuchungen in Abständen von 1, 2 und 4 Jahren	Nachuntersuchungen in Abständen von 1, 2 und 4 Jahren
7. Psychische (geistige) Störungen				
7.1 Organische Psychosen				
7.1.1 akut	nein	nein	–	–
7.1.2 nach Abklingen	ja abhängig von der Art und Prognose des Grundleidens, wenn bei positiver Beurteilung des Grundleidens keine Restsymptome und kein 7.2	ja abhängig von der Art und Prognose des Grundleidens, wenn bei positiver Beurteilung des Grundleidens keine Restsymptome und kein 7.2	in der Regel Nachuntersuchung	in der Regel Nachuntersuchung
7.2 Chronische hirnorganische Psychosyndrome				
7.2.1 leicht	ja abhängig von Art und Schwere	ausnahmsweise ja	Nachuntersuchung	Nachuntersuchung
7.2.2 schwer	nein	nein	–	–
7.3 Schwere Altersdemenz und schwere Persönlichkeitsveränderungen durch pathologische Alterungsprozesse	nein	nein	–	–
7.4 Schwere Intelligenzstörungen/geistige Behinderung				
7.4.1 leicht		ja wenn keine Persönlichkeitsstörung	ja wenn keine Persönlichkeitsstörung	–

Krankheiten, Mängel	Eignung oder bedingte Eignung		Beschränkungen/Auflagen bei bedingter Eignung	
	Klassen A, A1, B, BE, M, L, T	Klassen C, C1, CE, C1E, D, D1, DE, D1E, FzF	Klassen A, A1, B, BE, M, L, T	Klassen C, C1, CE, C1E, D, D1, DE, D1E, FzF
7.4.2 schwer	ausnahmsweise ja, wenn keine Persönlichkeitsstörung Untersuchung der Persönlichkeitsstruktur und des individuellen Leistungsvermögens	ausnahmsweise ja, wenn keine Persönlichkeitsstörung Untersuchung der Persönlichkeitsstruktur und des individuellen Leistungsvermögens	–	–
7.5 Affektive Psychosen				
7.5.1 bei allen Manien und sehr schweren Depressionen	nein	nein	–	–
7.5.2 nach Abklingen der manischen Phase und der relevanten Symptome einer sehr schweren Depression	ja, wenn nicht mit einem Wiederauftreten gerechnet werden muß, gegebenenfalls unter medikamentöser Behandlung	ja bei Symptomfreiheit	regelmäßige Kontrollen	regelmäßige Kontrollen
7.5.3 bei mehreren manischen oder sehr schweren depressiven Phasen mit kurzen Intervallen	nein	nein	–	–
7.5.4 nach Abklingen der Phasen	ja, wenn Krankheitsaktivität geringer und mit einer Verlaufsform in der vorangegangenen Schwere nicht mehr gerechnet werden muß	nein	regelmäßige Kontrollen	–
7.6 Schizophrene Psychosen				
7.6.1 akut	nein	nein	–	–
7.6.2 nach Ablauf	Ja wenn keine Störungen nachweisbar sind, die das Realitätsurteil erheblich beeinträchtigen	ausnahmsweise ja, nur unter besonders günstigen Umständen	–	–

Krankheiten und Kraftfahreignung

Krankheiten, Mängel		Eignung oder bedingte Eignung		Beschränkungen/Auflagen bei bedingter Eignung	
		Klassen A, A1, B, BE, M, L, T	Klassen C, C1, CE, C1E, D, D1, DE, D1E, FzF	Klassen A, A1, B, BE, M, L, T	Klassen C, C1, CE, C1E, D, D1, DE, D1E, FzF
7.6.3	bei mehreren psychotischen Episoden	ja	ausnahmsweise ja, nur unter besonders günstigen Umständen	regelmäßige Kontrollen	regelmäßige Kontrollen
8.	**Alkohol**				
8.1	Mißbrauch (Das Führen von Kraftfahrzeugen und ein die Fahrsicherheit beeinträchtigender Alkoholkonsum kann nicht hinreichend sicher getrennt werden.)	nein	nein	–	–
8.2	nach Beendigung des Mißbrauchs	ja wenn die Änderung des Trinkverhaltens gefestigt ist	ja wenn die Änderung des Trinkverhaltens gefestigt ist	–	–
8.3	Abhängigkeit	nein	nein	–	–
8.4	nach Abhängigkeit (nach Entwöhnungsbehandlung)	ja wenn Abhängigkeit nicht mehr besteht und in der Regel ein Jahr Abstinenz nachgewiesen ist	ja wenn Abhängigkeit nicht mehr besteht und in der Regel ein Jahr Abstinenz nachgewiesen ist	–	–
9.	**Betäubungsmittel, andere psychoaktiv wirkende Stoffe und Arzneimittel**				
9.1	Einnahme von Betäubungsmitteln im Sinne des Betäubungsmittelgesetzes (ausgenommen Cannabis)	nein	nein		
9.2	Einnahme von Cannabis				
9.2.1	Regelmäßige Einnahme von Cannabis	nein	nein	–	–

Krankheiten, Mängel		Eignung oder bedingte Eignung		Beschränkungen/Auflagen bei bedingter Eignung	
		Klassen A, A1, B, BE, M, L, T	Klassen C, C1, CE, C1E, D, D1, DE, D1E, FzF	Klassen A, A1, B, BE, M, L, T	Klassen C, C1, CE, C1E, D, D1, DE, D1E, FzF
9.2.2	Gelegentliche Einnahme von Cannabis	ja wenn Trennung von Konsum und Fahren und kein zusätzlicher Gebrauch von Alkohol oder anderen psychoaktiv wirkenden Stoffen, keine Störung der Persönlichkeit, kein Kontrollverlus	ja wenn Trennung von Konsum und Fahren und kein zusätzlicher Gebrauch von Alkohol oder anderen psychoaktiv wirkenden Stoffen, keine Störung der Persönlichkeit, kein Kontrollverlust		
9.3	Abhängigkeit von Betäubungsmitteln im Sinne des Betäubungsmittelgesetzes oder von anderen psychoaktiv wirkenden Stoffen	nein	nein	–	–
9.4	mißbräuchliche Einnahme (regelmäßig übermäßiger Gebrauch) von psychoaktiv wirkenden Arzneimitteln und anderen psychoaktiv wirkenden Stoffen	nein	nein	–	–
9.5	nach Entgiftung und Entwöhnung	ja nach einjähriger Abstinenz	ja nach einjähriger Abstinenz	regelmäßige Kontrollen	regelmäßige Kontrollen
9.6	Dauerbehandlung mit Arzneimitteln				
9.6.1	Vergiftung	nein	nein	–	–
9.6.2	Beeinträchtigung der Leistungsfähigkeit zum Führen von Kraftfahrzeugen unter das erforderliche Maß	nein	nein	–	–
10.	**Nierenerkrankungen**				
10.1	schwere Niereninsuffizienz mit erheblicher Beeinträchtigung	nein	nein	–	–

Krankheiten, Mängel	Eignung oder bedingte Eignung		Beschränkungen/Auflagen bei bedingter Eignung	
	Klassen A, A1, B, BE, M, L, T	Klassen C, C1, CE, C1E, D, D1, DE, D1E, FzF	Klassen A, A1, B, BE, M, L, T	Klassen C, C1, CE, C1E, D, D1, DE, D1E, FzF
10.2 Niereninsuffizienz in Dialysebehandlung	ja wenn keine Komplikationen oder Begleiterkrankungen	ausnahmsweise ja	ständige ärztliche Betreuung und Kontrolle, Nachuntersuchung	ständige ärztliche Betreuung und Kontrolle, Nachuntersuchung
10.3 erfolgreiche Nieren Transplantation mit normaler Nierenfunktion	ja	ja	ärztliche Betreuung und Kontrolle, jährliche Nachuntersuchung	ärztliche Betreuung und Kontrolle, jährliche Nachuntersuchung
10.4 bei Komplikationen oder Begleiterkrankungen siehe auch Nummer 1, 4 und 5				
11. Verschiedenes				
11.1 Organtransplantation Die Beurteilung richtet sich nach den Beurteilungsgrundsätzen zu den betroffenen Organen				
11.2 Lungen- und Bronchialerkrankungen				
11.2.1 unbehandelte Schlafapnoe mit ausgeprägter Vigilanzbeeinträchtigung	nein	nein	–	–
11.2.2 behandelte Schlafapnoe	ja	ja	regelmäßige Kontrolle	regelmäßige Kontrolle
11.2.3 Sonstige schwere Erkrankungen mit schweren Rückwirkungen auf die Herz-Kreislauf-Dynamik	nein	nein		

Sie können sich auf den Verlauf einer ärztlichen Untersuchung bereits vorher einstellen, wenn Sie sich das nachfolgende Schema vergegenwärtigen:

Allgemeines Schema der medizinischen Untersuchung

1. Eigenanamnese (eigene medizinische Vorgeschichte, Familienvorgeschichte, Medikamente, Alkoholgenuß, Rauchen, Drogen usw.)
2. Allgemeinzustand
3. Internistische Untersuchung
   - Herz-Kreislauf-Zustand
   - Zustand der Lungen und Atemwege
   - Zustand des Bauchraumes (Leber und andere innere Organe)
   - Symptome für Lebererkrankungen (Ödeme, Gefäßerweiterung, Teleangiektasien usw.)
   - Vegetatives Nervensystem (Lidflattern, Fingerzittern, Handzittern usw.)
4. Neurologische Untersuchung
   - Sinnesorgane (Sehtest, Hörtest)
   - Koordinationsfähigkeit (Gangbild, Liniengang, Schriftbild)
   - Finger-Nase-Versuch, Knie-Fersen-Versuch, Aufheben kleiner Gegenstände usw.
   - Muskelzustand
   - Reflexverhalten
   - Kurzzeit- und Langzeitgedächtnis
5. Laboruntersuchung
   - großes Blutbild/Urinuntersuchung (insbesondere Gamma-GT, [S-]GOT, [S-]GPT, Drogenspuren usw.)

Dieses allgemeine Untersuchungsprogramm kann natürlich noch durch wesentlich weitergehende Untersuchungen und Tests ergänzt werden, wenn eine konkrete Krankheit vorliegt oder eine rein medizinische Frage oder Krankheitsmerkmale der Anlaß für die Untersuchung waren. Während bei den Obergutachterstellen die Untersuchungen sehr sorgfältig; und ausführlich vorgenommen werden, dauert beim TÜV bzw. in den BfF-Stellen die medizinische Untersuchung oft nur 10 Minuten und muß deshalb als oberflächlich bezeichnet werden. Die Diagnosen und Folgerungen der TÜV/BfF-Ärzte führen daher nicht selten zu falschen Gutachten.

Erläuterungen zur medizinischen Untersuchung

Bei dieser medizinischen Untersuchung handelt es sich also um eine Grunduntersuchung, bei der allerdings nicht nur körperliche, sondern auch psychische Besonderheiten im Rahmen der anstehenden Fragestellung berücksichtigt werden. Was der nähere Inhalt der einzelnen Untersuchungen sein kann, wird in wesentlichen Punkten im folgenden beschrieben:

- Anamnese als Familien-Anamnese und Eigen-Anamnese
  Familien-Anamnese: Welche schweren, insbesondere vererbbaren Krankheiten wie z. B. Anfallsleiden, Epilepsie, Zuckerkrankheit, Tuberkulose usw. hat es in der Familie des Untersuchten evtl. gegeben? (Alkoholismus wird immer gefragt!)
  Eigen-Anamnese: Welche ernsthafteren Erkrankungen hatte der Untersuchte in der Vergangenheit oder hat er zur Zeit? (Starkes Übergewicht kann von Bedeutung sein; erfolgreiche Abmagerung ebenfalls.)
  Eventuelle Operationen und/oder Verletzungen sind zu erwähnen.
  Erhebung von Angaben über Trinkgewohnheiten.

- Untersuchung der inneren Organe:
  Wenn keine konkrete Erkrankung vorliegt, können bestimmte Beschwerden von Bedeutung sein, so z. B. Schlafstörungen, Appetiteinbußen, Magenbeschwerden und vegetative Dysregulation, die alle auf Alkoholproblematik hindeuten können.

- Herz-Kreislauf-Untersuchung:
  Dabei geht es um die Messung des Blutdruckes. Zu niedriger und zu hoher Blutdruck können u. U. eignungsausschließend sein.

- Untersuchung der Sinnesorgane:
  Hier steht insbesondere die Prüfung der Sehleistung und die des Gehörs im Vordergrund.
  Während schlechtes Gehör oder gar Gehörlosigkeit u. U. nicht eignungsausschließend bewertet werden, sind die Anforderungen an das Sehvermögen viel strenger: Die Sehschärfe (gegebenenfalls mit Korrekturgläsern) muß mindestens 0,4 und bei Berufsfahrern mindestens 0,75 für das bessere Auge betragen.

- Untersuchung des Nervensystems:
  Hier geht es um die Prüfung von eventuellen Ausfallerscheinungen. Sie können Begleiterscheinungen schwerer innerer Erkrankungen sein, treten aber in besonderer Form auch bei Personen auf, die regelmäßig Alkohol, Drogen und Medikamente konsumiert haben.
  Für den Laien die wichtigsten Symptome:
- Händetremor (Tremor = Zittern),

- Tremor der Beine oder auch des Kopfes,
- Tremor des Augenlides,
- Verlangsamtes Sprechtempo,
- Verlangsamung der Bewegungsabläufe.
- Funktionsprüfung der Leber:
  Dazu dienen die Laboruntersuchungen, die Urin- und Blutanalyse umfassen. Es wird aber auch durch Abtasten eine mögliche Vergrößerung der Leber geprüft.

Bei der ärztlichen Untersuchung wird auch darauf geachtet, ob beim Untersuchten bestimmte Veränderungen der Haut vorliegen.

Vor allen Dingen geht es darum, ob das sogenannte Kapillarnetz des Gesichtes – darunter werden die kleinen, dünnen Äderchen der Gesichtshaut verstanden – bereits mit bloßen Augen sichtbar sind, und wenn ja, in welchem Ausmaß?

Bekanntlich kann die starke Ausprägung des Kapillarnetzes (Teleangiektasie) ein Zeichen für einen über längere Zeit hindurch praktizierten Alkoholkonsum von nicht unbeachtlichen Mengen sein.

Dies gilt besonders für frühere „Weintrinker".

Allerdings: Dieses Symptom kann auch andere Ursachen haben; es muß nicht immer auf Alkohol hindeuten.

Es kann ebenfalls von Bedeutung sein, ob das Gesicht aufgedunsen ist, was häufig „Biertrinkern" nachgesagt wird.

Bei Untersuchungsanlässen, bei denen auch der Befund innerer Organe von Bedeutung sein kann, fällt auch noch eine

- Urinprobe

beziehungsweise eine

- anlaßbezogene Laboruntersuchung

an. Hierbei geht es dem Arzt darum, eine eventuelle Erkrankung innerer Organe festzustellen und darüber zu befinden, ob darin eine Gefahr für die Verkehrsteilnahme bestehen könnte. Bei Personen, bei denen Verdacht auf Sucht besteht, geht es auch um die Prüfung der sogenannten Giftfestigkeit, also darum, ob durch Genuß berauschender Mittel bereits spezifische Veränderungen der inneren Organe eingetreten sind.

Bei Promille-Fahrern – insbesondere mit hoher Blutalkoholkonzentration ab 1,6‰ – wird der Arzt auf bestimmte Werte achten (siehe Seite 43 ff.).

TIPS

Wie Sie aus der Übersicht und den Beispielen entnehmen konnten, kann die Fahreignung aus rein medizinischen Gründen verneint werden. In vielen Fällen besteht jedoch die Möglichkeit, durch eine psychologische Untersuchung zu prüfen, oh die krankheitshedingten Einschränkungen ausgeglichen werden können. Deshalb empfehle ich Ihnen folgendes:

- Bei krankheitsbedingten Eignungszweifeln holen Sie immer das Attest eines Facharztes ein, **bevor** Sie zur BfF des TÜV zur Pflichtuntersuchung gehen.
- Die fachärztliche Untersuchung und Beratung sollten mehrere Wochen **vor** der BfF stattfinden, damit Sie sich über eventuell notwendige Ausgleichsmöglichkeiten nicht nur Gedanken machen können, sondern diese auch erproben und einüben.

Zum Beispiel: Nach Erblindung auf einem Auge kann die Fahreignung bestehenbleiben, wenn Sie lernen, mit einem Auge die Einschränkung des Gesichtsfeldes zu kompensieren.

Oder: Bei Farbblindheit (z.B. Rotblindheit) kann die Eignung bejaht werden, wenn Sie es lernen, sich nach dem Helligkeitsgrad von Ampeln und Verkehrszeichen richtig zu orientieren und sich besonders risikobewußt zu verhalten.

Oder: Bei Zuckerkrankheit die unerläßliche Sorgfaltshaltung in der Selbstbehandlung und der ärztlichen Kontrolle aufbringen, so daß die Komagefahr im Verkehr so stark verringert wird, daß Ihre Eignung bejaht werden kann.

- Für die Gutachter besteht in vielen Fällen die Möglichkeit, eine „bedingte Eignung" zu attestieren. Was bei Ihrer Krankheit eventuell, möglich ist, können Ihnen ein Facharzt und ein Verkehrspsychologe sicher sagen. Aber diese Beratung sollte Wochen vor der MPU beim TÜV stattfinden.
- Diese vorsorgliche, vorsichtige Vorbereitung ist begründet, denn die **Kritik** über die in der Regel sehr oberflächlichen „medizinisch-tüvologischen" Untersuchung ebbt nicht ab. Nur ein Beispiel: TÜV-Ärzte attestierten eignungsausschließenden Bluthochdruck nach einer einzigen Messung des Blutdrucks. Krankhafter Bluthochdruck kann aber erst nach mehrtägigen und unter verschiedenen Belastungen erfolgten Messungen diagnostiziert werden. Der durch die Untersuchungssituation, durch Prüfungsangst bedingte Anstieg des Blutdruck, der allenfalls auf eine gewisse vegetative Labilität hinweist, wird zum Befund der Ungeeignetheit erhoben. Langzeitmessungen des Blutdrucks finden in der Regel nicht statt. Einen solchen Befund dürfen Sie nicht akzeptieren.

- Ehemalige Promille-Fahrer sollten die Aufforderung der TÜV-Untersuchungsstelle zur Vorlage ärztlicher Atteste auch so verstehen, daß bei der medizinischen Untersuchung natürlich auch andere, nicht nur alkoholbedingte Erkrankungen festgestellt werden können, weshalb im eigenen Interesse bereits Wochen vor dem BfF-Termin immer eine gründliche hausärztliche Untersuchung ratsam ist. Damit ersparen Sie sich Ärger, denn wenn eine gesundheitliche Beurteilung erst durch den TÜV-Arzt erfolgt und Sie diese Diagnose unvorbereitet trifft, haben Sie sich auch noch den Vorwurf eingehandelt, nicht sorgfältig genug Ihre Eignungsfähigkeit geprüft zu haben, wozu aber jeder Kraftfahrer gesetzlich verpflichtet ist (siehe BGH-Urteil Seite 103).
- Da in zahlreichen Charaktergutachten die TÜV-Ärzte den Führerscheinkandidaten „sanierungsbedürftiges Gebiß" als Negativbefund vorhalten, ist es ratsam, sich um ein gepflegtes, ordentliches Aussehen zu bemühen. Ein „sanierungsbedürftiges Gebiß" ist nach dem bundeseinheitlichen ministeriellen „Mängelkatalog" zwar keine eignungsausschließende Erkrankung, die Mühe wird sich aber bestimmt lohnen: Denken Sie bloß an die allgemein bekannte Wichtigkeit des „ersten guten Eindrucks!" – TÜV-Ärzte und TÜV-Psychologen sind auch nur Menschen.
- Falls Sie aufgefordert werden, „Hühnchenschritte" (= Fuß vor Fuß) zu gehen, ist das keine Veralberung. Es gehört zur grob neurologischen (nervenärztlichen) Untersuchung. Für viele ist es gar nicht so einfach, so zu gehen, und schon gar nicht mit geschlossenen Augen. „Hühnchenschritte" lassen sich allerdings zu Hause üben. Und falls es doch nicht klappt, ist ein Besuch bei ihrem Hausarzt sehr ratsam.
- Auch bei der ärztlichen Untersuchung wird nach den Trinkgewohnheiten gefragt!

Der Arzt und der Psychologe erstellen das Gutachten gemeinsam. Logischerweise sprechen sie miteinander, und zwar auch über die Trinkgewohnheiten. Wenn diese Besprechung noch in ihrer Anwesenheit erfolgt, haben Sie Gelegenheit zur Stellungnahme.

Häufiger ist es aber so, daß der Arzt und der Psychologe eine Besprechung abhalten, nachdem Sie bereits entlassen wurden. Deshalb immer bei der Wahrheit bleiben und sich vorher auf dieses Thema vorbereiten

Falls bei Ihnen die Äderchen im Gesicht sichtbar sind: Ein Schminken würde nichts nützen; es würde lediglich zeigen, daß Sie das Problem verkannt haben. Denn diese Hautveränderungen können – wenn überhaupt – nur ein Hinweis auf Vergangenes sein. Und die

Begutachtung richtet sich ausschließlich auf die Zukunft, auf die eventuelle Rückfallgefahr.

Fallbeispiel:

Eine BfF-Stelle des TÜV Rheinland begutachtet einen Landwirt nach dessen erster Promillefahrt. Der Psychologe kommt zu dem Schluß, daß der Untersuchte aus seinem Fehlverhalten gelernt hat, denn er schränkte seinen Alkoholkonsum seit der Fahrt radikal ein und hielt sich daran auch konsequent, so daß die psychologische Schlußbeurteilung wie folgt lautete:

„Herr X. konnte den Änderungsprozeß glaubwürdig darstellen, die angestellten Überlegungen und entwickelten Strategien zur Reduzierung des Alkoholkonsums zeigen, daß eine Aufarbeitung des problematischen Trinkverhaltens in Gang gesetzt wurde."

Das MPU Gutachten fiel dennoch negativ aus, wie de TÜV-Arzt sich damit nicht zufriedengab. Er zweifelte daran, daß der Landwirt sich seit einem Jahr mit den Alkoholkonsum sehr zurückhielt, denn er hatte doch – unzweifelhaft – ein wetter- und weingegerbtes Gesicht. Daraus zog nun der Arzt trotz völlig normaler Leberwerte, folgenden haarsträubenden Schluß:

„...bläßliche Verfärbung der Haut mit vermehrter Gefäßzeichnung und Teleangiektasien (im Gesicht); erweiterte und vermehrte Gefäße mit Skleren (= des Weißen im Auge) ..."

Das reichte dem TÜV-Arzt aus, um zu behaupten:

„Die hier erhobenen Befunde ergaben den Verdacht, daß mehr Alkohol konsumiert wird, als von Herrn X. angegeben."

Obwohl auch ihm bekannt sein dürfte, daß die erweiterten Äderchen im Gesicht bei einem, der früher unbestritten nicht wenig Wein zu genießen pflegte, auch nach der vollkommenen Änderung des Trinkverhaltens nie wieder ganz verschwinden.

Patient und Führerschein – Arzt und Schweigepflicht

Der 56jährige Monteur Hans M. wundert sich, als er einen Brief der Führerscheinstelle seines Wohnortes erhält, in dem er wegen seiner Zuckerkrankheit zur Beibringung eines Fahreignungsgutachtens aufgefordert wird. Er wird den Verdacht nicht los, sein Arzt könnte ihn „verraten" haben, denn mit niemandem sonst habe er über seine Krankheit gesprochen, die er jetzt, nach der Krankenhausbehandlung, so gut im Griff hat. Doch „was nicht sein darf, das kann auch nicht sein", redet er sich immer wieder ein, kann sich aber seines Verdachts nicht erwehren. Da er seinem Arzt auch künftig vertrauen möchte, redet er sich ein, die Meldung an die Führerscheinstelle könne nur die Verwaltung des Krankenhauses gemacht haben – was sicherlich ebenfalls kein gutes Gefühl ist.

Das Thema, das Monteur Hans M. bewegt, ist ein sehr heißes Eisen. Es stehen nämlich im Falle einer Erkrankung, die die Fahrtüchtigkeit in Frage stellt, folgende drei Aspekte im Widerstreit:

- Der Bundesgerichtshof hat in einem Grundsatzurteil (VI ZR 280/86) festgelegt, daß Autofahrer, bevor sie sich ans Steuer setzen, immer prüfen müssen, ob sie gesundheitlich in der Lage sind, ein Kraftfahrzeug sicher zu führen. Diese Verhaltensnorm ist bindend, auch dann, wenn sie nicht gerade realitätsorientiert ist, denn den meisten Menschen ist ihr Hemd bekanntlich näher als ...

- Ein behandelnder Arzt, der von einer eignungsbeeinträchtigenden oder gar eignungsausschließenden Erkrankung seines Patienten erfährt, muß ihn über die drohende Verkehrsgefährdung und den Eignungsverlust aufklären, darf ihn aber ohne Zustimmung der Behörde nicht melden, weil er seine im Strafgesetzbuch streng geregelte Schweigepflicht nach § 203, StGß verletzen würde,

- wenn aber der Arzt pflichtgemäß schweigt und der wegen seiner Krankheit nicht mehr fahrtüchtige Patient aus Uneinsichtigkeit, aus schlichter menschlicher Schwäche oder aus vermeintlicher Notwendigkeit auf das Fahren nicht verzichtet – droht Gefahr, und nicht selten sogar eine tödliche.

Diese schwirige Frage, nämlich der Meldepflicht bei eignungsausschließenden Erkrankungen, ist gesetzlich nicht befriedigend geregelt. Auch in diesem Bereich gilt das Prinzip, wonach der Staat ein bestimmtes Maß an Gefährdung im öffentlichen Straßenverkehr einfach in Kauf nimmt. Und weil es so ist, ist es müßig, sich darüber den Kopf zu zerbrechen, ob die Freiheit oder die Verantwortung des Bundesbürgers zu groß ist.

Die Wirklichkeit ist, daß es im Falle ernsthafter Erkrankungen in der Regel nicht lange dauert, bis die Behörde davon Kenntnis erlangt – nur das Wie bleibt im Dunkel. Es ist generell gesehen offensichtlich nicht ohne Grund geschehen, daß im Zusammenhang mit dem Gesundheitsreformgesetz (GRG) der 92. Deutsche Ärztetag das heikle Thema der Schweigepflicht bereits vor zehn Jahren diskutierte, was in der Zeitschrift MEDIZIN HEUTE (7/89) folgenden Niederschlag fand:

„Welche Gefahren sich hinter den Bestimmungen des GRG verbergen wird deutlich, wenn man bedenkt, daß bereits in der jüngsten Vergangenheit sensible Patientendaten der ärztlichen Schweigepflicht ent-

zogen wurden, wenn Ermittlungen z. B. im Rahmen von Überprüfungen durch Landesrechnungshöfe, Steuerfahndung oder staatsanwaltschaftliche Untersuchungen durchgeführt wurden. Besonders auch die geübte Praxis der Amtshilfe zum vermeintlichen Schutz eines höheren Rechtsgutes ermöglicht die Einsicht und die Weitergabe sensibler Patientendaten durch nicht ärztlich Tätige.(...).

Die Aufnahme dieser Bestimmung (Offenbarungsbefugnis) in das Gesundheitsreformgesetz widerspricht klar der Entschließung des 85. Deutschen Ärztetages in Münster, daß gesetzliche Mitteilungspflichten, welche die ärztliche Schweigepflicht durchbrechen, nur dann und insoweit eingeführt werden dürfen, als sie zur Abwehr konkreter Gefahren für das Gemeinwohl notwendig sind."

Daraus ergibt sich eindeutig, daß die so heilige ärztliche Schweigepflicht nicht erst seit der Gesundheitsreform durchbrochen werden kann, wenn es gilt, eine konkrete Gefahr für das Gemeinwohl abzuwehren. Diesen grundsätzlichen Aspekt, der auch heute unverändert gilt, sollte man nicht vergessen, und auch an die Selbstverantwortung denken.

Diese Gefahr wird immer auch dann anzunehmen sein, wenn eine schwere Erkrankung vorliegt, die die Fahrtüchtigkeit beeinträchtigt, aber der/die Kranke die Einsicht und Bereitschaft nicht aufbringt, auf das Fallren freiwillig zu verzichten.

TIPS

– Bedenken Sie bitte, daß Sie im Falle einer folgenschweren Erkrankung mit Ihrem Arzt in einem Boot sitzen. Denn wenn Sie einen Unfall verursachen, den Sie überleben, wird es bei der Klärung auch darum gehen, ob Ihr Arzt Sie pflichtgemäß aufgeklärt hat oder nicht. Und Sie können nicht von Ihrem Arzt verlangen, daß er für Sie die Schuld auf sich nimmt.

– Wenn Sie aber trotz ärztlicher Aufklärung gefahren sind, haben Sie gezeigt, daß Sie auch aus charakterlichen Gründen ungeeignet sind. Damit ist aber die allerletzte Chance verpaßt, denn im Falle von körperlichen Beeinträchtigungen der Fahreignung können Ihnen nur die Psychologen in Übereinstimmung mit dem BGH-Modell bescheinigen, ob Sie Ihre Beeinträchtigung durch ein besonders stark ausgeprägtes Verantwortungsbewußtsein ausgleichen können.

– Da die Erfahrung zeigt, daß die Fahruntauglichkeit fast niemals von der Art der Erkrankung, sondern von deren Schweregrad abhängt, ist und bleibt entscheidend, daß Sie es lernen, mit der Krankheit zu leben. Nur so können Sie den Führerschein behalten oder ihn wiedererlangen.

- Aus all diesen Gründen ist es wichtiger, mit Ihrem Arzt zusammenzuarbeiten und seine Ratschläge zu befolgen.
- Seit dem 01. 01. 1999 gibt es – zumindest auf dem Papier – den neuen Berufszweig des „Facharztes mit verkehrsmedizinischer Qualifikation", dessen Beurteilung bei Fragen zur Fahreignung eine große Bedeutung zugemessen wird. Sie sollten sich also nach Möglichkeit an diesen Facharzt wenden, wobei Sie natürlich den Arzt Ihres Vertrauens ebenfalls konsultieren sollte.
- Zu beachten ist, daß die Kosten für Tauglichkeitsuntersuchungen durch die Krankenkassen nicht übernommen werden.

Kapitel 6
Vor dem Schein-Test

In den vorausgegangenen Kapiteln habe ich versucht, Ihnen als Betroffenen nicht nur die wesentlichsten Aspekte der Fahreignungsbegutachtung darzulegen. Mein Ziel war es auch, Sie „hinter die Kulissen blicken" zu lassen, denn Hintergrundinformationen können dazu beitragen, den Test zu bestehen.

Je mehr man weiß, um so sicherer kann man an eine Aufgabe herangehen – dies gilt für die Begutachtung der Fahreignung ganz besonders, da hier schon immer eine Geheimnistuerei zu beklagen war.

Sie haben wahrscheinlich den vergeblichen Versuch hinter sich, den Sachbearbeiter der Führerscheinstelle davon zu überzeugen, daß in Ihrem Fall eine psychologische Begutachtung nicht erforderlich ist.

Der Gang zum Gutachter ist nun unumgänglich!

Was an konkreten Tests in der Untersuchung auf Sie zukommen kann und wie Sie sich dabei verhalten sollten bzw. wie diese Aufgaben zu lösen sind, wird in den nächsten Kapiteln dargestellt.

Zunächst sollten Sie sich Ihre Ausgangssituation bewußt machen, Ihre Möglichkeiten klären und über Ihr Auftreten in der Untersuchung nachdenken – schließlich geht es um eine psychologische Angelegenheit!

Ihre Ausgangssituation

Die Hauptfrage lautet:

Wie ist Ihre Ausgangssituation vor der persönlichen Begegnung mit dem Gutachter?

Denkbar ungünstig! Denn während der Psychologe über Sie eine ganze Menge weiß und sich auf das Gespräch mit Ihnen gezielt vorbereiten kann, wissen Sie als Betroffener fast gar nichts. Sie haben „Platznachteil". Sie haben nur eine vage Vorstellung und haben vielleicht von Bekannten einiges gehört, aber Sie wissen nicht, welche Tests Sie machen müssen, und außerdem ist die Aufgabe insgesamt für Sie völlig ungewohnt.

Ihr größtes Bestreben ist es naturgemäß, in der Untersuchung möglichst den besten Eindruck zu machen. Sie sind also in einer Situation, als ob Sie nach einem Umzug neue Hausnachbarn kennenlernen.

Entscheidend dabei ist, die Situation aktiv zu gestalten und bewußt Einfluß zu nehmen auf das, was auf Sie zukommt.

Als Betroffener ist man in der Regel bereits dadurch verunsichert, daß man nicht genau weiß, was geprüft wird.

Es ist aber weder beim TÜV noch bei den Obergutachterstellen möglich, den „Prüfer" vorher aufzusuchen. Obwohl Sie als privater Auftraggeber unstreitig darauf ein Anrecht hätten. Kein Arzt würde Ihnen vor einer Operation ein Gespräch verweigern, auch wenn Ihre Sorgen und Anliegen für ihn alltägliche Wirklichkeit sind und es sich für ihn um vielleicht belanglose Informationen handelt.

Die TÜV-Psychologen verweigern aber ein solches Vorgespräch – allenfalls wird eingeräumt, daß Sie „mit einem Psychologen" sprechen können. Dabei handelt es sich aber auf keinen Fall um den Psychologen, der später Ihr Gutachter sein wird, und dieser Psychologe wird Ihnen außer höflichen Belanglosigkeiten eigentlich nichts sagen.

Dieser Zustand ist auch deshalb besonders beklagenswert, weil die Psychologie – wie bereits betont – keine Geheimwissenschaft ist, sondern eine Naturwissenschaft wie die Medizin oder die Physik.

Wie Sie aus unserer im Anhang befindlichen Liste der Amtlich Anerkannten Verkehrspsychologischen Berater entnehmen können, beschäftigen die TÜV e.V. und DEKRA e.V. selbst seit dem 1. 1. 1999 solche Berater als Angestellte in den BfF-Stellen.

Sie können sich also direkt bei den Untersuchungsstellen selbst oder bei nicht vom TÜV und DEKRA abhängigen niedergelassenen Beratern beraten lassen.

Sie sollten nur darauf achten, daß Sie eine unabhängige, neutrale Beratung bekommen.

Ihr Auftreten in der Untersuchung

Es ist nicht ganz falsch, in dieser Frage die Ratschläge zu erteilen, die gewöhnlich jungen Arbeitsuchenden für ein Vorstellungsgespräch gegeben werden. Da heißt es in der Regel:

- „Seien Sie pünktlich!"
- „Achten Sie auf gepflegte Kleidung!"
- „'Seien Sie freundlich!"
- „Seien Sie nicht aufdringlich!",

Es gäbe noch eine ganze Reihe ähnlicher Empfehlungen; die meisten dürften überflüssig sein, denn es liegt doch auf der Hand, daß Sie darauf achten pünktlich zu sein und auch eventuelle Verzögerungen während Ihrer Anfahrt mit einkalkulieren! Da Sie einen guten Eindruck machen wollen – wer wollte das in einer solchen Situation nicht –, werden Sie auch auf Ihre ordentliche Erscheinung Wert legen.

Und damit sind wir schon an einem Punkt angelangt, der näher erörtert werden sollte. Es wird bestimmt nicht auf Ihre „gepflegte Kleidung" ankommen, denn die Psychologen sind ja nicht Ihre künftigen Arbeitgeber, die sehr viel mehr auf diese Äußerlichkeiten achten. Worauf der psychologische Gutachter allerdings ein Auge haben wird, ist, ob Ihr Erscheinungsbild, das Sie durch Ihre Kleidung und Ihr Auftreten zu erkennen geben, **zu Ihnen paßt** oder ob Sie sich als jemand anderes darstellen wollen, der Sie in Wirklichkeit sind.

Psychologen neigen zu solchen Schlußfolgerungen – deshalb ist auch bei Äußerlichkeiten mitunter Vorsicht geboten!

Kleiden Sie sich bitte deshalb so, wie Sie es gewöhnlich immer tun. Tragen Sie keinen neuen Anzug (kein neues Kleid) und keine neuen Schuhe, schon deshalb nicht, weil man sich in neuen Sachen immer etwas unbehaglich fühlt.

Ziehen Sie Ihre „Lieblingssachen" an, in denen Sie sich am wohlsten fühlen, in denen Sie sich am besten gefallen, an die Sie sich gewöhnt haben. Diese werden Sie, sollten Sie in der Untersuchung unter Spannung **geraten,** nicht irritieren und von der Aufgabe ablenken. Ein Psychologe legt in einer solchen Untersuchung Wert darauf, eine natürliche Situation zu schaffen, denn nur dann können sich die Menschen so geben, wie sie in Wirklichkeit sind.

Das sollten Sie aus Ihrer Sicht ebenfalls tun!

Es geht um Ihren „ersten Eindruck"

Wir sind erst bei der grundsätzlichen Vorbereitung für den Test, bei der Schaffung einer inneren Einstellung, die Ihnen mehr Selbstsicherheit geben kann.

Das ist leichter gesagt als getan. Schließlich gehen Sie in eine prüfungsähnliche Situation, die für Sie von größter existentieller Bedeutung sein kann, und das bringt ohne Zweifel ganz erhebliche Spannungen mit sich! Sie haben sich in den vergangenen Tagen und Wochen sicherlich alles zigmal überlegt und zurechtgelegt, was und wie Sie es sagen wollen. Sie erscheinen dann auch pünktlich zum Termin, sind voller Erwartung und möchten gleich alles vorbringen, aber Sie erleben eine Überraschung: Man bittet Sie, sich etwas zu gedulden.

Sie empfinden das vielleicht als frustrierend, vor allem dann, wenn die Wartezeit länger wird. Sie werden ungeduldig und merken gar nicht, daß dies bereits ein Teil der Untersuchung ist.

Sie werden sich sogar ärgern, und die Argumente und Formulierungen, die Sie sich überlegt, auf die Sie sich konzentriert haben, wollen „flüchten" – sie tun es auch.

Das ist ein alter Trick, der in solchen und ähnlichen Situationen immer wieder benutzt wird. Auch viele Psychologen wenden ihn vor dem entscheidenden Untersuchungsgespräch an, um den Probanden „aufzuweichen", ihn aus dem Konzept zu bringen.

Dagegen ist natürlich kaum etwas einzuwenden!

Wie wird man aber als Betroffener mit solchen Situationen fertig, wie bleibt man gelassen?

Zum einen wissen Sie jetzt bereits, was mit größter Wahrscheinlichkeit auf Sie zukommt, kennen sich und wissen daher, ob Sie leicht zu verunsichern sind und schnell unkonzentriert werden.

Dieses Wissen ist bereits Ihr größter Vorteil! Sie können während dieser Warterei sicher auch ein Gespräch mit einem anderen Wartenden beginnen. Darauf sollten sie allerdings nicht setzen, denn zum einen ist gar nicht sicher, daß Sie nicht allein sein werden, und zum anderen könnte es sogar größtes Unheil anrichten, wenn Sie auf einen Schicksalsgenossen als Gesprächspartner treffen, der seine eigenen Probleme auf Sie ablädt und Sie aus dem Gleichgewicht bringt.

Deshalb lieber darauf verzichten! – Sie können sich Lesestoff zu Themen mitnehmen, die Sie interessieren, anregen. Dazu reichen schon Reiseprospekte oder eine Illustrierte. Sie sollten auf jeden Fall auf das Überbrücken der Wartezeiten so vorbereitet sein, daß Sie sich mit etwas Konkretem beschäftigen können.

Nur so können Sie Ihre Gelassenheit bewahren.

Sollte es doch anders kommen und Sie spüren zu Beginn oder während des Untersuchungsgesprächs als Folge der Wartezeit eine innere Unruhe, besprechen Sie das bitte sofort mit dem Psychologen. Sie können sich dadurch befreien. Sagen Sie ruhig etwa:

> *„Herr/Frau X., es hat aber doch lange gedauert, bis ich dran bin. Es ärgert mich sogar etwas. Schade, daß man mich warten ließ ohne ein Wort der Erklärung, der Entschuldigung"*

oder ähnlich. (Damit vermitteln Sie Ihrem Gutachter zugleich ein gewisses Erfolgsgefühl, wenn die Wartezeit zum Zwecke des „Aufweichens, Verunsicherns" beabsichtigt war.)

Ihr Gutachter wird sich natürlich entschuldigen und auch einen Vorwand nennen: wichtiges und unerwartetes Telefonat, oder er mußte nochmals Ihre Akte durchlesen usw. Das ist aber im Grunde völlig belanglos. Wichtig ist, Sie haben das was Sie aktuell bedrückt, ausgesprochen, und es wird Sie während des Gesprächs wahrscheinlich nicht mehr belasten. Über die Persönlichkeit Ihres Gutachters bekommen Sie dann alsbald eine wichtige Information, die Sie für sich verwerten können: Führt er mit Ihnen das Untersuchungsgespräch hinter seinem Schreibtisch, dann haben Sie ein Gegenüber, der Sie mit der „harten Tour" anfassen will, d. h., er nutzt seine Autorität und sieht sich in einer „Vorgesetztenrolle". Wenn Sie dann, auf der anderen Seite des Schreibtisches, zudem auf einem niedrigeren Stuhl sitzen als er und gezwungen sind, zu ihm „aufzuschauen", ist diese Vermutung kaum zu widerlegen.

Führt der Gutachter Sie hingegen zu einem neutralen Tisch und setzt er sich nicht direkt gegenüber, sondern Sie nehmen beide „über Eck" Platz, dann können Sie sich mit großer Wahrscheinlichkeit auf die „weiche", menschliche Art einstellen.

Es bedarf kaum einer Erwähnung, daß ein ohnehin nicht leichtes Gespräch mit einem Gutachter einfacher sein kann, der solchen „Nuancen" Beachtung schenkt.

Er wird das Gespräch mit Ihnen gestalten wollen, dazu hat er einen Aktenauszug vorbereitet! Nichts kann Sie selbstverständlich daran hindern, sich ebenfalls einen Notizzettel zurechtzulegen, auf welchem Sie einige Punkte für die Diskussion notiert haben. Ihr Gutachter wird daraus erkennen, daß Sie sich auf das Untersuchungsgespräch konkret vorbereitet haben.

Sie brauchen nicht zu verschweigen, daß Sie über diese Untersuchung und über Ihre Verkehrsvorgeschichte mit Ihrer Ehefrau, Ihren Kollegen, Bekannten oder gar Kindern (wenn sie schon älter sind) gesprochen haben und deren Solidarität sicher sind.

Ich habe versucht, die Situation und die Atmosphäre zu beschreiben, die Sie erwarten, denn die Unkenntnis darüber und über das Untersuchungsgespräch würden sich ganz sicher negativ auf das Ergebnis auswirken. Es geht um den „ersten Eindruck", den Sie nicht dem Zufall überlassen sollten!

Auch deshalb kann es nur von Vorteil sein, wenn Sie den an anderer Stelle bereits erwähnten Rat beherzigen: Nehmen Sie vorher die Dienste von niedergelassenen Verkehrspsychologen in Anspruch, die Sie über alle Einzelheiten aufklären können.

Und noch eines: Nehmen Sie auf keinen Fall Beruhigungstabletten! Nicht einmal dann, wenn Ihr Arzt sie Ihnen verschrieben hat. Sie müssen sich mehrere Stunden lang sehr gut konzentrieren können, und solche Tabletten werden Ihnen zwar eine bestimmte Art der „Ruhe" vermitteln, Sie werden aber nicht mehr so klar denken und schnell reagieren können wie sonst.

Am besten: Gar keine Medikamente – es sei denn, Sie befinden sich in einer Dauerbehandlung. Dann müssen Sie dies auf jeden Fall **vor** der Untersuchung anmelden. Am besten Beipackzettel mitnehmen und vorlegen.

Auch die geringste Spur von Alkohol – selbst wenn sie medizinisch noch gar nicht meßbar ist – kann das vorzeitige Ende der Untersuchung bedeuten, wenn der Gutachter sie bemerkt – und er wird sie bemerken! Aber auch im Falle eines zu hohen Punktekontostandes ohne Alkohol am Steuer stehen Sie in einem solchen Fall schlecht da. (Im übrigen gebe ich diesen Hinweis, weil diese Dinge schon vorgekommen sind.)

Noch ein Hinweis

Es kann während des Gesprächs durchaus eine Situation entstehen, in der Sie sich – aus welchen Gründen auch immer – bedrängt fühlen. Das Untersuchungsgespräch kann sich aber auch so entwickeln, daß Sie das Gefühl haben, nachdenken zu müssen, und zwar allein und in Ruhe. Ein Untersuchter hat natürlich jederzeit die Möglichkeit, den Gutachter um eine kurze Unterbrechung zu bitten. Daraus kann Ihnen kein Nachteil entstehen. Sie brauchen dafür auch keinen besonderen Grund vorzuschieben (Toilette usw.). Es ist immer besser, in einer bestimmten Situation der Befragung um eine Pause zum Nachdenken zu bitten, als etwas Unbedachtes zu sagen. Damit ist vor allem die Gefahr gemeint, sich in Widersprüche zu verwickeln (siehe hierzu Abschnitt „Unfallflucht" Seite 159)

Man kann eine Pause auch von vornherein einplanen, sie sogar zu Beginn des Gesprächs mit dem Gutachter fest abstimmen, denn eine Unterbrechung zum richtigen Zeitpunkt kann für Sie von Vorteil sein.

Soll das Gespräch auf Tonband aufgenommen werden?

Diese Frage müßte mit einem klaren Ja beantwortet werden!

In einigen Obergutachterstellen wird die Tonbandaufnahme, natürlich nur mit Zustimmung des Betroffenen, bevorzugt. Es ist häufig auch üblich, daß der Gutachter bei der Exploration im Beisein des Untersuchten das Gespräch satzweise diktiert, entweder in ein Aufnahmegerät oder einer Schreibkraft. Tonbandmitschnitte haben also mit Mißtrauen nichts zu tun!

TIP

Wenn Sie mit der einen oder anderen Formulierung nicht einverstanden sind, müssen Sie es sofort sagen, und Ihre Einwände oder Korrekturen sofort mit aufnehmen lassen. Es liegt in der Natur der Sache, daß man es anders meint, als man es gesagt hat oder sich ungeschickt ausdrückt.

Bei den BfF-Stellen wird hingegen fast niemals ein Tonbandgerät benutzt – wohl aus Selbstschutz der Gutachter.

Der **Vorteil** läge aber auf der Hand: Wenn eine Tonbandaufnahme stattfindet, dann muß der Gutachter diese so lange aufbewahren, bis gegen das schriftliche Gutachten keine Einwände seitens des Betroffenen möglich sind, die sich auf das Gespräch beziehen. Die übliche Frist zur Löschung der Aufnahme beträgt einen Monat nach Zustellung des Gutachtens. In Streitfällen kann dann das Tonband herangezogen werden, und die Gefahr eines Irrtums seitens des Gutachters ist auf ein Minimum gesenkt. Bei den BfF-Stellen macht der Gutachter während des Gesprächs lediglich handschriftliche Notizen, und somit ist die Gefahr eines Fehlers sehr groß, da kaum ein Gutachter zugleich ein guter Stenograph ist. Die meisten schreiben ohnehin keine Schnellschrift. Außerdem ist die Tonbandaufnahme des Gesprächs zugleich die beste Möglichkeit, die Arbeitsweise des Gutachters, falls notwendig, kontrollieren zu lassen.

Wenn Sie der Meinung sind, daß auch bei Ihrem Untersuchungsgespräch ein Tonbandgerät eingesetzt werden soll, so sollten Sie davon ausgehen, daß die meisten Gutachter davon nicht eben begeistert sein werden. Deshalb sollten Sie dies von vornherein, also schon bei der Anmeldung, verlangen oder zumindest vorschlagen. Es könnte u.U. auch ausreichen, daß Sie der Gutachterstelle mitteilen, Sie würden keine Einwände gegen eine Tonbandaufnahme haben.

Wenn dann der Gutachter auf das Tonbandgerät von sich aus verzichtet, sind Sie im Vorteil: Wenn nämlich das Gutachten negativ ist und diese negative Entscheidung sogar mit Ihren eventuellen oder angeblichen Widersprüchen begründet wird, hat der Gutachter dafür kein Beweismittel, und Sie können mit Recht darauf verweisen, die Benutzung eines Tonbandgerätes angeboten zu haben.

Diese Möglichkeit wird übrigens auch von anderen Autoren hervorgehoben. So führen *Himmelreich/Hentschel* (1992) aus:

*„Die Exploration ist in den wesentlichen Inhalten – auch wenn dies Mehrarbeit bedeutet – im Wortlaut **ausführlich** wiederzugeben, um nachvollziehbare und verläßliche Angaben über den Weg zu gewährleisten, auf dem der Gutachter die von ihm festgestellten Ergebnisse erlangt hat. Dies ergibt sich schon aus dem Wortbegriff ‚Nachvollziehbarkeit` (in den Eignungsrichtlinien) sowie aus dem (in den Eig-*

*nungsrichtlinien niedergelegten) Passus, daß die Schlüssigkeit des Gutachtens ,die Wiedergabe aller wesentlichen Befunde und die Darstellung der zur Beurteilung führenden Schlußfolgerungen erfordert. Die Verwaltungsbehörde und das Gericht müssen nämlich u. a. auch in der Lage sein, zu prüfen, ob eine **Bemerkung des Probanden** (z.B. im Rahmen der Exploration) **von dem Gutachter zutreffend gewertet wurde** und ob die **Antworten** auch **angemessen hinterfragt** wurden. Es genügt **nicht**, wenn der Sachverständige **die wichtigen und entscheidenden** Passagen der Exploration nur auszugsweise, etwa gar in indirekter Rede, wiedergibt oder z.B. auch nicht angibt, daß zwischen zwei hintereinander (wörtlich) wiedergegebenen Äußerungen des Probanden eine Pause (zur Erholung) lag, die eventuell dazu führen konnte, daß im Explorationsbericht scheinbar widersprechende oder mißverständliche Erklärungen wiedergegeben wurden (Band II, Seite 89, Rn 145).*

Es ist sicherlich auf fehlende Kontrolle zurückzuführen, daß in manchen Obergutachterstellen (insbesondere Trier) sich folgende Unsitte verbreitet hat: Das vom Untersuchten in der Exploration Gesagte wird in indirekter Rede sofort einer Schreibkraft in die Schreibmaschine diktiert. Anschließend verlangt man vom Untersuchten, auf jeder Seite die inhaltliche Richtigkeit mit seiner Unterschrift zu bestätigen – genau wie bei Polizeiverhören!

Dadurch sind natürlich die Untersuchten einem erheblichen seelischen Druck ausgesetzt, es kommt Mißtrauen auf, und das hat mit einer wissenschaftlichen Untersuchung nicht das geringste zu tun. Da diese Untersuchungstechnik die Nachprüfbarkeit und Nachvollziehbarkeit im Sinne der „Eignungsrichtlinien" des Bundesministeriums für Verkehr unmöglich macht und mit den Entscheidungen deutscher Gerichte nicht übereinstimmt, brauchen Sie sich diese Unart der Begutachtung nicht gefallen zu lassen.

Kapitel 7
Die Wahl der „richtigen" Begutachtungsstelle

Verständlicherweise ist jeder Betroffene, der sich einer Fahreignungsbegutachtung zu unterziehen hat, dringend daran interessiert, diese Prozedur möglichst leicht hinter sich bringen zu können. Dies gilt natürlich insbesondere für diejenigen, die aus charakterlichen Gründen, also wegen Alkohol am Steuer oder wegen Punkten bzw. Straftaten, zum „Idiotentest" müssen.

Es ist durchweg bekannt, daß unter manchen Fahrlehrern und Taxi- wie Lkw-Fahrern immer wieder neu aufflammende Geschichten die Runde darüber machen, daß die Begutachtungsstelle in X oder Y besonders „leicht" oder „schwer" sei, da es dort den oder die nachgiebige/n bzw. strenge/n Gutachter/in gibt. Damit meint man natürlich herausfiltern zu können, daß in der einen oder anderen Gutachterstelle es angeblich besonders leicht sei, ein positives Fahreignungsgutachten zu bekommen. Der „Gutachten-Tourismus" ist in den vergangenen Jahren zu einer Tatsache geworden, und manche Führerscheinstellen versuchen sogar die freie Wahl der BfF-Stellen einzuschränken. Wir gehen an dieser Stelle nicht auf die in der Vergangenheit bekannt gewordenen Fällen von Bestechungen ein, da wir hier nur an systembedingten Ursachen interessiert sind.

Auch wir werden immer wieder mit der Frage konfrontiert, wo man denn hingehen solle. Unsere Antwort lautete immer schon, daß es keine „leichten" oder „schweren" Begutachtungsstellen gibt; es gibt nur fachlich schlechte oder gute Gutachter und genauso gibt es hinsichtlich der künftigen Verkehrsteilnahme schlecht oder gut vorbereitete Betroffene.

Trotz dieses Grundsatzes sind wir aber der Meinung, daß es sehr große Unterschiede unter den einzelnen Begutachtungsstellen für Fahreignung gibt. Diese Unterschiede wirken sich sowohl im Umgang mit den Untersuchten als auch in der Methodik der Untersuchung und Gutachtenerstellung gravierend aus. Es handelt sich hierbei um einen wichtigen Umstand, der trotz gesetzlicher Kriterien immer schon bestanden hat und nach wie vor besteht. Daran hat zunächst auch die Tatsache nichts geändert, daß die BfF-Stellen eine Aufsichtsbehörde bekommen haben.

Deshalb meinen wir sehr wohl, daß man die Entscheidung, zu welcher Begutachtungsstelle man gegen sollte, sehr sorgfältig abwägen muß. Jedoch nicht aufgrund von Gerüchten, daß die Stelle X „leicht" und die Stelle Y „schwer" sei, sondern aufgrund von handfesten Kriterien.

Bevor wir diese Kriterien für die Wahl einer Begutachtungsstelle für Fahreignung der Unternehmensgruppen TÜV e.V. und DEKRA e.V. aufstellen, sollten Sie folgende Hintergrundinformationen bedenken:

- Vor allen Dingen ist entscheidend, daß das Fahreignungsgutachten zutreffend sein muß, egal, ob es für den Betroffenen negativ oder positiv ausfällt. Dies verlangt die Verkehrssicherheit. Die Gutachterstelle muß also richtige Gutachten schreiben – und damit fängt das Problem bereits an, denn TÜV und DEKRA halten es geheim, zu welchen Anteilen ihre Gutachten richtig oder falsch – d. h. zutreffend negativ oder falsch positiv bzw. falsch negativ und zutreffend positiv – waren.

- Da man demzufolge über die fachliche Güte der Begutachtungsstellen für Fahreignung nichts weiß, kommt es in erster Linie gar nicht auf die Begutachtungsstelle bzw. deren Gutachter sondern darauf an, daß der Betroffene in der Lage sein muß, sich künftig im Straßenverkehr zu bewähren. Mit anderen Worten: Wenn er weiß, wie er einen Rückfall in die Verkehrsauffälligkeit vermeidet, besteht er auch jede Untersuchung – es sei denn, er ist an den falschen, weil fachlich nicht einwandfrei arbeitenden Gutachter geraten. Die gründliche Vorbereitung für die künftige Verkehrsbewährung ist bereits die „halbe Miete", denn ohne sie erhalten Sie auf gar keinen Fall ein positives Gutachten. Eine überwiegende Chance, positiv begutachtet zu werden, haben Sie nur dann, wenn Sie fast mehr wissen als Ihr Gutachter, den Sie vorher nicht kannten und mit dem Sie vielleicht eine halbe Stunden zusammen sein werden.

- Da man sich die medizinischen und psychologischen Gutachter der Begutachtungsstellen für Fahreignung in der praktischen Wirklichkeit nicht namentlich aussuchen kann, die Gutachter aber allein für das Gutachten bzw. die Beurteilung verantwortlich zeichnen, nützt es überhaupt nichts, irgendeine Gutachterstelle aufgrund von Gerüchten auszusuchen, weil sich Ihr Bekannter oder der eines Taxifahrers in der Stelle X gut begutachtet fühlte – also ein positives Gutachten bekommen hat.

- Gleichwohl gibt es das Phänomen, daß manche Gutachterstellen einen „guten", andere hingegen einen „schlechten Ruf" haben – daß es also zumindest zeitweise durchaus vorkommt, daß die eine Stelle mehr positive, die andere auffallend mehr negative Gutachten erstellt oder ihr dieser Ruf vorausgeht. Es handelt sich dabei aber nur um vorübergehende Erscheinungen, denn in den Gutachterstellen wird immer streng darauf geachtet, daß die Gutachter etwa jeweils zu 50 % positive und negative Charaktergutachten erstellen.

- Die allermeisten Begutachtungsstellen für Fahreignung gehören bekanntlich immer einer großen TÜV- oder DEKRA-Unternehmensorganisation an. Von den wenigen angeblich oder tatsächlich vom früheren Monopolisten TÜV unabhängigen Untersuchungsstellen sehen wir hier zunächst ab, da sie noch keine bedeutende Position auf dem Markt innehaben. In diesen großen Organisationen von TÜV und DEKRA ist es durchaus üblich, daß medizinische oder psychologische Gutachter von einer Begutachtungsstelle zur anderen versetzt werden. Das kann etwas mit dem Arbeitsanfall an den einzelnen Begutachtungsstellen zu tun haben, aber auch mit der Tatsache, daß es bei TÜV und DEKRA – wie auch in sonstigen Unternehmen – strenge und weniger strenge Experten gibt. Die beiden Organisationen achten schon darauf, daß der Anteil positiver und negativer Gutachten sich etwa die Waage hält. Der Grund dafür ist durchaus verständlich: ein zu hoher Anteil positiver Gutachten würde den Verdacht beflügeln, reine „Gefälligkeitsgutachten" zu schreiben bzw. daß der eine oder andere Gutachter befangen ist, weil er zum Beispiel selbst ein Alkoholproblem hat – außerdem wäre es kaufmännisch nicht vorteilhaft, in den Ruf einer zu strengen BfF-Stelle zu geraten. Diesem Problem versucht man auch damit zu begegnen, daß Gutachten, die mit einer Empfehlung für eine Nachschulung enden, zu den positiven Gutachten gezählt werden. Andererseits wird ein negativ Begutachteter es mit Sicherheit „noch einmal versuchen", er macht ein Beratungsgespräch oder besucht einen Nachschulungskurs (von TÜV/DEKRA) etc. Eine zu hohe Zahl negativer Gutachten würde sich auch negativ auswirken, weil unzutreffend negativ begutachtete Kraftfahrer nur Ärger machen, Nachbesserungen ihrer Gutachten verlangen, mit Gerichtsverfahren drohen und diese mitunter auch gewinnen – also Kosten verursachen und geschäftlich abträglich sind.

Vor diesem Hintergrund bleibt nur die Möglichkeit, aufgrund der Befragung von Untersuchten und der Analyse von Gutachten die Kriterien zusammenzustellen, die es wahrscheinlich erscheinen lassen, daß man mit Ihnen bei der Begutachtung in annehmbarer Weise umgeht. Es muß also darum gehen, daß Sie als Kunde mit der Dienstleistung der BfF-Stelle auch dann zufrieden sind, wenn Sie nur negativ begutachtet werden konnten.

Die Kriterien dafür sind bekannt. Sie sind enthalten in der Fahrerlaubnis-Verordnung (FeV) und für den psychologischen Gutachter im einzelnen beschrieben in dem Werk von Kroj (Hrsg.) „Psychologisches Gutachten Kraftfahreignung" – Deutscher Psychologen Verlag, 1995.

Daß es ohne weiteres möglich ist, Fahreignungsuntersuchungen diesen Kriterien entsprechend durchzuführen und das Gutachten verständlich zu formulieren, ist vielfach unter Beweis gestellt; zum Beispiel durch die Obergutachterstelle Köln (Leiter: vormals Prof. Dr. Udo Undeutsch, jetzt Prof. Dr. Egon Stephan) und die Gutachten des Instituts für

Rechtsmedizin der Universität Hamburg (Leiter: Prof. Dr. med. Herbert Lewrenz und Prof. Dr. med. Klaus Püschel). Die Berichte von durch diese Stellen für Verkehrseignungsbegutachtung – die weder dem TÜV noch DEKRA angehören – Begutachteten über die Umstände der Untersuchung, und die Gutachten selbst zeichnen sich durch folgende Merkmale aus:

- stets ausreichende Zeit von mehreren Stunden für die medizinische und psychologische Untersuchung (Tests und Exploration),
- keine unangemessene Wartezeiten im Warteraum am Untersuchungstag,
- im Wartezimmer keine Begegnung mit anderen Betroffenen,
- gründliche Diagnosestellung,
- keine oder nur wenige Textbausteine im Gutachten,
- klarer, übersichtlicher Aufbau des Gutachtens,
- der Gutachter schreibt sein Gutachten in „Ich-Form" und verbirgt seine persönliche Meinung nicht (dies gilt insbesondere für Prof. Lewrenz und Prof. Püschel)
- die Gutachten sind mit ausführlichen Zitaten aus der Exploration begründet,
- die Befunde werden ausführlich erläutert,
- der medizinische Teil ist stets verständlich und begründet.

Es gibt auch – leider nur vereinzelt – Gutachten der BfF-Stellen von TÜV und DEKRA, die zweifelsohne von großem fachlichen Können zeugen. Die Masse der Gutachten ist jedoch weiterhin kritikwürdig.

Für die nachfolgende Einstufung der BfF-Stellen haben wir demnach folgende Kriterien und Grundsätze aufgelegt:

Grundsatzkriterium:

Wir bewerten nicht die einzelne, lokale BfF-Stelle, sondern nur das System der Dachorganisation. Bekanntlich gibt diese Dachorganisation, also zum Beispiel das juristisch als eingetragener Verein geführte Großunternehmen der TÜV Nord-Gruppe, den Gutachtern der einzelnen Untersuchungsstellen in jeder Beziehung vor, wie die Untersuchung durchzuführen und das Gutachten zu erstellen ist. Selbst die vorgefertigten Textbausteine sind zentral vorgeschrieben. Genauso ist die Zeitdauer der Untersuchung dem Gutachter von seinem Arbeitgeber vorgegeben. Demzufolge ist es egal, bei welcher BfF-Stelle der TÜV Nord-Gruppe Sie sich begutachten lassen, das System, die Untersuchungsvorgaben sind für jede Stelle dieses Unternehmens identisch. Eine Wahl haben Sie deshalb nur unter den voneinander mehr oder weniger abweichenden Systemen der 9 TÜV- bzw. DEKRA-Organisationen.

Einzelkriterien:

1. Zeitaufwand für die Untersuchung:
Ohne eine ausreichende Zeit für die Untersuchung kann keine richtige Diagnose gestellt und schon gar nicht ein zutreffend negatives oder positives Gutachten erstellt werden. Selbst bei einfachen Fragestellungen eines zum ersten Male untersuchten Trunkenheitsfahrers oder Punktesammlers kommt man mit weniger als 2 Stunden nur für den Teil der psychologischen Untersuchung kaum aus. Werden Fragebögentests und/oder Leistungstests eingesetzt, kommt mindestens noch eine Stunde hinzu. In den BfF-Stellen von TÜV-/DEKRA dauert die Untersuchung in der Regel 30 bis 40 Minuten.
Gewichtung dieses Kriteriums: 10 %

2. Wartezeiten im Wartezimmer:
Die Untersuchung bedeutet für alle Betroffenen eine Streßsituation. Deren Nervosität, Prüfungsangst wird durch lange Wartezeiten nur erhöht und kann beispielsweise die Ergebnisse der medizinischen Untersuchung sogar verfälschen (Blutdruck, Schwitzen). Im Sinne der Kundenzufriedenheit sind also unangemessene Wartezeiten bei Bestellung zu einer vorgegebenen Uhrzeit negativ zu bewerten, weil sie den Probanden verunsichern und der Vertrauensbildung zwischen den Gutachtern und ihren Auftraggebern nicht dienen.
Gewichtung dieses Kriteriums: 3 %

3. Massenwartezimmer:
Jedem Betroffenen ist es unangenehm, vor einer für Ihn entscheidenden Untersuchung im Wartezimmer mit ihm Unbekannten oder – noch schlimmer – Bekannten konfrontiert zu sein. Schließlich ist kein ehemaliger Trunkenheitsfahrer oder Punktesammler stolz darauf, in diese Situation geraten zu sein. Dieses ungute Gefühl wird in der Situation unmittelbar vor der medizinisch-psychologischen Untersuchung noch verstärkt, weil ja bei jedem davon ausgegangen werden kann, daß er sich früher falsch verhalten hat. Die Achtung der schutzwürdigen Interessen einer jeden Persönlichkeit wird in ähnlichen Situationen dadurch Rechnung getragen, daß Termine so vergeben werden, daß sich Betroffene nicht begegnen. Selbst die Haltung eines Auftragnehmers, Dienst am zahlenden Kunden zu bieten, spräche dafür.
Gewichtung dieses Kriteriums: 3 %

4. Gründliche psychologische Diagnose:
Die Begutachtung der künftig wahrscheinlichen Eignung zum Führen von Kraftfahrzeugen ist ohne eine gut begründete Diagnose schlicht und ergreifend unmöglich. Das hauptsächliche Mittel der verkehrspsychologischen Diagnosestellung ist in den BfF-Stellen von TÜV und DEKRA die Exploration, das sogenannte diagnostische Gespräch. Ein solches Gespräch kann, wenn es nur 30 bis 40 Minuten dauert, unmöglich zu einer gesicherten Diagnose führen. Außerdem muß aus methodischen Gründen jedes Explorationsergebnis durch standardisierte Fragebögentests abgesichert werden. Andernfalls ist nämlich die Gefahr enorm, daß der psychologische Gutachter zu einem „Schlechtachter" wird und überwiegend aufgrund der Verkehrsvorgeschichte sein Gutachten schreibt oder gar den einen Fall mit dem anderen durcheinanderwirft.
Gewichtung dieses Kriteriums: 25 %

5. Gründliche medizinische Diagnose:
Medizinischen Befunden wird bei der Kraftfahreignungsbegutachtung eine immer größere Bedeutung zugemessen. Mit der neuen Fahrerlaubnis-Verordnung wurde sogar zum 1.1.1999 der Facharzt mit verkehrsmedizinischer Qualifikation eingeführt. Demzufolge muß bei der Fahreignungsbegutachtung auch durch die BfF-Stellen des TÜV/ DEKRA die gründliche medizinische Diagnose gefordert werden. Heutzutage sind zum Beispiel Diagnosen über angeblich krankhaft erhöhten Blutdruck in der Prüfungssituation und nach Einmalmessung offenbar TÜV-Standard, wo es doch Allgemeingut ist, daß die Diagnose von pathologischem Bluthochdruck eine Vielzahl von Messungen erfordert. Selbst die für medizinische Untersuchungen angesetzte, viel zu kurze Zeit stellt die Richtigkeit medizinischer Diagnosen in Frage. Das Gleiche gilt für die in der Regel mangelhafte und unvollständige Bewertung und Interpretation medizinischer Befunde im Gutachten.
Gewichtung dieses Kriteriums: 25 %

6. Befunderläuterungen:
Nicht nur Psychologen sondern auch Mediziner der BfF-Stellen von TÜV und DEKRA tun sich schwer, Befunde, wenn sie einmal welche anführen, auch verständlich zu erläutern. Üblich sind zahlreiche Textbausteinformulierungen, die nur selten dem vollen Sachverhalt gerecht werden.
Gewichtung dieses Kriteriums: 10 %

7. Übersichtlicher Gutachtenaufbau:
Diesbezüglich gibt es große Unterschiede zwischen den Untersuchungsträgern. Es gibt TÜV-Organisationen, deren Gutachtenaufbau gut überschaubar und verständlich strukturiert ist; es gibt aber auch TÜV-Organisationen, deren Gutachten systematisch so gestaltet sind, daß man nach dem Durchlesen des Gutachtens am Ende ebenso wenig weiß wie vorher und sogar manchmal daran zweifelt, ob man als Leser noch seine Muttersprache beherrscht. Hinter letzterem scheint sich Methode zu verbergen, denn Formulierungen im Sinne der „TÜVologischen Geheimsprache" lassen natürlich viel Spielraum für die Interpretation, wenn hinterher ergänzende oder gar kritische Fragen von Rechtsanwälten und Verkehrspsychologen zu einzelnen Aussagen des Gutachtens gestellt werden.
Gewichtung dieses Kriteriums: 4 %

8. Gutachten in „Ich-Form":
Der natürliche Vorgang des Begutachtungsprozesses verlangt, daß der Gutachter sein Gutachten und die darin wiedergegebene Meinung bzw. Beurteilung in Ich-Form schreibt. Dies ergibt sich zwangsläufig daraus, daß es zwischen dem psychologischen Gutachter und dem Untersuchten zu einem gegenseitigen Austausch von Ansichten und Gefühlen kommt. Dieser Vorgang ist Psychologen unter dem Begriff der ‚Übertragung und Gegenübertragung' bekannt. Wenn es in einer Untersuchung nicht zu Übertragung und Gegenübertragung gekommen ist, hat das notwendige Vertrauensverhältnis zwischen Gutachter und Begutachtetem nicht bestanden, ohne das eine richtige Diagnose gar nicht gestellt werden kann. Bei vielen BfF-Stellen von TÜV und DEKRA ist es jedoch verbreitet, das Gutachten in dritter Person mit der Scheinneutralität des im Glashaus sitzenden Wissenschaftlers zu formulieren. Demzufolge lauten Gutachten der BfF-Stellen von TÜV und DEKRA wie Gerichtsurteile, während ein in Ich-Form geschriebenes Gutachten zweifelsohne erkennen läßt, daß der Gutachter die endgültige Entscheidung über die Wiedererteilung der Fahrerlaubnis der dafür einzig und allein zuständigen Behörde überläßt.
Gewichtung dieses Kriteriums: 5 %

9. Zitate aus der Exploration:
Es gibt BfF-Stellen, die überhaupt nicht oder nur wenige Wortfetzen zitieren, und es gibt andere Gutachterstellen, die ihr Gutachten mit sehr ausführlichen und zusammenhängenden Zitaten versehen. Wenn das Gutachten überwiegend aufgrund von Explorationsbefunden erstellt wird, ist es wegen der zwingend vorgeschriebene Nachprüfbarkeit und Nachvollziehbarkeit unerläßlich, größere zusammenhängende Teile

aus der Exploration zu zitieren. Diesbezüglich gibt es große Unterschiede in den Systemen der einzelnen BfF-Trägerorganisationen.

Gewichtung dieses Kriteriums: 10 %

10. Verwendung von Textbausteinen:
Die Verwendung von Textbausteinen ist in der heutigen computerisierten Zeit nicht mehr wegzudenken. Problematisch wird deren Verwendung bei den BfF-Stellen von TÜV und DEKRA insbesondere dadurch, daß sie häufig dem Einzelfall nicht oder nicht hinreichend angepaßt werden. Es kommt sogar vor, daß komplette Gutachten aus Textbausteinen bestehen und die sich konkret auf den Untersuchten beziehenden Teile nur ein Minimum ausmachen.

Gewichtung dieses Kriteriums: 5 %

Nach unserer Auffassung entsprechen die Durchführung der Untersuchung, ihre Umstände und das Gutachten selbst, den in der Fahrerlaubnis-Verordnung enthaltenen Kriterien der Nachprüfbarkeit und Nachvollziehbarkeit, wenn die von uns oben beschriebenen Kriterien zwischen 75 % und 100 % erfüllt sind.

Für Sie, die/der Sie auf der Suche nach einer BfF-Stelle sind, in der Sie mit größtmöglicher Wahrscheinlichkeit fachgerecht untersucht und als Auftraggeber angemessen behandelt werden, bietet die nachfolgende Tabelle eine Hilfe bei Ihrer Entscheidung.

Es handelt sich dabei um unsere subjektive, jedoch auf der Auswertung von Gutachten und der Befragung von Untersuchten beruhende Bewertung.

Kriterium	TÜV Rheinland	RWTÜV	TÜV-Süd	TÜV Nord-Gruppe	TÜ Hessen	DEKRA	TÜV Thüringen	TÜV Pfalz	TÜV Rheinland/ Berlin-Brandenburg
Untersuchungszeitaufwand 10%	5	5	4	4	4	5	5	5	5
Wartezeit im Wartezimmer 3%	2	2	2	2	2	2	2	2	2
Massenwartezimmer 3%	2	2	2	2	2	2	2	2	2
Psychologische Diagnose, 25%	15	15	10	15	15	15	15	15	15
Medizinische Diagnose 25%	15	15	10	10	15	15	15	15	15
Befunderläuterung 10%	5	5	4	4	4	5	5	5	5
Gutachtenaufbau, 4%	3	3	2	2	2	2	3	3	3
Gutachten in „Ich-Form", 5%	0	0	0	0	0	0	0	0	0
Zitate/Exploration 10%	5	5	3	5	5	3	3	5	5
Textbausteine 5%	3	3	2	2	2	3	2	3	3
Gesamtwert:	**55**	**55**	**39**	**46**	**51**	**52**	**52**	**55**	**55**

135

Kapitel 8
Kleine Testprinzipkunde

Es ist nicht meine Absicht, Sie mit langatmigen Vorträgen über die wissenschaftliche Testtheorie zu belasten. Ich möchte Ihre Aufmerksamkeit nur insoweit in Anspruch nehmen, als ich Ihnen einen kurzen Einblick in die Aspekte der Testkunde gebe, die für den erfolgreichen Umgang mit den Tests und den Testern notwendig sind.

Was ist ein Test?

Ein psychologischer Test – ganz vereinfacht gesagt – ist eine „Probe", eine „Untersuchung" oder ein „Meßinstrument" zur Prüfung von „Begabungen, Kenntnissen oder Fähigkeiten (und) Eigentümlichkeiten des Gefühls-, Trieb-, Temperaments- und Charakterlebens" (*Hehlmann*, 1965).

Tests im klassischen Sinne stellen immer eine Ausnahmesituation dar. Mit anderen Worten: Die Testaufgabe bzw. die Summe der Einzelaufgaben eines Tests ist immer ein zusammengeballter, also im wirklichen Leben in dieser Form nicht vorkommender Ausschnitt aus dem zu prüfenden Bereich.

Der Test ist also eine Methode, mit deren Hilfe der Tester folgert, wie der Getestete z. B. sich verhalten würde oder wozu er hinsichtlich bestimmter Leistungsanforderungen fähig wäre. Mit Hilfe von Tests sollen nämlich die Testpersonen zu einer bestimmten Leistung oder zu einem bestimmten Verhalten veranlaßt werden.

Die Tests, gleich aus welchen Bereich, geben Aufschluß immer nur über einen bzw. allenfalls einen Teil der Aspekte der Testperson. Deshalb ist es sehr problematisch, aus Ergebnissen eines Tests gültige Folgerungen für die gesamte Persönlichkeit abzuleiten.

Außerdem können Testergebnisse immer nur dazu dienen, den Getesteten bzw. seine Testergebnisse mit anderen bereits vorliegenden zu vergleichen.

Es geht also darum, wie die Testperson mit ihren Testergebnissen im **Vergleich** zu einer Gruppe, genauer: zu den durchschnittlichen Testergebnissen einer Vergleichsgruppe, abschneidet.

Testkategorien

Psychologische Tests lassen sich nach verschiedenen Gesichtspunkten einteilen.

Die Einteilung soll auch eine Art Begrenzung der Gültigkeit eines Tests markieren d.h.: Ein Leistungstest soll zum Beispiel nicht etwa auch als Persönlichkeitstest gelten. Nach *Hehlmann* (1965) sind die folgenden Testkategorien die gebräuchlichsten, wobei darauf hinzuweisen ist, daß bei einigen Tests auch Überschneidungen in ihrer Einsetzbarkeit möglich sind. Schematischer Überblick:

Leistungstests
- Prüfung von elementaren Fähigkeiten und Eigenschaften
- Prüfung von Auffassungs- und Verarbeitungsfunktionen
- Prüfung von räumlicher Vorstellung und Orientierung
- Prüfung ordnender Fähigkeiten
- Prüfung von Denken und Kritik
- Prüfung von Arbeit und Verhalten

Entwicklungstests
- für Kinder und Jugendliche
- Prüfung des Entwicklungsstandes
- Prüfung des Intelligenzalters

Intelligenztests
- Prüfung der sprachlichen und/oder nichtsprachlichen Intelligenz
- Prüfung von Urteilsfähigkeit
- Prüfung von Kritikfähigkeit
- Prüfung des Allgemeinwissens

Persönlichkeitstests
- Prüfung von Antrieb, Charakter
- Prüfung von Entfaltungsfähigkeit
- Prüfung des Affektbereichs, der Triebe

Fragebögen zum Trinkverhalten
- Erkennung eines objektivierbaren Bildes des Trinkverhaltens
- Zielordnung von „normalem" oder „normabweichendem" Alkoholkonsum
- Ausschlußdiagnose von Alkoholismus

Die Kriterien eines „idealen" Tests

Ein Test soll im Idealfall den Kriterien Objektivität und Chancengleichheit entsprechen. Unter Objektivität wird verstanden, daß die Testperson objektiv beurteilt werden kann, und Chancengleichheit bedeutet, daß alle Testpersonen die gleichen Chancen haben. Zur Erfüllung dieser Kriterien wurden folgende wissenschaftliche Anforderungen entwickelt:

- Der **Test muß standardisiert** (geeicht) sein. Die äußeren Bedingungen müssen für alle Testpersonen identisch sein. Der Test muß also routinemäßig durchführbar sein, und der Testleiter darf durch sein Verhalten keinen Einfluß auf das Ergebnis ausüben können. Das Testmaterial darf nicht veränderbar, beeinflußbar sein. Die Auswertung des Testergebnisses muß nach Vorgaben erfolgen.
- Der **Test muß zuverlässig** sein. Diese Zuverlässigkeit wird auch Reliabilität genannt. Darunter wird verstanden, daß der Test das Geprüfte auch richtig messen muß. Das Ergebnis darf nicht vom Zufall abhängen.
- Der **Test muß treffsicher** sein. Diese Forderung wird auch Validität genannt.

Der Test muß also tatsächlich das messen, was zu messen beabsichtigt ist, damit die Testergebnisse ihre Gültigkeit haben.

Die Ergebnisse objektiver Tests werden in der Regel durch den **Prozentrang (= PR)** ausgedrückt und dieser PR-Wert steht dann im Gutachten. Da die für den Laien notwendige Erläuterung meistens fehlt, beachten Sie bitte folgende Definition:

Der Prozentrang bedeutet, wieviel Prozent einer vergleichbaren Gruppe von Kraftfahrern mit ihren Testleistungen **unter** der Testleistung des Untersuchten liegen.

Beispiel: PR 75 bedeutet, daß nur 25 % der Vergleichsgruppe bessere und 75 % schlechtere Leistungen erzielen als der Untersuchte. PR 15 bedeutet, daß rund 85 % bessere und nur 15 % schlechtere Ergebnisse erreichen als der Untersuchte.

Aber auch dann, wenn ein Test den eben genannten Anforderungen genügt, gibt es immer noch das Problem der Interpretation, der Deutung und Einordnung der Testergebnisse durch den Psychologen. Dieses Problem ist in der wissenschaftlichen Psychologie nicht unbedeutend, zumal insbesondere Berufsanfänger die „schlechten" Testergebnisse einer Testperson häufig überbewerten. Geradezu gefährlich werden Überbewertung und Mißdeutung von Testergebnissen beim Einsatz von **subjektiven** Testverfahren, bei denen die Ergebnisse nicht in Zahlenwerten erfaßbar sind. Deshalb heißen diese Tests auch „qualitative" (im Gegensatz zu quantitativen").

Und damit sind wir an einem entscheidenden Punkt Ihrer Fahreignungsuntersuchung angelangt: Denn bei dieser Begutachtung können sowohl qualitative wie auch quantitative Tests eingesetzt werden!

Im Klartext: Sie können nach objektiven, aber auch nur nach subjektiven Kriterien begutachtet werden.

Wenn von subjektiven und objektiven Tests die Rede ist, so mag Ihnen das vielleicht widersprüchlich erscheinen, denn es ist von mir ganz besonders betont worden, daß ein Test auf jeden Fall objektiv sein muß, um wissenschaftlichen Kriterien zu genügen. Und nun erfahren Sie, daß es auch noch **subjektive** Tests in der wissenschaftlichen Psychologie gibt, und fragen sich vielleicht: Wie kann ein **subjektiver** Test zugleich objektiv sein, oder sind subjektive Tests und deren Ergebnisse nicht wissenschaftlich?

Auf diese berechtigte Frage muß etwas näher eingegangen werden, denn in der Fahreignungsuntersuchung sind vor allem die subjektiven Tests die entscheidenden Instrumente der Gutachter.

Sie erinnern sich noch daran, daß der Gutachter in einem gewissen Rahmen über die Wahl seiner Methode entscheidet. Er kann zum Beispiel in Ihrem Fall Leistungstests, auch Intelligenztests einsetzen. Er kann aber auch entscheiden, daß er Ihre Begutachtung ausschließlich auf das mit Ihnen geführte Gespräch, die Exploration, beschränkt. Dabei ist es gleichgültig, ob es in Ihrem Fall um Alkohol am Steuer um Verkehrszuwiderhandlungen ohne Alkohol oder gar um beides geht.

Das „diagnostische Gespräch", die zielgerichtete Befragung, gilt aber **nicht als objektives**, sondern als **rein subjektives** Verfahren.

Das ist der Grund dafür, warum Sie als Betroffener hinter die Kulissen der „**tüvologischen**" Begutachtung blicken müssen, wenn Sie bestehen wollen!

Die subjektiven Methoden beim „Schein-Test"

Es handelt sich dabei um die

- **Lebenslauferforschung**
  Darunter wird die Erhebung biographischer Daten verstanden.
- **Exploration**
  Dies ist das „diagnostische" Untersuchungsgespräch
- **Ausdrucks- und Verhaltensbeobachtung**
  Nachfolgend werden diese Verfahren in ihren wesentlichen Punkten vorgestellt und zwar auch im Hinblick darauf, wie Sie selbst auch während der Untersuchung dazu beitragen können, die Subjektivität dieser Methoden in Grenzen zu halten.

Lebenslauferforschung

Schon das Wort „Erforschung" läßt erkennen, daß bei der Erhebung der biographischen Daten viel mehr auf dem Spiel steht als lediglich die Auflistung üblicher Angaben wie Geburtsdatum, Schulzeit, Prüfungen, Bundeswehrzeit, Ehe und dergleichen. Es geht um die Erforschung der Ereignisse aus Ihrem Lebenslauf, die mit Ihrer Fahrervorgeschichte im engen Zusammenhang stehen oder stehen können und die auch für die Beurteilung Ihres zukünftigen Verkehrsverhaltens von Bedeutung sind. In zahlreichen Forschungsarbeiten ist festgestellt worden, daß die Entwicklung einer Persönlichkeit und ihre charakterliche Eignung zum Führen von Kraftfahrzeugen, insbesondere bei Promille-Fahrern, in enger Wechselbeziehung stehen. Da der Charakter nicht nur durch Erbanlagen, sondern auch durch Lebenserfahrung, den Lebensweg, geprägt wird, liegt es für den Psychologen nahe, auch die biographischen Daten kennenzulernen, die den Charakter positiv oder negativ geformt haben.

Was unter biographischen Daten verstanden wird und nach welchen Kriterien eine Lebenslauferforschung vor sich geht, verdeutlichen die nachfolgenden Übersichten:

Da der Gutachter aufgrund der Aktenanalyse von einer Vielzahl von Daten Kenntnis hat, sich aber nur ungefähr vorstellen kann, was aus dem Lebenslauf wichtig sein könnte, geht er etwa nach dem folgenden Schema vor (nach *Argelander,* 1967; BASt, 1978, abgestellt auf Verkehrsauffällige):

Zur Person:	Name, Geburtsdatum, Geburtsort, Geschwister, Schulzeit, Familie usw. (Diese Daten dienen lediglich als Gerüst für die weitere Befragung.)
Gesundheit:	Allgemeines Befinden, besondere Erkrankungen, Medikamentenkonsum, Rauchen, evtl. (. Lebensphasen mit Depressivität, Operationen, Unfälle
Elternhaus:	Verhältnis zu den Eltern, Verlust der Eltern (Zeitpunkt), evtl. Scheidung der Eltern, Verhältnis zu Geschwistern oder Einzelkind, Alkoholkonsum im Elternhaus
Erziehung:	Einfluß der Eltern oder stärker der Schule, Schulzeit, Versetzungen, Schulabschlüsse, Schulprobleme, evtl. Schwierigkeiten bei der Ausbildung oder im Studium
Beruf:	Wahl gerade dieses Berufs; Dauer der gegenwärtigen Beschäftigung, Stellenwechsel und deren Gründe, Zufriedenheit/Unzufriedenheit mit der Erwerbstätigkeit.

Familienstand	Ehe, Kinder; Probleme mit Kindern, evtl. Scheidung(en); falls alleinstehend: Gründe; Alkoholkonsum in der Ehe und Einstellung/Meinung des Partners dazu, Ausgaben im Haushalt für Alkohol, evtl. Änderung des Umfangs des Alkoholkonsums in der Ehe.
Wohnverhältnisse	Mietwohnung, eigene Wohnung oder eigenes Haus, Dauer dieses Wohnverhältnisses, ggf. Probleme damit, Anzahl der Umzüge und deren Gründe in den letzten I(1 Jahren, Zufriedenheit/Unzufriedenheit mit den Wohnverhältnissen.
Finanzielle Verhältnisse:	Beurteilung der eigenen Situation im allgemeinen (nur bei unzureichenden materiellen Verhältnissen von Bedeutung).
Religion:	Religionszugehörigkeit, auch die des Ehepartners sowie der Eltern, eventuelle Aktivitäten/Kirchenbesuche im religiösen Bereich.
Freizeitgestaltung:	Interessengebiete, Freizeitbeschäftigungen, Zeitaufwand, Kontaktpflege mit Freunden/Bekannten, Ausmaß dieser Aktivitäten oder mehr passive Freizeitnutzung (TV, Radio).

Aus der Sicht des Psychologen gewinnen bei der Lebenslauferforschung insbesondere folgende Besonderheiten Bedeutung:

– Ergibt sich aus der Schilderung von Elternhaus und Kindheit, daß dieser Entwicklungsabschnitt mit Problemen verbunden war, die sich auch auf das Erwachsensein auswirken?
– Was läßt der Untersuchte in seiner Darstellung hinsichtlich Beruf und Schulzeit aus?
– Inwiefern ist der Proband mit seiner heutigen wirtschaftlichen und beruflichen Situation zufrieden, oder warum ist er nicht zufrieden?
– Hat es in gesundheitlicher Hinsicht besondere Erkrankungen, Unfälle gegeben, die evtl. seelische Spuren hinterließen?
– Welche Art von „sozialen Bindungen" nimmt der Untersuchte auf und wie beständig sind diese (Verein, Klub, Geschäft, Verwandte, Freunde)?
– Was betont er in seiner Selbstcharakterisierung? Etwa die Gefühls- oder Verstandesseite, wie sieht er seine Schwächen und Stärken (realistisch oder nicht realistisch)?
– Sind seine Pläne für die Zukunft nachvollziehbar, realistisch oder unrealistisch usw.?

Kleine Testprinzipkunde

Fallbeispiel

Die folgende kurze, anlaßbezogene Zusammenfassung des Lebenslaufs eines ehemaligen Promille-Fahrers scheint zu belegen, daß wesentliche Voraussetzungen, die zu seiner Trunkenheitsfahrt führten, bereits aus der Lebenslauferforschung erkennbar waren.

Dieses Fallbeispiel macht aber auch deutlich, daß eine grundsätzliche Veränderung im Lebenswandel die Voraussetzung einer positiven Beurteilung der Fahreignung und der Rückfallgefahr sein kann:

Herr Dr. X ist ein strebsamer und leistungsfähiger Mann, dem im Alter von 48 Jahren die FE wegen Alkohol am Steuer das erste Mal entzogen wird. Er stammt aus bürgerlicher Familie, in der er stets versorgt wurde. Seine Eltern der Vater Berufssoldat waren so vorausschauend, daß sie dem Jungen nach dem Ende des Krieges zu dem zukunftsträchtigen Studium der Wirtschaftswissenschaften rieten. Er, der immer schon Lehrer werden wollte, gab aus Gehorsam gegenüber den Eltern nach und wurde Diplom-Kaufmann. Mit Unterstützung seines Vaters gründete er eine Handelsfirma, baute sich ein Haus. Er kam dann zunehmend in geschäftliche Schwierigkeiten, da er, nach eigenem Bekunden, „immer nur halbherzig" seine Arbeit machte. Seine erste Ehe litt auch darunter und ging, mit seiner Firma, in die Brüche. Schon damals fand er Trost im Alkohol, wobei er sich an das Trinken bei geschäftlichen Anlässen gewöhnte. Allein geblieben gab er sich nicht auf, sondern studierte weiter und erwarb den Doktortitel. Um seinen Jugend-Berufswunsch endlich zu erfüllen und dem Wunsch seines Vaters nachzukommen, gründete er wiederum mit Hilfe seines Vaters eine eigene Schule, in der er Nachhilfeunterricht für Studenten gab. Doch auch diesmal erlitt er als Geschäftsmann Schiffbruch: Gewinne konnte er nicht erzielen, dem Konkurrenzdruck konnte er nicht standhalten. Die „Trost-Suche" endete immer häufiger in Gastwirtschaften seine zweite Ehe drohte ebenfalls zu scheitern.

Seine Eltern waren inzwischen verstorben, und vor dem Konkurs rettete ihn seine Ehefrau, die ihren Schmuck opferte.

In dieser Lebensphase fiel er nach einem Kneipenbesuch einer Polizeistreife auf und verlor den Führerschein was zu seiner grundsätzlichen Ernüchterung" beitrug: Nach reiflicher Überlegung und Mithilfe seiner Ehefrau machte er im Alter von 50 Jahren sein Staatsexamen und wurde das, was er von Jugend an werden wollte: Lehrer!

Seine Privatschule für Nachhilfebedürftige gab er auf und ließ sich an einer staatlichen Schule als Lehrkraft anstellen. Das Problem Alkohol bekam er nach und nach unter Kontrolle: Nachdem er seinen Berufswunsch erfüllt hatte, gab es für ihn auch keine privaten Sorgen mehr, die er im Alkohol ertränken mußte.

Seine Worte in der Rückschau sprechen für sich:

"Bis dahin hatte ich viel Bier getrunken ... Früher, also damals, hatte ich täglich bis zu 10 Glas getrunken. Geraucht hatte ich auch, so an die 40 Zigaretten am Tag. Von Bier wechselte ich dann auf Wein über... Dann habe ich alles umgestellt, als ich Lehrer geworden war an der Schule in B.

Ich rauche zwar noch immer, aber mit dem Trinken ist es vorbei. Ich bin auch umgezogen. Ich habe damals deshalb so viel und so regelmäßig getrunken, weil ich sehr viel zu arbeiten hatte, und befand mich in einer permanent schlechten finanziellen und persönlichen Lage. Ich glaube, ich trank aus einer gewissen Verzweiflung so viel ..."

Fassen wir es noch einmal zusammen:

Für Sie ist die Schilderung Ihres Lebenslaufs von größter Wichtigkeit, denn sie ist für Sie die einfachste Art der Kontaktaufnahme mit dem Gutachter. Außerdem haben Sie die beste Möglichkeit, aus persönlicher Erfahrung über Gutes und Schlechtes zu berichten und Ihre möglicherweise ungünstigen Lebensumstände verständlich zu machen. Nutzen Sie die Gelegenheit!

Bevor Sie sich durch eine BfF-Stelle oder einen Obergutachter begutachten lassen, nehmen Sie sich selbst Ihren Lebensweg vor. Fangen Sie mit einer Stichwortliste der Ihrer Ansicht nach wichtigsten Ereignisse in der zeitlichen Abfolge an.

Schon dadurch werden Sie bestimmte Zusammenhänge zwischen Verkehrsauffälligkeit und biographischen Daten erkennen können, die Sie dann im Gespräch so darstellen sollten, wie Sie damit fertig wurden oder (früher) nicht fertig werden konnten, weil ... Bedienen Sie sich zur Lebenslauf-Rückschau des Schemas auf den vorangegangenen Seiten. Wenn nun Ihr Lebenslauf die folgenden Merkmale aufweist oder Ihrer (Ihren) Trunkenheitsfahrt(en) die folgenden Ereignisse vorangegangen sind, müssen Sie mit größter Wahrscheinlichkeit auf eine sehr deutliche Skepsis bei den Gutachtern gefaßt sein:

1. Je mehr Bestrafungen Sie wegen anderer Verkehrszuwiderhandlungen haben, um so größer wird die Wahrscheinlichkeit geschätzt, daß Sie auch wegen einer Promillefahrt erneut auffallen werden.
2. 2. Unfallflucht wirkt sich besonders ungünstig auf Ihre Rückfallprognose aus.
3. Verstöße vor Antritt der letzten Promillefahrt wiegen ebenfalls besonders schwer (z.B. Überladung, Fahren ohne Fahrerlaubnis usw.).

4. Kriminelle Delikte erhöhen die Gefahr einer erneuten Promillefahrt.
5. Aggressive Taten sind ebenfalls ungünstig für Ihren Rückfall(vorhersage (z. B. Körperverletzung, Sachbeschädigung, Notzucht, Beleidigung, Widerstand usw.).
6. Selbstmordversuch gilt ebenfalls als ein Beweis dafür, daß auch eine erneute Promillefahrt angenommen werden kann.
7. Ihr Lebensalter kann auch ungünstig sein: Dreißigjährige und unter dreißigjährige (besonders um 25) sind rückfallgefährdeter als ältere.

Sehr wichtig: Das Vorliegen solcher „Schlecht-Punkte" bestärkt manche Gutachter in ihren aufgrund der Aktenanalyse gefaßten Vor-Urteilen, und es kommt sehr häufig vor, daß gar nicht mehr darauf eingegangen wird, ob Sie mit solchen Vorbelastungen nicht doch fertig geworden sind.

Deshalb: Gehen Sie bei Vorliegen solcher „Schlechtpunkte" mit sich selbst kritisch ins Gericht. Besprechen Sie diese auch mit Angehörigen, damit Sie diese Probleme in den Griff bekommen. In der Untersuchung legen Sie unbedingt Wert darauf, daß diese Punkte (im Gespräch) erörtert werden. Sie sollten darauf achten, darzustellen, daß und wie Sie solche Ereignisse aus der Vergangenheit verarbeitet haben.

Verlangen Sie unbedingt, daß Ihr Vortrag dazu in das schriftliche Gutachten aufgenommen wird.

Wenn Sie im Gespräch darstellen können, mit solchen „Schlecht-Punkten" aus der Vergangenheit gut fertig geworden zu sein (diese also verstandes- und gefühlsmäßig kritisch verarbeitet zu haben), muß Ihnen diese Tatsache als ein besonderer „Gut-Punkt" angerechnet werden.

Die Gründe liegen auf der Hand:

Die allgemeine statistische Wahrscheinlichkeit dafür, daß ein Promille-Fahrer rückfällig bzw. erneut rückfällig wird, beträgt:

– nach der 1. Bestrafung	etwa 36–44 %
– nach der 2. Bestrafung	55 bis 65 %
– nach 3 und mehr Bestrafungen	über 70 %

Da die Gutachter wissen, daß nicht jede Promillefahrt auch entdeckt „ und bestraft wird, unterstellen sie bei ehemaligen Trunkenheitsfahrern, daß sie nicht nur das eine Mal unter Alkoholeinfluß stehend fuhren, als sie ertappt worden sind.

Nach recht zuverlässigen Schätzungen von **Dunkelziffern** entfallen auf eine bestrafte Promillefahrt etwa 300 bis 600 nicht entdeckte!

Die Exploration

Gelingt es dem Betroffenen nicht, seine Argumente verständlich und für den Gutachter glaubhaft darzustellen, droht ihm die Gefahr, als unglaubhaft dazustehen.

Benachteiligt ist zumeist der Betroffene: Nur wenige Gutachter sind nämlich bereit, eine nicht gelungene Exploration als solche hinzunehmen. In diesen Fällen endet die Begutachtung in der Regel damit, daß der Befragte entweder aufgrund seiner Fahrer-Vorgeschichte oder seiner eventuellen widersprüchlichen Aussagen negativ beurteilt wird. Damit kommt aber die Exploration in die Nähe des Verhörs, mit dem sie eigentlich nicht die geringste Ähnlichkeit haben dürfte.

Von polizeilichen Verhören weiß man im allgemeinen, daß dabei der Vernommene allzu leicht bedrängt werden kann und auch nicht. Dabei kommt es häufig vor, daß der Vernehmungsbeamte den Vernommenen im Falle von unstimmigen Einlassungen „auflaufen", sich ihn in seinen widersprüchlichen Aussagen verstricken läßt.

Das darf bei einer Exploration zur Sache insoweit nicht passieren, als der Gutachter stets gehalten ist, den Betroffenen sofort auf die eventuelle Unstimmigkeit seiner Aussagen hinzuweisen. Das Ziel muß dabei sein, mit dem Betroffenen gemeinsam zu erreichen, daß dieser aus eigener Einsicht auch das berichtet, was er am liebsten für sich behalten möchte. Es liegt in der Natur der Sache, daß bei einem solchen Gespräch unter Umständen Spannungen zwischen beiden Beteiligten entstehen können. Um so größer ist die Verantwortung des Gutachters, da er, im Gegensatz zum Betroffenen, sehr wohl weiß, welchen Verlauf eine zielgerichtete Ausforschung mitunter nehmen kann.

Der Gutachter muß daher das „Gespräch" stets so gestalten, daß es in einer vertrauensvollen Atmosphäre stattfindet

und er den Untersuchten motiviert, tatsachengerecht zu berichten, ohne ihn an seiner freien Entfaltung im Gespräch zu hindern.

Das allgemeine Schema der Fahrer-Exploration

Damit Sie bei dem alles entscheidenden Gespräch mit Ihrem Gutachter die viel zu kurze Zeit, die Ihnen für die Darstellung Ihres Falles zur Verfügung steht, so gut wie möglich nutzen können, finden Sie nachfolgend all jene Punkte, die bei einer gründlichen Begutachtung vom Gutachter angesprochen werden müssen. Es ist besonders wichtig für Sie, daß diese Punkte auch wirklich erörtert werden. Falls der Gutachter etwa einige Punkte übergeht, lenken Sie das Gespräch zielbewußt auf die im Sinne dieses Schemas für Sie wichtigen Aspekte:

Fahrer-Exploration bei Zuwiderhandlungen ohne Alkohol

Der Gutachter bittet Sie, aus Ihrer Sicht über den Hergang Ihrer Verkehrsverstöße zu berichten. Es geht dabei nicht nur etwa um die Darstellung eines Unfallherganges, sondern um die Schilderung der Ursache Ihres vorschriftswidrigen Verhaltens. So z. B.:

– Warum Sie zu geringen Abstand eingehalten haben?
– Warum Sie das Rotlicht nicht beachtet haben?
– Warum Sie wiederholt zu schnell gefahren sind?

Der Gutachter bittet Sie darzustellen, welche Lehren Sie denn selbst aus der Tatsache ableiten, daß Sie wegen der Zuwiderhandlungen belangt wurden. So z. B.:

– Ob Sie sich selbst oder andere für schuldig halten?
– Was Sie selbst falsch gemacht haben?
– Warum Sie vielleicht der Ansicht sind, daß Sie niemals selbst Fehler gemacht haben?

Schließlich wird von Bedeutung sein, wie Sie als Betroffener in Zukunft ein angepaßtes Verkehrsverhalten erreichen wollen.

Es findet auch eine Erörterung darüber statt, wie Sie Ihr Fahrkönnen und die Möglichkeit, ein Auto zur Verfügung zu haben, einschätzen und welche Kenntnisse Sie über mögliche Gefahren haben, die Sie mit dem Auto im Verkehr auslösen können.

Fahrer-Exploration bei Trunkenheitsfahrten

Am Anfang steht in der Regel die Erörterung der bestraften Promillefahrt(en). Der Gutachter läßt Sie den „Tathergang" schildern. Da er diesen aus der Akte bereits kennt, wird er besonders darauf achten, ob Sie wesentliche Einzelheiten, die für ihn nachteilig sind, wiederholt unterdrücken. Falls dies zutrifft, wird er Sie darauf ansprechen müssen.

Bei der in der Regel sehr ausführlichen Besprechung der **früheren** und **jetzigen** Trinkgewohnheiten stehen folgende Fragen im Vordergrund (BASt 1978):

- Wie beiläufig haben Sie Bier, Wein und/oder „harte" alkoholische Getränke konsumiert?
- Wieviel Alkohol haben Sie bei einem Trinkanlaß getrunken?
- Wieviel Alkohol haben Sie getrunken, wenn ein außergewöhnlicher (Trink-)Anlaß vorlag?
- Trinken Sie häufig und regelmäßig Alkohol?
- Welche Alkoholsorte bevorzugen Sie im allgemeinen?
- In welchem Alter oder zu welchem Zeitpunkt haben Sie Ihre jetzige Trinkgewohnheit entwickelt?
- Hat sich Ihr Umgang mit alkoholischen Getränken verändert? Wenn ja, wann und aus welchem Grunde?
- Falls Sie Ihr Trinkverhalten so verändert haben, daß Sie jetzt weniger Alkohol trinken als früher, haben Sie sich wegen einer bestraften Promille-Fahrt eingeschränkt?
- Wann haben Sie zuletzt Alkohol getrunken und in welcher Menge? Trinken Sie Alkoholisches nur „in geselligem Kreis" oder auch allein? Trinken Sie auch am Arbeitsplatz alkoholische Getränke?
- Wenn ja, allein oder mit Kollegen?
- Trinken Sie auch „von Berufs wegen" Alkoholisches (z.B. Kellner)? Aus welchem Grunde haben Sie Ihr Trinkverhalten verändert (Bundeswehrzeit, Heirat, Scheidung, finanzielle Schwierigkeiten, Erkrankungen usw.)?
- Konsumieren Sie Alkoholisches normalerweise an bestimmten Wochentagen oder zu bestimmten Tageszeiten?
- Trinken Sie bereits morgens alkoholische Getränke?
- Bevorzugen Sie bestimmte Orte für den Alkoholkonsum (Kneipe, Klub, Hobbykeller usw.)?
- Wieviel Alkohol vertragen Sie (konkrete Mengenangaben), ohne sich „betrunken" zu fühlen?
- Was meinen Ihre Bekannten und Familienangehörigen zu Ihren Trinkgewohnheiten?

Um festzustellen, wie groß die Gefahr eines Rückfalls bei Ihnen ist, sind die folgenden Fragen besonders wichtig:

- Falls Sie Ihren Alkoholkonsum eingeschränkt haben: Wann haben Sie ihn eingeschränkt und aus welchem Grund?
- Welche „Ablehnungstechniken" (andere Getränke, Ausreden usw.) haben Sie erlernt und wenden Sie an?
- Seit wann und wie häufig (konkret) haben Sie diese Ablehnungstechniken erprobt?
- Wie reagieren Ihre Freunde, Bekannten, Angehörigen und Kollegen darauf?
- Haben Sie wegen Ihrer Einschränkung beim Alkoholgenuß Ihren früher gewohnten Umgang aufgeben müssen?

Darüber hinaus möchte der Gutachter etwas über Ihre Kenntnisse erfahren die Sie hinsichtlich der Wirkung alkoholischer Getränke auf das Fahrverhalten und im allgemeinen haben und wie Ihre Einstellung gegenüber dem Alkoholkonsum ist. Dabei werden besonders die folgenden Themen behandelt:

- Wie berechnen Sie das Promille bei einer bestimmten Trinkmenge/ Alkoholsorte und Körpergewicht? (siehe Seite 51).
- Wie lange dauert es, bis eine bestimmte Blutalkoholkonzentration (BAK) abgebaut ist?
- Wie wirkt sich der Alkoholkonsum bei oder nach Mahlzeiten auf das Befinden aus?
- Welche Beziehung besteht zwischen Alkoholkonsurn und „nüchternem" Magen?
- Welche Bedeutung haben die gesetzlichen Promille-Grenzen?
- Bei welchem Promille-Wert müssen Sie mit einer Strafe rechnen? Welche Bedeutung und welche Wirkung hat das „Nachtrinken"?

Weiterhin werden Ihnen vom Gutachter auch Fragen zu Ihrem Fahrverhalten gestellt:

- Wie häufig benutzen Sie Ihren Wagen?
- Fahren Sie auch am Abend oder in der Nacht?
- Benutzen Sie Ihren Wagen nur beruflich oder nur privat oder beides?
- Zu welchen anderen Anlässen benutzen Sie das Auto?
- Was bedeutet für Sie der Besitz des Führerscheins und des Wagens?
- Wie haben Sie Ihren Unfall, Ihre Bestrafung, Ihr Fahrverbot und/oder Ihren Führerscheinentzug erlebt?

Kritik am „tüvologischen" Gespräch

Aus den Berichten unzähliger Betroffener ist hinlänglich bekannt, daß das Gespräch bei den BfF-Stellen „allenfalls 20 bis 30 Minuten" dauert. In dieser Zeit sollen all die Fragen erörtert werden, die auf den vorangegangenen Seiten nur in den wesentlichsten Punkten beschrieben wurden. Seit Erscheinen dieses Buches wird in vielen MPU-Gutachten diese Dauer der Fahrer-Exploration angegeben, was nur die Vermutung bestätigt, daß die Betroffenen völlig unangemessen behandelt werden und die Gutachter selbst wegen des viel zu knappen Zeitaufwandes zumindest von schlechtem Berufsgewissen geplagt sind.

Zitat aus einem MPU-Gutachten über die in der Untersuchung durchgeführte Exploration:

„Bei der Exploration handelt es sich um ein diagnostisches Gespräch, das sowohl zur Ergänzung der übrigen Befunde dient als auch zur Erhebung eigenständig interpretierbarer Befunde. Im Rahmen der Fahreignungsuntersuchung betrifft die Exploration im wesentlichen das Befinden des Probanden zur Zeit der Untersuchung, seine Verarbeitung der Vorgeschichte, seine Einstellungen, sein gegenwärtiges Verhalten und seine Umweltbeziehungen. Bei der Exploration werden nur solche Bereiche berührt, die für die Eignungsfrage relevant sind. Der Ablauf der Exploration muß sich nach den individuellen Besonderheiten des jeweiligen Probanden richten, so daß die Zeitdauer als auch die Art der Fragen notwendigerweise variabel sind."

So wörtlich der TÜV, und man muß sich wirklich fragen, wie in so kurzer Zeit nur das Wichtigste erörtert werden kann:
- „Befinden des Probanden"
- „seine Verarbeitung der Vorgeschichte"
- „seine Einstellungen"
- „sein gegenwärtiges Verhalten"
- „seine Umweltbeziehungen"

Es ist ein Ding der Unmöglichkeit, im Rahmen eines „tüvologischen" Gesprächs bei einem Zeitaufwand von maximal 30 Minuten all diese sehr wichtigen Aspekte nur halbwegs sorgfältig behandeln zu können und dann auch noch auf die „individuellen Besonderheiten" des Untersuchten einzugehen.

In den fachlich sehr gründlich arbeitenden Obergutachterstellen dauert diese Exploration bis zu 2 Stunden.

Fazit: Es steht außer Frage, daß in den TÜV-Untersuchungsstellen das entscheidende Gespräch, die Fahrer-Exploration, nicht den methodischen Erfordernissen entsprechend durchgeführt wird. Der Grund dafür liegt nicht etwa in der unzureichenden beruflichen Qualifikation der Gutachter, sondern in den geringen Gutachtengebühren. Denn ein Obergutachten kostet zwischen 1500 und 2000 DM, während die Gebühr für ein TÜV/BfF-Gutachten zwischen 400 und 800 DM liegt. Höhere Gebühren sind je nach Fallgestaltung denkbar. (Die Gebühren bestimmen sich nach der „Gebührenordnung für Maßnahmen im Straßenverkehr")

Daß der TÜV für eine verhältnismäßig geringe Gebühr nur eine sehr **oberflächliche tüvologische** Untersuchung durchführt, ist keine böswillige Unterstellung, sondern eine Tatsache, wie das folgende Zitat aus einer TÜV-Stellungnahme belegt:

„Die Untersuchungsstelle (...) hat im Rahmen der Gebührenordnung für Maßnahmen im Straßenverkehr die erforderlichen Leistungen erbracht darüber hinausgehende Leistungen sind im Rahmen der knapp bemessenen Gebühren nicht zu leisten. Somit entspricht das Gutachten den entsprechenden Anforderungen, es ist nachvollziehbar, nachprüfbar und vollständig. Abschließend sei darauf hingewiesen, daß der Vorwurf der Unvollständigkeit immer und stets erhoben werden kann da es grundsätzlich unmöglich ist, absolut alles zu untersuchen, zu referieren oder zu würdigen."

Die Medizinisch-Psychologischen TÜV/BfF-Stellen als staatlich anerkannte Institutionen behaupten, eine **wissenschaftliche Begutachtung** zu machen, wozu sie auch verpflichtet sind, was sie aber in Wirklichkeit schon wegen Zeitmangels nicht durchführen können.

TIP:

Überlassen Sie dem Gutachter die Gesprächsführung niemals völlig. Sie müssen stets darauf achten, ihm aufgrund des dargestellten Fragenkatalogs (Seite 147ff.) alle wesentlichen Umstände Ihres Falles vorzutragen. Je mehr Sie ihm detailliert berichten, um so mehr wird er Sie kennenlernen und um so schwieriger wird es für ihn sein, ein negatives Gutachten zu schreiben mit der Begründung, Sie hätten sich mit Ihrer Vorgeschichte nicht selbstkritisch auseinandergesetzt.

Hinweise für die gründliche Darstellung der Trinkgewohnheiten

Bevor Sie in die Untersuchung gehen, machen Sie sich ein klares Bild über Ihre Trinkgewohnheiten, und zwar anhand der zuvor beschriebenen Punkte und des Leitfadens (Seite 77ff.). Viele Betroffene wehren sich einzugestehen, daß sie Trinkgewohnheiten haben. Dem liegt das weit verbreitete Mißverständnis zugrunde, Trinkgewohnheiten seien mit „gewohnheitsmäßigem Trinken" gleichzusetzen. Jeder Mensch hat Trinkgewohnheiten, auch dann, wenn er nur Mineralwasser und keinen

Tropfen Alkohol trinkt. Unter Trinkgewohnheiten wird im allgemeinen der Konsum von Flüssigkeiten verstanden; gleichwohl liegt das Schwergewicht dieser Frage in der Exploration beim Genuß alkoholischer Getränke.

Wenn Sie also in der Exploration nach Ihren Trinkgewohnheiten gefragt werden, stellen Sie den Unterschied zwischen alkoholfreien und alkoholischen Trinkmengen dar.

Ähnlich wie bei der Lebenslauferforschung gibt es auch hinsichtlich des nachfolgend Aufgeführten eine Bewertung nach „**Schlecht-Punkten**", d. h. Punkten, die bei der Beurteilung negativ, aber auch nach „**Gut-Punkten**", die positiv ins Gewicht fallen (*Kunkel, 1977*):

- Ein hoher BAK-Wert: Je höher die Blutalkoholkonzentration bei der Trunkenheitsfahrt gewesen ist, um so größer wird die Rückfallgefahr eingeschätzt.
- Alkoholkonsum in der Jugend: Wenn Sie bereits als Jugendlicher erheblich Alkoholisches getrunken haben, besteht höhere Rückfallgefahr.
- Regelmäßiges und häufiges Trinken: Es besteht zumindest die Gefahr einer beginnenden Abhängigkeit.
- Alleintrinken: Wenn Sie früher etwa „im stillen Kämmerlein" getrunken haben, gelten Sie als besonders gefährdet.
- Trinken morgens und vormittags: Da dies häufig bei Alkoholikern zu beobachten ist, fällt es besonders negativ in die Waagschale.
- Allestrinker: Wenn Sie die unterschiedlichsten Sorten alkoholischer Getränke konsumieren, gelten Sie als besonders rückfallgefährdet.
- Gewohnheitstrinker/Alkoholiker: In diesem Fall haben Sie keine Aussicht auf eine positive Beurteilung.
- Unveränderter Alkoholkonsum: Wenn Sie nach einer Promillefahrt Ihre Trinkmengen nicht einschränken, wird dies als besonders rückfallgefährdend gewertet.
- Alkoholkonsum im Beruf: Wenn Sie beruflich täglich mit alkoholischen Getränken Umgang haben und dabei Ihre Trinkmengen nicht kontrollieren können, gelten Sie als besonders rückfallgefährdet.
- Alkoholverträglichkeit: Wenn Sie Ihre Verträglichkeitsgrenze nicht realistisch einschätzen, können Sie kaum ein positives Gutachten erwarten.

Als „Gut-Punkte" werden in der Begutachtungspraxis bei ehemaligen Promille-Fahrern die folgenden Verhaltensänderungen gewertet:

> – Abstinenz: Wenn Sie abstinent geworden sind, d. h. den Alkoholkonsum völlig eingestellt haben.

Merke: Das bloße Behaupten von Abstinenz reicht nicht aus. Sie müssen mit Beispielen aus eigener Erfahrung beschreiben, was Sie getan haben, wie Sie die Umstellung angepackt, wie Sie Vermeidungstechniken erlernt und mit Erfolg erprobt haben.

> – „Kontrolliertes Trinken": Wenn Sie gelernt haben, mit dem Alkohol „kontrolliert" umzugehen und Ihre Trinkmengen „im Griff zu behalten".

Merke: Sie müssen Ihre Verhaltensänderung durch eine glaubhafte Beschreibung und mit konkreten Beispielen darstellen können. Das gleiche gilt für die Art und Weise, wie Sie sich vom früher nicht genügend kontrollierten Trinken zum hinreichend kontrollierten Umgang mit alkoholischen Getränken „umerzogen" haben.

Noch ein Hinweis: Die Vielzahl der vorher genannten „Schlecht-Punkte" soll Sie nicht erschrecken, denn sie dienen dem Gutachter lediglich als Grundlage für seine „abwägende Argumentation" *(Kunkel)* bei der Begründung seiner Beurteilung. Der Gutachter kann diese Punkte nicht einfach zusammenzählen!

Ihr Vorteil: Da Sie jetzt schon sehr viel darüber wissen, worauf es ankommt, um eine erneute Promillefahrt zu vermeiden, können Sie Ihr Verhalten danach ausrichten.

Achten Sie bitte darauf, daß Sie über Ihre Trinkgewohnheiten nichts Widersprüchliches berichten. Dies läßt sich am einfachsten erreichen, wenn Sie wahrheitsgemäße Angaben machen und sich auf dieses Thema vorbereiten.

Schreiben Sie sich auf, bei welcher Gelegenheit Sie welche Trinkmengen konsumierten oder heute noch konsumieren?

Achten Sie auf mögliche „Suggestivfragen" des Gutachters. Leider neigen nicht wenige Gutachter dazu, solche Fragen zu stellen, mit denen sie dem Betroffenen eine Antwort sozusagen „in den Mund legen". Suggestivfragen sind vom Gutachter nicht immer als vorsätzliche „Fangfragen" gedacht, um den Befragten „reinzulegen"; häufig sind sie lediglich die Folge geringer Berufserfahrung oder aber auch Zeichen von Befangenheit oder Vorurteilen. **Suggestivfragen** können etwa so lauten:

> - „Bei Ihrer BAK von 1,5‰ haben Sie also um die 20 Bier getrunken?"
> - „Über Fahren oder Nichtfahren haben Sie also gar nicht nachgedacht?"
> - „Sie zählen also nicht, wieviel Gläser Sie in der Kneipe trinken?"

Bestehen Sie darauf, daß die Exploration auf Tonband aufgenommen wird. Damit können eventuelle Unstimmigkeiten hinsichtlich Ihrer Angaben am sichersten nachgeprüft werden.

Das Gespräch mit dem Gutachter läßt sich Ihrerseits jederzeit unterbrechen.

Eine Unterbrechung zum für Sie richtigen Zeitpunkt ist besser, als sich in Widersprüche zu verfangen oder verwickeln zu lassen.

Ausdrucks- und Verhaltensbeobachtung

Neben den objektiven Ergebnissen von Leistungstests oder einer Testfahrt geben die Ausdrucks und Verhaltensweisen des Untersuchten dem Gutachter mitunter wichtige Hinweise über dessen Persönlichkeit.

Diese Ausdrucksmerkmale erleichtern dem Gutachter den Umgang mit dem Betroffenen er kann sich besser auf ihn einstellen!

Bei Reaktions- und Konzentrationstests wird der Betroffene unter Leistungsdruck gesetzt, und der Gutachter wird aufgrund des Ausdrucksverhaltens beobachten können, ob er unter Streß in Panik gerät oder gefaßt und konzentriert bleibt um nur diese beiden Extreme zu nennen. Genauso wichtig kann für den Gutachter die Beobachtung sein, ob sich die Hand des Betroffenen feucht anfühlt, was sich beim Begrüßungshändedruck sehr einfach feststellen läßt.

Es wird sicherlich kaum einem Psychologen entgehen, wenn der Untersuchte in einer unnatürlich hohen Stimmlage spricht, was ohne Zweifel auf ganz erhebliche innere Anspannung hindeutet.

Nicht jeder Gutachter wird andererseits sich davon beeindrucken lassen, wenn die Testperson sich mit Absicht des „tiefen Brusttons der Überzeugung" bedient, um mit seinem Vortrag auch dadurch glaubwürdiger zu wirken.

Diese Beispiele sollen lediglich die Spannweite des Gemeinten andeuten. Es ist allgemein bekannt, daß der Mensch dazu neigt, mit einer gepreßt hohen Stimme zu sprechen, wenn er etwa Angst hat. Es ist auch bekannt, daß jemand, der wegen seiner Trunkenheitsfahrt kritisch mit sich ins Gericht gegangen ist, darüber im allgemeinen mit einer ruhigen, gesetzten Tonlage berichten kann; demjenigen, der das noch nicht verarbeitet hat, gelingt das nicht so leicht!

Es muß aber nicht immer so sein; solche und ähnliche äußere Zeichen in der Charakterkunde Ausdrucksmerkmale genannt können auch ganz andere Ursachen haben.

Darin liegt auch das Problem der Verwertbarkeit von Ausdrucks und Verhaltensmerkmalen: Sie sind allenfalls Hinweise! Zwar bemüht sich die wissenschaftliche Ausdruckskunde als ein Hilfsmittel der diagnostischen Psychologie um die Objektivierung von Ausdrucksmerkmalen, doch ist allgemein bekannt, daß die Grenzen der Ausdrucks und Verhaltensbeobachtung äußerst eng gezogen sind. Die wahren Gründe eines bestimmten Ausdrucksmerkmals können nämlich außerordentlich mannigfaltig sein.

Die Gefahr ist daher sehr groß, daß es wegen dieser Mehrdeutigkeit der Ausdruckserscheinungen zu Mißdeutungen kommt. Den Fachleuten ist dies zwar bekannt, dennoch bleibt die Versuchung groß, sich durch Ausdrucks- und Verhaltensmerkmale (ver-)leiten zu lassen, besonders dann, wenn der Gutachter sich dadurch in seinen Vorurteilen bestärkt glaubt.

TIPS

Für Sie bleibt in diesem Zusammenhang wohl nur die Möglichkeit, diese ‚Tatsache zur Kenntnis zu nehmen und sich bei der Untersuchung zu bemühen, möglichst natürlich zu bleiben.

Nervös zu sein vor und bei Beginn eines Tests bzw. einer solchen Prüfung ist übrigens völlig normal, diese Prüfungsnervosität ist ganz einfach die Folge der erhöhten Anspannung.

„Natürlich bleiben" diesen Zustand erreichen Sie am einfachsten, indem Sie sich lange vor der Untersuchung darum bemühen, sich mit all den Fragen und Problemen Ihres Falles auseinanderzusetzen und auch eigene Fehler einzugestehen.

Wenn Sie das alles vorher für sich auf einer realen Grundlage abklären, wird sich auch die Gefahr vermindern, dem Gutachter unnötige Ausdrucksmerkmale anzubieten, die er mißdeuten könnte.

Und noch ein Tip: Es gehört zum allgemeinen Erfahrungsgut, daß wir das, was wir mögen, in unserer Sprache häufig in der Verkleinerungsform ausdrücken: z. B. reden wir die geliebte Person etwa mit „Liebchen" an. Aber: „Bierchen", „Fläschchen" und „Weinchen" und „Gläschen" usw. gibt es auch!

Der Gebrauch dieser und ähnlicher Wörter findet seitens des Gutachters bei dem Gespräch über Trinkgewohnheiten besondere Beachtung. Diese Wortwahl drückt nämlich im Zusammenhang mit Trinken und Fahren nicht allein eine liebevolle Zuneigung aus, sondern auch und vor allem die Verniedlichung eines belastenden Problems.

Kapitel 9
Unfallflucht bei Promille-Fahrern

Es ist seit vielen Jahren bekannt, daß bei etwa jedem achten Verkehrsunfall mit Sachschaden von mehr als 3000 Mark oder Personenschaden der Fahrer Unfallflucht begeht. Berücksichtigt man die Fälle mit Bagatellschäden, so haben sich Autofahrer bei jedem fünften Unfall der Verantwortung zunächst entzogen.

Nach amtlicher Statistik begehen rund 9 % aller Trunkenheitsfahrer Unfallflucht.

Diese Häufigkeit an sich, aber auch die Tatsache, daß die Fahrer bei 20 % aller Bagatellschäden „das Weite gesucht haben", führt bei Verkehrspsychologen zu der sicherlich nicht weit hergeholten Vermutung, daß bei Unfallflucht generell Alkohol im Spiel war.

Nach Ansicht von Juristen und Psychologen. kann davon ausgegangen werden, daß Unfallflucht ein sicheres Zeichen für verminderte Verantwortungsbereitschaft, aber auch für geringe Persönlichkeitsreife und fehlende charakterliche Zuverlässigkeit ist. Umgangssprachlich ist mit Feigheit kaum etwas anderes gemeint.

Für das Flüchten vor der Verantwortung hat ein Kraftfahrer in den weitaus meisten Fällen einen nachvollziehbaren Grund – ohne Beweggründe ist menschliches Handeln nicht ohne weiteres vorstellbar! Allerdings: Auch ohne „handfeste" Gründe, also ohne Notwendigkeit, kann es auch zur Unfallflucht kommen bzw. zu einem Verhalten, das zunächst als Unfallflucht zu deuten ist. Das ist etwa unter Schockeinwirkung durchaus möglich. Ein Schock kann z. B. nach einem schweren Unfall, auch ohne daß der Fahrer selbst verletzt wurde, so groß sein, daß er über sein Tun und Lassen auch in völlig alkoholfreiem Zustand längere Zeit kaum richtig nachdenken kann (z. B. Umherirren). Wenn es also, wie bei den folgenden Fällen, zur Fahrerflucht kam, wird der Gutachter in der Eignungsuntersuchung – vor allem bei mehrfach Bestraften – ein besonderes Augenmerk auf die Aufhellung der wahren Hintergründe des Fliehens richten.

Für den Gutachter ist die Ursache der Flucht auch dann wichtig, wenn der Betroffene nur eine ganz geringe Menge alkoholischer Getränke konsumiert hatte und eigentlich keinen strafrechtlich begründeten Anlaß zur Befürchtung haben konnte. Aus seiner Sicht ist also lediglich der Beweggrund des Fluchtverhaltens von Bedeutung: Alkoholgenuß! Auf die konsumierte Menge kommt es zunächst gar nicht an.

Da das hauptsächliche Thema dieses Buches der „Scheintest" nach Promillefahrt ist, geht es also auch bei der Erörterung der Frage von

Unfallflucht vorrangig um die Aspekte, die mit Alkohol zu tun haben können oder könnten.

Bei Kraftfahrern mit mindestens einer Promillefahrt und einer Bestrafung wegen Fahrerflucht und/oder unerlaubten Entfernens vom Unfallort ist die „Meßlatte" nicht nur hinsichtlich der allgemeinen statistischen Rückfallwahrscheinlichkeit weit höher angesetzt als bei denen ohne Fahrerflucht; bei diesen Betroffenen wird der Gutachter auch die Exploration viel intensiver und tiefer gehend führen. Damit sind auch die Anforderungen, auf die sich ein Betroffener einzurichten hat, wesentlich größer. Zum Verständnis dessen sollen zwei Fallbeispiele folgen.

Fallbeispiele

Fallbeispiel

Ein geradezu klassischer Fall von Fahrerflucht nach Alkoholkonsum ist der folgende, bei dem der Betroffene schlicht und einfach in Panik geriet:

> *„In einer Diskothek hatte ich mit Kollegen, es waren sechs Mann, eine Flasche ‚Asbach' mit Cola getrunken. Die Flasche (‚Asbach') hatte der eine beim Flippern gewonnen. Hinterher hatte ich dann noch eine Flasche Bier getrunken.*
>
> *Als ich nach Hause fuhr, fuhr ich an einer Diskothek vorbei und hab' geguckt, was für Autos da stehen. Da lief irgendein Kleinvieh über die Straße, ich hab' mich erschrocken, hab' gebremst, kam ins Schleudern und stieß gegen zwei geparkte Pkws. Ich bin aber auch zu schnell gefahren ... und da hat es bei mir irgendwie ausgesetzt ... irgendwie ... ich bin auf und davon ... Fahrerflucht ... Die Polizei hat mich dann eingeholt. Was ich wollte, vorhatte, weiß ich gar nicht, denn da war die Wohnung schon vorbei (d. h., er ist an seiner eigenen Wohnung bereits vorbeigefahren).*
>
> *Der Fehler war, daß ich an dem Tag kaum was gegessen hatte ... beim Fahren hatte ich mich eigentlich noch recht sicher gefühlt."*

Er hat sich „eigentlich noch recht sicher gefühlt", obwohl er auf fast leeren Magen Alkohol getrunken hatte. Nachdem es dann gekracht hatte, geriet er in Panik aus der Erkenntnis: Der Führerschein ist in Gefahr – und suchte das Weite.

Ist das die Handlungsweise einer „unreifen" Persönlichkeit, oder steckt etwas anderes dahinter: Festzuhalten ist jedenfalls, daß er nach der Neuerteilung der Fahrerlaubnis seine guten Vorsätze nicht konsequent in die Tat umgesetzt hat. Denn wie aus dem folgenden zu entnehmen ist, sprach er mit unverminderter Regelmäßigkeit dem Alkohol zu:

„Zuletzt hatte ich gestern vor dem Fernseher mit meinem Vater eine Flasche Bier getrunken.

*... am Sonntag (vor einer Woche) in einer netten Gaststätte, praktisch uns gegenüber, da brauche ich nur bei uns durch den Garten zu laufen und bin schon da, da treffen wir uns jeden Sonntag. Es sind alle Bekannte, keine Freunde ... da trinke ich nie über **10 Pils** ... mal weniger, mal ist auch eine ‚Sangria' dabei ...*

... angetrunken. war ich auf dem Schützenfest ... da hatte ich so ... kann ich gar nicht mehr sagen, was ich da getrunken hatte ... zirka 10 Stück hatt' ich doch ... nach zwei, drei Glas merkt man doch schon was.

Silvester hatten wir auf der Skihütte gefeiert ... hatte paar Glas ... so zwei, drei Glas Sekt und ein paar Flaschen Bier, so zirka sechs, sieben Flaschen Bier getrunken ...

Höchstens vertrage ich 15 bis 20 Glas Bier. Zuletzt hatte ich soviel getrunken, als ich arbeitslos war. Es war ein Fest praktisch ohne Anlaß, bei uns in der Gaststätte. Es hat sich so ergeben. Da kam der und der, und so ist es immer lustiger geworden ..."

Dieses Fallbeispiel hat gezeigt, daß der Betroffene zwar dem Alkohol im allgemeinen nicht abgeneigt war; Bei diesem besonderen Anlaß hatte er aber eigentlich keinen wirklichen Grund für seine Befürchtung, in diesem Unfall wegen Alkohols am Steuer belangt zu werden. Er hat mit sechs anderen eine Flasche „Asbach" und ein Bier konsumiert. Wie die Blutprobe ergab, stand er nicht unter Alkoholeinfluß: Der Unfall war also die Folge seiner abgelenkten Aufmerksamkeit.

Er hatte aber, wohl aus „schlechtem Gewissen", damit gerechnet, unter Alkoholeinfluß zu stehen.

Der wahre Grund seiner Kopflosigkeit lag also darin, daß er befürchtete, es könnte herauskommen, daß er sich nicht an seine Vorsätze zur Vermeidung einer Promillefahrt gehalten hat.

Denn er hatte sich ja ursprünglich vorgenommen, schon nach einem Glas Alkoholisches nicht mehr zu fahren.

Fallbeispiel

Bei diesem Fall sind die äußeren Umstände zwar anders gelagert, zumal der Betroffene sich ohne seinen Wagen vom Unfallort entfernt hatte. Doch wie sich zeigen wird, sind die Beweggründe seines Handelns mit denen des Fahrers des vorausgegangenen Fallbeispiels vergleichbar, wenngleich das Problem wesentlich tiefer sitzt.

Der Betroffene, von dem die nachfolgenden Zitate stammen, ist bislang 2mal wegen Alkohols am Steuer und zuletzt wegen eines Auffahrunfalls in Tateinheit mit Unfallflucht belangt worden.

Als es um die Besprechung des Tathergangs bei der Fahrerflucht ging, gab er eine Darstellung, mit der er zusehends ins Schleudern geriet: Die ganze Geschichte, die er erzählte, war sehr lückenhaft, und das, was er erzählte, paßte auch nicht zusammen.

Schließlich wurde ihm klar, daß er vor einer wichtigen Entscheidung stand: Er spürte offensichtlich, daß ihm die Geschichte vom Gutachter nicht geglaubt wurde und er auch mit sich selbst ins reine kommen mußte.

Er bat um eine Denkpause, die ihm gewährt wurde. Als er nach einer Stunde mit seinem Bericht fortfuhr, sagte er folgendes:

„Gut! – Ich bin zu dem Schluß gekommen, daß ich es so sage, wie es gewesen ist.

Ich lüge mich selbst fest. Was ich vorher erzählt hatte, war all das, was ich in der Verhandlung gesagt hatte weil mein Anwalt es mir so gesagt hatte.

Als ich das Fest (Feuerwehrfest im Dorf, wo er die Theken geliefert hatte) abgeräumt hatte und als wir verladen hatten und es zur Abrechnung kam mit dem Wirt, ging alles eins zu eins (die Kasse stimmte). Es war alles okay. Daraufhin hatten wir drei, vier Bier, Glas nur, getrunken. Fuhr in die Firma zurück, nahm meinen Privatwagen, und es kam zu dem Auffahrunfall.

Ich fragte sie (die Unfallgegnerin), ob sie verletzt sei. Sie sagte: Nein. Gut, sagte ich, dann brauchen wir die Polizei nicht zu holen. Sie war einverstanden, aber ein Zuschauer sagte, sie soll doch die Polizei anrufen, weil ich vielleicht gesoffen hätte.

Ich hatte nur einen Gedanken, als ich dies hörte: Nichts wie weg! – Und so lief ich weg.

Denn ich hab' vor nichts mehr Angst als vor dem Gefängnis. Ich legte meine Papiere auf den Sitz und lief in den Wald.

Die ganze Nacht hatte ich im Wald verbracht. Am Morgen ging ich zu meinem Schwager. Er riet mir zu seinem Anwalt, und dieser regelte dann alles Weitere.

Vor dem Gefängnis habe ich ehrlich Angst, das halte ich nicht aus. Die zehn Tage Haft in B. (er mußte in Haft nach der ersten Trunkenheitsfahrt) haben mich kaputtgemacht. Da hatte ich zwanzig Pfund abgenommen."

TIPS

Wenn Ihre Fahrer-Vorgeschichte Unfallflucht und/oder unerlaubtes Entfernen vom Unfallort aufweist und Sie wegen einer (oder mehrerer) Promillefahrt(en) den „Scheintest" machen sollen, so richten Sie sich darauf ein, daß der Gutachter auch bei der Unfallflucht alkoholbedingtes Verhalten vermutet.

Wenn Sie dies im Gespräch mit dem Psychologen zugeben, kann Ihnen daraus kein Nachteil erwachsen, weil der Psychologe, genauso wie der Arzt, zur Verschwiegenheit verpflichtet ist (§ 203 StGB; *Menken,* 1980, S. 40).

Ob Sie von dieser Möglichkeit Gebrauch machen, müssen Sie allein mit sich ausmachen. Ein Vorteil kann Ihnen daraus dann bestimmt entstehen, wenn Sie die ganze Problematik sehr ernsthaft angehen. Wenn Sie „reinen Tisch machen" wollen, sollten Sie die Entscheidung allerdings noch vor der Untersuchung treffen.

Das deutsche Sprichwort bedarf keines Kommentars:

„Ein gutes Gewissen ist ein sanftes Ruhekissen."

Falls Ihre Unfallflucht mit Alkohol (Restalkohol) wirklich nichts zu tun hatte, müssen Sie damit rechnen, daß der Gutachter pflichtgemäß prüfen wird, wie es um Ihr Verantwortungsbewußtsein bestellt ist. Er wird Sie auch in diesem Fall daraufhin prüfen, ob Sie Ihr damaliges Tun heute selbstkritisch bewerten.

Kapitel 10
Das Gespräch nach der ersten Promillefahrt und bei der Erstbegutachtung

Fallbeispiele

Im folgenden soll mit mehreren Fallbeispielen das Gespräch mit dem Gutachter in seinem Ablauf und in seinen wesentlichen Punkten dargestellt werden.

Mein Ziel ist es, Ihnen mit Hilfe dieser Original-Fallbeispiele das zu vermitteln, worauf es nicht nur beim Gespräch, sondern insbesondere bei der Vermeidung einer Promillefahrt ankommt: Bei beiden ist es unerläßlich, daß Sie als Betroffener stets aus Einsicht, aus Überzeugung handeln – denn in beiden Situationen stehen Sie vor einer großen Aufgabe, und allein Sie sind dafür verantwortlich, was Sie tun bzw. sagen.

In den folgenden Fallbeispielen und den darin enthaltenen Zitaten stecken immer sehr viele Informationen, die zum Teil allgemeingültig, zum Teil für vergleichbare Fälle typisch sind.

Diese wichtigen Hinweise sollten Sie zunächst für sich selbst herausfinden bzw. erarbeiten. In der jeweiligen Zusammenfassung werden dann die entscheidenden Punkte zur Kontrolle noch einmal genannt.

Die Kommentare, Interpretationen sind immer nur auf das Wesentliche beschränkt, und sie dienen vor allem dazu, Ihnen auch die Denkweise der Gutachter anschaulich zu machen, so daß Sie erkennen, wonach diese beurteilen.

Wenn Sie beim Studium der Fallbeispiele Mitdenken, werden Sie zu den Erkenntnissen gelangen, die auch für Ihren Fall gültig sein können.

Bei den BfF-Stellen sind diese Untersuchungsgespräche fast nie so ausführlich, wie sie in den Fallbeispielen wiedergegeben wurden. Daraus folgt für Sie ein außerordentlich wichtiger Hinweis: Sie müssen sich darauf vorbereiten, alles, was für Sie positiv sein könnte, auf jeden Fall vorzubringen, und Sie dürfen nicht darauf warten, daß der Gutachter von sich aus darauf kommt.

In sehr vielen, negativ beurteilten Fällen haben es die Betroffenen zugelassen, daß sich der Gutachter auf die – zugegeben sehr ungünstige Vorgeschichte festgelegt hat; die für die Zukunft positiven Gesichtspunkte kamen nicht einmal zur Sprache, und zwar häufig deshalb, weil der Betroffene diese nicht von sich aus vorbrachte oder nicht vorbringen konnte, weil er ja nicht wußte, wie er sich zu verhalten hatte und worauf es ankam.

Auf einen Blick

A. Fallbeispiele zeigen die Themen und den Ablauf des Gesprächs auf:
   - Wie hat/haben sich die geahndete(n) Fahrt(en) zugetragen? Bestand ein Zusammenhang zwischen der (den) Fahrt(en) und den Trinkgewohnheiten?
   - Waren eventuell persönliche, familiäre und/oder außergewöhnliche Umstände für die Entstehung der ‚Trinkgewohnheiten und/oder die Trunkenheitsfahrt(en) verantwortlich?
   - Ist eine Veränderung in den Trinkgewohnheiten eingetreten?
   - Wenn ja, warum und inwiefern?
   - Welche konkreten Beispiele können Sie für die Selbsteinschränkung geben?
   - Welche Vorsätze, die Sie bereits mit Erfolg erprobt. haben, können Sie darstellen, und wie haben diese zur Festigung der Selbsteinschränkung beigetragen?

B. Fallbeispiele verdeutlichen:
   - Ohne selbstkritische Einsicht in die Zusammenhänge, die für die Promillefahrt(en) ursächlich waren, hat es in der Regel keinen Sinn, sich begutachten zu lassen!

   Fallbeispiele helfen:
   - bei der Vorbereitung auf das Gespräch
   - sich selbst nicht zu betrügen.

C. Fallbeispiele machen klar:
   - Der Betroffene muß sich, seine Probleme und Vorsätze sehr ausführlich darstellen (können).
   - Der Betroffene darf nicht erwarten, daß der Gutachter an alles Wichtige denkt und danach auch fragen wird.

So bitte nicht!

Fallbeispiel

Fangen wir gleich mit einem Negativbeispiel an: Es ist an anderer Stelle bereits mehrfach darauf hingewiesen worden, wie wichtig es beim Untersuchungsgespräch ist, daß Sie sich in wesentlichen Punkten nicht in Widersprüche verwickeln.

Der Gutachter kann seine Beurteilung nur auf das Gespräch mit Ihnen aufbauen. Er ist also auf das angewiesen, was Sie sagen. Wenn Sie sich auf das Gespräch vorbereiten, dann muß das, was Sie vorbringen wollen, schlüssig, folgerichtig und vor allem wahrheitsgemäß sein. Wenn Sie sich nicht daran halten und zum Beispiel zu Ihren Trinkgewohnheiten wider sprachliche Angaben machen, so wird der Gutachter schon aus Zeitmangel nicht viel unternehmen, um Ihnen zu helfen.

Selbstverständlich gibt es viele sorgfältig arbeitende Gutachter, die dieses Gespräch nicht wie ein Verhör führen, aber trotzdem ist die Gefahr groß, sich in Widersprüche zu verwickeln. Sie müssen also glaubwürdig sein, und das, was Sie vorbringen, muß der Wahrheit entsprechen.

Wenn ein Betroffener Märchen erzählt, dann kann es nicht dem Gutachter angelastet werden, wenn er den Fall negativ beurteilt. Dazu der folgende Fall: Zwar hatte der Untersuchte „lediglich" 0,82 Promille. Aber: Diese wurden erst durch Rückrechnung festgestellt, da er einen Unfall verursachte und sich vom Unfallort unerlaubt entfernt hatte. Diese Tatsache und eine Anzahl anderer Zuwiderhandlungen bereiteten der Behörde Sorgen, und es wurde die Begutachtung angeordnet.

Im Gespräch machte er dann folgende Ausführungen:

„Es war an meinem Geburtstag. Ich hatte eine Flasche Bier getrunken, zu hause mit Bekannten. Es war ein Fest. Ich hatte keinen Schnaps und auch keinen Sekt getrunken.

Sonst hatte ich gar nichts getrunken.

Ich bin nicht im Auto gewesen, und ich hin nicht gefahren. Die Leute verursachen die Unfälle, und ich muß bezahlen.

Ich hatte meinen Mantel aufgehängt, und ein Kollege hat vielleicht den Schlüssel aus der Tasche genommen. Wer es war, das habe ich nicht gesehen.

Wie der Unfall passiert ist, weiß ich nicht. Daß der Unfall passiert ist, weiß ich nur, weil ich da vorbeigekommen bin. Ich kam aus der Wohnung, und da war die Polizei da.

Eine Verhandlung vor Gericht hat stattgefunden. Jeder Zeuge hat was anderes gesagt. Die falschen Zeugen haben ausgesagt, sie hätten mich (am Steuer) gesehen."

Für den Gutachter ist es selbstverständlich wichtig zu wissen, wie der Untersuchte die Angelegenheit erlebt hat. Seine diesbezüglichen Aussagen sprechen für sich:

„Ich habe andere Probleme, Familie und Arbeit, und deshalb habe ich **alles vergessen,** *wie es passiert war.*

Was bezahlt ist, ist bezahlt."

Es fällt sicherlich auch Ihnen sehr schwer, an die Richtigkeit der Erzählung dieses Betroffenen zu glauben. Es paßt eigentlich von dem, was er berichtet, nichts zusammen.

Völlig unverständlich bleibt, woher seine 0,82 Promille kamen, wenn er glauben machen will, nichts anderes als *„eine Flasche Bier getrunken"* zu haben. Dieser Eindruck wird noch weiter verstärkt, wenn man seine Angaben zu seinen früheren und jetzigen Trinkgewohnheiten liest:

„Wenn ich (früher) nur ein Glas Wein getrunken habe, mußte ich mich schon übergeben.

Das war schon in der Jugend so. Wegen meines Magens. Ich habe auch früher keinen Alkohol getrunken. Wenn in der Familie was gefeiert wurde, habe ich nur Wasser getrunken.

Ich habe überhaupt nur zweimal Alkohol getrunken: einmal bei meinem Vater und dann an dem Tag, als dies (Promillefahrt) passiert war. Seit vier Jahren trinke ich gar nichts. Die Pumpe (Herz) läuft nicht richtig.

Ich war deshalb schon zwei-, dreimal im Krankenhaus. Es wurden bei mir Magenspiegelungen gemacht.

Wenn heute eine Feier ist, dann trinke ich nur Orange und keinen Alkohol.

Ich trinke seit vier Jahren nicht mehr, weil ich es mit dem Magen zu tun habe ..."

Diese ganzen Ausführungen – das fällt sofort auf – stimmen vorn und hinten nicht. Um nur die auffälligsten Widersprüche herauszugreifen: Er habe, obwohl schon zweimal wegen Alkohols am Steuer aufgefallen, *„überhaupt nur zweimal Alkohol getrunken"*. Er trinke seit 4 Jahren nicht mehr, da er schon in der Jugend sich nach einem Glas Wein habe übergeben müssen. Dann behauptet er, wegen seines angeblich kranken Herzens nichts zu trinken. Deshalb sei er sogar mehrmals im Krankenhaus gewesen, wo man jedoch „Magenspiegelungen" vorgenommen habe. Ich meine, man muß gar kein Gutachter sein, um in diesem Fall feststellen zu können, daß der Befragte sich in Widersprüche verwickelt hat, die derart gravierend sind, daß ihm eigentlich gar nichts geglaubt werden kann. In solchen Fällen können die Bemühungen des Gutachters, den Betroffenen zu wahrheitsgemäßen Einlassungen zu bewegen, auch nichts nützen. Es liegt auf der Hand, daß die gesamten Darstellungen des Befragten so hochgradig unglaubhaft sind, daß zweifellos auf seine Uneinsichtigkeit geschlossen werden kann.

Ein positiver Fall

Fallbeispiel

Als zweites möchte ich Ihnen einen typischen Fall und die dazugehörige Geschichte des 23 Jahre alten Betroffenen berichten. Es handelt sich um seine erste Bußgeldbestrafung wegen einer Fahrt unter Alkoholeinfluß. Sein für die Fahrzeit berechneter BAK-Wert betrug 1,14 Promille. Er lebt im ländlichen Gebiet. Die zuständige Straßenverkehrsbehörde verlangte in seinem Fall ein Gutachten, das im Ergebnis positiv für ihn ausfiel. Seinen Führerschein durfte er behalten. Eine Entziehung wurde ihm lediglich angedroht. Die Besprechung der Umstände des Zustandekommens seiner Promillefahrt brachte folgendes an den Tag:

„Damals hab' ich eine Freundin kennengelernt ... sie war der Prügelknabe in ihrer Familie.

Wenn sie Freunde hatte, hat ihr der Vater gedroht. Sie hat mir gut gefallen .

Sie wollte (an jenem Abend mit ihm) von zu Hause abhauen, und ich habe mit dem Auto vor dem Haus gewartet. – Und dann hat sie wieder Prügel gekriegt ... Ich hab' mich damals sehr elend gefühlt, denn sie war weg.

Ich hab' einen Arbeitskollegen getroffen, und der hat mich zu Bier eingeladen. Ich habe ungefähr 4–5 Gläser getrunken. – Es kann gut sein, daß es größere Gläser waren ... mein Kollege wollte noch zu seiner Freundin, und den hab' ich dann hingefahren. Viel nachgedacht hab' ich in dieser Situation nicht. Ich war mit meinem Kummer beschäftigt. Ich hab' damals gesagt, ist doch alles egal ...

Ich habe aber nicht deshalb getrunken, um das Problem aus der Welt zu schaffen. Denn dadurch geht es nicht weg ..."

Aus seiner Erzählung ergeben sich für die gutachterliche Beurteilung folgende wichtige Umstände: Er befand sich in einer niedergeschlagenen Stimmung, die verständlich und nachvollziehbar ist, denn er konnte das Mädchen, das ihm „gut gefallen" hat, nicht zu sich nehmen, da das geplante gemeinsame „Abhauen" mißlungen war. Das Mädchen wurde auch noch verprügelt, wogegen er nichts unternehmen konnte. Das ist für einen jungen Mann in dieser Situation nicht leicht zu ertragen. Er war ohne Zweifel in einer unglücklichen Lage.

Zum anschließenden Alkoholgenuß kam es aufgrund einer ganz spontanen Begebenheit: Er traf zufällig einen seiner Arbeitskollegen. Daß er dann mit seinem Auto weiterfuhr, folgte aus der nicht alltäglichen Gesamtsituation.

Zu seinen Trinkgewohnheiten erbrachte die Exploration folgende Informationen:

„Trinken tue ich eigentlich gar nicht. Ich habe Schwierigkeiten mit dem Magen. Im Magen soll ich einen Riß im Zwerchfell haben.

Vor neun Monaten hat ein Freund von mir geheiratet. Ich war am Polterabend dabei ... zehn Gläser Bier hatte ich bestimmt ... die ganze Nacht.

Wir gehen selten aus. In die Disko nicht. Ich kann nicht gut tanzen ... Wir gehen zu Verwandten an den Wochenenden. Da trinke ich aber gar nichts Alkoholisches ... ich trinke Kaffee oder Tee ... ich fahre ja mit dem Auto ...

Silvester waren wir zu Hause. Ich habe vielleicht 1–2 Glas Wein getrunken.

(Wenn er mit Kollegen oder Freunden zusammenkommt): Vielleicht 2 Glas Wein ...

Beim Essen trinke ich keinen Alkohol. Es schmeckt doch gar nicht. Ich trinke lieber Kaffee ...

Früher hatte ich nicht anders getrunken ... ich war auch nicht bei der Bundeswehr.

Es kommt natürlich vor, daß man abends zu Hause mal ein Bier trinkt. Es ist aber nicht jeden Tag ... unregelmäßig, irgendwann mal 1 Glas ...

Auf der Arbeit trinken wir nicht. Da dürfen wir nicht trinken. Und nach Feierabend fahre ich nach Hause. Mit Kollegen gehe ich nicht weg."

Aus der ausführlichen Besprechung seiner Trinkgewohnheiten, die an dieser Stelle nur in den wesentlichen Auszügen wiedergegeben wurde, ging hervor, daß bei ihm keine Besonderheiten gefunden werden konnten.

Wichtig war, daß er sich immer spontan und ohne Umschweife zu diesem Thema äußerte. Verdeckungstendenzen waren nicht zu beobachten. Von Gewicht war die Tatsache, daß er auch seine Freizeit sinnvoll gestaltete: Er nahm an Fortbildungskursen teil, was er mit Zeugnissen und Bescheinigungen belegen konnte. Er „hing also nicht durch", schon deshalb nicht, weil es dann mit seiner Freundin doch klappte und die Beziehung sich zu einer ernsten Bindung festigte.

Aus der Sicht des Gutachters ließ sich demnach nicht nur feststellen, daß bei Herrn J. keine Alkohol- oder persönlichkeitsbedingten Auffälligkeiten vorlagen. es ließ sich auch belegen, daß er sich konsequent an seine guten Vorsätze hielt.

Die Fahrt unter Alkoholeinfluß erwies sich in seinem Fall als ein einmaliges Ereignis, das sehr verständliche Ursachen hatte.

Ein Fall „auf der Kippe"

Fallbeispiel

Dieser Fall soll die wesentlichen Umstände und Bedingungen darstellen, unter denen zwar keine ausgesprochen positive, aber auch nicht überwiegend negative Beurteilung der künftigen Fahreignung möglich ist. Es handelt sich dabei um den 27 Jahre alten Herrn V., der im Ruhrgebiet lebt und sich der psychologischen Begutachtung stellte, nachdem er zuletzt eine Geldbuße und ein Fahrverbot wegen Fahrens unter Alkoholeinfluß mit 1,18‰ erhielt. Das Straßenverkehrsamt zweifelte an seiner Eignung, weil er in den Jahren vor der Promillefahrt mehrere Male wegen zu schnellen Fahrens und Fahrzeugmängel belangt worden war. Obwohl der Stand seines Punktekontos im Flensburger Zentralregister für den Entzug der Fahrlizenz nicht ausreichte, nahm die Straßenverkehrsbehörde eine mangelnde charakterliche Zuverlässigkeit an und bestand auf einem Gutachten. Die Umstände seiner verhängnisvollen Promillefahrt sind für viele solcher Fahrten typisch:

Er hatte bei einer Feier in einer Gastwirtschaft etwa zwischen 20 und 24 Uhr an die „16 bis 20 Bier" getrunken. Als die Feier dann zu Ende ging, wollte er in dem Gasthaus übernachten, der Wirt hatte aber kein freies Zimmer mehr. Er riskierte die Heimfahrt nicht, sondern legte sich in seinen Wagen zum Schlafen. Als er dann etwa gegen 5 Uhr morgens wach wurde, fuhr er nach Hause, da er glaubte, nicht mehr unter Alkoholeinfluß zu stehen.

Im einzelnen schilderte er den Lauf der Ereignisse so:

> *„ ... ich bin wach geworden, hatte das Gefühl, daß ich nüchtern war, es war ja ziemlich kalt, dachte, jetzt fährst du nach Hause... bin dann losgefahren."*

Kurz danach ist er dann von einer zivilen Polizeistreife angehalten worden:

> *"Ich stand an einer Ampel, die hatte Rot, die standen neben mir, ich muß wohl den Eindruck erweckt haben, daß ich betrunken sei... Ich mußte in die Tüte blasen. Dann die Blutprobe: 1,18 Promille."* .

Herr V. war sich also durchaus im klaren darüber, daß er viel zuviel Bier getrunken hatte, um noch fahren zu dürfen. Zunächst hielt er sich auch an die Erkenntnis. Die anhaltende Wirkung des Alkohols schätzte er jedoch falsch ein, auch wenn dies vielen Schicksalsgenossen etwas unwahrscheinlich vorkommen mag. Denn er orientierte sich nur an den äußeren Umständen: Es war draußen „ziemlich kalt", er fühlte sich subjektiv auch nicht betrunken. Mit anderen Worten: Er schätzte letztlich die Gesamtwirkung der getrunkenen Menge völlig unzutreffend ein – das ergibt sich aus der BAK von 1,18 Promille.

Wie es die nachfolgenden Angaben zu seinen Trinkgewohnheiten bestätigen, hatte er eine beachtenswerte Übung im Genuß nicht unerheblicher Trinkmengen. Er hatte eine „Stammkneipe", wo er zwar immer „nur Bier", aber immerhin sieben- bis achtmal im Monat mit seinen Freunden und Bekannten „zehn bis fünfzehn Bier" zu sich zu nehmen pflegte. Übers Wochenende, oder nur samstags, habe er „10 bis 15 Bier, mal vielleicht auch 20 getrunken."

> *"Ordentlich was getrunken hab' ich vor 3–4 Jahren, und zwar mehrere Schnäpse, etwa 10, und 20–25 Glas Bier."*

Es kann in seinem Fall also durchaus von einer nicht ungefährlichen Regelmäßigkeit im Genuß alkoholischer Getränke gesprochen werden, wobei auch zu beachten ist, unter welchen Umständen es stets dazu kam. Dazu führte er aus:

> *"... ich hatte vielleicht einen falschen Umgang. Meine Freunde, früher, hatten nur im Sinn, sich mit der Clique zu amüsieren ... nicht darüber nachgedacht, was wird ..."*

Schon diese Einzelheiten beweisen, daß die Bedenken der Straßenverkehrsbehörde an der Fahreignung von Herrn V. nicht grundlos waren. Ebenfalls sehr aufschlußreich sind die weiteren Einlassungen von Herrn V.:

> *"...ab Mai hab' ich mit denen (Clique) nichts mehr zu tun. Im Moment, seit längerer Zeit, bin ich in keiner Clique ... seit fast zwei Jahren hab' ich eine Freundin ... mit ihr habe ich nicht über die Sache mit dem Führerschein gesprochen, aber ich nehme an, sie hat auch dazu beigetragen ...*
>
> *Ich hab' nicht mehr solche Flausen im Kopf ... ich bin pflichtbewußter geworden. Ich habe eingesehen, daß man auch ohne Clique und anders leben kann ..."*

Im Vergleich zu früher haben sich seine Trinkgewohnheiten wie folgt geändert

Zuletzt habe er vor einigen Wochen „eine Flasche Bier" getrunken, und zwar anläßlich eines Besuches bei der Familie seiner Freundin. Der Vater habe ihm das Bier angeboten. Zwei Tage zuvor sei er auch dort gewesen, und man habe „zwei Flaschen Bier" getrunken.

Bei besonderen Anlässen wie Silvester seien es während mehrerer Stunden „5 Gläser Sekt und 2–3 Flaschen Bier gewesen".

„So richtig über den Durst" habe er vor gut einem Jahr während des Urlaubs bei einer Geburtstagsfeier getrunken, es waren wohl, 5–6 Flaschen Bier."

In die Gastwirtschaft gehe er nicht mehr regelmäßig, um nicht mit seinen früheren Freunden zusammenzukommen. Es komme zwar vor, daß er in die Wirtschaft einkehre, mal „auf einen Sprung auch mit der Freundin", aber: – er trinke „nur alkoholfreie Getränke", weil er seinen Wagen dabei habe.

Faßt man das Wesentliche zusammen, dann liegt doch eine wichtige Veränderung, sowohl in seinem für die Rückfallgefahr wichtigen Umgang (Clique) wie auch in seinen Trinkgewohnheiten. Zwar kann es wegen der Androhung der Entziehung der Fahrerlaubnis dazu, so daß seine Verhaltensänderung eher eine Zweckanpassung ist. Da er aber auch beruflich auf seinen Führerschein dringend angewiesen ist, ist davon auszugehen, daß er sich in Zukunft nicht so leicht wieder „auf die schiefe Bahn" lenken läßt. Zweifelsohne fällt bei ihm positiv ins Gewicht, daß er, wenn auch unter Druck, die für ihn ungünstigen Beeinflussungen erkannte und von sich aus etwas für die Veränderung unternommen hat.

In seinem Fall wurde die Rückfallwahrscheinlichkeit in ein erneutes Fahren unter Alkoholeinfluß nicht als überwiegend eingeschätzt. Es kann also davon ausgegangen werden, daß er seinen Führerschein behalten durfte.

„Ich bin trocken."

Fallbeispiel

Dieser Fall ist ein Beweis dafür, daß sogar für einen ehemaligen Alkoholabhängigen das Fahreignungsgutachten durchweg günstig laufen kann. Lesen Sie bitte die in mancher Hinsicht bewegende Geschichte des 40 Jahre alten Herrn T.:

Er ist wegen vorsätzlicher Trunkenheit am Steuer, und zwar während seiner Arbeitszeit, aufgefallen: Seine BAK betrug zur Tatzeit 3,57 Promille. Zu diesem Zeitpunkt, so ergab die spätere Befragung, ist er seit mehr als einem Jahr alkoholabhängig. Er arbeitet in einer Fabrik, und zwar unter besonders harten Bedingungen, die auch „rauhe Trinksitten" mit sich bringen, und zwar bei den meisten der dort Beschäftigten.

Zu seiner Trunkenheitsfahrt berichtet er:

> *„Ich mußte nach E. mit dem Transporter, um dort einige Probleme zu lösen (es war während der Arbeitszeit). Ich bin losgefahren und merkte nach U., daß es mir schlecht ging. Hatte eine halbe Flasche oder 0,33 Liter Korn gekauft und im Auto getrunken. Tagsüber werde ich (damals) sicherlich morgens auch Schnaps getrunken haben. Mittags nicht, weil ich wußte, daß ich (wegen der Arbeit) los mußte. Bin dann weitergefahren ... Sie müssen zu dem hin, zu dem Kunden! Wie machen Sie das?! – Gehetzt, daß man hinkommt, daß einen keiner erwischt, daß ich nicht erwischt werde!"*

Er erlag also seiner Alkoholabhängigkeit, weil er zum Widerstand nicht mehr in der Lage war. Weil er schon morgens, wie übrigens jeden Tag, sein damals notwendiges „Pensum" zu sich genommen hatte, kann er nach dem Nachtrunk von Schnaps mit größter Wahrscheinlichkeit kaum dazu fähig gewesen sein, sein Verhalten genügend zu steuern.

Sein Bericht, den er nach einer freiwilligen Entziehungskur gab, bedarf keines Kommentars:

> *„Normalen Alkoholkonsum hat man schon am Arbeitsplatz gehabt, bei Meisterbesprechungen 1–2mal die Woche, und dabei wurden 2 Flaschen Bier getrunken. Wenn einer Geburtstag hatte: 2–4 Flaschen Bier. Bei der Firma bin ich schon fast 20 Jahre.*
>
> *Bei Einladungen an Wochenenden auch so mal Bier und Schnaps getrunken, immer. Die Menge ist schwer zu sagen: Mal schüttete der, mal der andere eine Flasche Bier ein.*
>
> *Solange ich Gesellschaftstrinker war, war es kein Problem.*
>
> *Als ich dann Spiegeltrinker wurde dann hat es ein halbes Jahr gedauert, bis ich auf die Nase gefallen bin (mit der Trunkenheitsfahrt).*
>
> *... es ist Blödsinn, aus irgendeinem Grunde zu trinken. Es ist gar nicht wahr, wenn Ihnen jemand so was sagt.*
>
> *Das letzte halbe Jahr (vor der Trunkenheitsfahrt) war die harte Phase, da war ich ein Trinker.*
>
> *Spiegeltrinker heißt, den Alkoholspiegel zu halten, um überhaupt arbeiten zu können. Drei Schnäpse morgens, und dann mittags auch noch ein Schnaps. Abends vor dem Schlafengehen drei Schnäpse.*
>
> *In dieser Phase habe ich nur Schnaps getrunken. Mit Bier hatte ich nicht viel im Sinn.*

In der letzten Phase, wenn irgend was Belastendes auf mich zukam, bin ich nach Hause und hab' ins Wasserglas getan: Steinhäger, Doppelkorn und Limo dazu. Da mögen 2–3 Schnäpse (pro Glas) dringewesen sein. Daß ich dreimal am Tag getrunken hatte, das war klar. Und abends, wenn wir ausgegangen sind zu Bekannten, hatte ich an Bier eins und dann nochmals insgesamt abends 5–6 Schnäpse getrunken.

An Wochenenden weniger, weil man länger geschlafen hat. Vor dem Essen: drei Schnäpse im Wasserglas.

Mehr geworden ist es in Situationen, wo ich mich aufgeregt hatte. Dann hab' ich mich betäubt. Auch so zwei Schnäpse, also 2–3mal insgesamt. Also zusätzlich zu den täglichen Mengen. In letzter Zeit.

Ich brauchte das, um ein gewisses Wohlbefinden herzustellen. Wenn der (Alkohol-)Spiegel nachließ, ging es mir nicht wohl.

Es fing an, daß ich auch mal was trank, wenn was anlag in der Firma, zum Beispiel Arbeitsabnahme. Zu Hause hatte ich keine Probleme, die zum Trinken geführt hätten.

Wenn Feierlichkeiten waren, habe ich mich zurückgehalten, um nicht aufzufallen (vor anderen). Die drei Schnäpse wie sonst und so 5–6 dazu, ganz verschieden.

Auf dem Schützenfest hatte ich auch wenig getrunken, weil es öffentlich war, und man hat eine gewisse Scheu davor gehabt (aufzufallen)."

Diese einsichtigen Schilderungen von Herrn T. lassen den Weg mitverfolgen, den er bis hin zu seiner hochgradigen Alkoholabhängigkeit gegangen war.

Ein wichtiger Punkt ist dabei, daß er auch in solchen Situationen beim Alkoholgenuß Entlastung suchte, die für ihn eine seelische Belastung bedeuteten.

Kurz nachdem das Urteil gegen ihn ergangen war, entschloß er sich zu einer Entziehungskur:

„ ... ein Bekannter sagte mir, der das auch durchgemacht hat. Und meine Frau hat den Strohhalm ergriffen und dort angerufen. Ich habe selbst auch gesagt, ich muß da hin.

Nach der Kur bin ich Abstinenzler geworden. Was anderes gibt es auch nicht.

Ich habe es nicht ausprobiert, aber man sagt: entweder – oder."

Die völlige Enthaltsamkeit dauert bei Herrn T. seit einem guten Jahr an. Seine Einsicht geht auch darauf zurück, daß bei ihm zusätzlich eine alkoholbedingte Organerkrankung festgestellt wurde:

"Ich darf an die Zeit (früher) gar nicht zurückdenken. Alkoholabhängigkeit ist was Furchtbares. Da kann man an den fünf Fingern abzählen, das Ende."

Nach der Entziehungskur hat er sich einer Gruppe ehemaliger Alkoholabhängiger angeschlossen, um dort auch weiteren Halt zu finden:

"...nach der Kur darf man ja noch nicht glauben, man sei weg vom Alkohol.

Denn die Rückfallquote (in den Alkoholmißbrauch) ist sehr hoch bei denen, die die Einsicht nicht haben.

Bei mir ist Einsicht: zum ersten, daß mir der Führerschein entzogen wurde. Und dann der Leistungsabfall bei der Arbeit ... man muß sich wesentlich mehr anstrengen, um eine Leistung zu erbringen. Und zeitlich war es auch so, daß man (als Alkoholabhängiger) das in der Zeit nicht schafft."

Bei Herrn, T. kam aber noch die Frage hinzu, ob bei ihm die seelische Labilität, die im Zusammenhang mit seiner beruflichen Tätigkeit bestand, noch vorhanden war oder ob er sich auch in dieser Hinsicht genügend gefestigt hatte. Dazu sind seine folgenden Sätze beachtenswert:

"Ich nehme (von der Arbeit) mehr Gedankengut mit nach Hause und bespreche es mit meiner Frau. Ist besser, weil man das Gefühl hat, daß man sich loslassen kann. Daß man es sich von der Seele spricht ... Ich bin heute so weit gefestigt, wie ein Mensch das von sich nur sagen kann. Früher hat man morgens feuchte Hände gehabt und mußte sehen, daß man überhaupt in Gang gekommen ist. Heute ist es so, daß man ausgeruht ist. Ich brauche keinen Wecker zum Aufstehen."

Im Falle von Herrn T. gibt es sicherlich eine ganze Reihe positiver Gesichtspunkte, die beantragte Wiedererteilung seiner Fahrerlaubnis aus psychologischer Sicht zu befürworten.

Es erschien ratsam, ihn wieder ein Fahrzeug führen zu lassen, weil es dazu beitragen würde, ihn in der Verwirklichung seiner guten Vorsätze zu bestärken, zu unterstützen. Daß er wieder fahren durfte, erleichterte ihm auch den Besuch der therapeutischen Gespräche, die er bis dahin nur mit großem Zeitaufwand schaffte.

Keine Aussicht auf Erfolg

Fallbeispiel

Der 50jährige Herr K. ist ein studierter Mann, der schon aufgrund seiner geistigen Fähigkeiten wichtige Zusammenhänge erkennen müßte. Um so verwunderlicher waren seine Angaben zu seiner Trunkenheitsfahrt, und vor allem dazu, was er gegen eventuelle Rückfälle machen möchte. Aber lesen Sie selbst:

Er habe in seinem Dorf, wo er Schulmeister ist, zum Geburtstag „eine Flasche Schnaps" bekommen.

Am Nachmittag habe er mit Bekannten dann mehrere Weinbrand und Fruchtsaft getrunken. Sei dann nach Hause gegangen und habe sich hingelegt, davor aber auch noch etwas aus dem Geschenkschnaps probiert:

> *„Habe dann etwa fünf Stunden geschlafen. Als ich aufwachte, hatte meine Frau die Flasche schon weggestellt, so daß ich nicht mehr feststellen konnte, wieviel ich getrunken hatte. Dann stellte ich fest, daß ich keine Zigaretten hatte, und bin dann ins Dorf gefahren, um Zigaretten zu holen.*
>
> *Beim Schuster, der hat die Zigaretten, habe ich noch eine Flasche Bier getrunken.*
>
> *Es ist mir nicht verständlich, wie ich die 2,0 Promille hatte. Denn ich habe bei mir keine Störungen festgestellt, die man nach Alkoholgenuß feststellen soll ...*
>
> *Ich habe keine Beeinträchtigung wegen des Alkohols gespürt!*
>
> *Ich bin gefahren, weil die Straßenbauverwaltung für Fußgänger dort (in seinem Dorf) nichts vorgesehen hat. Nur die Straße ist asphaltiert ..."*

Zum Konsum der beträchtlichen Mengen Alkohol sowie zu der anschließenden Autofahrt ist es aus einem ganz gewöhnlichen Anlaß gekommen. Merkwürdig ist allerdings, daß er keine „Beeinträchtigung gespürt" habe und sich auf geradezu komische Ausreden zurückzieht. Letzteres mag amüsant erscheinen; nachzuforschen bleibt, ob bei ihm womöglich eine große Alkoholverträglichkeit vorliegt. Die Antwort ergibt sich aus seinen Einlassungen zu seinen **früheren** und **jetzigen** Trinkgewohnheiten.

> *„Abends hatte ich immer was getrunken. Wir leben auf dem Dorf. Ich hab' in den seltensten Fällen die Möglichkeit gehabt, von zu Hause wegzugehen. Abends zu Hause habe ich etwa 2–3 Flaschen Bier getrunken.*
>
> *Ich gebe zu, wenn ich mal die Gelegenheit hatte auszugehen, dann habe ich viel getrunken. Es war aber selten: vielleicht 3–4mal in der Woche. Es können (dabei) 20 Glas Bier gewesen sein.*
>
> *Ich hab' immer einen Schnaps davor getrunken ..."*

Nach dem Entzug der Fahrerlaubnis:

> *„Ich fuhr immer mit öffentlichen Verkehrsmitteln. Ich hatte immer Aufenthalt (beim Umsteigen), ich bin dann in die Lokale gegangen und hab' Bier getrunken: 3 Glas Bier, im Durchschnitt, etwa.*

> *Silvester hatte ich kaum etwas getrunken. Wir waren zu Hause. Da hatte ich schon Abschied vom Alkohol genommen. Es waren etwas Sekt, so etwa ein Drittel Flasche, und eine Flasche Bier, die ich getrunken hatte. Nur wenn ich in Gesellschaft war, habe ich getrunken. Ob es eine größere oder kleinere Gesellschaft war oder ich nur mit einem anderen zusammen war, ist eigentlich egal, aber wenn ich ganz alleine war, habe ich nicht getrunken."*

An dieser Stelle verwickelt er sich in konkrete Widersprüche, denn sehr wohl kam es vor, daß er auch ohne jeden gesellschaftlichen Anlaß, also allein regelmäßig einige Flaschen Bier trank. Darauf angesprochen, hüllt er sich in Schweigen und gab nur die Erklärung:

> *„Seit dem (Datum) trinke ich keinen Tropfen mehr. An dem Tag lag ich im Bett, war krank, hatte Hexenschuß, da kam mir der Gedanke, Schluß zu machen (mit dem Alkohol)."*

Wie sich dann herausstellte, bekam er an dem Tag den Brief des Landratsamtes, in dem ein Eignungsgutachten für erforderlich gehalten wurde. Bei der weiteren Besprechung seiner Trinkgewohnheiten stellt sich heraus, daß er sich bereits früher vorgenommen hatte, mit dem Alkoholkonsum ganz aufzuhören, weil er um seinen guten Ruf in der kleinen Gemeinde fürchtete. Doch länger als drei Monate konnte er nicht durchhalten, und zwar aus folgendem Grund:

> *„Vollkommen aufhören wollte ich nicht, denn ich habe damals noch nicht eingesehen, warum ich ganz aufhören sollte, denn das empfand ich damals als einen sehr starken Einschnitt in meine Persönlichkeit. Dann stellte ich fest, daß ich am Bahnhof beobachtet wurde, als ich getrunken hatte. Der Schornsteinfeger hat es mir mitgeteilt, daß er im Dorf erfahren habe, daß ich beobachtet werde beim Trinken."*

Das Eigentliche kommt aber erst jetzt an den Tag:

> *„Da stand ich vor der Frage, ob das Landratsamt mich ganz trockenlegen wollte oder ob es sich damit begnügen wollte, daß ich drei Monate nicht trank ...*
> *Da stand ich nach diesen drei Monaten vor der Frage, daß die das gar nicht akzeptierten."*

Das Amt begnügte sich nicht mit den drei Monaten Abstinenz als Grundlage für die Wiedererteilung:

> *„Und ich meinte nun, daß die von mir wollen, daß ich ganz aufhöre. Und ich sah nicht ein, warum ein Mann, dem der Führerschein abgenommen wurde, nun gar keinen Alkohol trinken soll ...*
> *Jetzt habe ich mich doch entschlossen, nichts mehr zu trinken, weil das Landratsamt es so will! Ich persönlich halte es nicht für nötig, daß das Landratsamt von mir Abstinenz verlangt."*

Es war natürlich wichtig zu erfahren, wie er es mit der Abstinenz halten würde, wenn er die Fahrerlaubnis bekäme. Dazu sagte er frei heraus:

"Ich werde stark versuchen, keinen Alkohol mehr zu trinken. Ob ich allerdings als Außenseiter in der Gesellschaft herumlaufen soll, das ist die Frage?

Ich werde meine Frau fragen! Sie soll entscheiden, ob ich trinken darf oder nicht!?

Ich habe es an sich nicht vor, überhaupt nichts zu trinken!"

Auf die Frage, die ja logisch folgte, warum er sich dann mit dem Gedanken der Abstinenz befasse, erläuterte er:

"Ich will nur denen (beim Landratsamt) keine Handhabe mehr geben, gegen mich vorzugehen. Darum werde ich im Dorf künftig nichts mehr trinken. Sobald ich mich im Dorf aufhalte, werde ich mich den dortigen Gewohnheiten anpassen und nichts trinken. In den letzten Jahren habe ich es auch geschafft.

Trinken werde ich nur, wenn ich außerhalb des Dorfes bin ... Warum sollte ich auch nicht trinken?

Oder was soll ich Ihnen sagen, Herr Doktor?! – Soll ich Ihnen sagen, daß ich gar nichts mehr trinke? Ich sage Ihnen, daß ich gar nichts mehr trinke! Dann. gehe ich kein Risiko ein, um nicht hier irgend was Falsches zu sagen."

Der wegen seiner klaren Aussage durchaus sympathische Herr K. hat unmißverständlich ausgeführt, daß er ausschließlich aus zweckgerichteten Überlegungen heraus an eine Einschränkung des Alkoholkonsums denkt, und auch nur dann, wenn er sich in seinem Dorf beobachtet glaubt. Sonst möchte er die Verantwortung in dieser Frage am liebsten seiner Ehefrau übertragen, sie solle entscheiden, ob er trinke oder nicht.

Man kann sicherlich die Auffassung vertreten, es sei unwichtig, ob der Betroffene sich aus einsichtiger Überzeugung oder purer Zweckanpassung ändert; Hauptsache: Er hält sich an seine Vorsätze.

Das mag im allgemeinen richtig sein. Im Falle von Herrn K. ist es aber offensichtlich so, daß er die notwendige Veränderung seiner Lebens- und Trinkgewohnheiten nicht für erforderlich hält, die ja für seine Trunkenheitsfahrt letztlich ursächlich waren, so daß bei ihm ein Rückfall in ein weiteres Fahren nach erheblichem Alkoholgenuß als sehr wahrscheinlich angesehen werden muß.

Im Netz der Widersprüche

Fallbeispiel

Dieser Fall ist typisch dafür, wann und unter welchen Voraussetzungen eine Begutachtung nicht positiv sein kann:

Es ist an anderer Stelle bereits darauf hingewiesen worden, daß aus der Sicht des Gutachters schon beim Aktenstudium wichtige Punkte herauskommen, auf die dann bei der Exploration ganz gezielt eingegangen wird. Ein solcher Punkt ist die Höhe der Blutalkoholkonzentration bei der Trunkenheitsfahrt. Im nachfolgend beschriebenen Fall geht es um den 39 Jahre alten Herrn O. Er ist einmal wegen Alkohols am Steuer verurteilt worden. Seine BAK betrug 3,38 Promille.

Aus diesem extremen Promille-Wert muß vermutet werden, daß er möglicherweise zur Maßlosigkeit im Umgang mit alkoholischen Getränken neigt. Einen Schwerpunkt in der Besprechung seiner Trunkenheitsfahrt und seiner Trinkgewohnheiten wird daher diese Vermutung bilden. Zunächst waren die Umstände seiner bestraften Fahrt abzuklären. Dazu berichtete er wie folgt:

Die Fahrt habe sich an einem Sonntag zugetragen. Er sei „gegen Mittag in eine griechische Gaststätte eingekehrt. Dort traf ich griechische Arbeitskollegen, und da hat mal der eine, mal der andere eins ausgegeben. Es kam Bier, dann Cola mit Cognac und so weiter.

> *„Als ich gegen 15 Uhr wegfuhr, hat jemand die Polizei angerufen. So sagten es mir die Polizisten. Ich weiß nicht, wieviel ich getrunken hatte.*
>
> *Es war sehr heiß, und es muß eine ganz schöne Menge gewesen sein. Es waren insgesamt 5–6 Mann, und es kamen immer wieder andere dazu. Ich war mir gar nicht bewußt, daß ich ins Auto stieg. Ich hatte eine schöne Schlagseite ... Ich kam überhaupt erst zur Besinnung, als die Polizei die Tür aufgemacht hat ..."*

Die vermutete Ungezügeltheit im Umgang mit alkoholischen Getränken und die damit zusammenhängende leichte Beeinflußbarkeit durch die gesellige Runde kommen in seinen folgenden Sätzen zum Ausdruck:

> *„Ich sagte immer schon, es ist genug, dann kam aber wieder einer, der gab eine neue Runde, und es hat mich auch keiner zurückgehalten. Ich war so voll, daß ich mich gar nicht mehr an meinen Vorsatz halten konnte. Die Stimmung war so richtig, die hatten auch griechische Musik, und es war alles so locker, und es hat mich mitgenommen. Ich wollte nämlich gar nicht mehr mit dem Auto fahren. Und dann war es auf einmal zu spät ..."*

Die meisten Promillefahrten entstehen aus solchen oder ähnlichen, völlig alltäglichen Situationen. Das Entscheidende dabei ist, daß Herr O., einmal angefangen, sich dann im Alkoholkonsum nicht mehr bremsen konnte.

Aus der Schilderung der Umstände der Promille-Fahrt kann natürlich noch nicht darauf geschlossen werden, daß bei ihm tatsächlich ein deutlicher Hang zur Hemmungslosigkeit beim Alkohol gegeben ist. Dazu wird die konkrete Ausforschung seiner Trinkgewohnheiten erforderlich sein. Früher, also bis zu der Trunkenheitsfahrt, sah es damit so aus:

„Da gingen wir schon öfter wohin. Zu Geburtstagen und zu Parties. Da wurde schon ein ‚Pittermännchen' geholt. Es waren zirka 6, 7, 8 Bier oder auch noch mehr, die ich getrunken hatte. Es ging meist bis morgens durch, und gezählt habe ich es nie ...

Die ersten drei hat man schon schnell getrunken, die anderen dann langsam ...

Betrunken war ich dabei nicht, nur angeheitert, weil immer wieder dazwischen was gegessen wurde. Man war in guter Stimmung."

Es stellt sich heraus, daß er als umgänglicher und kontaktfreudiger Mensch regelmäßig und des öfteren und immer nur in geselliger Runde einen beachtlichen Alkoholkonsum hatte; auf das Auto hatte er aber bis dahin mit Hilfe vorsorglicher Planung verzichtet. Dafür ein Beispiel aus seinem Bericht:

„Es war eine Gartenparty im Sommer. Da wurde gegrillt, Fäßchen Bier geholt. Es waren 4–5 Pärchen da. Ich bin im Wagen abgeholt worden und bin dann mit dem Taxi nach Hause gefahren. Getrunken hatte ich, na ja, mal geht ja ans Fäßchen, na so 7–8 Bier bestimmt."

An dieser Stelle eine **zusätzliche Erläuterung:**

In seinen Sätzen gebraucht Herr O. zweimal die Verkleinerungsform „Fäßchen' – eine charakteristische Erscheinung! Menschen, die in nicht unerheblichem Maße alkoholische Getränke konsumieren, neigen sehr häufig dazu, Wörter, die in einem engeren Zusammenhang mit dem Alkohol stehen, in ihrer Verkleinerungsform zu gebrauchen. „Fäßchen", „Gläschen", „Bierchen", „Weinchen" usw.

Es ist eine Art Verniedlichung einer Gewohnheit, die der Betroffene in der Tiefe seiner Seele doch als Last empfindet.

Die verkehrspsychologischen Gutachter achten natürlich auf solche „Ausdrucksmerkmale", weil sie deutliche und zuverlässige Hinweise auf die Art des Verhältnisses zum Alkohol sein können.

Fahren wir aber mit den jetzigen Trinkgewohnheiten des Herrn O. fort. Dazu berichtete er wie folgt:

> *„Meistens, wenn ich sonntags einen kleinen Frühschoppen mache ..., würde ich sagen, kommt es ganz darauf an, ob man nette Unterhaltung hat, so –6 Bier ...*
>
> *An Wochenenden gehe ich nur mit ihr (Ehefrau) weg, zum Essen oder zum Kaffeetrinken. Beim Essen trinke ich schon ein paar Bier. Vielleicht 2–3 Glas Bier ... "*

Bei Herrn O. erscheint es angebracht, die gesamte mögliche Palette der Gelegenheiten aufzuspüren, bei denen es überhaupt zum Genuß alkoholischer Getränke kommen kann:

> *„Silvester habe ich zwei Flaschen Bier zu Hause getrunken.*
>
> *Karneval waren wir zu Hause. Ich bin nicht für Karneval, ich will nicht unbedingt gezwungen werden, lustig zu sein. Das mag ich nicht.*
>
> *Mit Arbeitskollegen trinkt man höchstens was, wenn einer ein Jubiläum hat. Da trinkt man 2–3 Bier, und dann ist Schluß.*
>
> *In der Woche, abends, trinke ich vor dem Fernseher je nachdem 1 bis 2 Flaschen Bier ...*
>
> *An Wochenenden beim Essen zwei Gläser Bier. Im Sommer, wenn es heiß ist, sind es 5–6 Flaschen Bier, aber an beiden Tagen insgesamt ... "*

An dieser Stelle ist noch einmal einzuhaken: Man erlebt immer wieder, welche verhängnisvolle Entwicklung eine Exploration nehmen kann, wenn mißdeutbare Erklärungen weder vom Betroffenen noch vom Gutachter klargestellt werden: Herr O. führte soeben aus, daß er an „Wochenenden ... 5–6 Flaschen Bier, aber an beiden Tagen, insgesamt" zu konsumieren pflegt. Er war mit seiner Äußerung vorsichtig, denn hätte er nicht hinzugefügt, daß er unter „Wochenende" Samstag **und** Sonntag meint und die angegebene Trinkmenge für beide Tage insgesamt gilt, und hätte der Gutachter nicht nachgefragt – was ja nicht immer vorkommt –, so könnte in seinem Gutachten stehen: Er trinke an Wochenenden **an einem Tag** 5–6 Flaschen Bier.

Doch sehen wir, ob es bei ihm immer in diesem Rahmen bleibt:

> *„Mehr wird es eigentlich nie. Nur so im Rahmen. Es werden 4–5 oder 6 oder 7–8. Man unterhält sich, es wird eingeschenkt, und man zählt ja nicht, wenn man mit Freunden zusammen ist. Es kommt ja kein Deckel dabei, und es wird nicht aufgeschrieben. Es kommt auch auf die Zeit an, die man zusammen ist. Wenn man länger zusammen ist, werden es schon mehr als 8 Bier."*

Diese Ausführungen von Herrn O. erinnern an seinen Bericht über die Umstände seiner Trunkenheitsfahrt in der griechischen Gaststätte. Er beschreibt die Stimmung der geselligen Runde, in der es auch mehr wird. Es gibt ja „keinen Deckel, und es wird nicht aufgeschrieben" – mit anderen Worten: Er achtet in solchen – für ihn allemal gefährlichen Stimmungen gar nicht so genau darauf, wieviel Alkohol er konsumiert. Das könnte für sein Gutachterergebnis bedeutsam werden.

Aber lesen wir weiter:

> *„Seit neun Monaten trinke ich nur Diätpils. Davon im Schnitt drei Flaschen. Davor hatte ich auch nicht mehr als 2–3 Flaschen Bier getrunken.*
>
> *Ich trinke jetzt Diätpils, um abzunehmen. Und um mich daran zu gewöhnen, wenn nämlich es klappen sollte mit dem Führerschein, daß ich dann **mit** dem anderen, normalen Bier aufhören würde ...*
>
> *Die höchste Menge, die ich im Sommer, in der Hitze trinke, ist 4 bis 5 Flaschen Bier ... 0,3 Liter ... Wenn es sehr heiß ist, dann trinke ich auch mal mehr: 5–6 Flaschen, so an einem Nachmittag ...*

An dieser Stelle wird deutlich, daß Herr O. sich mit seinen Angaben über seine Trinkgewohnheiten in nicht unwesentliche Widersprüche zu verwickeln beginnt. Denn seine bisherigen Angaben zu den Höchstmengen reichen von „5–6 Flaschen an einem Nachmittag" bis hin zu derselben Menge „an Wochenenden, an beiden Tagen, insgesamt".

Darauf angesprochen – denn der Gutachter muß pflichtgemäß die Abklärung versuchen –, meint er dann folgende Einschränkung machen zu müssen:

> *„Geändert hat sich bei mir, daß ich jetzt nirgends mehr hingehe. Wenn wir eingeladen werden, dann sage ich ab und schiebe irgendwelche Ausreden vor. Es soll nicht mehr überhandnehmen. Nicht, daß man 15 Bier trinkt. Nach 7–8 Glas Bier soll nun Schluß sein, wenn man auf Festlichkeiten ist ... das habe ich mir schon immer vorgenommen, aber jetzt hab' ich die Nase voll."*

Faßt man das Wesentliche zusammen, dann läßt sich zwar nicht behaupten, er hätte gar keine Einschränkung versucht. Doch diese Einschränkung im Alkoholkonsum gilt erst seit kurzem und auch nur für die Höchstgrenze: „nicht mehr 15 Bier" zu trinken, denn „es soll nach 7 bis 8 Glas nun Schluß sein".

Den Widerspruch hinsichtlich der Trinkmenge von „5–6 Flaschen Bier an einem Nachmittag" oder an zwei Tagen des Wochenendes hat er nicht ausgeräumt. Genauer: Er ist darauf auch auf Vorhalt nicht eingegangen. Es kann also allenfalls angenommen werden, daß er einen Vorsatz zur Selbsteinschränkung gefaßt hat für den Fall, daß er den Führerschein wiedererlangen würde.

Es ist bei ihm eine ansatzweise Veränderung in Gang gekommen, doch viel kann man davon nicht erwarten, da eine grundsätzliche Umstellung in seinen zu großen Mengen neigenden Trinkgewohnheiten nicht eingetreten ist. Das ist jedoch unerläßlich, denn die Trunkenheitsfahrt ist die unmittelbare Folge seines unkontrollierten Alkoholkonsums gewesen. Auch jetzt kommt es noch vor, daß er „5–6 Flaschen Bier so an einem Nachmittag" zu sich nimmt.

Seine leichte Beeinflußbarkeit in der geselligen Runde ist ihm als Gefahrenquelle noch nicht bewußt geworden.

In seinem Fall ist es begründet, die Erteilung der Fahrerlaubnis von einer nachgewiesenen Einschränkung seiner Trinkgewohnheiten abhängig zu machen.

Kapitel 11
Das Gespräch nach der zweiten Promillefahrt und die Begutachtung im Wiederholungsfall

Fallbeispiele

In diesem Abschnitt werden Fallbeispiele behandelt, die das Untersuchungsgespräch nach zwei bestraften Promillefahrten darstellen.

Da bei diesen Betroffenen nicht selten bereits nach der ersten Promillefahrt eine MPU-Begutachtung stattgefunden hat, die zumindest nicht ganz negativ ausfiel – andernfalls hätten sie die FE ja nicht zurückbekommen –, wird bei einigen Fallbesprechungen auch darauf Bezug genommen.

Was die **äußeren** Bedingungen und Anforderungen betrifft, wird Sie bei der medizinisch-psychologischen Untersuchung im Wiederholungsfall im wesentlichen nichts anderes erwarten als bei der ersten.

Es wird allerdings **inhaltlich** wesentliche Unterschiede geben, und zwar bei der Exploration, die sich logischerweise darauf konzentrieren wird, warum Sie aus Ihren Erfahrungen, die Sie anläßlich der ersten Promillefahrt bzw. ersten Begutachtung gemacht haben, nichts gelernt haben. Es kann aber auch darum gehen, warum Sie das, was Sie aus dem ersten Fall doch gelernt haben, nicht in die Tat umsetzen konnten.

Oder: Wenn seit der Neuerteilung der Fahrerlaubnis schon etliche Jahre vergangen sind, warum es Ihnen nicht gelang, Ihre guten Vorsätze im Hinblick auf die Vermeidung einer Promillefahrt auf Dauer durchzuhalten.

Oder: War etwa der Rückfall unter ganz einmaligen und besonderen Umständen geschehen, so daß diese zweite Promillefahrt auch jedem anderen passiert wäre? Ist Ihre Schuld demnach gering?

Bereits aus diesen wenigen Fragen ist zu ersehen, daß die Begutachtung im Wiederholungsfall ganz andere **inhaltliche Schwerpunkte** hat.

Trotz der vielen Ähnlichkeiten bleibt jeder Fall ganz individuell, und deshalb läßt sich nur in grundsätzlichen Zügen aufzeigen, worauf es dabei noch ankommen kann:

Eine ganz besondere Bedeutung wird der Höhe Ihrer BAK beigemessen. Man wird auch vergleichen, wie hoch die BAK bei der ersten und wie hoch sie bei der zweiten Promillefahrt war. Daraus können Rückschlüsse auf Ihren Umgang mit alkoholischen Getränken gezogen werden. Die BAK-Werte sind dann von erheblicher Bedeutung, wenn sie um 2,0‰ lagen oder noch höher waren. Waren sie. in beiden Fällen etwa in dieser Höhe, so scheint es nicht sehr glaubwürdig, daß Sie sich in Ausnahmesituationen befunden haben und in der Regel kaum Alkoholisches trinken.

Ihr Gutachter wird sich ganz besonders dafür interessieren, wie Sie Ihre guten Vorsätze aus der ersten Untersuchung in Wirklichkeit praktizierten und wie lange Ihre Zurückhaltung bzw. Ihre Enthaltsamkeit im Umgang mit alkoholischen Getränken anhielt.

Sofern Sie bereits früher begutachtet wurden, wird er natürlich eine Kopie des früheren Gutachtens haben – die Behörde hat es ihm zur Verfügung gestellt!

Aus alledem läßt sich ableiten, worauf Sie sich bei dieser Begutachtung besonders vorbereiten sollten. Es wird sich alles um die Frage drehen, die etwa so formuliert werden kann:

„Warum ist es mir nicht gelungen, meine guten Vorsätze auf Dauer durchzuhalten!"

Die Situation, in der Sie sich nach dem Rückfall befinden, könnte, vereinfacht, etwa so beschrieben werden: Ihre Kredit- und Glaubwürdigkeit sind ins Wanken geraten! – Davon werden auch die Haltungen des Sachbearbeiters der Führerscheinstelle und des Gutachters Ihnen gegenüber. bestimmt sein. Der Gutachter wird sehr vorsichtig sein und die für Sie negativen Gesichtspunkte stärker herausstellen. Dazu ist er schon dadurch genötigt, daß die allgemeine statistische Ausgangswahrscheinlichkeit für eine erneute Promillefahrt in Ihrem Fall bereits „überwiegt". Das ist die sogenannte gruppentypische **Rückfallwahrscheinlichkeit.** Sie liegt nach der zweiten Promillefahrt zwischen 55 % und 65 % – sofern Ihnen zusätzlich nicht noch weitere Verkehrsverstöße anzulasten sind. Hat es außer den Promillefahrten z. B. auch noch eine Unfallflucht gegeben, beträgt die Ausgangswahrscheinlichkeit bereits etwa 70 %.

Die „Meßlatte", die Sie zu überwinden haben, liegt also viel höher als nach der ersten Promillefahrt.

Sie werden also viel mehr positive Gesichtspunkte vorweisen müssen! – Vor allem natürlich wegen Ihres Umgangs mit alkoholischen Getränken.

Das alles bedeutet aber nicht, daß es nicht doch möglich ist, ein für Sie positives Gutachten zu erreichen: Und es gibt auch sehr viele Betroffene, die ein günstiges Gutachten sogar nach mehreren Rückfällen erhalten haben. Auch in diesen Fällen gilt, daß im statistischen Durchschnitt jeder zweite Untersuchte nicht negativ beurteilt wird.

Studieren Sie bitte zunächst die Fallbeispiele der Erst-Rückfäller und finden Sie mit den Interpretationen das Wichtigste für die negative und positive Beurteilung des jeweiligen Falles heraus:

Gefühle – Belastungen – Alkohol – Hilft die Intelligenz?

Fallbeispiel

Die Geschichte des 42 Jahre alten Herrn Z. ist typisch aus mehreren Gründen: Der Rückfall erfolgte nach relativ kurzer Zeit. Die BAK-Werte waren hoch, und die Umstände hatten viel mit gefühlsmäßiger Belastung zu tun.

Schon die „Aktenlage" sieht düster aus: Nach der ersten Promillefahrt ist Herr Z. zu einer Geldstrafe verurteilt worden, aber gelernt hat er aus dieser finanziellen Belastung, die er sicher nicht so einfach tragen konnte, nichts. Die Sperrfrist für die Neuerteilung der FE fiel nicht besonders lang aus, so daß er innerhalb von 16 Monaten schon zum zweiten Male wegen Trunkenheit am Steuer verurteilt wurde: Die BAK betrug bei seiner zweiten Fahrt 2,1‰, woraus gefolgert werden muß, daß er eine Selbstkontrolle beim Alkoholgenuß nicht geschafft hat.

Sein Fall dürfte besonders geeignet sein, die einzelnen Entwicklungsphasen und Stationen einer Fahrer-Vorgeschichte mitzuverfolgen, zumal er selbst in der Untersuchung nach der zweiten Promillefahrt sehr zutreffend die eigenen Probleme beschreiben konnte. Deshalb kann auf Kommentare weitgehend verzichtet werden:

Die erste Trunkenheitsfahrt:

„Damals hatte ich Unstimmigkeiten mit meiner Frau. Lebte seit 8 bis 10 Monaten getrennt von ihr. An jenem Abend bin ich zum Essen in ein Restaurant gefahren. Ich mußte für mich selber sorgen. Da traf ich einige Herren, die ich kannte. Der eine hatte Geburtstag, und es wurde was ausgegeben.

Gegen zwei, drei Uhr ... ich hatte ja einiges getrunken ... es wurde auch geknobelt ... zirka vier, fünf Bier und Doornkaat und Whisky mit Cola, zwei und eins. In etwa. Es können auch mehr gewesen sein. Genau weiß ich es nicht. Und dann bin ich gefahren. In dem Moment habe ich nicht nachgedacht, ob ich hätte fahren dürfen. Das wußte ich schon, daß es verboten war, unter Alkoholeinfluß zu fahren. Ich meinte, nicht so viel getrunken zu haben, um fahruntüchtig zu sein."

Die zweite Trunkenheitsfahrt:

„An der Universität (wo er arbeitete) hat jemand sein Diplom gemacht. Und der hat mich eingeladen, etwas zu trinken. Es war eine kleine Feier. Ich habe gesagt, nein, aber er sagte, nur für eine halbe Stunde. Ich hatte nämlich mit einem Assistenten eine kleine Auseinandersetzung, und ich war verärgert. Ich wollte deshalb nicht runtergehen. Und ich bin dann doch runtergegangen, wo der Umtrunk war. Ich hatte eine Flasche Bier und ein Gläschen ‚Mariacron' getrunken.

183

Da wollte ich schon fahren, bin aber dennoch geblieben. Da muß ich passen, ich weiß nicht, wieviel ich getrunken hatte. Es muß schon mehr gewesen sein, zirka drei bis vier Flaschen Bier, die Halbe-Liter-Flaschen, und einige ‚Mariacron'. Die Menge weiß ich aber nicht."

Und dann wollte ich nach Hause. Daß ich hätte nicht fahren dürfen, daran hab' ich nicht gedacht.

„Vom Alkohol habe ich was gemerkt, ja. Soweit ich das heute rekonstruieren kann. Ich wußte, daß es (das Autofahren) verboten war. Es war meine eigene Schuld, daß ich gefahren bin.

Ich hatte mich an dem Tag wahnsinnig geärgert, nachdem ich mich mit einem Kollegen überworfen hatte. Ich hab' gedacht, ich muß jetzt eins trinken, dann wird die Welt anders aussehen."

Die Umstände beider Fahrten gleichen sich fast völlig: spontaner, alltäglicher Anlaß, wobei die gesellige Runde bzw. deren Beeinflussung ausschlaggebend ist. Er verliert im Laufe der Zeit die Übersicht über die getrunkene Menge – wie das in vielen anderen Fällen auch passiert. Wichtig bleibt noch, daß er offensichtlich wenig Streß verträgt und seinen Ärger mit Alkohol „wegspülen" wollte. Ob es sich hierbei um einmalige Ereignisse handelt, darüber geben seine früheren und jetzigen Trinkgewohnheiten Aufschluß.

„Früher habe ich nur selten was getrunken. Zu meiner Studentenzeit bin ich öfter mit Kommilitonen ausgegangen. Da habe ich 5 bis 8 Glas Bier getrunken. Mein erstes Glas Bier hatte ich mit 24 Jahren getrunken.

Etwas mehr war es, als ich von meiner Frau getrennt war. In dieser Zeit habe ich mehr Bier geholt. Nach Feierabend hatte ich zu Hause vier Flaschen Bier getrunken. Nachher habe ich nur Dosenbier getrunken. Am Abend drei Dosen. Aber nicht jeden Abend.

An Wochenenden bei Bekannten zwei, drei Flaschen Bier. Wenn ich mit Bekannten ausgegangen war, dann ist es schon mehr geworden: 7 bis 10 Glas Bier.

Seitdem ich wieder mit meiner Frau zusammen bin, sind wir höchst selten ausgegangen. Im Vierteljahr ein-, zweimal. Dabei habe ich zwei, drei Glas getrunken.

Getrunken habe ich hauptsächlich an der Uni. Da wurde hier und da eingeladen. Da gab es Promotionen und Diplome, und die Professoren gaben aus. Habe aber dabei nicht viel getrunken. Ich habe meine zwei, drei Biere getrunken.

Einmal, bei diesem Diplomanden (als die zweite Trunkenheitsfahrt passierte), da hab' ich arg reingetreten. Da war es so, ich war verärgert, und aus dieser Stimmung heraus hatte ich getrunken.

> *Als es in der Ehe nicht geklappt hat und als ich an der Uni Ärger hatte, da habe ich generell mehr getrunken, als ich eigentlich gewöhnt war. Früher war es aber auch so, daß ich dachte, man werde mehr anerkannt, wenn einem noch was angeboten wird und man das auch noch trinkt. Und früher hab' ich es auch getrunken, wenn mir was angeboten wurde."*

Es kommt nicht häufig vor, daß ein Betroffener den Teufelskreis, nämlich die Beeinflussung durch das soziale Umfeld, durch Kollegen, Freunde und auch Angehörige mit seinen eigenen Worten so zutreffend beschreibt, wie Herr Z. dies tat. Es lohnt sich, diese beiden Sätze noch einmal zu lesen.

Jeder Mensch braucht die Anerkennung durch die anderen. Es ist im gesellschaftlichen Leben zu einem festen Bestandteil des Miteinander-Umgehens geworden, daß man statt anerkennender Worte sich symbolischer Handlungen bedient. In der Zeit, als z. B. Zigarren einen noch höheren symbolischen und materiellen Wert hatten, pflegten die Arbeitgeber ihren Angestellten und Arbeitern als Anerkennung einer besonderen Leistung eine Zigarre anzubieten. Heutzutage bedient man sich auch untereinander, also auf gleicher oder fast gleicher sozialer Ebene, solcher Symbole: Man bietet eine Zigarette an und braucht weniger zu reden, man bietet etwas zu trinken an, damit es sich leichter redet, und drückt damit auch Anerkennung aus. Und viele glauben, daß sie von den anderen mehr anerkannt werden, je mehr sie „mithalten".

Sehen wir aber, wie Herr Z. aus diesem Teufelskreis herauskam:

> *„Heute brauche ich das nicht mehr. Heute kann ich ohne weiteres ablehnen. Ich kann heute nicht mehr animiert werden ...*
>
> *... nicht, daß ich gar nichts trinke. Diplomumtrunk war jetzt ... da hatte ich eine Flasche Bier, bei einem anderen Anlaß ein Glas Bier vom Faß, und davor bei einem anderen Umtrunk zwei Glas Bier getrunken. Zum Beispiel, wenn Freunde kommen, dann eine Flasche Wein mit den Bekannten zusammen. Ich dann ein Glas. Schnaps trinke ich gar nicht mehr.*
>
> *Alle vierzehn Tage beim Skat bei Freunden, nicht in der Gastwirtschaft. Da sind es zwei Flaschen Bier den ganzen Abend.*
>
> *Mehr geworden in der letzten Zeit ist es nicht mehr."*

Die weitere Besprechung seiner jetzigen Trinkgewohnheiten bringt auch nichts Wesentliches ans Tageslicht. Die Frage bleibt also, ob es sich in seinem Fall etwa nur um eine Zweckanpassung handelt, weil er vielleicht glaubt – wie viele andere es auch tun –, daß es zur Wiedererlangung der Fahrerlaubnis genügt, die Zurückhaltung gegenüber dem

Alkoholkonsum fest zu behaupten. Oder liegt hier eine Umstellung vor, die auf eine Einsicht in die Zusammenhänge beruht?

Dazu sind seine folgenden Einlassungen aufschlußreich:

„Nach dem zweiten Fall (zweite Trunkenheitsfahrt) habe ich generell weniger getrunken. Es hängt nämlich so zusammen: Als ich mich bei der Frau (seine Unfallgegnerin bei der Trunkenheitsfahrt) am nächsten Tag nochmals entschuldigte, sagte sie, es hätte ja noch schlimmer kommen können. Weil sie wußte, daß ich betrunken war. Und es fiel mir dann ein Erlebnis ein: Bei einem Umtrunk in der Uni hatte ein Kollege so getrunken, daß er so unter Alkohol stand, daß er plötzlich aufstand und ein Gerät gegen die Wand geschleudert hatte. Und er hatte früher nie was getrunken. Und am nächsten Tag wußte er gar nicht, was er vorher gemacht hatte.

Und ich dachte, es muß mit mir bei dem Fahren genauso gewesen sein. Aus dieser Überlegung habe ich mich dann generell eingeschränkt."

Seine Ausführungen sprechen dafür, daß er einen für ihn gefährlichen Zusammenhang zwischen Trinkgewohnheiten und Fahren unter Alkoholeinfluß erkannt hat. Wichtig wäre daher zu wissen, wie er seine Trunkenheitsfahrten bewertet. Dazu sagte er:

„Es war jedesmal unverantwortlicher Leichtsinn. Weil ich vorher über die Folgen einer Fahrt in alkoholisiertem Zustand gar nicht nachgedacht hatte.

Die zweite Sache hat mich schwer getroffen, obwohl auch die erste verwerflich war. Aber bei der ersten bin ich human weggekommen, so war es aber bei der zweiten nicht. Ich habe mir Vorwürfe gemacht. Es hätte nämlich schlimmer kommen können, es hätte zu einem schweren Unfall kommen können. denn der Unfall wäre mir nicht passiert, hätte ich nicht getrunken.

Ich bin zu dem Schluß gekommen, daß ich nicht mehr fahren werde, wenn ich was getrunken habe. Früher war es mir nicht so klar. Ich habe über die Fahrten oft nachgedacht, weil es purer Leichtsinn von mir war. Aber früher war es generell so, daß ich nicht groß darüber nachgedacht hatte, ob fahren oder nicht fahren, wenn ich was getrunken hatte."

Welches Fazit läßt sich aus diesem Fall ableiten?

Liest man die Bekundungen des Herrn Z. unbefangen durch, so hat man den Eindruck, daß er sich mit dem Problem „Trinken und Fahren" **kritisch** auseinandergesetzt hat. Darüber hinaus analysierte er sein Verhalten in diesem Zusammenhang sehr exakt, und zwar so, als ginge es gar nicht um ihn. Es fragt sich allerdings: Wenn er das so gut kann, warum tat er das nicht schon früher? Wußte er von all diesen Problemen nichts? Wissen und nach diesem Wissen zu handeln sind zweierlei: Darin bestand auch die Hauptproblematik von Herrn Z., zumal er seinerzeit mit seelischen Belastungen nicht so leicht fertig werden konnte.

An diesem Punkt setzte auch die charakterologische Untersuchung an: Es war zu prüfen, ob bei ihm eine in seiner Persönlichkeitsstruktur verankerte Störanfälligkeit gegeben ist? Dazu hat die Untersuchung (Fragebogen) nichts erbracht.

Die entscheidende Bedeutung hinsichtlich der Rückfallwahrscheinlichkeit in ein Trunkenheitsdelikt kam deshalb nur seinen Vermeidungstechniken zu. Solche Vermeidungstechniken hat er sich überlegt und diese auch in die Tat umgesetzt: Er reduzierte seinen Alkoholkonsum sowohl der Menge wie auch der Häufigkeit nach. Eine vollständige Enthaltsamkeit hat er sich nicht angewöhnt. Das ist auch nicht notwendig, denn von einer

Alkoholabhängigkeit kann bei ihm nicht die Rede sein. Er hat sich ein durchaus realistisches Maß im Umgang mit alkoholischen Getränken gesetzt und daran hielt er sich zum Zeitpunkt der Untersuchung bereits seit mehr als einem Jahr.

Nach einer so langen Zeit kann ohne weiteres die notwendige Festigung dieser Umstellung angenommen werden.

Es konnte ihm ein durchweg positives Gutachten erstellt werden.

Keine Spur von Einsicht

Fallbeispiel

Der im folgenden wiedergegebene Fall eines 53jährigen Autofahrers soll beispielhaft für die Fälle sein, in denen aus der Sicht des Gutachters nichts Positives für den Betroffenen herauszufinden ist. Die Beurteilung der Rückfallwahrscheinlichkeit nach bereits zwei bestraften Promillefahrten kann nicht günstig sein. Aber lesen Sie selbst, die Ausführungen von Herrn B. sprechen für sich:

Die erste Trunkenheitsfahrt:

(Herr B. ist Bauarbeiter und saß an dem Abend mit Kollegen in einer Wirtschaft in der Nähe der auswärtigen Baustelle):

> *‚... paar Bier, vier Bier und zwei Kurze, so was hatte ich getrunken. Dann wollte ich nach Hause. Es waren nur drei Kilometer bis zu meiner Unterkunft. Ich hatte schon die Hälfte der Strecke zurückgelegt, als ich merkte, daß mich ein Taxifahrer von der Kneipe verfolgt hatte. Ich fuhr schneller ich wollte ihn abschütteln, bin noch schneller gefahren, und beim Linksabbiegen habe ich die Beleuchtungssäule umgefahren.*

> *Es ist alles wegen des Taxifahrers passiert, das ich das Schild, diese kleine Säule, diese ganz kleine Säule erfaßt hatte.*
>
> *Daß er hinter mir hergefahren ist, das hab' ich erst in der Gerichtsverhandlung erfahren ... Der hat vor Gericht gesagt, daß er mir schon von der Wirtschaft nachgefahren ist.*
>
> *Ich wußte, daß ich hätte anhalten müssen, nach dem Unfall. **Aber**, ich hatte **nur** Blechschaden gemacht, kein Mensch ist da verletzt worden und ich bin ja verfolgt worden.*
>
> *Vom Alkohol hab' ich gar nichts gespürt. Sonst hätte ich gar nichts riskiert!"*

Die zweite Trunkenheitsfahrt:

> *„Es war am Freitag, und ich hatte bei einem Kollegen nach Feierabend vier, fünf, sechs Korn getrunken. Davor, auf der Baustelle, hatte ich auch noch zwei Schnäpse getrunken.*
>
> *Dann fuhr ich zur Unterkunft und hab' mich zum Schlafen gelegt. Hab so sechs bis sieben Stunden geschlafen, als die Polizei kam und sagte, daß meine Frau nach mir gesucht hatte, weil ich nicht wie gewöhnlich am Freitagabend nach Flause gegangen bin, von der auswärtigen Baustelle ...*
>
> *Ich wollte sofort meine Frau telefonisch benachrichtigen, es klappte aber: nicht. So bin ich ins Auto gestiegen und bin nach Hause gefahren. Ich wurde dann müde, nach etwa vierzig Kilometer Fahrt, und hab' mich im Auto am Straßenrand schlafen gelegt. Zehn Minuten später kam die Polizei ...*
>
> *Die vierzig Kilometer bin ich ziemlich gut gefahren, ist ja nichts passiert, ich wurde nur müde.*
>
> *Die zweite Sache hätte nicht sein brauchen. Wäre auch nicht, wenn meine Frau durch die Polizei nicht nach mir gesucht hätte ..."*

Von einer einsichtigen. Verarbeitung seiner Trunkenheitsfahrten ist keine Spur. In beiden Fällen hat es nach seiner Meinung nicht an ihm gelegen: Einmal war es der ihm nachfahrende Taxifahrer, von dessen Verfolgung er aber erst in der Gerichtsverhandlung erfuhr, dann seine Ehefrau, weil sie sich Sorgen um ihn machte. Schuld sind immer die anderen.

Wie sieht es aber mit den Trinkgewohnheiten aus?

> *„Getrunken habe ich **nur** aus Kameradschaft zu den Kollegen, denn sonst sagten die immer: Du bist unkameradschaftlich ...*
>
> *Auf dem Bau (bei der Arbeit) habe ich ein bis zwei Flaschen Bier getrunken.*

> *Von mir aus könnte der Alkohol wegbleiben. Ich hab' nur aus Gefälligkeit getrunken ...*
>
> *Nach Feierabend habe ich, aber nur wenn es kalt war, Schnaps getrunken. damit es uns mit den Kollegen wärmer wurde ... tagsüber natürlich, bei der Arbeit ...*
>
> *Nach Feierabend habe ich damals fünf Glas Bier und zwei Schnäpse getrunken ... aber nur von Montag bis Freitag, weil ich übers Wochenende nach Hause mußte.*
>
> *Zu Hause, an Wochenenden, habe ich dann **gar nichts getrunken** ... **höchstens** eine Flasche Bier mit meiner Frau, denn ihr hat der Arzt verschrieben, daß sie Bier trinkt. Sie hat was mit den Nieren, und Bier spült die Nieren so gut durch ...*
>
> *Bißchen mehr, also **betrunken** war ich vor drei Jahren: Vier Bier und vier Kurze hatte ich da, und da **konnte ich noch** sehr **gut** Auto fahren ... Wenn ich mal besoffen war, da waren es acht Gläser Bier und sechs Schnäpse ... das war der höchste Satz, da war ich auch schon weg."*

Bevor nun Herr B. über seine jetzigen Trinkgewohnheiten berichtet, sollten wir uns noch einmal seine Aussage vergegenwärtigen, wonach er nach

> „Vier Bier und vier Kurze ... noch sehr gut Auto fahren konnte." Diese Aussage zeigt einmal, daß er über Fahren oder Nicht-Fahren nach Genuß erheblicher Mengen Alkohol gar nicht nachgedacht hatte; sie belegt aber auch eine andere wissenschaftlich bewiesene Tatsache, daß nämlich die meisten Kraftfahrer, die wegen Alkohols am Steuer auffallen, in der Regel zu den sehr geschickten und geübten Fahrern zählen. Und darin liegt ja auch ein wesentlicher psychologischer Grund dafür, daß sie auch fahren, wenn sie etwas getrunken haben, denn sie trauen sich schon wegen ihres fahrerischen Könnens mehr zu als Autofahrer, die keine „Könner" sind.

Hierüber wird noch im Abschnitt „Der Kölner-Fahrverhaltens-Test" (Seite 235) näher berichtet werden. Lesen wir aber, wie Herr B. seine jetzigen Trinkgewohnheiten beschreibt:

> „Zuletzt habe ich vorige Woche am Freitag eine Flasche Bier getrunken, als der Arbeiter da war, bei uns, und die Küche gemacht hat ... Heute (am Untersuchungstag) nach dem Mittagessen habe ich ein Glas Bier getrunken.
>
> Gestern abend im Hotel ein Glas Bier ... ich konnte gar nichts mehr, ich war so müde.
>
> Im März dieses Jahres war es, als wir bei Kollegen meiner Frau waren. Da hatte ich ... nur zwei Gläser Bowle getrunken. Es hat mir nicht geschmeckt.

> *Daß ich weniger trinke, kommt bei mir automatisch, weil ich älter werde. Seit drei Jahren trinke ich weniger, weil ich nichts mehr vertragen kann, es wird mir immer so duselig, als wäre mir Nebel im Kopf ... schon nach zwei bis drei Glas Bier.*
>
> *Anfang des Jahres waren wir bei Nachbarn, die hatten goldene Hochzeit gehabt. Es können zehn Glas Bier gewesen sein, denn es wurde durch die ganze Nacht gefeiert ... zumeist habe ich Bier getrunken, vielleicht ein Glas Wein noch. Es ging von abends acht Uhr bis morgens acht Uhr ...*
>
> *Vor drei Monaten waren Kollegen bei uns zu Besuch. Ich habe eine Bowle getrunken.*
>
> *Meistens trinke ich eine Flasche Bier abends vor dem Fernseher, aber nicht jeden Tag. Es kann sein, daß ich heute abend gegen Durst auch mal eins trinke ..."*

Selbstverständlich hat der Gutachter nicht über das Trinken von Alkohol ganz allgemein zu befinden; er hat nur zu beurteilen, ob der Untersuchte künftig eine Promillefahrt vermeiden kann bzw. wird.

Wenn also Herr B. erklärt, er habe am Tage seiner Untersuchung nach dem Mittagessen „ein Glas Bier" getrunken, und er werde nach der Untersuchung, die sicherlich eine gewisse Belastung für ihn war, am Abend „mal eins gegen den Durst" trinken, dann ist das natürlich zunächst mal sein gutes Recht!

Es wäre aber keineswegs korrekt, wenn es aus der Sicht des psychologischen Sachverständigen nicht von Bedeutung wäre, was er ausgeführt hat. Denn wenn es in seinem Fall um die Frage des nicht genügend kontrollierten Umgangs mit alkoholischen Getränken geht – und bei ihm geht es ja entscheidend darum –, dann ist nicht außer acht zu lassen, wenn er sich wie zitiert äußert. „Gegen den Durst zu trinken" bedeutet allemal weit mehr als ein bis drei Gläser, dahinter steckt auch die Entlastung, die Alkoholgenuß nach seelischer Anspannung bieten kann.

Lesen wir aber weiter, was Herr B. zu berichten hat:

> *„Bis vor acht Tagen hab' ich 12 Jahre auf Baustellen gearbeitet, meist auf auswärtigen, und bin nur übers Wochenende nach Hause ... mit den Kollegen hab' ich nicht mehr als ein bis zwei Gläser (Bier) getrunken, nach Feierabend oder auf dem Bau ...*
>
> *Vor vierzehn Tagen war wieder Richtfest. Ich hatte nur ein Glas Bier getrunken ... ich wollte nicht mehr. Der Polier fragte noch, was ist mit mir los, aber ich hab' abgelehnt.*
>
> *Es gibt Wochen, in denen ich nur eine Flasche trinke. Heute bekommt es mir nicht, und warum soll ich da trinken?!*

Seit zwei Jahren trinke ich nur selten, dann auch nur 1 oder 2 Flaschen Bier, und nur bei besonderen Anlässen. Ich gehe nie in die Kneipe, sondern trinke nur mit den Kumpels auf dem Bau …"

Daß diese zuletzt behauptete starke Einschränkung im Alkoholkonsum nicht stimmt, liegt auf der Hand. Darauf angesprochen, stellt sich heraus, daß er diese Reduzierung erst einführte, als ihm der Termin der Untersuchung bekannt wurde. Viel kann man sich also von dieser Einschränkung nicht erhoffen, denn von einer auf innerer Überzeugung beruhenden Umstellung kann bei ihm keine Rede sein. Das belegen seine weiteren Ausführungen:

„Es gibt viele unter meinen Arbeitskollegen, die auch schon mal im Gefängnis waren, wegen Alkohols im Auto …

Bei der Arbeit ist mir kein Nachteil entstanden, es ist auch keine Schande, weil ich im Gefängnis war, wegen Alkohols.

Die (Kollegen) sagten: Keine Sorge, dafür bist du noch lange kein Verbrecher. Dafür brauchst du dich nicht zu schämen … du hast keinem Menschen was getan … das kann jedem passieren, früher oder später …"

Diese Sätze zeigen, welcher Art von Beeinflussung Herr B. seitens seiner Arbeitskollegen, unter denen er sich die meiste Zeit aufhält, ausgesetzt ist. Sicherlich sind es in manchen Kreisen übliche Redensarten, und man kann einwenden, Herr B. zitiere lediglich die anderen. Wichtig und entscheidend ist aber, was er selbst sagt, wie er selbst denkt. Deshalb zunächst zu seinen Aussagen:

„… das kann jedem passieren, früher oder später …

Ist auch richtig! Ich habe keinen Menschen verletzt. Nur die ganz kleine Säule umgefahren …

… ich habe keinen Menschen was getan … bloß wegen dieser paar Schnäpse … andere fahren Leute tot, es steht in der Zeitung, und ich muß … ich muß so lange dafür büßen …"

Seine Aussagen machen deutlich, daß er diese Ansichten durchaus teilt; dazu kommt, daß die persönlichkeits-psychologische Untersuchung Hinweise dafür ergab, daß Herr B. von schlichter Intelligenz ist und zu einer oberflächlichen, sorglosen Haltung neigt.

Aus verkehrspsychologischer Sicht bleibt daher für den Gutachter in seinem Fall an sich gar keine andere Möglichkeit, als die Rückfallwahrscheinlichkeit hoch einzuschätzen.

Kapitel 12
Der „Schein-Test" und das Gespräch nach drei und mehr Promillefahrten

Wenn ein Kraftfahrer mehr als einmal mit Alkohol am Steuer rückfällig geworden ist – damit sind immer die bestraften Fahrten gemeint –, muß er sich einer ganz besonderen medizinisch-psychologischen Untersuchung unterziehen – so vermuten die Betroffenen!

Diese Annahme ist unbegründet, denn diese Betroffenen erwarten keine besonderen Tests!

Bei mehr als einem Rückfall in eine Trunkenheitsfahrt steht für den Gutachter nach wie vor die Frage im Vordergrund, warum es dem Betroffenen nicht gelang, seine früheren positiven Vorsätze auf Dauer durchzuhalten d. h. die Fragestellungen sind identisch mit denen bei einmal Rückfälligen.

Was sich wesentlich ändert, ist die Höhe der „Meßlatte", also die Höhe der falltypischen Rückfallwahrscheinlichkeit. Sie beträgt über 70 % – woraus zu folgern ist, daß sich ein Mehrfach-Rückfälliger in einer sehr ungünstigen Ausgangssituation befindet. Bei ihm liegt schon aufgrund seiner Vorgeschichte, und ohne Kenntnis näherer Einzelheiten, eine weitaus überwiegende Wahrscheinlichkeit dafür vor, daß er in absehbarer Zeit wieder unter Alkoholeinfluß fahren wird – es sei denn, er kann ohne jeden Zweifel glaubhaft machen, daß er sich in Zukunft sowohl im Umgang mit alkoholischen Getränken als auch hinsichtlich des Fahrens nach Alkoholgenuß genügend kontrollieren wird.

Kein bißchen klüger!

Fallbeispiel

Bei dem 42 Jahre alten Herrn U., der sich der Fahreignungsuntersuchung nach der vierten Bestrafung wegen Alkohols am Steuer unterzog, steht im Vordergrund, daß er nicht einmal ansatzweise eine selbstkritische Auseinandersetzung für notwendig hielt. Seine Aussagen spiegeln eine Sichtweise wider, die erkennen läßt, daß er zwischen seinen Trinkgewohnheiten und seiner mehrfachen Auffälligkeit als Promille-Fahrer keinen Zusammenhang erkennen will. Zu seinen bestraften Promillefahrten führte er unter anderem aus:

Die erste Promillefahrt (mit Unfallflucht):

"Da war kein Alkohol im Spiel! – Also, ich hatte 0,9 Promille. Ich habe morgens getrunken, ich glaube, ein Glas habe ich getrunken. An dem Tag war Schützenfest. Ich bin (nach dem Unfall) nur weitergefahren, weil der andere die Schuld hatte. Ich wurde irgendwie kopflos. Ich glaube nicht, daß ich wegen des Alkohols kopflos wurde Ich habe ja fast gar nichts getrunken!

Am Abend davor hatte ich in der Gastwirtschaft drei, vier Bier getrunken. Nein, also morgens hatte ich auf dem Schützenfest zwei Glas Bier getrunken."

Halten wir nur seine heutige, nach der vierten Bestrafung immer noch vorhandene Einschätzung fest: Trotz eines BAK-Wertes von 0,9 Promille will er aber „fast gar nichts getrunken" haben.

Die zweite bestrafte Fahrt:

Diese bleibt hinsichtlich der Einzelheiten im dunkeln. Denn: Er könne sich nicht mehr erinnern. Es sei irgendeine Festlichkeit gewesen, bloß habe er heute keine Ahnung mehr, wieviel er getrunken habe. Daran könne er sich allerdings erinnern, daß er gefahren sei, weil er sich „sicher gefühlt" habe.

Die dritte bestrafte Fahrt:

"Da bin ich tatsächlich gefahren, wo ich nicht mehr durfte. Mehr kann ich dazu nicht sagen. Da waren wir mit guten Bekannten zusammen, und ich bin bis vor die Haustür von der Polizei verfolgt worden. Ich hatte einen früheren Schulfreund getroffen, und ich war auch müde und ausgelaugt. In der Gastwirtschaft habe ich vielleicht vier, fünf Bier und fünf, sechs Schnäpse getrunken. Es können vielleicht zwei, drei mehr gewesen sein. Ich weiß es nicht mehr.

Ich fühlte mich in der Gastwirtschaft noch stark genug, aber als ich fuhr, nicht mehr."

Warum er dann doch weitergefahren sei?

"Es wären nur noch 150 Meter zu fahren gewesen sein. Mir war es in der Gastwirtschaft noch so, daß ich mich sicher fühlte. Ich habe damit gar nicht gerechnet (mit der Polizei). Ich dachte, ein paar Meter."

Die vierte bestrafte Fahrt:

Arbeitsbesprechung in einer Kneipe, wobei er *"...zwei Grog und sieben, acht Korn und vielleicht acht bis zehn Bier getrunken habe. Ich bin nämlich kein Freund von Schnaps."*

Weil er sich nicht mehr fahrtüchtig fühlte, habe er sich mit einem Taxi nach Hause fahren lassen. Da er am Morgen eine Katerstimmung hatte, habe er sich „zwei Leibwächter" genehmigt. Es stellt sich dann heraus, daß er nach der Gastwirtschaft zu Hause auch noch

„zwei Flaschen Bier und ein paar Korn, bestimmt fünf Korn, zu Hause getrunken hatte".

Er holte dann am nächsten Tag seinen Wagen vor der Gastwirtschaft ab und meinte, wie auch schon früher,

„... daß ich fahren durfte, ich fühlte mich nämlich sicher."

Bei Fahrern mit mehr als einem Rückfall und einer deutlichen Bereitschaft zu erhöhtem Konsum alkoholischer Getränke stellt sich natürlich auch die Frage, wie der Betroffene selbst seine geahndeten Fahrten bewertet. Dazu sagte Herr U. folgendes:

„Die Trunkenheitsfahrten waren die Ausnahme. Da hatte ich den Bekannten ewig lange nicht gesehen, und es ist zu spät geworden. Ich weiß auch nicht, wie ich so viel trinken konnte. Ich wollte ja nicht fahren: Es war eine Kurzschlußhandlung.

Anders kann ich es mir nicht erklären."

Nun zweifeln wir zunächst nicht daran, vielleicht ist es tatsächlich so, daß bei ihm „nur" Kurzschlußhandlungen ursächlich waren – was andererseits auch Grund genug für eine negative Beurteilung sein könnte.

Das Interesse richtet sich aber in diesem Fall darauf, ob bei ihm auch noch nach einer Ursache für den nicht genügend kontrollierten Umgang mit Bier und Schnaps zu suchen ist.

Dazu sagt er:

„Früher habe ich mich nicht so streng gehalten. Geburtstage, Schützenfeste, da hat man sich mehr mit Kollegen eingelassen.

Auf dem Schützenfest lag es dann bei zwei, drei Schnäpsen und fünf Korn und, nein, für Schnaps bin ich nicht gewesen, lieber fünf, sechs Bier. Mehr war es an und für sich nicht.

Bei Geselligkeiten habe ich nie abgeschlagen. Aber immer in diesem Rahmen. Also wenn ich am nächsten Tag nicht arbeiten mußte, dann können es vier, fünf mehr gewesen sein. Also insgesamt zehn Bier. Mit Kollege oder mit der Ehefrau in der Gastwirtschaft, nur wenn es einen Anlaß dazu gab, da hat man drei, vier Bier getrunken ...

In der Woche habe ich überhaupt nicht getrunken. Nur alle vier, fünf Wochen. Nicht, daß man jede Woche in die Gastwirtschaft gegangen wäre.

Zu Hause haben wir schon was getrunken, nach dem Abendbrot zum Wochenende eine Flasche Bier.

Bis vor sechs Jahren war ich Gastwirt. Da habe ich abends vier, fünf Bier und zwei Schnäpse getrunken. Wie sich das so ergab.

Mehr geworden ist es ... wenn ich dabei sieben oder acht Bier betrunken hatte.

Seit zwei Jahren habe ich kaum noch die Gaststätte aufgesucht. Wenn, dabei habe ich drei. vier Biere getrunken.

Seit zwei Jahren habe ich quasi zu Hause abends ein, zwei Flaschen Bier vor dem Fernseher getrunken."

Und wie sieht es nun jetzt aus:

„*Bis Februar (laufenden Jahres) habe ich bei Anlässen drei, vier Flaschen Bier getrunken. Die 0,33-Liter-Flaschen.*

Bei Feiern zu Hause oder bei Bekannten. Das ist vielleicht seit fünf Jahren bis heute fünfmal vorgekommen. Nein, nicht seit fünf Jahren, sondern erst seit zwei Jahren. Also bis Februar ...

Als ich meinen Führerschein verlor, im März, bin ich nicht mehr in die Gastwirtschaft gegangen ...

Seit März (also seit 5 Monaten) trinke ich nichts mehr! – Wenn ich anderthalb Flaschen Bier getrunken habe, aber nur zu Hause, und mehr waren es nicht."

Es hat mit böswilliger Unterstellung nichts zu tun, wenn man sagt, daß es sich bei den von Herrn U. angegebenen Trinkmengen allenfalls um über den Daumen gepeilte Mindestmengen handeln kann. Denn die BAK-Werte bei seinen letzten drei Fahrten betrugen immer zwischen 2,0 und 2,5 Promille. Von einer Verwirklichung der von ihm beabsichtigten Umstellung im Genuß alkoholischer Getränke kann also wahrhaftig keine Rede sein.

Hinzu kommt ein weiterer Umstand: Er ist bereits einmal hinsichtlich seiner charakterlichen Zuverlässigkeit untersucht und zumindest nicht ganz negativ beurteilt worden. So kam er wieder in den Besitz der Fahrerlaubnis, zumal die Straßenverkehrsbehörde seinen Versprechungen glauben und ihm eine Chance einräumen wollte.

Seinen Vorsatz, den man ihm bei seiner ersten medizinisch-psychologischen Begutachtung und bei der Behörde abnahm, beschreibt er heute so:

> *„Ich habe mir vorgenommen, daß ich, wenn ich fahre, keinen Alkohol trinke. Zu Hause ist schon mal was getrunken worden, aber ich bin nicht gefahren, wenn ich getrunken hatte."*

Nach dieser Ausführung bleibt nun die Frage zu beantworten, wie es dann doch zu der Trunkenheitsfahrt kam, obwohl er sich vorgenommen hatte, nicht zu fahren, wenn er getrunken hatte.

Wie soll es nun in der Zukunft sein? Sieht er etwa einen für ihn gefährlichen Zusammenhang zwischen Trinken und Fahren?

> *„Ich will in Zukunft nie mehr Alkohol trinken. Weil ich so eine Lehre daraus gezogen habe, und weil es mich anwidert.*
>
> *Wenn ich nämlich früher auf einer Feier mehr getrunken hatte, dann habe ich vielleicht drei Tage gelegen. Und wenn ich so Kopfschmerzen hatte, und das will ich nicht mehr."*

Nun wissen wir von Herrn U., daß er so intensiv zu feiern wußte, daß er danach „drei Tage mit Kopfschmerzen gelegen" hat, was sicherlich nachdenklich stimmen muß.

Wie dem auch sei: Es geht ja nicht so sehr um die Vergangenheit, sondern um die Zukunft. Für die Zukunft setzt er auf Abstinenz, die er seit 5 Monaten auch in die Tat umgesetzt haben will. Die Frage bleibt allerdings, woher diese Erkenntnis kommt? Dazu sagt er:

> *„Im März war ich im Straßenverkehrsamt, und seitdem trinke ich nichts.*
>
> *Der Herr Z. sagte mir nämlich, er sehe, daß ich immer noch Alkohol trinke. Und ich sagte ihm, daß es damit ab sofort vorbei ist."*

Würden Sie, lieber Leser, Herrn U., der immerhin schon viermal wegen Promillefahrten bestraft wurde, nach all seinen Ausführungen allein aufgrund seiner seit 5 Monaten angeblichen Abstinenz die Fahrerlaubnis aushändigen und damit eine große Verantwortung übernehmen?"

Bevor Sie auf diese Frage eine Antwort mit Begründung geben, achten Sie bitte darauf, daß bei Herrn U. das Wort Abstinenz nicht mit völliger Enthaltsamkeit gleichzusetzen ist! Abstinenz bedeutet für ihn nur: „Seit März trinke ich nichts mehr! – Wenn ich anderthalb Flaschen F3ier getrunken habe, aber nur zu Hause, und mehr waren es nicht."

„Ich bin bestimmt 100mal mit Alkohol gefahren!" – Gutachten positiv

Fallbeispiel

Am Ende der Reihe der Fallbeispiele soll nun die Geschichte eines – nach vielen Mißerfolgen und erneuten Anläufen letztlich doch erfolgreichen – Medienmannes stehen, der zum Zeitpunkt der Begutachtung 38 Jahre alt ist. Der Satz *„Ich bin bestimmt 100mal mit Alkohol gefahren!"* stammt von ihm, und es ist nicht daran zu zweifeln, daß diese Aussage der Wahrheit entspricht.

Nach mehreren für ihn immer positiven MPU-Begutachtungen und anschließenden Rückfällen in eine Promillefahrt mit insgesamt vier Bestrafungen reifte schließlich seine Einsicht, die er mit folgender Feststellung treffend beschrieb:

„Mit zwei Bier fängt es an, mit vier geht es weiter, und dann sind es zehn ... "

Er erhielt auch diesmal ein positives Gutachten, das nicht nur auf seiner Selbstanalyse und Selbstkritik beruht, sondern vor allem auf der Tatsache, daß er seit 2 Jahren „völlig trocken" ist, was in seinen Fall eine Voraussetzung war, obwohl er nicht als alkoholabhängig galt.

Zur Zeit seiner Promillefahrten befand er sich auf dem „Weg nach oben" – auf der sozialen und beruflichen Leiter, was sehr eng mit seiner Fahrervorgeschichte zusammenhängt.

Die erste Trunkenheitsfahrt:
„Getrunken habe ich in der Kneipe. Wenn so ein wilder Abend war, viel, bestimmt 20–30 Bier und ein paar Schnäpse, an jenem Abend, wo ich. aufgefallen bin. So beim Würfeln, wie sich das ergibt. – Ich weiß nicht mehr, wie ich gefahren bin. Man hat mir noch Geld fürs Taxi geliehen ... ich wollte den Wagen nur hinter das Gittertor bei der Firma fahren, und da bin ich fünf Meter in der Einbahnstraße rückwärts gefahren."

Die zweite Fahrt (ein Jahr danach; BAK: 1,8‰):
„Den ersten Entzug habe ich nicht so ernst genommen. Da habe ich einen Kollegen getroffen, und wir haben in einer Kneipe gesoffen. Ich weiß es gar nicht mehr, wie ich fuhr. Ich meinte sicher: Ich hätte gar nicht viel getrunken ... "

Die dritte Fahrt (vier Jahre danach; BAK: 2,37‰):
„Meine Frau fuhr auf eine Dienstreise, und ich bin von einem Kollegen abgeholt worden zum Skat. Und an dem Abend haben wir fürchterlich viel Schnaps getrunken und Bier, bestimmt zehn Flaschen Becks-Bier. Und ich habe (nach der zweiten Bestrafung) ein Versprechen gegeben, daß ich keinen Schnaps mehr trinke, und das habe ich gebrochen. Ich bin dann zu Hause abgeliefert worden. Und warum ich mich dann in den Wagen setzte, der vor der Tür stand, nachdem die mich zu Hause abgeliefert hatten, weiß ich nicht. Ich bin zurückgefahren zu meinem Freund – warum, das weiß ich nicht ."

Fassen wir das Wesentliche zusammen: in geselliger Runde Haltlosigkeit im Alkoholkonsum und den ersten Entzug „nicht so ernst genommen". Aufschlußreich sind seine Aussagen zu seinen Trinkgewohnheiten und Trinkanlässen:

„Die Exzesse fanden statt, nachdem ich 15–16 Stunden am Tag gearbeitet hatte. Dann gleich fünf Whisky, dann schnell ins Bett, damit ich noch ein paar Stunden schlafen konnte. Das habe ich vier Jahre gemacht. Da habe ich mich schon strapaziert. Nicht allabendlich ...

... also in dieser wüsten Zeit kam es mindestens zweimal in der Woche vor, daß ich zwanzig Bier getrunken habe, in der Kneipe ...

Büropartys gab es fast jeden zweiten Tag. Da waren es zehn Bier im Laufe des Tages geworden. Es wurde irgendwo immer ein Faß aufgemacht...

Es war so: Wenn der Zeitungsredakteur da sitzt und man sagt, nein, danke, dann ist das wie ein Affront. Der sagt, was will er denn?! – Ich habe doch Schreiber genug, den brauche ich doch gar nicht. Wenn der abends hier nicht mitmacht, dann soll er mich doch mal... so würde sich einer verhalten haben, wenn ich gesagt hätte, nein, ich trinke nicht mit dir ... ein bißchen. Zwang war schon dabei.

Es war ein totales geselliges Beisammensein. Man kriegt Aufträge, je öfter man da in der Kneipe sitzt. Immer nein danke, das paßt ja nicht."

Hat sich nach der zweiten Bestrafung etwas geändert?

„Ich habe nur samstags und sonntags was getrunken mit Kollegen nach der Arbeit. In der Zeit ist es vielleicht dreißigmal passiert, daß ich nach der Arbeit getrunken habe, aber nur drei, vier Bier. Mit Verstand! – Ich habe ja die Strafe gespürt ...

Schnaps hatte ich dann, wenn ich ohne meine Freundin in Gesellschaft war, nicht mehr getrunken ... wenn ich zehn, fünfzehn Bier schon getrunken hatte und dann noch ein Schnaps kam, dann ist mir die Kritik verlorengegangen ...

Es waren drei, vier, fünf Fälle im Jahr, wo ich mehr getrunken habe. Es waren außergewöhnliche Festlichkeiten, wo ich wußte, es werden fünfzehn, zwanzig Bier getrunken und ein paar Schnäpse ... wo ich besoffen nach Hause kam ...

... einmal habe ich mich nicht getraut, ins Haus zu gehen, weil ich so viel getrunken hatte. Da habe ich im Auto vor dem Haus übernachtet...

Es hat es nie gegeben, daß ich zu Hause getrunken hätte. Immer nur mit anderen in der Kneipe ... ich habe nur mitgetrunken, wenn Geselligkeit war. Wenn ich allein unterwegs war, hatte ich nie ein Bier getrunken. Immer nur Cola oder Kaffee."

Und wie sieht es jetzt aus?

> *„Acht Tage danach (nach dem letzten Entzug der Fahrerlaubnis) bin ich zu Professor X. Ich sagte, ich brauche einen Suchtspezialisten. Der Professor sagte, ich sei nicht alkoholabhängig, aber stark gefährdet ... seitdem trinke ich nichts mehr.*
>
> *Ich spiele Skat jeden Montag mit meinem Chef, ich bin aber frei. Ich trinke keinen Alkohol ... ich trinke nur Kaffee ...*
>
> *Ich habe keine Versuchungen. Bei bestimmten Gelegenheiten trinke ich alkoholfreies Bier ... es sieht nur so aus wie Bier. So bei Karnevalspartys oder bei wichtigen Festlichkeiten in der Redaktion, damit die Leute mich nicht dauernd fragen, warum ich nicht trinke'?*
>
> *Auch in den Ferien trinke ich alkoholfreies Bier. Es ist schon mal vorgekommen, daß mir was anderes vorgelegt wurde, ich habe es aber bemerkt, und ich habe es nicht getrunken.*
>
> *Der Professor sagte mir, ich müßte es mindestens zwei Jahre durchhalten, nichts zu trinken ..."*

Um das durchzuhalten, ist viel Kraft nötig. Und diese Kraft kann nur aus einer Motivation kommen, die auf Einsicht und Überzeugung beruht:

> *„Der Professor sagte, ich sei nicht alkoholabhängig, aber stark gefährdet...*
>
> *Ich wundere mich bei Ihren Trinkgewohnheiten, sagte er, daß da keine (Organ-)Schäden sind.*
>
> *Was ich getrunken hatte, war auch gefährlich. Das war viel zuviel. Das war regelmäßig und zu viel und auch mengenmäßig zu viel. Am Abend zu viel, kritiklos."*

Die übliche Frage muß auch hier gestellt werden, ob er nämlich einen Zusammenhang zwischen Trinkgewohnheit und Fahren sieht.

> *„Ich war überheblich und arrogant. Ich habe mir nicht vorgestellt, was, wenn du nächsten Morgen im Krankenhaus wach wirst und der Arzt sagt: Hören Sie, Sie kriegen wir schon hin, aber die anderen drei ...*
>
> *Ich kann keine Zahlen nennen, aber ich bin hundertmal bestimmt (nach Alkoholgenuß) gefahren. Und ich bin hundertmal nicht aufgefallen..."*

Erinnern wir uns dieser denkwürdigen Worte, wenn es um die sogenannte Dunkelziffer geht oder um unsere Gewohnheiten im Zusammenhang mit Trinken und Fahren. Er hat nur das frei ausgesprochen, was viele Autofahrer mit Sicherheit nur bestätigen können.

Hat es denn nicht auch familiäre Sorgen gegeben? Oder lag alles nur an der Geselligkeit.

„Es wäre zu einfach, alles darauf zurückzuführen, daß man drei Jahre von seiner Frau getrennt gelebt hatte und auf die Scheidung wartete. Ich wollte mich schon trennen, aber ich hatte Angst, Angst vor der Entscheidung. Oder ich habe es mir zu schwer gemacht.

Ich bin gesellig, ja, das stimmt. Ich habe nur mitgetrunken, wenn Geselligkeit war. In jener Zeit war ich zu großklotzig. Immer neue Aufgaben ...

Ich komme vom Land, und für mich war es das einfachste auf der Welt, mitzusaufen.

Ich mußte ja denen (Berufskollegen) zeigen, daß ich, der vom Lande kam, auch etwas kann.

Dieses Saufen und dieses Sich-Produzieren vor den Leuten, das habe ich heute nicht mehr nötig. Das war damals wahrscheinlich aus dem Gefühl heraus, jetzt zeigst du denen ...

... und die haben den Affen dann beklatscht ..."

Wir wissen, daß er nach der letzten Bestrafung zu einem Spezialisten ging und reinen Tisch machen wollte. Dessen Ratschlag lautete: Völlige Loslösung vom Alkohol.

Wie steht er aber dazu?

„Ich will abstinent sein. – Ich fragte den Professor: Was meinen Sie, wenn ich ein Jahr nicht trinke? Er sagte, ein Jahr ist zuwenig, junger Freund. Sie stabilisieren sich darauf, die Zeit wird immer kürzer, noch ein Monat, noch dieser Geburtstag, dann ist das Jahr um, und dann treiben Sie wieder dahin ...

Wenn Sie zwei Jahre ohne Anstand, ohne Probleme, durchkriegen, dann bin ich guter Dinge. Seitdem trinke ich nicht ...

Das Gefühl ist bei mir da, daß, wenn ich eins, zwei trinken würde, daß daraus auch zehn werden könnten. Deswegen sage ich, nicht!

Denn ich will nicht wieder ein Risiko eingehen.

Mit zwei Bier fängt es an, mit vier geht es weiter, und dann sind es zehn. Ich habe genug Phantasie, mir vorzustellen, wie meine körperliche und berufliche Situation aussehen würden, wenn ich mich wieder in eine Abhängigkeit hineinsaufen würde ...

Die zwei Jahre völliger Selbstkontrolle und Selbstbeobachtung hat er hinter sich. Die Zeit ist um! – Wenn auch wegen seiner früher dominanten Geringen Stabilität, auf die in der charakterologischen Untersuchung Hinweise gefunden wurden, gewisse Gefahrenmomente angenommen werden können, eine nennenswerte Rückfallgefahr läßt sich. bei ihm dennoch nicht begründen.

Kapitel 13
Zum Verständnis von Alkohol-Testbögen

Obwohl es eine Vielzahl standardisierter, also objektiver ‚Tests für die Feststellung von Trinkverhalten gibt, kommt es immer wieder vor, daß MPU-Gutachter Betroffene aufgrund ihrer bei der Trunkenheitsfahrt festgestellten BAK-Werte und eines kurzen Gespräches bei der Untersuchung zum „Alkoholiker" und/oder „Problemtrinker" erklären und damit ein negatives Gutachten begründen.

Und obwohl die MPU-Gutachter gehalten sind, frühere und jetzige ‚Trinkgewohnheiten eines jeden Untersuchten im einzelnen zu erfragen, setzen sie die dafür vorgesehenen Tests „nicht immer, aber immer öfter" ein.

Das ist gut so, denn es ist wichtig, sich dabei auf objektivierbare Angaben des Untersuchten zu verlassen, denn nur in Besitz tatsächlicher Daten ist es möglich, jemanden hinsichtlich seiner Trinkgewohnheiten als für den öffentlichen Straßenverkehr „gefährlich" oder „nicht gefährlich" zu beurteilen. Insofern können die Ergebnisse von diesen oder derartigen Alkoholtestbögen die objektivierbare Begründung der Ungeeignetheit bilden. Anders ausgedrückt: Wenn in der medizinisch-psychologischen Untersuchung durch diese Tests kein Alkoholismus festgestellt wird, dieser also ausgeschlossen werden kann, wird die künftige, wenn auch „bedingte" Eignung sicherer zu begründen sein.

Auch dienen derartige Trinkverhalten-Tests zur „Ausschlußdiagnose" das heißt, mit ihrer Hilfe läßt sich der Verdacht auf Alkoholismus, der ja aufgrund des BAK-Wertes anläßlich der Trunkenheitsfahrt entstehen kann, ausschließen.

Im folgenden sollen beispielhaft drei typische Testverfahren zum Thema Trinkverhalten vorgestellt werden:

- **der Münchener Alkoholismustest (MALT),**
- **das Trierer Alkoholismusinventar (TAI)**
- **und der Fragebogen zur Klassifikation des Trinkverhaltens Alkoholabhängiger (FTA).**

Diese Verfahren können als „objektiv" bezeichnet werden, weil sie standardisiert, also geeicht sind.

Die bei diesen Tests erzielten Ergebnisse werden in der Regel noch durch eine gezielte Befragung in der Exploration ergänzt.

TIPS

- Auch wenn diese Tests objektiviert sind, reichen die damit eventuell erzielten, für Sie schlechten Ergebnisse allein niemals aus, ein negatives Fahreignungsgutachten zu begründen.
- Etwaige Unklarheiten während oder nach dem Ausfüllen des Fragebogens sollten Sie bitte sofort mit dem Testleiter besprechen, um unzutreffende Testergebnisse zu vermeiden.
- Achten Sie bitte darauf klarzustellen, für welche Zeiträume die von Ihnen zu Ihrem Trinkverhalten gemachten Angaben gelten (insbesondere ist darauf zu achten, ob die Angabe für die Zeit vor oder nach der Trunkenheitsfahrt gilt).

Münchener Alkoholismustest (MALT)

von *Feuerlein, Küfner, Ringer, Antons*, Beltz-Test GmbH, Weinheim, 1979

Der MALT ist ein Kurztest und besteht aus zwei Teilen: aus dem Teil Fremdbeurteilung (MALT-F) und aus dem Teil Selbstbeurteilung (MALT-S). Die Testautoren gehen bei ihren Überlegungen davon aus, daß die Ursachen für den Alkoholmißbrauch und den Alkoholkonsum sehr vielfältig sind, die Gründe sich jedoch in einem sogenannten Bedingungsgefüge zwischen Droge, Sozialfeld und psychologischen Faktoren des Individuums einordnen lassen.

Es ist auf jeden Fall positiv anzumerken, daß nach Auffassung der ‚Testautoren es klar sein müsse, „daß es in der Begutachtung in besonderem Maße darauf ankommt, falsch positive Diagnosen zu vermeiden." Zu. deutsch: Es sollte tunlichst vermieden werden, bei einem Untersuchten fälschlicherweise Alkoholismus zu diagnostizieren (was bei den BfF-Stellen sehr häufig der Fall zu sein scheint). Ein weiterer Pluspunkt dieser Testkonstruktion ist, daß die Testautoren selbst Wert darauf legen, daß die einzelnen Fragen des MALT auch inhaltlich analysiert werden und in dem Explorationsgespräch als Ausgangspunkte für die Erörterung mancher Themen dienen.

Testbeschreibung

Der MALT besteht aus zwei Teilen, aus einer Selbstbeurteilung und aus einer Fremdbeurteilung (MALT-F, MALT-S). Den Teil Fremdbeurteilung füllt der Testleiter, den Teil Selbstbeurteilung der Untersuchte selbst aus. Im MALT-F sind es 7, im MALT-S 24 Fragen, deren Bejahung oder Verneinung angekreuzt werden muß.

Testgegenstand

Der Test dient zur „Identifizierung des Alkoholikers" bzw. zur Feststellung des Alkoholismus als Diagnose. Die Diagnosestellung besteht aus einer Kategorisierung „Verdacht auf Alkoholismus" und einer weiteren Kategorisierung „Alkoholismus".

Die Fragen beziehen sich auf Themen wie körperliches befinden, aber auch auf solche, ob der Untersuchte gut speisen kann, Brechreiz empfindet oder nicht und ob er etwa Versuche mit verschiedenen Trinksystemen in der Vergangenheit gestartet hätte.

Beispielfragen

Können aus juristischen Gründen leider nicht veröffentlicht werden.

Testauswertung

Sie ist denkbar einfach, indem die vorgegebenen Summenwerte der Fremdbeurteilung und Selbstbeurteilung addiert werden. Die dadurch erzielte Punktzahl ermöglicht eine Zuordnung in die Kategorie „Verdacht auf Alkoholismus" oder in die Kategorie „Alkoholismus". Es ist aber auch daran gedacht worden, der Verdacht auf Alkoholismus auszuschließen, was dann der Fall ist, wenn eine bestimmte Punktzahl nicht erreicht wurde.

TIPS

- Sie sollten beim Ausfüllen dieses Fragebogens immer darauf achten, auf welchen Zeitraum sich Ihre Antworten beziehen. Häufig wird es nämlich bei der Testdurchführung vergessen, darauf hinzuweisen, daß sich die Fragen des Selbstbeurteilungsteils immer auf die Zeiten beziehen, in denen Alkoholisches getrunken wurde. Die Fragen beziehen sich also nicht auf eventuelle Phasen der völligen Enthaltsamkeit im Alkoholkonsum.
- Sie sollten auf jeden Fall bei diesem Testverfahren die Gelegenheit nutzen, einzelne durch die Fragestellung angesprochene Themen mit dem Testleiter entweder sofort oder später bei der Exploration zu besprechen. Dabei sollten Sie sich auf gar keinen Fall scheuen, dem Testleiter zu sagen, daß Sie durch die eine oder andere Frage in dem MALT-S auf manchen Gedanken gebracht worden sind oder die eine oder andere Antwort bei Ihnen weitere wie auch immer lautende Fragen ausgelöst hat.

Trierer Alkoholismusinventar (TAI)
von *Funke, Klein, Scheller*, Verlag für Psychologie Dr. C. J. Hogrefe, Göttingen, 1987

Der Test dient zur Identifizierung alkoholabhängiger Personen, wobei die Testautoren Wert darauf legen, eine Differentialdiagnose der unterschiedlichen Aspekte des alkoholbedingten Erlebens und Verhaltenes festzustellen. Die Testautoren gehen dabei von der Überlegung aus, daß Alkoholismus ein sogenanntes multiples, also zusammengesetztes Syndrom ist, das in vielen Persönlichkeitsbereichen Veränderungen bewirkt. Sie vertreten daher die Auffassung, daß eine zutreffende Diagnose nur durch eine umfassende Analyse verschiedener Persönlichkeitsbereiche erstellt werden kann was nur zu bejahen ist.

Testbeschreibung

Der TAI ist ein aus rund 90 Fragen bestehendes Fragebogenheft, das der Untersuchte ohne besondere Anleitung bearbeiten kann. Die Testanweisung befindet sich auf der Titelseite in angenehm verständlicher Form, wobei die Testautoren sogar auch darauf großen Wert gelegt haben, Begriffe wie das Wort „Trinken" so zu definieren, daß keine Mißverständnisse entstehen können. Die einzelnen Fragen können durch Ankreuzen vorgegebener Antwortmöglichkeiten beantwortet werden. Ein Beispiel könnte sein:

„21. Ist es vorgekommen, daß Sie ein Glas zuviel getrunken haben?
Antwortmöglichkeiten durch Ankreuzen:

- *häufig*
- *manchmal schon*
- *nur selten*
- *niemals"*

Die Testperson hat bei diesen verschiedenen Antwortmöglichkeit jeweils die auszusuchen, die am ehesten seinem Verhalten entspricht.

Testgegenstand

Der TAI mißt durch die 90 Fragen 7 Skalenbereiche, die wie folgt bezeichnet sind:

- „Schweregrad"
- „Soziales ‚Trinken"
- „Süchtiges Trinken"
- „Motive"
- „Schädigung"
- „Partnerprobleme wegen Trinken"
- „Trinken wegen Partnerproblemen"

Testauswertung

Der Testleiter wertet anhand eines Profilblattes die jeweiligen Rohwerte der 7 Skalen aus. Dazu hat er zwei Verfahren zur Verfügung, da die Auswertung auch über Computer erfolgen kann. Das dabei gewonnene Profil läßt eine Zuordnung der Testergebnisse in einer Normtabelle zu, die ein typisches oder eben untypisches Profil darstellt.

TIPS

– Wie bei allen Fragebögen, die aus einer großen Anzahl von Fragen bestehen, wird es Ihnen naturgemäß auffallen, daß sich manche Fragen wiederholen. Sowas ist immer beabsichtigt und liegt sozusagen in der Natur der Sache und läßt selbstverständlich für jede Testperson die weniger wichtigen oder eben wichtigen Fragen oder Themenbereiche erkennen. Trotzdem sollten Sie Wert darauf legen, die Fragen möglichst nach bestem Wissen und Gewissen zu beantworten, schließlich ist es in Ihrem Interesse, ein zutreffendes Testergebnis zu erzielen.

Fragebogen zur Klassifikation des Trinkverhaltens Alkoholabhängiger (FTA)

von *Johannes Roth, Dresden,* Psychodiagnostisches Zentrum, Sektion Psychologie der Humboldt-Universität zu Berlin

Der FTA ist ein differentialdiagnostischer Selbstbeurteilungsfragebogen. Wie schon sein Name erkennen läßt, ist er für die klinisch-psychologische Beurteilung des „abhängigen Trinkverhaltens" konstruiert. Er wurde 1986 in Ostdeutschland veröffentlicht, da der problematische Umgang mit alkoholischen Getränken nicht nur im angeblich dekadenten Westen, sondern auch in der fast perfekt organisierten Diktatur erkannt wurde und die Wissenschaftler statt propagandistischer Phrasen endlich gute Diagnoseinstrumente haben wollten.

Testbeschreibung

Der FTA mißt mit 5 Fragebogenskalen die folgenden Aspekte des Trinkverhaltens alkoholabhängig gewordener Menschen:
- sozial eingebettetes Trinken
- funktionales Trinken
- gewohnheitsbedingtes Hintergrundtrinken
- Kontrollverlusttrinken
- entzugsbedingtes Hintergrundtrinken

Im FTA geht es um die Diagnose des „Gamma und Delta-Alkoholismus" (s. „Schlüsselworte" Seite 30 ff.).

Wichtig ist dabei zu wissen, daß unter „Alkoholabhängigkeit" sowohl die psychische als auch die physische zu verstehen ist. Das vermittels des FTA zu prüfende Trinkverhalten Alkoholabhängiger wird also in diesem Test erfaßt.

Von den vielen Definitionen der Alkoholabhängigkeit seien zum besseren Verständnis beispielhaft lediglich folgende genannt:

Psychische Alkoholabhängigkeit nach **Eddy** (1965):

> *„…unwiderstehliches Verlangen nach einer weiteren periodischen. oder dauernden Einnahme der Droge, um Lust zu erzeugen und Mißbehagen zu vermeiden."*
> (zitiert nach Roth, S. 9)

Anmerkung: Der Alkohol in alkoholischen Getränken ist eine gesellschaftlich geduldete Droge.

Die Alkoholabhängigkeit nach **Jellinek** (1960):

> „Unter Alkoholismus wird ein Zustand verstanden, in dem ein Individuum die Kontrolle über seinen Alkoholkonsum verloren hat, und

zwar in dem Sinn, daß es durchgehend unfähig geworden ist, mit dem Trinken vor Eintritt des Vollrausches aufzuhören oder sich des Trinkens zu enthalten."
(zit. ebenda)

Alkoholabhängigkeit nach **Keller** (1972):

Ein Alkoholiker ist dadurch charakterisiert, daß er niemals sicher sein kann, ob er nach dem ersten Drink in der Lage sein werde, mit dem Trinken vor Eintritt des Kontrollverlustes aufzuhören oder ob es zu einem Trinkexzeß komme."
(zit. ebenda)

Testdurchführung

Der Testperson werden ein Fragebogenblatt mit 65 Fragen und ein Antwortblatt vorgelegt. Auf dem Antwortblatt befinden sich zu den 65 laufend durchnumerierten Fragen jeweils zwei Kästchen, die sie bei Zustimmung („stimmt") oder Verneinung („stimmt nicht") anzukreuzen hat.

Der Fragebogen wird sowohl in Zeiten, in denen die Testperson Alkoholisches konsumiert, als auch in der Abstinenzphase durchgeführt.

Zu den Fragen gehört eine verständliche Erläuterung, so daß niemand Gefahr läuft, aufgrund Verständnisschwierigkeiten ein unzutreffendes Testergebnis zu erzielen.

Typische Fragen des FTA:

„Ich war oft mit Menschen zusammen, die gern Alkohol tranken."

oder

„In meinen Gaststätten fühlte ich mich recht wohl."

Testauswertung

Der Testleiter wertet den Antwortbogen mit Hilfe von Schablonen aus und erstellt ein ‚Profiltyp" der Testperson. Das Ziel ist u. a. etwa den „Typ des Alkoholmißbrauchs", den der „Alkoholabhängigkeit" festzustellen oder eine „Verdachtsdiagnose" abzuklären.

Die Auswertung erfolgt für Männer und Frauen unterschiedlich.

TIP

– Die Notwendigkeit des Einsatzes dieses oder eines ähnlichen „Alkohol-Fragebogens" wird sicherlich verständlich, wenn man sich die „Begründung" der Verschärfung der Fahrereignungsuntersuchungen laut Fußnote 7 der „Eignungsrichtlinen" des Bundesministers für Verkehr vom 30. 10. 1989 vergegenwärtigt. Darin heißt es u. a., daß bei Fahrern, die mit Blutalkoholkonzentrationen von 1,6‰ (etwa schon zu Tageszeiten) bzw. 2,0‰ mit unauffälliger Fahrweise angetroffen wurden, davon auszugehen ist, daß es sich bei ihnen „nicht mehr um trinkende Fahrer, sondern um fahrende Trinker" handeln kann. (VkBl Heft 22, 1989, Seite 787 und am Ende dieses Kapitels im Wortlaut.) Diese Kriterien sind prinzipiell nach wie vor gültig, auch wenn die „Eignungsrichtlinien" seit dem 1. 1. 1999 nicht mehr in Kraft sind und durch die neue Fahrerlaubnis-Verordnung ersetzt wurden.

- Deshalb sollten Sie nicht überrascht oder gar verärgert sein, wenn Sie mit einem solchen Test konfrontiert werden.
- Sie sollten jedoch mißtrauisch gegenüber jedem Gutachter sein, der bei der Erörterung Ihrer früheren und jetzigen Trinkgewohnheiten keine objektiven, also standardisierten Fragebogen einsetzt und nur eine mehr oder minder oberflächliche Befragung durchführt. In einem solchen Fall sollten Sie unbedingt darauf bestehen, daß Ihre Angaben zu Ihrem Trinkverhalten konkret und korrekt nach Menge, Getränkesorte und Häufigkeit notiert werden, denn nur dann kann der Gutachter ein nachvollziehbares Gutachten begründen.

Kapitel 14
Zum erfolgreichen Umgang mit Leistungstests

An dieser Stelle wird eine repräsentative Auswahl von insgesamt 10 Tests vorgestellt. Es handelt sich dabei um diejenigen standardisierten Verfahren, die sowohl in den MPU-Untersuchungen als auch bei der Untersuchung durch Obergutachterstellen in der Regel zum Einsatz kommen bzw. als Beispiel für die üblichen Testkategorien dienen können. Ausschlaggebend für die Begutachtung ist und bleibt aber das Gespräch zwischen dem Gutachter und dem Betroffenen.

Der Gutachter kann auf den Einsatz von Tests ganz verzichten. Wenn er aber darauf zurückgreift, ist mit größter Wahrscheinlichkeit damit zu rechnen, daß folgende **Leistungstests** abverlangt werden:

- das Wiener Determinationsgerät
- Tachistoskopischer Auffassungsversuch (TAVT 2) Linienverfolgen-Test (LVT)
- Mehrfach-Wahlreaktionen auf Farbsignale

Die zu diesen Tests erforderlichen technischen Einrichtungen sind in den Prüfungsräumen der MPU und (teilweise) Obergutachterstellen fest installiert und werden auch regelmäßig eingesetzt.

Die nachfolgenden weiteren Leistungstests, Fragebogen und Intelligenztests können nur als typische, wenn auch sehr verbreitete und häufig eingesetzte Tests bezeichnet werden:

Leistungstests

- Test d 2
- Konzentrations-Leistungs-Test (KLT)

Intelligenztest

- der Progressive-Matrizen-Test (SPM) Verkehrstests
- Fahrprobe und Fahrverhaltenstest Prüfung des Verkehrswissens

Diese Auswahl und Testbeschreibungen verfolgen die Absicht, nicht nur Hinweise für den Umgang mit den konkret bezeichneten Tests zu geben, sondern darüber hinaus dem Laien das Funktionieren dieser Testtypen verständlich zu machen. Sie sollen Sie in die Lage versetzen, nicht nur mit diesen, sondern auch mit sämtlichen anderen ähnlichen Tests besser und vor allem erfolgreicher umzugehen.

Die vorgestellten Leistungstests prüfen die psychophysischen Funktionen, die für das sichere und zügige Führen von Kraftfahrzeugen erforderlich sind. Im einzelnen geht es um folgende Funktionsbereiche:

- Sensomotorisches Reaktionsvermögen
- Reaktionssicherheit

- Reaktionsgenauigkeit
- Reaktionsschnelligkeit
- Konzentrationsvermögen
- Aufmerksamkeitsanspannung
- Beweglichkeit der willentlichen Anspannung

Die vorgestellten Leistungstests gehören in die Kategorie der objektiven Verfahren, weil die Testleistung des Untersuchten nach standardisierten Methoden festgestellt wird.

Dessenungeachtet wird ein jeder Gutachter auch auf das Testverhalten des Untersuchten achten, zumal die Ausdrucks- und Verhaltensbeobachtung feste Bestandteile jeder psychologischen Begutachtung sind.

Es gelten für jeden Test bei der Fahreignungsuntersuchung folgende „goldene Regeln", die nicht nur vom Betroffenen, sondern auch vom Gutachter immer beachtet werden sollten:

TIPS

Es genügt schon ein im unteren Bereich der durchschnittlichen Leistungen einzuordnendes Testergebnis.

Eine einzige unterdurchschnittliche oder gar ungenügende Testleistung kann niemals allein als Begründung für das Nichtbestehen des Schein-Tests ausreichen. (Jeder kann einmal einen schlechten Tag haben!) Demgegenüber muß eine gute Testleistung in jedem Fall zum Vorteil des Untersuchten berücksichtigt werden.

Es gibt in der Fahreignungsbegutachtung weder einen einzelnen Test noch eine zur sogenannten Testbatterie zusammengefaßte Anzahl von mehreren Tests, die für eine negative Begutachtung ausreichende Ergebnisse abgeben könnten.

Die konzentrationsabhängige psychophysische Leistungsfähigkeit läßt sich auch im fortgeschrittenen Lebensalter trainieren. Dazu sind Übung und eine ausreichende Vorlaufzeit notwendig zumindest einige Wochen vor dem Untersuchungstermin sollte das Training begonnen haben.

Das Wiener Determinationsgerät

Das Wiener Determinationsgerät nach *Mierke* ist ein Mehrfachreiz-Reaktionsgerät und wird in fast allen Bereichen der Psychologie eingesetzt. Es ist seit mehr als 15 Jahren in Gebrauch und gilt als Standardgerät zur Prüfung und Messung der psychophysischen Leistungsfähigkeit und Belastbarkeit.

Der Test mit dem Wiener Determinationsgerät ist eine konzentrationsabhängige Reaktionsprüfung bei schnell wechselnden optischen und akustischen Reizen (Signalen). Das Ziel der Testung bei Kraftfahrern ist, festzustellen, ob die Testperson **schnell, sicher** und **genau** reagieren kann. Es bedarf keiner besonderen Begründung, daß beim Autofahren schnelles, sicheres und gleichzeitig auch genaues Reagieren unerläßlich, in vielen Verkehrssituationen sogar lebenswichtig ist.

Was wird mit dem Wiener Determinationsgerät geprüft? (Testgegenstand)

Mit diesem Testgerät wird in der Fahreignungsuntersuchung die Reaktionstüchtigkeit in ihren folgenden Bereichen getestet:

- Konzentrationsfähigkeit
- Beweglichkeit
- Umstellungsfähigkeit
- Reaktionsschnelligkeit
- Reaktionssicherheit
- Reaktionsgenauigkeit
- Dauerbelastbarkeit/Ausdauer
- Fähigkeit zur gleichbleibenden Konzentration

Beschreibung des Testgerätes

Wie auf den Abbildungen 6 und 7 zu sehen ist, handelt es sich bei diesem Testgerät um einen Tischapparat (Maße siehe Abb. 6, Seite 214), an dessen beiden gegenüberliegenden Seiten die Testperson und der Testleiter Platz nehmen.

Auf der Testpultseite (Abb. 6) sitzt der Betroffene, der eine Sitz- und Armhaltung wie beim Schreibmaschineschreiben einnehmen soll: Die Tastatur genauer die Druckknöpfe und -tasten des Gerätes, soll nämlich **beidhändig** bedient werden.

Auf der Schaltpultseite (Abb. 7) sitzt der Testleiter. Die Schaltpultseite ist so schräg, daß die Testperson die installierten Hebel, Druck- und Schaltknöpfe nicht sehen kann. Demgegenüber ist die Testpultseite flach abfallend, so daß der Testleiter aus seiner Sitzposition diese sehr gut überblicken kann (wichtig für Verhaltensbeobachtung!).

Unter dem Gerätetisch befinden sich für die Testpersonen zwei Pedale, die mit den Füßen einzeln zu betätigen sind.

Auf der vor der Testperson befindlichen Testpultseite sind in den beiden oberen Reihen zweimal 5 runde, mit Milchglas versehene Lämpchen angeordnet; darunter auf dunklem Untergrund zwei weiße Rundlampen. bei deren Aufleuchten die entsprechenden Pedale, rechts oder links. zu betätigen sind. Rechts neben diesem dunklen Mittelteil befindet sich ein Drehregler für das bestimmen des Signaltempos.

Unterhalb dieses Mittelteils sind 5 in den Farben Weiß, Rot, Gelb, Grün und Blau markierte kleine Druckknöpfe, die die Testperson zu drücken hat, wenn eines der 10 runden Lämpchen in der entsprechenden Farbe aufleuchtet.

Links und rechts am Geräterand befindet sich jeweils eine rechteckige Drucktaste für die Tonsignale hoch und tief (siehe Abb. 6, Seite 190). Auf der Schaltpultseite sind für alle Signale jeweils einzelne Auslösetasten vorhanden, mit denen der Testleiter die Signale der Testperson vor Testbeginn demonstrieren kann. Dem Testleiter steht ebenfalls ein Drehregler für die Tempowahl zur Verfügung. Außerdem kann er sämtliche Reize (Signale) einzeln abschalten.

Auf der linken Schaltpultseite befindet sich ein kombiniertes Zählerwerk, das während des Testablaufs folgende Daten festhält:

- Gesamtzahl sämtlicher dargebotener Reize
- davon richtige Reaktionen
- die verspätet-richtigen Reaktionen
- die falschen Reaktionen

Testdurchführung

Es werden insgesamt 12 optische Signale gegeben, und zwar in den Farben Weiß, Gelb, Rot, Grün und Blau. Von diesen 12 Signalen erscheinen 10 auf den 2mal 5 runden Lämpchen und 2 auf den runden weißen Lämpchen im dunklen Mittelfeld (Fußpedale).

Außerdem folgen zwei deutlich voneinander unterscheidbare Tonsignale (hoch und tief).

Die Signalfolge ist programmiert. Es wird aber immer nur ein (1) Reiz gegeben.

Die zeitliche Abfolge der einzelnen Signale, also der Zeitabstand zwischen zwei Signalen, ist auf zwei verschiedene Arten einstellbar:

1. Die Signale folgen in einem vom Testleiter eingestellten Abstand in Intervallen.

Das Wiener Determinationsgerät
(Beschreibung der Tastatur für Testpersonen)

Abbildung 6

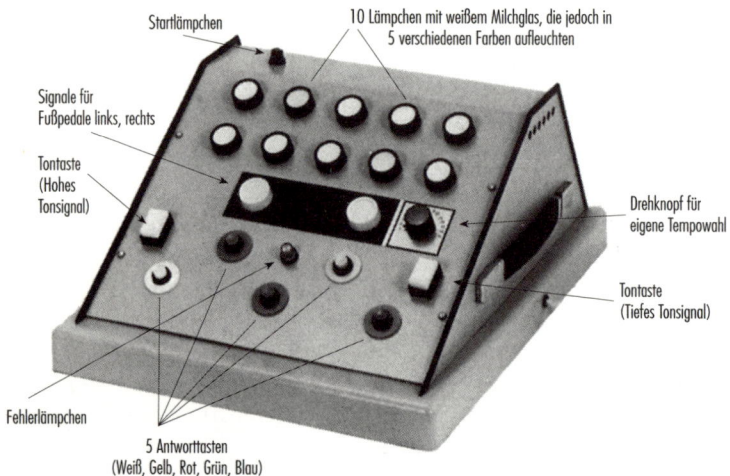

Testpultseite
(Aus der Sitzposition der Testperson)

Größenangaben: Höhe × Breite × Tiefe = 23 cm × 45 cm × 55 cm
(Gerätefoto mit freundlicher Genehmigung des Verlags für Psychologie
Dr. Hogrefe, Göttingen)

2. Erst nach jeder richtigen Reaktion folgt ein neues Signal: Die Abfolge ist also durch das Verhalten der Testperson bestimmt.

Die Dauer der Signaldarbietung ist einstellbar auf eine Zeitspanne von 0,5 und bis 3 Sekunden.

Die Geschwindigkeit des Programmund somit Signalablaufs ist von sehr langsam bis zur Überforderung stufenweise (in Intervallen) von IS bis 1 regulierbar.

An das Grundgerät wird in der Regel ein Drucker angeschlossen, der die Testleistung der Testperson auf einem Papierstreifen festhält und somit eine fehlerfreie Unterlage für die Befunderhebung liefert.

Vor Testbeginn wird der Testleiter dem Betroffenen das Gerät selbst wie auch seine Aufgabe erläutern.

Das Wiener Determinationsgerät
(Beschreibung der Tastatur für den Testleiter)

Abbildung 7

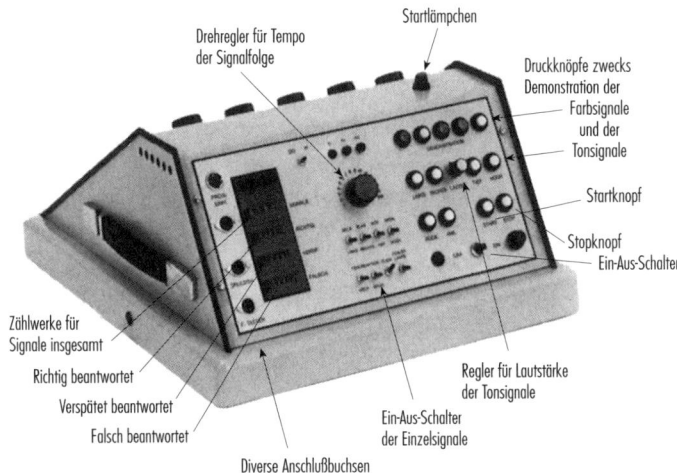

Schaltpultseite
(Aus der Sitzposition des Testleiters)

(Gerätefoto mit freundlicher Genehmigung des Verlags für Psychologie Dr. Hogrefe, Göttingen)

Der Test beginnt mit einem **Übungslauf**, und zwar in der langsamsten Geschwindigkeit, wobei in der Regel 30 Signale gegeben werden; danach wird das Tempo stufenweise gesteigert, immer mit jeweils 30 Signalen, bis zu der Geschwindigkeitsstufe, bei der die Testperson von den 30 Signalen weniger als die Hälfte richtig beantwortet.

Bei diesem Übungslauf wird nach jedem 30. Signal die Testperson befragt, wieviel sie nach eigener Einschätzung richtig beantwortet zu haben glaubt. Hierdurch erhält der Testleiter ein Bild über die subjektive Leistungseinschätzung des Getesteten. Interessant ist dabei, ob die Selbstbeurteilung mit der tatsächlich erreichten Leistung übereinstimmt oder ob sich herausstellt, daß die Testperson nur etwa ein Drittel aller Signale überhaupt beantwortet hat, sie selbst aber der Meinung ist, alles richtig gemacht zu haben. Das wäre dann ein untrügliches Zeichen dafür, daß sie ihre Leistungsfähigkeit falsch einschätzt.

Die zweite Aufgabe besteht darin, daß die Testperson einen aus 180 bis 200 Signalen bestehenden sogenannten **Tempowahlversuch** macht, wobei sie das Tempo der Signalfolge mit Hilfe des Drehreglers auf der Testpultseite nach eigenem Gutdünken einstellen kann. Die Ausgangsgeschwindigkeit kann von der ‚Testperson bestimmt werden.

Dieser **Tempowahlversuch** dient ebenfalls der Feststellung, wie die Testperson ihre eigene Leistungsfähigkeit einschätzt:

– Ist sie nur auf Sicherheit und Genauigkeit bedacht und wählt deshalb ein sehr langsames Tempo? Das könnte für ein „mauern" sprechen!

– Wählt sie rasch ein sehr hohes Tempo und achtet gar nicht auf die Genauigkeit und Richtigkeit bei der Beantwortung der Signale, was ein Zeichen hoher Risikobereitschaft (aber nicht eines ausreichenden Risikobewußtseins) sein kann?

– Oder wählt sie ein der eigenen Leistungsfähigkeit entsprechendes, durchaus schnelles Tempo, wobei sie ein sehr hohes Maß an Richtigkeit und Genauigkeit ihrer Reaktionen einhalten kann, was für eine risikobewußte Einstellung sprechen könnte?

Diese Beispiele mögen die Testziele verdeutlichen, die mit dem Tempowahlversuch herausgefunden werden sollen.

Im allgemeinen wird schließlich noch ein sogenannter **Dauertestdurchlauf** gemacht, der zur Prüfung der Belastbarkeit dient. Dabei werden nacheinander 500 bis 600 Signale gegeben, die in einer Zeit von 8 bis 10 Minuten ablaufen, je nachdem, welches Tempo die Testperson **durchhalten** kann: Das „Gütemaß" liegt bei etwa 50 % richtiger Reaktionen, die nach jedem 30. Signal laufend berechnet werden. Unterschreitet die Testperson diese 50 %-Grenze, wird das Tempo gedrosselt, überschreitet sie diese wesentlich, wird das Tempo gesteigert.

Die dabei mit Stoppuhr gemessene Zeit spielt bei der Bewertung der Testleistung ebenfalls eine Rolle, denn die erzielten Ergebnisse werden mit einer Normtabelle verglichen.

TIPS

Genauso wie im täglichen Straßenverkehr: Die **beste** Leistung am Wiener Determinationsgerät liegt im zügigen Tempo, das aber nicht so schnell sein darf, daß die Genauigkeit und Sicherheit der Reaktionen darunter leiden.

Wenn Sie nur die geringste **Farbsinnschwäche** haben, eine Farbe also nicht so gut wie die anderen sehen können, müssen Sie es dem Testleiter unbedingt vor Testbeginn mitteilen.

Er wird dann die entsprechende Signallampe abschalten. Dasselbe gilt für **Hörschwäche**!

Das richtige und genaue Drücken von 7 Tasten und 2 Pedalen erfordert „gelenkige" Glieder. Wenn bei Ihnen eine Versteifung von Gelenken oder eine nicht vollständig ausgeheilte Verletzung vorliegt oder Sie beim Sitzen eine wie auch immer geartete Haltungsstörung haben, sagen Sie es bitte unbedingt vor Testbeginn dem Testleiter.

Er kann darauf Rücksicht nehmen, indem er zum Beispiel die Pedale abschaltet.

Lassen Sie sich durch das Fehlerlämpchen nicht irritieren, das vor Ihren Augen aufleuchtet, wenn Sie falsch reagiert haben.

Lassen Sie es lieber abschalten!

Mehrfach-Wahlreaktionen auf Farbsignale

Testbeschreibung

Dieser Test prüft die Reaktionsschnelligkeit und -sicherheit.

Auf einem durchsichtigen Bildschirm, der 1,5 m breit ist, leuchten nacheinander in zeitlichen Abständen und an unterschiedlichen Stellen rote, grüne, blaue, weiße und gelbe Punkte auf.

Der Untersuchte hat die Aufgabe, vor einem Schaltpult sitzend, die den aufleuchtenden Farbpunkten entsprechend markierten Knöpfe zu drücken, und zwar noch bevor das Licht erlischt.

Die Testperson hat die Möglichkeit, sich in mehreren Übungsläufen auf den Test einzustellen. Je Durchgang (Übungs- und Prüfungsdurchgang) werden 25 Signale gegeben.

Die Darbietungs- und Intervallzeit betragen im Übungsdurchgang 1,3 Sekunden und nur 0,9 Sekunden im tatsächlichen Testfall.

Da dieser Test nicht so einfach ist, haben die Testautoren wie gesagt mehrere Übungsdurchläufe vorgesehen: Mit dem Prüfungsdurchgang wird erst begonnen, wenn der Betroffene im Übungsdurchgang mindestens 80 % der 25 Signale (= 20 Signale) richtig beantwortet hat.

Testgegenstand

Mit diesem Test wollen die TÜV-Psychologen herausfinden, wie es beim Betroffenen um die Fähigkeit zur Aufmerksamkeitsanspannung und vor allem Belastbarkeit bestellt ist. Der Betroffene wird bei einer Signalfolge von nur 0,9 Sekunden erheblichem Streß ausgesetzt.

Die Umstellungsfähigkeit und das Tempo der psychischen Abläufe stehen bei diesem Test im Vordergrund. Störanfälligkeit und geringe Belastbarkeit können dazu führen, daß die Testleistung sehr starken Schwankungen unterworfen ist.

Die Testerfinder gehen davon aus, daß eine Einübungsmöglichkeit gegeben wird und sich die Reaktion des Untersuchten automatisiert. Wenn das geforderte „Mindestmaß der Anpassungsfähigkeit" ausbleibt, kann gesagt werden, daß beim Betroffenen ein erheblicher Mangel an Belastbarkeit und ein beträchtliches Maß an Störanfälligkeit in der Aufmerksamkeitsanspannung vorliegen. Dies wird auch dadurch deutlich, daß die erbrachte Testleistung erhebliche Schwankungen aufweist und zum Ende hin stark absinkt.

Testauswertung

Die Testauswertung ist standardisiert, und die vom Betroffenen erreichten Zahlenwerte werden mit den Normwerten verglichen.

Im ersten Durchgang (= Einübung) ist die Darbietungszeit 1,3 Sekunden, und wenn weniger als 9 richtige und zeitgerechte Reaktionen durch das Zählwerk festgehalten werden, gilt die Leistung als unterdurchschnittlich. In diesem Fall kann der Betroffene weiterüben.

Im ersten und zweiten Testdurchgang beträgt die Darbietungszeit jeweils 0,9 Sekunden, und die ‚Testleistung gilt als unzureichend, wenn 5 oder noch weniger richtige und zeitgerechte Reaktionen registriert wurden. Im dritten und vierten Testdurchgang ist bei gleicher Darbietungszeit von 0,9 Sekunden die kritische Leistungsgrenze bei 7 richtigen und zeitgerechten Reaktionen festgelegt.

In diesen beiden letzten Prüfungsdurchgängen ist die geforderte Mindestzahl der richtigen Reaktionen deshalb höher als in den Prüfungsdurchgängen 1 und 2, weil unterstellt wird, daß der Untersuchte durch die ersten beiden Prüfungsdurchgänge inzwischen einen Übungsvorteil hat.

Linienverfolgen-Test (LVT)
von *Schubert/Müller/Senf*

Testbeschreibung

Bei diesem Test werden den Betroffenen insgesamt 11 Diapositive hintereinander auf eine Leinwand projiziert.

Der LVT wird in der Regel als Gruppentest durchgeführt. Die Testpersonen sitzen in einem verdunkelten Testraum an verschiedenen Tischen, die voneinander so weit entfernt sind, daß ein Beobachten der Arbeits- und Lösungsweise des jeweils anderen ausgeschlossen ist. Die Leinwand befindet sich am Ende des Testraumes, der Diaprojektor läßt den gesamten ‚Test automatisch ablaufen.

Das erste auf die Leinwand projizierte Diapositiv gilt als Übungsaufgabe und wird längere Zeit gezeigt. Die 10 Testaufgaben erscheinen dann jeweils 40 Sekunden auf der Leinwand. Alle Aufgaben sind nach steigendem Schwierigkeitsgrad angeordnet.

Die Einzelaufgaben zeigen jeweils 9 in sehr starkem Maße geschwungene Linien, die sich untereinander mehrmals kreuzen (siehe Abb. 8 und 9, Seite 196).

An ihrem Ausgangspunkt sind die einzelnen Linien mit einem Buchstaben und am Endpunkt mit einer Zahl gekennzeichnet. Die Aufgabe für die Testperson besteht darin, die Linien einzeln vom Ausgangspunkt bis hin zum Endpunkt zu verfolgen und das für richtig gehaltene Ende einer jeden Linie mit der dazugehörigen Zahl in einen Antwortbogen einzutragen.

Testgegenstand

Mit diesem Test soll die Schnelligkeit der optischen Wahrnehmung geprüft werden.

Eine Störanfälligkeit in der Aufmerksamkeitsanspannung bzw. Ablenkbarkeit und eine Konzentrationsstörung ganz allgemein sollen mit dem I.VT, der auch als psychologische Leistungsprobe bezeichnet wird, erkannt werden.

Testauswertung

Jede bis zu ihrem Ende verfolgte Linie gilt als richtige Lösung.

Die maximale Punktzahl, die erreicht werden kann, beträgt 90 Punkte. Da erst 38 und weniger richtig verfolgte Linien als kritische Untergrenze gewertet werden, haben die meisten Testpersonen recht gute Chancen, den Test zumindest im unteren Durchschnittsbereich zu bestehen.

Beispiel einer leichten und einer schweren Aufgabe des Linienverfolgen-Tests (LVT) [Abbildungen 8 und 9]

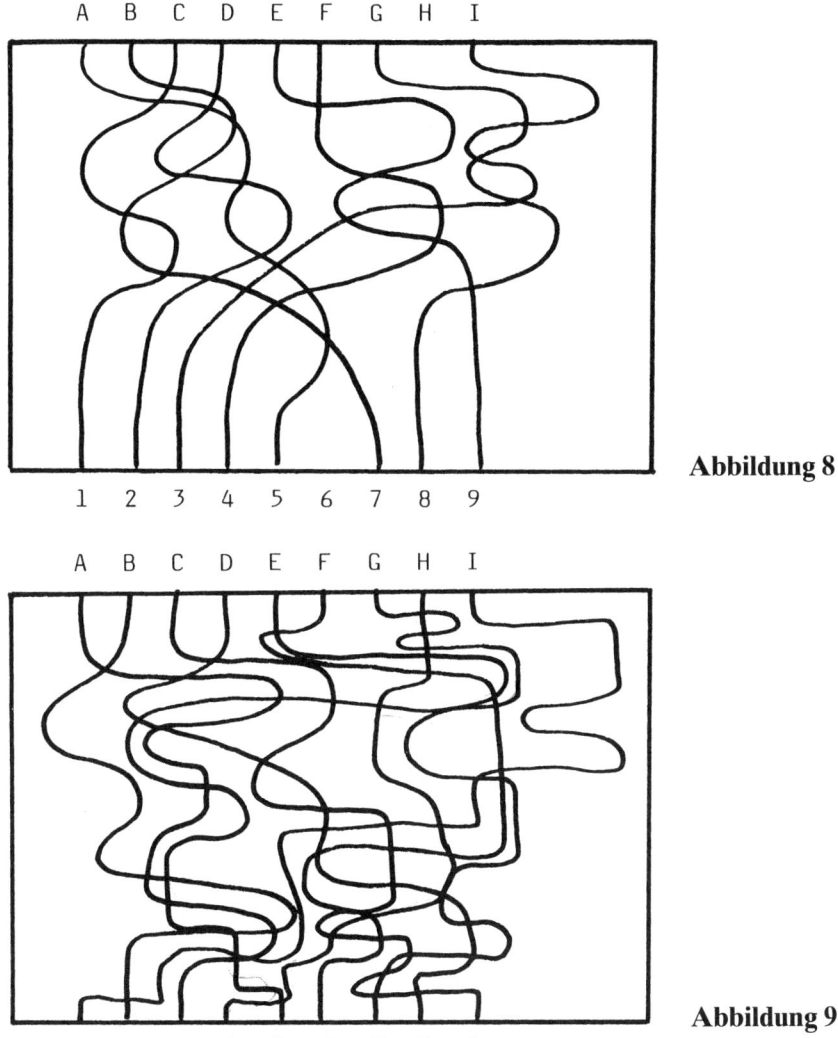

Abbildung 8

Abbildung 9

Anmerkung: Aus rechtlichen Gründen kann hier lediglich eine mit den Originalzeichnungen nicht identische Zeichnung veröffentlicht werden.

TIPS

Das eigentliche Problem bei diesem Test liegt darin, daß die Sitzplätze der einzelnen Testpersonen beim Gruppentest nicht gleich weit von der Leinwand entfernt sind.

Daraus folgt, daß Sie sich, genauso wie im Kino, den für Sie subjektiv nach Ihren eigenen Erfahrungen günstigsten Sitzplatz aussuchen sollten. Diese speziellen Testräume der BfF-Stellen sind in der Regel so groß, daß sich darin 5 bis 8 Tischreihen befinden.

Achten Sie bei der Übungsaufgabe darauf, daß Sie weder zu weit noch zu nah zur Leinwand sitzen. Wenn Sie sich mit den übrigen Testpersonen nicht einigen können, weil zum Beispiel alle möglichst hinten sitzen möchten, so sprechen Sie den Testleiter unbedingt vor Testbeginn darauf an. Notfalls kann bzw. muß der Test bei gegebener Weit- oder Kurzsichtigkeit als Einzeltest durchgeführt werden.

Verkehrsgebundener tachistoskopischer Auffassungsversuch (TAVT 2)
von Hampel

Der TAVT 2 gehört zu den Standardverfahren der BfF-Stellen der TÜV und wird unter den gleichen äußeren Testbedingungen durchgeführt wie der LVT, also in einem Prüfungs- oder Unterrichtsraum und in der Regel als Gruppentest.

Testbeschreibung

In dem verdunkelten Prüfungsraum werden den Testpersonen mit Hilfe eines Tachistoskops 22 Farbdias auf eine Leinwand projiziert. Das Tachistoskop ist ein mit einem Diaprojektor verbundenes Instrument, das eigens für psychologische Untersuchungen entwickelt wurde: Es ermöglicht die schnelle und genaue Darbietung der aus Bildern, Zahlen oder Buchstaben bestehenden ‚Testaufgaben.

Die 22 Farbdias des TAVT 2 stellen ausnahmslos Verkehrssituationen dar.

Jedes Dia wird 1. (eine) Sekunde lang gezeigt. Die ersten beiden Dias sind Übungsaufgaben.

Zwischen zwei Dias wird stets eine kurze Pause eingelegt, damit die Testpersonen auf ihrem Testbogen die für richtig gehaltene Lösung ankreuzen können.

Jede dargebotene Verkehrssituation enthält zumindest ein richtiges und daher zu erkennendes Prüfungselement, das auf dem Testbogen mit schematischen Symbolen und folgenden Bezeichnungen abgebildet ist:

1. Fußgänger (Erwachsene/Kinder)
2. Kraftfahrzeuge (Lkw, Pkw)
3. Zweiradfahrzeuge
4. Verkehrszeichen (Schilder)
5. Verkehrsampel

In den auf die Leinwand projizierten Verkehrssituationen können jeweils mehrere der obigen 5 Details enthalten sein diese sind dann auf dem Testbogen anzukreuzen.

Testgegenstand

Dieser Test prüft nach den Angaben des Testautors den Umfang, die Schnelligkeit und Genauigkeit der optischen Wahrnehmungsfähigkeit. „Er richtet sich an die Fähigkeiten, die für eine auf das Wesentliche konzentrierte Orientierung notwendig sind" (Gutachtentext).

Testauswertung

Sie erfolgt mit Hilfe einer Schablone, die auf einen Blick erkennen läßt, ob die Testperson
- falsche Symbole angekreuzt und/oder
- richtige Symbole ausgelassen hat

Der kritische Bereich liegt bei 25 und mehr falsch angekreuzten und/oder ausgelassenen richtigen Lösungen.

TIPS

Im Gegensatz zu den übrigen MPU-Tests liegt der Vorteil des TAVT 2 darin, daß die Testaufgaben wirkliche und naturgetreue Verkehrssituationen darstellen und Ihnen somit vertraut sind.

Ihr zweiter Vorteil ist, daß Sie über die zu erkennenden verkehrswichtigen Details bereits lange vor dem Test informiert sind.

Die Schwierigkeit dieser Tests liegt in der sehr kurzen Darbietungszeit von 1 Sekunde je Dia.

Aber auch in 1 Sekunde kann viel erkannt werden, vor allem, wenn man sein Zeitgefühl trainiert hat.

Vorschlag Nr. 1: Wenn sie über einen Diaprojektor verfügen, können Sie die Aufgabenlösung einüben, indem Sie sich selbst beliebige Bilder vorführen und die Darbietungszeit immer mehr abkürzen.

Vorschlag Nr. 2: Wenn Sie keinen Projektor haben, reichen auch beliebige Fotos, auch aus Zeitungen, die Sie sich z. B. selbst zu- und aufdecken können.

Ähnlich wie beim LVT, so kann auch bei diesem Test die Wahl des Sitzplatzes im Prüfungsraum von Bedeutung sein. Eventuelle Kurz- oder Weitsichtigkeit noch vor dem Test durch den Augenarzt prüfen lassen!

Der Test d2
von *Brickenkamp*
(Aufmerksamkeits-Belastungs-Test)

Testbeschreibung

(mit Genehmigung des Verlages Dr. C. J. Hogrefe, Göttingen)

Der „Test d2" ist ein unter Psychologen sehr beliebtes, weil in seiner Durchführung einfaches, aber ansprechendes, kurzes psychodiagnostisches Verfahren zur Messung der optischen Aufmerksamkeitsanspannung und im weiteren Sinne der Konzentrationsfähigkeit.

Der „Test d2" ist für jede Testperson leicht verständlich und zudem intelligenzunabhängig.

Der Testperson wird ein Testbogen in der Größe eines gewöhnlichen Schreibmaschinenblattes (DIN A4) vorgelegt. Auf der Vorderseite befinden sich die Rubriken für die Angaben zur Person und eine kurze Testerläuterung mit Aufgabenbeispiel und Übungszeile.

Die Aufgabe für die Testperson besteht darin, in insgesamt 14 Buchstabenreihen, die nur aus den beiden Buchstaben

$$d \text{ und } p$$

bestehen, folgende durchzustreichen:

$$\overset{\shortmid\shortmid}{d} \quad \overset{\shortmid}{\underset{\shortmid\shortmid}{d}} \quad \overset{\shortmid}{\underset{\shortmid}{d}}$$

Der Test erhält seinen Sinn erst dadurch, daß in den 14 Buchstabenreihen außer dem Buchstaben d mit jeweils 2 Strichen eine Anzahl folgender Zeichen verstreut ist:

$\overset{\shortmid}{d}$ = ein Strich zuwenig

$\overset{\shortmid}{\underset{\shortparallel}{d}}$ = ein Strich zuviel

$\overset{\shortmid}{p}$ = ein Strich zuwenig

$\overset{\shortmid}{\underset{\shortparallel}{p}}$ = ein Strich zuviel

Wie eine Aufgabenzeile gestaltet werden kann, entnehmen Sie bitte aus der nachfolgend abgedruckten Titelseite des Originals (Abb. 10).

Abbildung 10

Test d 2

Datum: _____ Nr.: _____

Name: _____ Vorname: _____

Beruf: _____ Alter: _____

Beispiele:

Übungszeile:

	RW	%	PR	SW
GZ		–		–
F				
GZ – F		–		–
SB		–		–
Fehlerverteilung				

Copyright by Verlag für Psychologie, Dr. C. J. Hogrefe, Göttingen.
Urheberrechtlich geschützt. Nachdruck und Vervielfältigungen jeglicher Art, auch einzelner Teile oder Items, sowie die Speicherung auf Datenträgern oder die Wiedergabe durch optische oder akustische Medien verboten.

Testdurchführung

Auf der Rückseite des Testbogens befinden sich die 14 Buchstabenreihen, die aus 47 Zeichen je Zeile bestehen.

Für das Durchstreichen der d mit 2 Strichen hat die Testperson je Zeile jeweils 20 Sekunden. Nach Ablauf dieser Zeit gibt der Testleiter sein Kommando „Halt!", worauf die Testperson sofort in der nächsten Buchstabenreihe fortfahren soll.

Testgegenstand

Mit dem „Test d2", der sich inzwischen durchgängig bewährt hat, wird die funktionalpsychische Leistungsfähigkeit in folgenden Bereichen geprüft:

– Optische Gestalterfassung
– Unterscheidungsvermögen
– Ausdauer bei Konzentration
– Sorgfalt bei der Arbeit

Testauswertung

Nach 4 Minuten und 40 Sekunden ist der Test beendet. Der Testleiter prüft mit einer Zeilenschablone die Testleistung. Erfaßt werden die Fehler, die Auslassungen und die richtig durchgestrichenen Buchstaben. Aus der Gesamtleistung ergibt sich ein Zahlenwerk, das mit den Normwerten verglichen wird.

Wichtig für die Auswertung sind folgende Einzelwerte:

– Gesamtzahl der bearbeiteten Zeichen
– Gesamtzahl der richtig durchgestrichenen Zeichen
– Fehlerverteilung innerhalb der ersten 4, der mittleren 6 und der letzten 4 Zeilen
– Schwankungsbreite (= ergibt sich aus dem je Zeile durchgestrichenen Buchstaben)

Was die Tester häufig nicht berücksichtigen, ist die Tatsache, daß mit diesem Test die Aufmerksamkeitsfähigkeit in einem beinahe „Mikrobereich" geprüft wird. Das ist nicht jedermanns Sache, zumal die einzelnen Zeichen in den 14 Buchstabenreihen sehr dicht beieinanderstehen. Es liegt auf der Hand, daß insbesondere diejenigen Betroffenen, die im Umgang mit Schriftzeichen ohnehin nicht geübt sind, benachteiligt sein können. Aber auch diejenigen, die viel lesen und vielleicht im Beobachten kleiner Einzelheiten berufsbedingt trainiert sind, können durchaus in Schwierigkeiten geraten, wenn es darum geht, in der sehr kurzen Zeit von 20 Sekunden je Zeile sowohl eine sorgfältige als auch schnelle und deshalb zumindest durchschnittliche Leistung zu erbringen.

TIPS

Bei diesem Test ist die erbrachte Leistung dann optimal, wenn Sie sorgfältig, aber auch zügig arbeiten. Im Klartext: Möglichst wenig nach der Aufgabenstellung durchzustreichende Zeichen auslassen und möglichst wenig falsche durchstreichen.

Um dies erreichen zu können, ist Übung erforderlich. Diese Übung soll sich auf folgendes erstrecken:

– Üben Sie zunächst das Abschätzen von 20 Sekunden. Sie werden,. sehen, daß diese Zeit gar nicht so kurz ist, wenn man das Gefühl dafür hat.

– Üben Sie sich im Erkennen von ähnlichen Buchstaben.

Nehmen Sie sich dazu eine beliebige Zeitungsseite vor, suchen Sie sich eine Spalte aus, und streichen Sie zunächst ohne Hektik Zeile für Zeile z. B. sämtliche

a und ä, g und y, o und ö, u und ü

und natürlich alle

d und p

mit einem roten Stift durch. Danach prüfen Sie, ob Sie etwas ausgelassen oder „falsch" durchgestrichen haben.

Unbedingt vor der ersten Untersuchung bzw. vor diesem Test klären, ob Ihre Brille, falls Sie etwa eine nur zum Lesen benötigen, noch die richtige ist. Wenn Sie keine Brille tragen, klären Sie, ob Sie möglicherweise zum lesen doch eine benötigen. (Das Nachlassen der Sehleistung ist eine natürliche und mit dem Lebensalter einhergehende Erscheinung. Alterssichtigkeit tritt etwa ab dem 50. Lebensjahr ein.)

Durch diese Vorkehrungen (Einübung und Prüfen des eigenen Sehvermögens) haben Sie schon das Wesentlichste getan: Sie werden beim Test nicht unnötig aufgeregt sein.

Gelassenheit ist auch bei diesem Test wichtig. Denn wie bei jedem Leistungstest, so geht es auch bei diesem nicht allein um Ihre objektiv meßbare Leistung, sondern auch um die Beobachtung Ihres Verhaltens während einer besonderen Anspannung, also in einer Ausnahmesituation.

Ein ausgeglichenes und diszipliniertes Testverhalten werden Sie viel leichter erreichen, wenn Sie mit einer gezielten Vorbereitung in die Untersuchung gehen.

Konzentrations-Leistungs-Test (K-L-T)

Der K-L-T von *Düker* und *Lienert* stammt aus dem Jahre 1943 und wird sehr gern eingesetzt. Die Tester sind der Meinung, daß der K-L-T in seiner Anwendung einfach ist und rasch ausgewertet werden kann. Das erzielte Testergebnis wird für „objektiv" gehalten, zumal es in Zahlen erfaßt und ausgedrückt wird.

Testbeschreibung

Der Testperson wird ein dreifach gefalteter Testbogen vorgelegt, der auf der ersten Seite den Hinweis enthält, diesen „geschlossen" zu halten und erst auf Aufforderung weiterzulesen.

Die Aufgabe, die auf der Vorderseite mit zwei Beispielen erläutert wird, besteht aus insgesamt 1250 (!) einzelnen Rechenoperationen. Die Testperson hat es zwar nur mit Abziehen und Hinzuzählen zu tun, sie muß allerdings immer im Kopf rechnen.

Beispiel I: $5 + 9 - 3$
  $4 - 3 + 2\ (\ )$

Lösung: 1. Obere Zeile ausrechnen und sich das Ergebnis (11.) merken.
  2. Erst dann dasselbe mit der unteren Zeile tun (3).
  3. Ist das Ergebnis der oberen Zeile größer als das der unteren, dann wird das kleinere Ergebnis vom größeren abgezogen (11 3) und das Endergebnis (8) in die hier mit Klammern markierte Stelle eingetragen.

Beispiel II: $2 + 5 - 6$
  $8 + 2 + 6\ (\ )$

Lösung: 1. Auch diesmal zunächst die obere Zeile ausrechnen und sich das Ergebnis (1) merken.
  2. Dann untere Zeile ausrechnen und sich das Ergebnis (16) merken.
  3. Ist das Ergebnis der oberen Zeile kleiner als das der unteren, dann wird das größere zum kleineren hinzugerechnet (1 + 16) und dann das Endergebnis (17) in die hier mit Klammern markierte Stelle eingetragen.

Testdurchführung

Nach der Erläuterung der Aufgaben hat die Testperson die Möglichkeit, 4 Probeaufgaben mit insgesamt 20 Rechenoperationen in Ruhe durchzuführen.

Danach beginnt der tatsächliche Test, dessen Durchführungszeit bis zu 30 Minuten betragen kann.

Testgegenstand

Mit dem K-L-T soll die „allgemeine Leistungsfähigkeit (Konzentration und Ausdauer) erfaßt werden, unabhängig von der intellektuellen Begabung" der Testperson.

Geprüft wird außerdem die Fähigkeit zum Erkennen des Systems, also das Erkennen dessen, was hinter der Aufgabe als Gesetzmäßigkeit steckt.

TIPS

Bei jedem Test, bei dem es um Rechnen und Zahlen geht, kommt es auf eine folgerichtige, logische Vorgehensweise an.

Sie müssen deshalb bei jeder einzelnen Aufgabe nach folgendem Schema verfahren:

- Auffassen
- Merken (Behalten des Aufgefaßten)
- Erkennen des Systems
- Lösen

Seit der Verbreitung der Taschenrechner sind wir mehr oder weniger „rechenfaul" geworden, so daß bei diesem Test nicht nur diejenigen Betroffenen stöhnen, die im Umgang mit Zahlen nicht geübt sind. Deshalb hilft nur die gezielte Vorbereitung: Kopfrechnen, aber nicht nur einige Aufgaben, sondern eine ganze Menge.

Sie müssen sich nämlich nicht allein im Kopfrechnen trainieren, sondern auch in der Ausdauer einer bestimmten Konzentrationsleistung. Deshalb: Verlängern Sie die Zeitdauer Ihres Trainings, auch wenn Sie beim. Rechnen Fehler machen.

Bitte bedenken Sie, daß mehrstufiges und ausdauerndes Kopfrechnen nur bei durchschnittlicher oder überdurchschnittlicher Konzentrationsfähigkeit möglich ist. Nicht verarbeitete seelische Probleme wie auch übermäßiger Alkoholkonsum beeinträchtigen die Konzentrationsfähigkeit. Dieser oder ein ähnlicher Test ist mithin sehr gut geeignet, um zu prüfen, ob bei Ihnen derartige Leistungseinschränkungen vorliegen sei es auch nur vorübergehend oder aufgrund seelischer Ursachen.

Der Progressive-Matrizen-Test (P-M-T)
von *Raven*
(Deutsche Bearbeitung der „Progressive Matrices")

Der P-M-T, der an dieser Stelle in seiner Standardform (SMP) vorgestellt wird, ist ein sprachfreier Test zur „Abschätzung" der Intelligenz.

Testbeschreibung

Der Testperson werden ein 60 Seiten umfangreiches Testheft und ein Antwortbogen vorgelegt. Das Testheft enthält die Aufgaben und 6 bis 8 Lösungsvorschläge, die jeweils auf einer Seite abgedruckt sind (siehe Abb. 11 und 12). Die 60 Aufgaben sind in 5 Gruppen unterteilt, die mit den Großbuchstaben A, B, C, D und E gekennzeichnet sind. Jede Aufgabengruppe enthält 12 Einzelaufgaben, die in ansteigender Rangfolge schwieriger werden. Auf dem Antwortbogen sind diese mit den Großbuchstaben und den Ziffern der Lösungen von 1 bis 8 bezeichnet. Wie aus den beiden Abb. 11 und 12 auf Seite 232/233 zu entnehmen ist, handelt es sich um bestimmte Anordnungen von Symbolen und Symbolgruppen. Ein Teil der oberen Gesamt-Symbolgruppe fehlt bei jeder Aufgabe. Die Testperson hat die Aufgabe, diesen fehlenden Teil aus den vorgegebenen 6 bis 8 Vorgaben zu ergänzen. Eine der vorgegebenen Lösungen ist immer richtig.

Die für richtig gehaltene Lösung wird auf dem Antwortbogen notiert, indem die Testperson die entsprechende Ziffer von 1 bis 8 durchstreicht.

Testgegenstand

Mit diesem Test soll die Fähigkeit zum logischen, folgerichtigen Denken erfaßt werden.

Testdurchführung

Die Aufgabe wird mit wenigen Worten erläutert: Die Testperson ist dann auf sich gestellt. Der Test wird nicht unter Zeitdruck, also ohne Zeitbegrenzung, durchgeführt. Er dauert etwa 45 Minuten.

TIPS

Für Sie als Testperson kommt es darauf an, die Gesetzmäßigkeit der Anordnung einer jeden Aufgabe herauszufinden!

Diese Gesetzmäßigkeit kann in jeder Aufgabe eine andere sein: Sie kann zum Beispiel in der Art und Weise der Anordnung der Symbole oder in der Anzahl derselben liegen.

Beispiel: In Abb. 11 muß nur das entsprechende Symbol erkannt werden. Die richtige Lösung ist daher Nr. 3. In Abb. 12 kommt es auf die Anzahl und Gestalt der Symbole an, und zwar von oben nach unten. Die richtige Lösung ist daher Nr. 8.

Abbildung 11

Beispiel einer leichteren Testaufgabe (mit Genehmigung der Beltz Test Gesellschaft mbH, Weinheim)

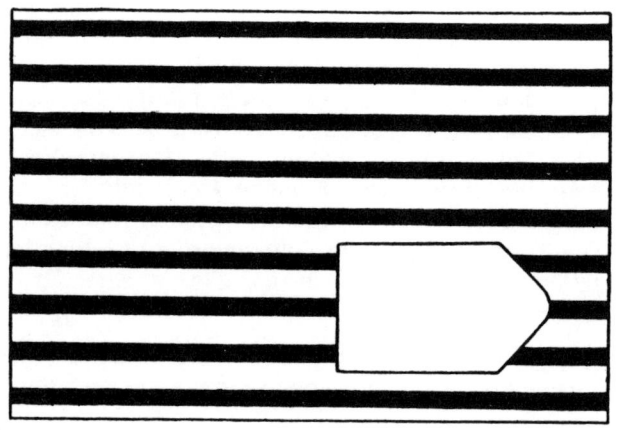

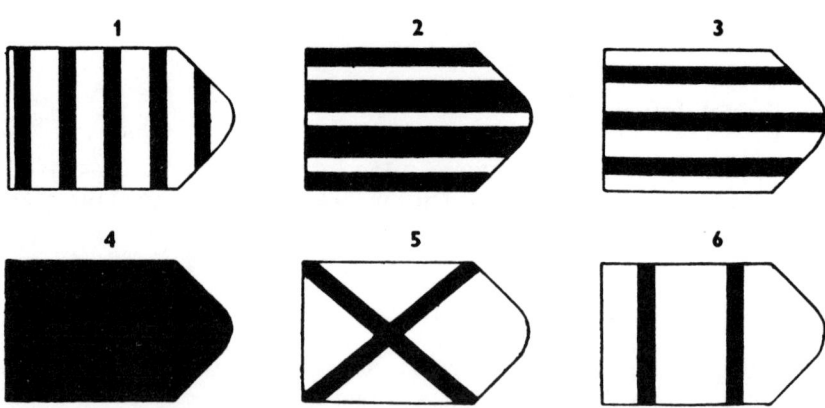

TIPS

Da es nicht auf die Schnelligkeit, sondern nur auf die Richtigkeit Ihrer Lösungen ankommt, sollten Sie sich Zeit lassen. Eine Zeitbegrenzung ist für jeden ‚Test ohnehin nicht vorgegeben. Sie sollten jede Aufgabe und jede Aufgabengruppe zunächst in aller Ruhe aufmerksam betrachten und sich erst nach sorgfältigem Studium aller 12 Einzelaufgaben einer Gruppe für die Beantwortung (Markieren) entscheiden.

Abbildung 12

Beispiel einer schwereren Testaufgabe (mit Genehmigung der Beltz Test Gesellschaft mbH, Weinheim)

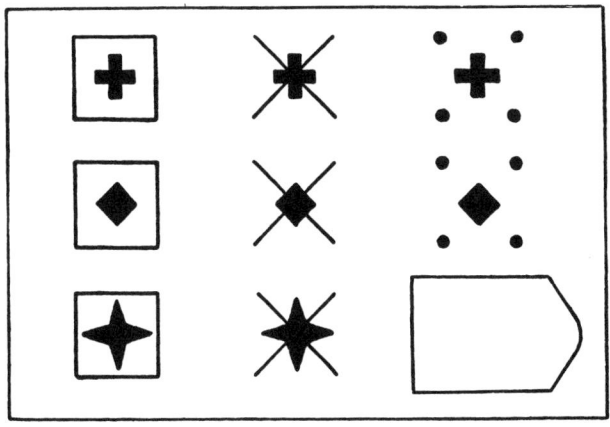

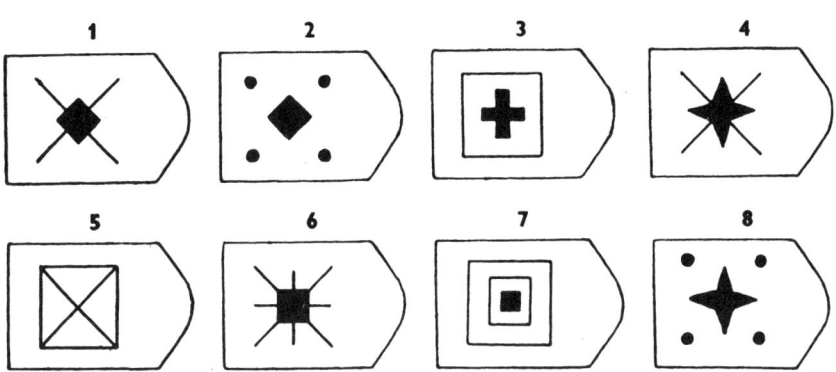

Die Einzelaufgaben sind mit Buchstaben und Ziffern gekennzeichnet. Sie wissen jetzt auch, daß die Aufgaben in ansteigender Rangfolge schwerer werden: A7 ist wesentlich schwerer als A1.

Das bedeutet auch: Je weiter Sie vorankommen, um so wahrscheinlicher wird es, daß die Lösung aus der Kombination mehrerer Einzelheiten besteht ein gutes Beispiel ist dafür Abb. 12. Falls Sie eine Ziffer auf dem Antwortbogen bereits markiert haben und später glauben, daß eine andere Vorgabe die richtige ist, machen Sie einen Kreis um diese korrigierte Ziffer (diese gilt dann nicht!). Streichen Sie dann diejenige durch, die Sie nunmehr für die richtige Lösung halten.

Die Testautoren haben diese Möglichkeit der nachträglichen Korrektur bei jeder Aufgabe ausdrücklich zugelassen!

Prüfung des Verkehrswissens

Sowohl bei der MPU als auch in den Obergutachterstellen wird, wenn auch nicht in jedem Fall, das theoretische Verkehrswissen mit TÜV-Fragebogen geprüft. Das Ergebnis wird im schriftlichen Eignungsgutachten festgehalten.

Dieser Theorietest gilt zwar nicht als die amtliche Führerscheinprüfung, wird aber genauso ausgewertet: Falls Sie mehr als 7 Fehlerpunkte haben, wird dies vermerkt, und das Straßenverkehrsamt kann wegen Ihrer mangelhaften Theoriekenntnisse eine amtliche Prüfung anordnen, auch wenn noch keine 2 Jahre seit dem Entzug vergangen sind. Eine Empfehlung dazu kann sogar im Gutachten selbst ausgesprochen werden.

Es ist erwiesenermaßen so, daß kaum ein Fahrer die Theorieprüfung besteht, wenn er sich nicht darauf besonders vorbereitet. Die Durchfallquote liegt bei über 50 %.

TIP

1. Bereiten Sie sich unbedingt gründlich auf die Theorie vor.
2. Einen Leitfaden durch das Dickicht der Fallen und Fangfragen der „tüvologischen" Theorieprüfung finden Sie im Buch von Kürti: „Superstart zum Führerschein" (siehe Seite 230).

Achtung:

Es ist wissenschaftlich erwiesen, daß diese Art der Theorieprüfung nicht nur tatsächliches Verkehrswissen, sondern besonders auch die sprachliche Intelligenz testet. Im Klartext: Sprachlich wenig gebildete oder geschickte Prüflinge fallen viel leichter durch als Akademiker, Abiturienten usw.

Kapitel 15
Fahrprobe und Testfahrt

Bei den Fahreignungsuntersuchungen der MPU und der Obergutachterstellen sind zwei Formen von Fahrtests bekannt: die Fahrprobe und die Testfahrt.

Der Unterschied zwischen diesen beiden praktischen Fahrtests besteht darin, daß unter

Fahrprobe ein nicht standardisierter Test, also ein Testen des fahrerischen Könnens bei freier Beobachtung durch den Gutachter, und unter

Testfahrt ein standardisierter Test, also ein Testen des fahrerischen Könnens und Verhaltens bei vorher festgelegten Bedingungen unter Beobachtung des Gutachters,

verstanden wird.

Fahrproben werden in der Regel durch die BfF-Stellen durchgeführt, sie sind im wesentlichen vergleichbar mit der praktischen Fahrprüfung, die jeder Autofahrer beim Erwerb seines Führerscheins ablegt. Aber auch Obergutachter führen solche Fahrproben durch.

Der Kölner-Fahrverhaltens-Test (K-F-V-T)

Das Wesentliche einer Testfahrt soll am Beispiel des Kölner-Fahrverhaltens-Tests (K-F-V-T) erläutert werden, der an der Kölner Obergutachterstelle bei jeder Begutachtung von Promille- und Punktefahrern durchgeführt wird. Andernorts wird eine **Fahrprobe** durchgeführt (Seite 238).

Die Psychologen, genauer Obergutachter, die eine Testfahrt für unerläßlich halten, sind der Meinung, daß ein Betroffener, der bestrebt ist, gute Leistungen zu erbringen, jeden Test als eine künstliche Situation empfindet. Das gilt aber nicht für das Fahren mit dem Auto, denn in einem Auto fühlt er sich fast wie zu Hause und wird sich deshalb auch natürlicher verhalten als bei anderen Tests.

Für den Psychologen geht es also bei der Testfahrt um **Verhaltensbeobachtung unter natürlichen Bedingungen**.

Es gibt Gutachter, die auf ihnen vertrauten Straßen eine Fahrprobe von nur einigen Runden durchführen lassen. Sie meinen, auch ein kurzes Herumfahren (im Fahrschulwagen) reiche schon aus, den Betroffenen richtig beurteilen zu können.

Andere Gutachter sind der Ansicht, es komme nur ein als Test konstruierter und somit standardisierter Fahrtest in Betracht, bei dem jeder Untersuchte unter weitestgehend identischen Bedingungen zu beobachten ist.

Die Autoren *G. Kroj* und *C. Pfeiffer* schreiben in ihrem Buch zu diesem Fahrtest:

Die in der experimentell-psychologischen Untersuchung zur Frage der Fahrereignung verwendeten Verfahren sind in aller Regel für die zu Untersuchenden neuartig und ungewohnt. Es kann sein, daß jemand in einer Situation, die für ihn völlig neuartig und ungewohnt ist, schlechte Leistungen erzielt, weil er sich darauf nur sehr mühsam einzustellen vermag. Schon deshalb ist es sinnvoll, bei Kraftfahrer-Eignungsuntersuchungen eine praktische **Fahrprobe** durchzuführen. Ein solches Verfahren hat zwei große Vorteile:

„Für den Fahrer liegt der gute Sinn einer mit ihm veranstalteten Fahrprobe auf der Hand.

Für den Sachverständigen hat dieses Untersuchungsverfahren methodisch den unschätzbaren Vorteil, daß er nicht auf unsichere Umwegdiagnosen angewiesen ist, nämlich von dem Verhalten und den Leistungen bei anderen Aufgaben auf das Verhalten beim Führen von Kraftfahrzeugen" (Undeutsch, 1971).

Der K-F-V-T ist eine Testfahrt, die in der Regel fast anderthalb Stunden dauert. Sie ist auf zwei feste Fahrstrecken abgestellt: eine für Anfänger und eine für Geübte.

Diese Testfahrt findet in einem Fahrschulwagen im Stadtbereich von Köln und in Begleitung eines Fahrlehrers statt: Der Untersuchte hat ja in aller Regel keinen Führerschein mehr.

Wichtig ist, daß die Fahrt im Fahrschulwagen ohne das vorgeschriebene Schild „Fahrschule" stattzufinden hat, und zwar deshalb, weil andernfalls die anderen Autofahrer im innerstädtischen Verkehr zu große Rücksicht auf den Untersuchten nehmen könnten. Das würde das Ergebnis natürlich verfälschen.

Im Fahrschulwagen sitzt während der Fahrprobe mindestens ein Psychologe, in der Regel der Gutachter selbst. Selten leitet ein anderer Psychologe den Test.

Dieser Testleiter gibt dem Untersuchten während der Fahrt rechtzeitig im voraus die Anweisungen, wie er zu fahren hat. Diese Anweisungen lauten meistens:

„Links abbiegen an der Ampel"
„Bei der nächsten Gelegenheit rechts abbiegen"
„Bis zur nächsten Anweisung nur geradeaus"

und so weiter. Es werden also keine konkret erkennbaren Aufgaben gestellt. Der Betroffene braucht nur zu fahren, und zwar gut angepaßt! Der Testleiter hat einen Testbogen vor sich, auf dem die einzelnen Testabschnitte festgehalten sind mit den erwarteten Verhaltensweisen, die für alle Untersuchten bei jeder Fahrprobe gleichbleiben.

Deshalb kann gesagt werden, daß diese Kölner Testfahrt ein standardisierter Fahrtest ist. Genauer gesagt handelt es sich dabei allerdings nur um einen halbstandardisierten Fahrtest, denn die Aufgaben sind zwar immer identisch, die Testbedingungen aber, insbesondere die jeweiligen Verkehrssituationen, ändern sich ständig.

Die wichtigsten Fehlermöglichkeiten sind folgende:

1. Nicht spurgenaues Fahren
2. Nicht immer Rechtsfahren
3. Gefährden und Nichtsichern beim Spurwechseln und/oder beim Abbiegen und/oder Einfädeln
4. Nichtbeachten von Verkehrszeichen/Ampeln
5. Nicht Mitfahren (im Verkehrsfluß), also zu langsames Fahren („Mauern")
6. Zu schnelles Fahren (wird erst bei mehr als 15 bis 20 km/h notiert)
7. Abstandhalten
8. Zögern beim Wechsel/Einfädeln/Abbiegen

Umfangreiche Untersuchungen zum Kölner-Fahrverhaltens-Test haben gezeigt (*Welzel*, 1976), daß bestimmte Fahrfehler der Testperson auch zu objektiven Befunden für die Beurteilung ihrer künftigen Verkehrsbewährung führen können.

Wenn sich nämlich ein Promille-Fahrer während der Testfahrt zwei und mehr riskante Fahrmanöver erlaubt, wird ihm ein „Schlechtpunkt" angelastet. Ein solcher „Schlechtpunkt" ist falltypisch: Bereits rückfällig gewordene Promille-Fahrer haben ebenfalls solche „Schlechtpunkte" während der Testfahrt gesammelt. Als „riskante Fahrmanöver" gelten:

– Gefährdung und
– Beinahe-Gefährdung

In der Regel wird es sich meist nur um Beinahe-Gefährdung handeln können, denn im Fahrschulwagen sitzt auch ein Fahrlehrer, der notfalls eingreift.

Es kann natürlich vorkommen, daß der Fahrlehrer unnötig bremst oder ins Lenkrad greift.

Es gehört zu dieser Kölner Testfahrt, daß der Betroffene nach der Fahrt einen Fragebogen ausfüllt und über sich bzw. sein Fahrverhalten eine Selbstbeurteilung abgibt, und zwar über folgende Kriterien:

– Geschicklichkeit
– Vorsicht
– Tempo

- Aufmerksamkeit
- Einordnen
- Sicherheit
- Risiko

Der Gutachter gibt zu diesen Punkten ebenfalls seine Beurteilung ab, und zwar auf einer Skala von „schlecht" bis „sehr gut".

Hat der Betroffene während der Fahrt grobe Fehler gemacht, so werden diese auch besprochen.

Es kommt darauf an festzustellen, ob sich der Betroffene richtig einschätzen kann oder nicht. Weicht seine Selbsteinschätzung ganz erheblich von seinem tatsächlichen Fahrverhalten und der Beurteilung durch den Gutachter ab, so kommt dies als wesentlicher Befund in das Gutachten.

Es geht zum Beispiel darum, ob der Betroffene sich als besonders risikobewußt beurteilt, aber während der Fahrt wiederholt bei später Gelbphase von Ampeln nicht anhielt, obwohl kein Fahrzeug hinter ihm fuhr, so daß die Gefahr des Auffahrens nicht bestand, mehrmals geradezu waghalsig überholte und dabei viel zu schnell fuhr.

Die Fahrprobe

Den wesentlichen Unterschied der **Fahrprobe** zur **Testfahrt** können Sie leicht entnehmen aus der folgenden Beschreibung einer **Fahrprobe**:

> „Die Fahrprobe wurde heute vormittag bei durchaus ruhiger Verkehrslage bei leichtem Regen im Stadtverkehr von München durchgeführt. Der Untersuchte hatte keinerlei Probleme bei der technischen Bedienung des Fahrzeuges.
>
> Wir haben unter anderem folgende Aspekte überprüft:
>
> Wechsel von Fahrstreifen, Beobachtung von Vorfahrtsregelungen, Benutzung des Blinkers, Blickwendung beim Abbiegen, Beachtung der vorgeschriebenen Höchstgeschwindigkeit, Beobachtung von Rad- und Fußgängerüberwegen beim Abbiegen.
>
> Der Untersuchte machte folgende Fahrfehler:
>
> Er berücksichtigte einen von ihm gekreuzten Radweg nicht ausreichend. Er mißachtete die Vorfahrt: An einer gleichberechtigten Straßenkreuzung fuhr er ohne Seitenblickwendung vorbei.
>
> Er hielt sich nicht immer an die durch Verkehrszeichen vorgeschriebene Höchstgeschwindigkeit. In einer Straße mit 30 km/h fuhr er um 10 km/h zu schnell.
>
> Er legte den Sicherheitsgurt nicht an.

Auffällig war seine nervöse und reaktionsschwache Fahrweise.

Insgesamt machte er den Eindruck eines passiven Fahrers. Er zeigte sich den Anforderungen, die in der Fahrprobe an ihn gestellt wurden, nicht gewachsen.

Falls er in Zukunft für charakterlich geeignet gehalten wird, wird eine 10-stündige Fahrschulung empfohlen."

Wie dieses Originalbeispiel erkennen läßt, erfolgt die Beurteilung sehr subjektiv. Wenn man bedenkt, daß ein geübter Kraftfahrer eine weite Kreuzung ohne weiteres auch ohne jegliche Kopfwendung einsehen kann, ist der Einwand des Gutachters haltlos, der Proband habe eine Kreuzung ungesichert durchquert.

Eine solche Beobachtung kann der Gutachter, der auf der Rückbank sitzt, nämlich gar nicht machen, da er die Augenbewegung des Fahrers überhaupt nicht sieht!

Auch ist völlig unklar, welchen konkreten „Anforderungen war er nicht gewachsen" überprüft wurden lediglich „Aspekte"!

Andererseits mag eine solche **Fahrprobe** leicht erscheinen, denn die Aufgaben und Beobachtungspunkte sind nicht festgelegt, und eine „ruhige und ausgeglichene" Fahrweise dürfte auch genügen könnten Sie vielleicht meinen.

Da Sie es selbst nicht bestimmen können, ob Sie eine **Testfahrt** oder **Fahrprobe** mit sich machen lassen müssen, hilft nur eine gründliche Vorbereitung und Beobachtung des eigenen Fahrverhaltens.

TIPS

Gleichgültig, ob Sie eine kurze Fahrprobe oder eine lange Testfahrt zu machen haben: In beiden Fällen kommt es nur darauf an, daß Sie die Vorschriften beachten und sich den gegebenen Verkehrsverhältnissen anpassen:

- Zügige, aber nicht hektische Fahrweise
- Nur überholen, wenn Ihr Vordermann wesentlich langsamer als zulässig fährt und Nachfolgende bereits behindert
- Insgesamt zurückhaltend (= defensiv) fahren
- Die Fahrmanöver (z.B. Einordnen) möglichst vorausschauend durchführen
- Sich dem fließenden Verkehr anpassen. Eine Überschreitung der zulässigen Höchstgeschwindigkeit um wenige km/h gilt nicht als Fehler. Zu langsames Tempo ist jedoch ein Zeichen für Unsicherheit oder dafür, daß Sie „mauern".

Beteiligen Sie sich an der Unterhaltung zwischen Fahrlehrer und Gutachter möglichst nicht oder nur, soweit es die Höflichkeit gebietet: Gefahr der Ablenkung Ihrer Aufmerksamkeit.

Ob eine Fahrprobe oder Testfahrt auf Sie zukommt, wird Ihnen im voraus mitgeteilt. Wenn Sie sich nur wenig unsicher fühlen, sollten Sie einige Fahrstunden in einer Fahrschule nehmen. „Übung macht den Meister!" –, und: Übung gibt Selbstvertrauen und Selbstsicherheit.

Bei diesen Übungsfahrten trainieren Sie sich in defensiver, spurgenauer, zugleich aber in zügiger Fahrweise, und zwar im Großstadtverkehr.

Falls Sie noch zu den Fahranfängern zählen, so sollten 5ie sich auch auf Landstraßen üben. Ihr Ziel sollte sein, sich mit möglichst gleichbleibender Geschwindigkeit dem fließenden Verkehr anzupassen und bei Fahrmanövern (Überholen, Ausweichen) umsichtig und vorausschauend zu bleiben. Lassen Sie sich bei diesen Übungsfahrten vom Fahrlehrer die jeweilige Fahrtrichtung „ansagen". Damit gewöhnen Sie sich an die Testsituation. Zumindest die Kölner Obergutachterstelle räumt jedem Betroffenen die Möglichkeit ein, den Wagentyp für die Testfahrt im voraus auswählen zu können. Achten Sie bei der Auswahl darauf, daß Sie in einem Ihnen vertrauten Fahrzeug die Testfahrt absolvieren. Der Wagen sollte nicht wesentlich größer sein als die Fahrzeuge, in denen Sie Ihre Fahrerfahrungen in der Vergangenheit gesammelt haben.

Eine Hilfe zur Vorbereitung auf die Fahrprobe oder den Fahrtest finden Sie in Kürti: „Superstart zum Führerschein" Buch und Tonbandkassette, zu beziehen über Karl Kürti, Decksteiner Str. 86, 50935 Köln

Falls der Fahrlehrer während der Testfahrt „eingreift", vor allem vor Ampeln bei der Gelbphase oder bei gefährlichen bzw. gefährlich erscheinenden Begegnungen mit anderen Fahrzeugen, so ist es wichtig, daß Sie ruhig bleiben. War der Fahrlehrereingriff berechtigt, so kann ein „Dankeschön" nützlich sein schließlich hat der Fahrlehrer wirklich Schlimmeres verhütet.

War sein Eingriff voreilig, was natürlich auch vorkommt, und hätten Sie die Situation ohnehin gemeistert, so sollten Sie das ruhig, aber mit Bestimmtheit sagen und darauf bestehen, daß Ihnen deshalb kein Fehler („Schlechtpunkt") angerechnet wird.

Wenn Sie sich nach einem solchen „Eingriff" seelisch belastet fühlen, fahren Sie lieber an den Fahrbahnrand und halten kurz an. Dies sollten Sie aber auch gleich dem Gutachter und dem Fahrlehrer sagen und auch den Grund dazu. Erinnern Sie sich an die Fragen bei der theoretischen Führerscheinprüfung: Große Freude und Verärgerung können sich als Fahrfehler auswirken.

Es kommt häufig vor, daß manche Betroffene einige Tage vor ihrem Untersuchungstermin dem Testwagen vor der Obergutachterstelle bei der Abfahrt „auflauern" und ihn in einem Wagen von Bekannten verfolgen, um sich die Angst zu nehmen und zu erfahren, welche Aufgaben während der Testfahrt zu meistern sind.

Es ist vergebliche Mühe: Von außen ist nichts zu erkennen, und die „Verfolger" werden immer abgehängt!

Über seine Fahrten führt jeder Fahrlehrer ein Buch. Falls Sie zum Beispiel in eine „Radarfalle" geraten, geht die Rechnung natürlich Ihnen zu. Sie sollten allerdings nicht allein deswegen auf die Einhaltung der zulässigen Höchstgeschwindigkeit achten.

Übrigens: Eine längere Testfahrt ist für die meisten Betroffenen leichter, weil sie sich „entfalten" können. Vor und zu Beginn einer jeden Prüfung ist man in der Regel nervös und macht auch leichter Fehler. Eine kurze Fahrprobe ist bereits beendet, bevor man sich an die Situation gewöhnt hat.

Bei kurzen Fahrproben (MPU) bestehen Sie darauf, mindestens 30 Minuten fahren zu dürfen. Sie zahlen schließlich die Kosten der Fahrstunde und des Fahrlehrers.

Vorsicht:

Den Fehler, den ein gutgläubiger Prüfling beim Obergutachter beging, indem er statt 50 km/h stets 60 und 70 km/h fuhr, und hernach seine Fahrweise mit folgenden Worten begründete, sollten Sie auf gar keinen Fall machen:

„Etwas schneller bin ich gefahren, weil ich mich an den Verkehr anpassen wollte, ich wollte keinen behindern oder stören. Ich bin quasi mitgezogen ... Ich habe das mit Absicht gemacht. In der Fahrschule hatten die mir gesagt, ich soll nicht stur auf meine 50 gucken ich hab das wohl gemerkt."

Das war zwar ehrlich, kostete ihn aber noch mal 10 Stunden Fahrschule.

Tips für Frauen

Bekanntlich gibt es einige wenige klassische Fahrmanöver, bei denen manche Autofahrerinnen schwächer sind als Männer. Es handelt sich dabei insbesondere um das

Einparken vorwärts
Einparken rückwärts
Rückwärtsfahren um die Ecke

Diese Aufgaben sind im Kölner-Fahrverhaltens-Test nicht ausdrücklich vorgesehen. Sehr wohl kann es aber dazu kommen: etwa wegen eines Staus, wo rückwärts um die Ecke zurückgesetzt werden muß, oder weil der Fahrschulwagen am Ende der Testfahrt ja abgestellt, d.h. eingeparkt werden muß.

Wenn bei diesen Fahrmanövern „weibliche Schwächen" ins Auge fallen, wird der Gutachter sie im Obergutachten vermerken und auch die Empfehlung für den Besuch einer Fahrschule aussprechen, was die gutachterhörige Führerscheinstelle sich bestimmt zu eigen macht.

Dies alles läßt sich vermeiden, wenn Sie diese Manöver vor der Untersuchung auf einem Verkehrsübungsplatz ausreichend einüben.

Kapitel 16
Zum erfolgreichen Umgang mit Persönlichkeitstests

Im folgenden werden fünf typische und insbesondere in den Obergutachterstellen eingesetzte Persönlichkeitsfragebogen dargestellt:

- Freiburger Persönlichkeitsinventar (FPI-R)
- Kurzfragebogen für Problemfälle (KFP 30)
- Schwedischer Persönlichkeitsfragebogen
- Farbpyramidentest (FPT)
- Rosenzweig-Picture-Frustrations-Test (P-F-Test)
- Einstellungsfragebogen zum Straßenverkehr
- Fragebogen zur Erfassung von Aggressivitätsfaktoren (FAF)
- Streßverarbeitungsfragebogen (SVF)

Diese gehören in die Kategorie der „objektiven" Persönlichkeitstests, weil die in den Fragebogen gestellten Fragen mit „Ja", „Nein" oder, Richtig", „Falsch", „Unentschieden" bzw. „Stimmt", „Stimmt nicht" beantwortet werden können, indem Sie die Ihrer Meinung nach richtige Antwort markieren.

Diese Tests gelten auch deshalb als „objektiv", weil sie mit Hilfe von Schablonen oder Computern ausgewertet werden. Von einer tatsächlichen Objektivität kann jedoch überhaupt keine Rede sein, weil der jeweilige Befund, also das gedeutete Testergebnis, immer vom Gutachter erstellt wird, und er hat dabei einen sehr großen Spielraum.

Das Testziel ist bei diesen „objektiven Persönlichkeitstests" mit Ausnahme des Farbpyramidentests mitunter leicht durchschaubar. Darin ist aber auch die Gefahr einer absichtlichen Verfälschung gegeben, der Sie nicht erliegen sollten: Lassen Sie diese Tests ohne jede Aufregung über sich ergehen, denn deren Ergebnisse reichen niemals für eine negative Begutachtung Ihrer künftigen Fahreignung aus. Diese Tests sind für die Psychologen lediglich Hilfsmittel.

Freiburger Persönlichkeitsinventar (FPI-R)
von *Fahrenberg/Hampel/Selg* (Verlag Hogrefe, Göttingen)

Testbeschreibung

Dieser Fragebogen enthält 130 Aussagen, die sich auf das eigene Verhalten und Erleben beziehen. Ob die Behauptungen für Sie zutreffen, können Sie mit „stimmt" oder „stimmt nicht" beantworten.
Durch Ihre Antworten geben Sie über sich eine Beschreibung.

Testgegenstand

Es werden folgende 12 Bereiche (Dimensionen der Persönlichkeit) erfaßt:

Nervosität
Aggressivität
Depressivität
Erregbarkeit
Geselligkeit
Gelassenheit
Dominanzstreben
Gehemmtheit
Offenheit
Extraversion Introversion
Emotionale Labilität emotionale Stabilität
Maskulinität Feminität

Auf die einzelnen Aussagen/Behauptungen des Tests geht der Gutachter in der Untersuchung überhaupt nicht ein, um ein Eindringen in die Intimsphäre zu vermeiden das geben zumindest die Psychologen vor. In Wirklichkeit findet ein Eindringen in die persönliche Sphäre selbstverständlich statt das ist ja der Sinn und das Ziel eines jeden Persönlichkeitstests.

Testauswertung

Computer oder Schablonenauswertung. Das Ergebnis wird dann mit Vergleichsdaten (Normwerten) von Alters- und Geschlechtsgruppen in Beziehung gesetzt und geprüft, ob in bestimmten Persönlichkeitsbereichen das Erleben und Verhalten außergewöhnlich, also normabweichend beschrieben wurde.

In der Fahreignungsuntersuchung will man damit herausfinden, ob und inwieweit die in der Vergangenheit vorgekommenen Normverletzungen (= Verkehrsverstöße) mit „besonderen persönlichen Voraussetzungen", mit einer außergewöhnlichen Erlebnisverarbeitung zusammenhingen.

Falls eine normabweichende Persönlichkeitsstruktur festgestellt wird, gehen die Gutachter davon aus, daß die Ursache der strafrechtlichen Zuwiderhandlungen weniger in äußeren Umständen als vielmehr in inneren (seelischen) Bedingungen liegt. Das bedeutet, daß die Veränderung in den äußeren Umständen (Familie, Beruf usw.) nicht für eine wesentliche Verminderung der Rückfall oder Auffallenswahrscheinlichkeit spricht. Im Klartext: Es wird davon ausgegangen, daß der Prüfling auch in Zukunft ganz erheblich gegen verkehrsrechtliche Vorschriften verstoßen wird.

TIP

– Es ist nicht möglich, diesen Test durch die Antworten zu manipulieren. In den 130 Aussagen ist nämlich ein „Lügenmeßwert" eingebaut, der anzeigt, ob der Test überhaupt auswertbar ist. Falls Sie also keine korrekten Angaben machen, ist der Test zwar ungültig, ein Befund ist dennoch da, der besagt, daß Sie „gemauert" haben!

Kurzfragebogen für Problemfälle (K-F-P 30)
von *Müller/Brickenkamp*

Der K-F-P 30 zählt zu den meistgebrauchten Fragebogen in der Fahrerbegutachtung und gehört in die Kategorie der Persönlichkeitstests, allerdings mit den Schwerpunkten „Verkehrsteilnahme und Verkehrsauffälligkeit". Die Autoren heben besonders hervor, daß keine Themen berührt werden, die „im Sinne des Eindringens in die Intimsphäre verstanden werden könnten".

Dies muß allerdings bezweifelt werden, denn die Autoren heben unter Ziffer 7 „Interpretation und Auswertung" ihrer Testanleitung kund:

„Aufgrund der inhaltlichen Analyse der 30 Behauptungen sind folgende Fehleinstellungen möglich: Egozentrizität, Intoleranz, mangelnde Problemeinsicht, Ausweichen vor Problemen, Aggressivität und Kontaktstörungen"

Jeder Persönlichkeitstest dringt in die „Intimsphäre" ein, wenn mit verdeckten, also für den Untersuchten nicht sofort erkennbaren Aufgabenstellungen etwas über die Gründe seines Tuns und Lassens herausgefunden werden soll, was er selbst nicht preisgeben möchte.

Testbeschreibung

Der Untersuchte erhält einen Testbogen, auf dessen Rückseite s0 Behauptungen aufgeführt sind, zu denen er Stellung zu nehmen hat. und zwar so, daß er diese

1. bejaht oder
2. verneint oder
3. weder bejaht noch verneint

Es ist nicht zulässig, zu einer der 30 Behauptungen nicht Stellung zu nehmen. Das „Offenlassen" ist auch eine verwertbare Stellungnahme. Folgende (sinngemäße) Beispiele sind typisch für die 30 Behauptungen des K-F-P 30:

- Auch in prinzipiellen Dingen kann man mal nachgeben ...
- Mein Leben läuft häufig schief ...
- Die Polizei dürfte keine Radarfallen aufstellen ...
- Ich bin mit meinem Zuhause nicht sehr zufrieden ...
- Ohne zu riskieren, kann man nicht weiterkommen ...

Testgegenstand

Mit diesem Test soll der Gutachter Aufschluß darüber erhalten, ob das auffällige Verkehrsverhalten des Getesteten mit Schwierigkeiten der sozialen Einordnung, mit Neigung zu Konflikten und/oder mit Problemen im emotionalen Bereich zusammenhängt.

Vereinfacht gesagt: Dieser Test will herausfinden, ob, um ein Beispiel zu nennen, der Untersuchte deshalb mit seinem Auto ständig zu schnell fährt, um seine aufgestauten Probleme am Arbeitsplatz oder in der Familie „abzureagieren".

Es geht also um deutliche Verhaltensstörungen, die sich auf das Verkehrsverhalten auswirken.

Testergebnis

Ein Prozentwert, der besagt, mit welcher Wahrscheinlichkeit die Testperson zur Gruppe der verkehrsauffälligen Kraftfahrer zuzurechnen ist.

Ein Prozentwert zwischen 41 und 59 wird so ausgelegt, daß der Untersuchte jene typischen Fehlanpassungen und negativen Verkehrseinstellungen aufweist wie die Gruppe der Verkehrsauffälligen. Ein über 59 liegender Prozentwert wird natürlich noch ungünstiger gewertet.

TIPS

Die Tücken dieses Tests und somit aller Fragebogen mit solchen drei Antwortmöglichkeiten liegen darin, daß Sie als Testperson zu sehr subjektiven und gefühlsbestimmten Meinungsäußerungen veranlaßt werden sollen, und zwar auf dem Hintergrund Ihrer persönlichen Erfahrungen. Das kann für Sie insbesondere dann gefährlich werden, wenn Sie gerade in der Untersuchung aus welchen Gründen auch immer emotional aufgewühlt sind.

Sie sollten deshalb gerade bei diesem und ähnlichen Tests einen möglichst kühlen Kopf bewahren und wie folgt vorgehen:

a) Zunächst alle Behauptungen durchlesen und auf sich wirken lassen.

b) Erst nachdem sich Ihre spontan ausgelösten Reaktionen gelegt haben, sollten Sie sich für die eine oder andere Stellungnahme entscheiden.

Sie sollten bei jeder Behauptung bzw. bei der Entscheidung für eine der drei Antwortmöglichkeiten **selbstkritisch** sein.

Berücksichtigen Sie dabei auch Ihre Verkehrsvorgeschichte, und denken Sie daran, daß das Testergebnis im Hinblick auf Ihre „Fahrervergangenheit" gewertet werden kann.

Schwedischer Persönlichkeitsfragebogen

Dieser Test ist ursprünglich für die Eignungsuntersuchungen von Offiziersbewerbern der schwedischen Luftwaffe im Zweiten Weltkrieg entwickelt worden. Er wurde dann 1952 von *Undeutsch,* dem früheren Leiter der Kölner Obergutachterstelle, ins Deutsche übertragen. Der Test gilt seitdem als die persönlichkeitspsychologische „Geheimwaffe" der Kölner Obergutachterstelle.

Testbeschreibung

Der Fragebogen enthält 75 Fragen, die Sie mit „Ja", „Nein" oder „Keine Antwort" beantworten können. Ihre Antworten tragen Sie in die vorgegebenen Stellen eines „Antwortblattes" ein.

Die Fragen lauten etwa wie folgt:

„Versuchen Sie, sich energisch durchzusetzen, wenn die Situation das verlangt?"

„Pflegen Sie sich sehr gründlich zu bedenken, ehe Sie einen Entschluß fassen?"

Testgegenstand

Es werden lediglich zwei Dimensionen der Persönlichkeit als Gegensatzpaare erfaßt:

Introversion Extraversion

Empfindlichkeit Unempfindlichkeit (gegenüber Kritik)

Diese Dimensionen werden noch wie folgt unterteilt:

Ichbezogenheit

Geselligkeit,

Kontaktfähigkeit

Selbstunsicherheit

Selbstsicherheit

Schüchternheit

Führerrolle

Beeinflußbarkeit, Selbstkritik

Selbstbestimmung, Fremdbestimmung

Minderwertigkeitsgefühl

Emotionale Belastbarkeit

Angst, Nervosität

Testauswertung

Das Testergebnis bedarf einer außerordentlich sorgfältigen Berücksichtigung der übrigen Persönlichkeitsmerkmale und auch Ergebnisse anderer Tests. Gleiche Testwerte können nämlich bei verschiedenen Persönlichkeiten etwas ganz anderes bedeuten. Die Obergutachterstelle Köln verfügt zwar über eine in vielen Jahren angelegte Norm- und Vergleichstabelle, dennoch ist das Ergebnis sehr fraglich.

TIP

– Auch bei diesem Test sind natürlich die sogenannten „Lügenwerte" gut versteckt, die enthüllen, ob Sie „gemauert" haben oder nicht. Es lohnt sich also nicht, unechte Antworten zu geben.

– Es liegt andererseits auf der Hand, daß allzu viele „Keine Antwort"-Angaben für Ihre Unentschlossenheit und dafür sprechen, daß Sie sogar einer Antwort aus dem Wege zu gehen bemüht waren, von der Sie meinen, sie könnte zu Ihrem Nachteil ausgelegt werden.

Farbpyramidentest/FPT
von *Pfister/Heiss*

Dieser Test beruht auf der Vermutung, daß zwischen Farben und der emotionellen Ansprechbarkeit des Menschen Wechselbeziehungen bestehen und daß bestimmte Farbtöne eine spezifische seelische Wirkung auslösen. Daß diese Vermutung begründet ist, weiß jeder aus eigener Erfahrung: Rote Farbe erleben wir ganz anders als Schwarz oder Weiß, und zwar deshalb, weil verschiedene Farben auch unterschiedliche Helligkeitsgrade haben. Außerdem lernen wir bereits in der Schule, daß bestimmte Farben ganz konkrete Bedeutung haben.

Testbeschreibung

Der Farbpyramidentest enthält in der ursprünglichen Form 24 Farbtöne, die auf einer vorgegebenen Pyramide geordnet werden müssen.

Die gebräuchliche Kurzform besteht aus 14 Farbtönen. Vor der Durchführung wird man gebeten, zunächst 3 „schöne" und dann 3 „häßliche" Pyramiden zu legen. Es darf jede Farbe und jede Farbkombination frei gewählt werden.

Testgegenstand

Erfaßt wird
– affektive Stabilität
– emotionale Reife
– Erlebnisverarbeitung
– Anpassungsfähigkeit
– Leistungsbereitschaft

Testauswertung

Es wird die Häufigkeit der in den „schönen" und „häßlichen" Pyramiden benutzten Farben ausgezählt und festgestellt, in welchen Formen die einzelnen Farben oder/und deren Kombinationen gelegt wurden.

Die Ergebnisse werden mit Normwerten verglichen, und es wird festgestellt, worin die Abweichungen bestehen und wie groß sie sind.

Die Untersuchungsstellen haben für die unterschiedlichsten Gruppen von verkehrsauffälligen Kraftfahrern Normtabellen erstellt, die als „typische" Farbreaktionen bezeichnet werden. Sie gelten als gruppentypische Norm gesucht wird, inwiefern der Untersuchte von dieser Norm abweicht.

Modische Farbtöne haben keinen wesentlichen Einfluß auf das Testergebnis.

Dieser Test ist besonders dazu geeignet, eine sogenannte Affektstruktur der Persönlichkeit zu erstellen. Es ist durchaus einsehbar, daß zum Beispiel übermäßiger Alkoholkonsum aus einer Problemlage heraus mit innerer Unausgeglichenheit zu tun haben kann was sich im Farbpyramidentest recht gut abzeichnen läßt.

TIP

– Jeder Mensch hat eine irgendwie geartete emotionale Struktur. Deren Ausprägung hängt auch von der jeweiligen Stimmungslage ab. Es ist wichtig, daß Sie Ihre seelische Stimmung „ausleben" auch bei der Testdurchführung. Es gibt bei diesem Test keine „schlechte" und auch keine „gute" Lösung.

Der Rosenzweig-P-F-Test

Der P-F-T ist ein sog. projektiver Persönlichkeitstest und als solcher dazu geschaffen, mit Hilfe von freien emotionalen und gedanklichen Verknüpfungen das Unterbewußte des Getesteten sichtbar und erfaßbar zu machen.

Im Gegensatz zu fast allen projektiven Tests zielt der P-F-T nicht auf die Gesamtpersönlichkeit ab, sondern ganz konkret nur auf einen Punkt, nämlich auf den Umgang mit der Aggression.

Es steht außer Frage, daß Aggression gerade im öffentlichen Straßenverkehr, wo es auf gegenseitige Achtung und Anpassung ankommt, eine wesentliche Rolle spielt.

Testbeschreibung

Der Getestete erhält ein Testheft, das insgesamt 24 karikaturähnliche und nur konturhafte Zeichnungen enthält. Die Zeichnungen stellen unterschiedliche, aber in jedem Fall alltägliche Situationen dar, an denen mindestens zwei Personen beteiligt sind. Eine von beiden erleidet ein Mißgeschick und drückt ihre Verärgerung, ihr Bedauern oder ihre gegen den anderen gerichtete Provokation mit ein, zwei Sätzen in einer Sprechblase aus.

Die Aufgabe des Getesteten besteht darin, sich in die Lage der anderen Person zu versetzen und eine passende Antwort in die leere Sprechblase zu schreiben.

Typisch für die Zeichnungen ist, daß die dargestellten Personen ohne Gesicht sind, was der Phantasie des Getesteten noch freieren Lauf läßt, als es bei erkennbaren Gesichtszügen der Fall wäre. Der „Aufforderungscharakter" dieser Zeichnungen ist sehr stark.

Treffend schreibt *Paczensky* (1974) über den P-F-T:

„ ... *ein Test, der eigentlich Spaß macht, der dazu verlockt, sich Witze und Frechheiten auszudenken.*

Da lockt die Chance, endlich all die Aggressionen abzuladen, die man in der bedrückenden Prüfungssituation gegenüber ... dem Testleiter angesammelt hat. Aber halt! Das ist eine Falle" (Seite 129).

Testgegenstand

Von einer „Testfalle" kann man tatsächlich sprechen, denn dem Untersuchten wird nicht mitgeteilt, was mit dem P-F-T getestet werden soll. Das Testziel ist ausgesprochen sensibel: Es geht um Aggression, und zwar darum, ob sie sich vorwiegend gegen andere oder auch (oder nur) gegen die eigene Person richtet.

Aus Art und Inhalt der in die leeren Sprechblasen geschriebenen Antworten wird abgeleitet, wie der Getestete auf „Belastungssituationen des Alltags" reagiert, und daraus wird wiederum gefolgert, wie er mit seiner Aggressionen umgehen kann und sich in ähnlichen harmlosen Belastungssituationen, wie sie im Test vorkommen, verhalten würde.

Folgende Beispiele verdeutlichen die Aggressionsrichtungen, die, immer auf die Testperson bezogen, bei diesem Test üblicherweise diagnostiziert werden:

I. Die Aggression richtet sich gegen andere:
   1. Das Frustrierende wird besonders hervorgehoben.
   2. Die Beschuldigung richtet sich gegen andere Personen oder Sachen. Die Testperson lehnt jede Verantwortung ab.
   3. Eine Lösung des Problems wird von anderen erwartet.

II. Die Aggression richtet sich gegen die Testperson selbst:
   1. Die Testperson tadelt sich selbst.
   2. Die Testperson bekennt sich sogar schuldig, lehnt allerdings die Verantwortung ab, führt sie jedoch auf unvermeidbare oder unglückliche Umstände zurück.
   3. Die Testperson bemüht sich aus ihrem Schuldgefühl heraus um Lösung des Problems.

III. Die Aggression, die es gar nicht gibt:
   1. Die Existenz der Vereitelung oder des Ärgernisses wird total geleugnet.
   2. Auf die Schuldfrage geht die Testperson erst gar nicht ein.
   3. Die Lösung des Problems wird so erwartet, daß sich mit der Zeit alle Probleme von selbst bereinigen.

Ein gutes Aufgabenbeispiel für Kraftfahrer ist die Zeichnung, die den Zusammenstoß zweier Pkw andeutet. Vor den stark beschädigten Fahrzeugen stehen die beiden Fahrer, und einer hält dem anderen vor, ihn zu Unrecht überholt zu haben.

Wer von den beiden für den Unfall verantwortlich sein könnte, geht weder aus der Zeichnung noch aus dem Text hervor.

Der Getestete muß sich nun die Frage stellen, wie er darauf reagieren würde: Hätte er z.B. richtig geantwortet, wenn er Streit anfangen würde? Wohl kaum. Oder soll er ausweichen und sich einfach auf den Standpunkt stehen: Die Polizei soll kommen und die Schuldfrage klären.

Ein weiteres gutes Aufgabenbeispiel ist die Straßenszene, in der ein Polizist auf einem Motorrad einen Autofahrer anhält und ihm in nicht gerade freundlichem Ton vorhält, an einer Schule mit „80 Sachen" vorbeigefahren zu sein.

Soll man als Testperson etwa in die leere Sprechblase schreiben, daß man keinen Fehler gemacht habe, denn an dieser Stelle gelte keine Geschwindigkeitsbegrenzung; die Schule liege hinter Bäumen, so daß man sie gar nicht sehen konnte, ein Kind sei weit und breit nicht zu sehen gewesen, und man habe sich wie immer auch diesmal auf Gefahrensituationen gefaßt gemacht? Oder soll man sich den Ton des Polizisten einfach verbitten oder sich bei ihm der Einfachheit halber entschuldigen und Besserung geloben? Oder genügt es, dem Polizisten entgegenzuhalten, daß er die behaupteten „80 Sachen" in Ermangelung eines Meßgerätes gar nicht beweisen könne?

Es ist wirklich nicht einfach, die optimale Antwort zu finden.

Auf jeden Fall ist es ratsam, eine gründliche Stellungnahme zu der frustrierenden Situation abzugeben. Allzu kurze, nur aus ein oder zwei Wörtern bestehende Antworten führen in der Regel zu Mißverständnissen. Welche Antwort richtig und welche falsch ist, läßt sich nicht sagen: Es gibt weder falsche noch richtige Antworten. Es gibt lediglich deutliche und nicht klare Stellungnahmen.

TIPS

Dieser P-F-T ist kein Leistungstest nehmen Sie sich deshalb bei jeder Zeichnung genügend Zeit für die Aufgabenlösung.

Lesen Sie zunächst sämtliche Aufgaben durch.

Die einzelnen Bilder werden bei Ihnen immer eine erste spontane Reaktion auslösen. Das ist völlig normal. Beobachten Sie sich bzw. die Gefühle, die Sie entwickeln, und bewahren Sie einen kühlen Kopf. Lassen Sie den Inhalt einer jeden Zeichnung auf sich wirken, und versuchen Sie dann, Ihre Antwort oder Stellungnahme immer aus zwei Teilen zusammenzustellen: aus dem Gefühl und dem Verstand.

Sie dürfen ruhig auch eine gewisse Aggression in Ihren Stellungnahmen erkennen lassen. Aggression bedeutet zwar vom Wort her „feindseliges Verhalten", aber ohne eine gesunde Portion Aggression käme kein Mensch mit den anderen und seiner Umwelt zurecht. Optimal ist, wenn Sie einen möglichst klaren, eigenen Standpunkt einnehmen, Ihre Position verteidigen, zugleich aber auch die Interessen anderer berücksichtigen im Leben ebenso wie im Straßenverkehr: Nehmen Sie Rücksicht, kommen Sie aber auch selbst zum Ziel!

Die P-F-T-Zeichnungen stellen immer harmlose und alltägliche Situationen dar. Das verleitet viele Tester zu der Folgerung: Wenn die Testperson schon in harmlosen Situationen so extrem etwa draufgängerisch oder völlig zurückhaltend reagiert, dann wird er im wirklichen Leben und in ernsten Situationen erst recht so sein.

Deshalb sollten Sie jede auch noch so belanglose Zeichnungssituation sehr ernst nehmen und in jedem Fall sich weniger darum kümmern,

weshalb die dargestellte Situation entstanden ist und wer dafür verantwortlich sein könnte: Ihr Ziel sollte vielmehr die Problemlösung sein. Das gilt für das tägliche Leben ebenso wie für Ihre augenblickliche Situation: Es geht nicht mehr allein darum, weshalb Ihnen die FE entzogen wurde: Wichtiger ist, die Aufmerksamkeit darauf zu lenken, wie Sie in Zukunft eine erneute Entziehung vermeiden wollen.

Einstellungsfragebogen zum Straßenverkehr
von *Schubert/Spoerer*

Dieser Fragebogen ist speziell für die Fahreignungsuntersuchung entwickelt worden und wird auch in manchen Obergutachterstellen eingesetzt.

Testbeschreibung

Dieser Fragebogen besteht aus zwei Teilen und je Teiltest aus 20 Fragen. Zu jeder Frage sind 2 Antworten „Ja" und „Nein" vorgegeben, von denen die Testperson eine auf jeden Fall anzukreuzen hat.

Die beiden Teile des Gesamttests werden der Testperson nicht gleichzeitig, sondern mit erheblichem zeitlichem Abstand vorgelegt, damit sich diese bei der Beantwortung der Fragen zum Teil 2 nicht mehr, oder zumindest nicht mehr genau, an die Fragen aus Teil l. erinnern kann. Beide Teile des Gesamttests prüfen nämlich dieselben Einstellungen und Haltungen zum Straßenverkehr.

Die folgenden Beispiele sind für diesen Fragebogen typisch:
„Die meisten anderen Fahrer sind vorsichtiger als ich."
„Es gibt Wälder von Verkehrszeichen auf den Straßen."
„Von den Verkehrsvorschriften ist keine einzige überflüssig."
„Schlechte Fahrer erkennt man daran, daß sie zögern und ihre Möglichkeiten nicht ausnutzen."
„Ich hole mehr aus meinem Wagen heraus als andere Fahrer."

Testgegenstand

Die Themenbereiche, die mit solchen Fragen abgedeckt werden sollen, werden von den Testautoren mit folgenden Einstellungen und Haltungen bezeichnet:

- Bereitschaft zu Selbstkritik
- Verhältnis zu Polizei und zu Vorschriften
- Bereitschaft zum Risiko
- Urteilsvermögen
- Positives oder negatives Selbstbild

Testauswertung

Berücksichtigt werden nur die „symptomatischen Antworten"; das sind diejenigen, die sich bei der Zusammenstellung der Fragen für verkehrsauffällige Fahrer als typisch erwiesen haben.

Gibt der Getestete ebenfalls solche charakteristische Antworten, dann kann davon ausgegangen werden, daß er in seinen für die Teilnahme am Straßenverkehr maßgeblichen Einstellungen ganz erheblich von der

Norm abweicht, wie sie bei nicht auffällig gewordenen Kraftfahrern anzutreffen ist. Das bedeutet gleichzeitig, daß bei ihm schon aus diesen in seiner Persönlichkeit liegenden Gründen auch künftig mit erheblichen Verstößen gegen die Ordnung im Straßenverkehr zu rechnen ist.

TIPS

Bei der Beantwortung der Fragen dieses (oder eines ähnlichen) Tests sollten Sie zunächst sämtliche Fragen in aller Ruhe durchlesen. Dadurch können Sie möglicherweise bereits die Tendenz des Testziels abschätzen. Wie in jedem Fragebogen, so finden sich auch in diesem Fragen, die völlig harmlos und gerade deshalb gefährlich sind.

Ein Beispiel:

„Bei Polizeikontrollen fühle ich mich zumindest anfangs etwas unsicher."

Das trifft eigentlich für die meisten Kraftfahrer zu, zumal man anfangs nicht weiß, warum man angehalten wird und ob ein konkreter Vorwurf wegen einer Zuwiderhandlung vorliegt.

Wenn Sie als Betroffener, der auf seine charakterliche Eignung als Kraftfahrer untersucht wird, auf eine solche Frage mit „Nein" antworten, setzen Sie sich der Gefahr aus, daß auch Ihre übrigen Antworten als nicht zuverlässig betrachtet werden.

Bedenken Sie bitte, daß niemand fehlerfrei sein kann und bei einer solchen Untersuchung keine Vollkommenheit abverlangt wird. Wenn also solche oder ähnliche Fragen zu beantworten sind, geben Sie kleinere persönliche Unzulänglichkeiten ruhig zu.

Fragebogen zur Erfassung von Aggressivitätsfaktoren (FAF)
von R. *Hampel* und *H. Selg*
Verlag für Psychologie Dr. C. J. Hogrefe, Göttingen 1975

Der FAF ist einer der meistbenutzten Tests zur Persönlichkeitsdiagnose. Mit dem FAF hat man nach Auskunft der Autoren an fast allen Psychologischen Instituten der Bundesrepublik Deutschland und in vielen ausländischen Instituten Erfahrungen gesammelt was schon allein zeigt welch große Bedeutung der Prüfung der Aggressivität beigemessen wird. Daß ihr auch im Straßenverkehr eine immer größere Rolle zugesprochen wird, ist landläufig bekannt.

Diesem Test sollte schon deshalb nicht mit Mißtrauen begegnet werden, weil die Autoren sich nicht mit irgendwelchen phantastischen Theorien abquälen, sondern sich auf dem Boden der Tatsachen bewegen. Zu der dem FAF zugrundeliegenden Aggressionstheorie erklären sie:

> „Die Testautoren stehen auf dem Boden lernpsychologischer Interpretationen aggressiven Verhaltens. Aggressionen werden ebenso wie andere soziale Verhaltensweisen gelernt. Im einzelnen ist dabei vornehmlich das Lernen durch Erfolg und das Lernen durch Beobachtung und Erklärung aggressiven Verhaltens heranzuziehen." (S. 6)

Testbeschreibung

Der FAF prüft folgende Ausprägungen oder Varianten aggressiven Verhaltens:

- spontane Aggressionen
  (z. B. phantasierte und/oder verbale und/oder körperliche Aggressionen gegen Menschen und Tiere)
- reaktive Aggressionen
  (Es geht dabei um gesellschaftlich geduldete Formen aggressiven Verhaltens, so etwa um Durchsetzungsstreben)
- Erregbarkeit
  (z. B. Wut- und Zornausbrüche, Art der Affektsteuerung bis hin zu Phlegma)
- Selbstaggressionen bzw. Depressionen
  (z. B. Selbstvorwürfe, Mißtrauen, Unzufriedenheit und negatives Lebensgefühl)
- Aggressionshemmung
  (Art und Weise des Auslebens eigener Aggression bis hin zu Gehemmtheit)

Testdurchführung

Der FAF ist ein kurzer Test, er besteht aus lediglich 77 verständlich formulierten Fragen bzw. Aussagen. Die Testperson hat die Wahl, sich zu diesen Fragen bzw. Behauptungen zustimmend oder verneinend durch markieren der Worte „ja" oder „nein" zu erklären.

Testdauer: ca. 10 bis 20 Minuten ohne Zeitbegrenzung.

Testauswertung

Da der FAF ein standardisiertes, objektives Verfahren ist, wird er mit Hilfe von Auswertungsschablonen und Normen ausgewertet, die Fehlinterpretationen durch den Testleiter weitestgehend verhindern.

TIPS

- Der FAF liefert eigentlich eine Selbstbeurteilung. Deshalb ist es ratsam, sich auch mit den oben beschriebenen Inhalten aggressiven Verhaltens selbst näher zu befassen, um in der Untersuchung über sich selbst ein offenes (ehrliches) Bild geben zu können. Mit bewußt oder gar aus falsch verstandenem Mißtrauen gegenüber derartigen Testungen erfolgten „Falschantworten" können Sie Ihre Situation in der Eignungsbegutachtung nur verschlechtern.

- Es gilt auch für den FAF: Der Gutachter, der ihn einsetzt, ist selbstkritisch und verantwortungsbewußt, denn er will sich korrekterweise durch Erhebung objektiver Befunde absichern, bevor er seine Beurteilung über die künftig wahrscheinliche Eignung eines Kraftfahrers abgibt, der durch aggressives Fahrverhalten aufgefallen war. Bei der Eignungsfrage kann es nämlich nur darum gehen, ob „überdauernde, negativ zu wertende Tendenzen von Aggressivität" beim Untersuchten vorhanden sind ein einmaliges, oder in einer Lebensphase vorübergehend gezeigtes negativ zu wertendes aggressives Verhalten (im Straßenverkehr) kann nicht zur künftigen Ungeeignetheit führen. (siehe Fallbeispiel: „Der Leidensweg" Seite 74).

Streßverarbeitungsfragebogen (SVF)
von *W. Jarike, C. Erdmann* und *W. Kallus*
Verlag für Psychologie Dr. C. J. Hogrefe, Göttingen 1985

„Streß" ist ein Modebegriff unserer Zeit. Unter Streß versteht man heutzutage den von außen auf uns lastenden Druck, die Belastung durch Arbeit, Familie usw. Streß soll gut sein, wenn er nicht zu viel ist, weil wir uns dadurch zu größeren, oder noch größeren Leistungen, Taten gefordert fühlen Streß soll zugleich nicht gut sein, wenn er zu einer zu großen Belastung, einer Überforderung wird.

Ein auffälliges Verhalten im Straßenverkehr durch Alkohol am Steuer oder in nüchternem Zustand kann sehr wohl mit dieser Art von Streß zusammenhängen, etwa weil der Streß so groß ist, daß man zur Erleichterung häufiger und mehr Bier trinkt und/oder etwa „drängelt".

Da es aber in der wissenschaftlichen Psychologie darum gehen muß, daß etwa ein TÜV-Gutachter oder einer bei einer „Privat-GmbH" begründete, durch Befunde untermauerte Eignungsgutachten erstellt, sollten wir uns vergegenwärtigen, was „Streß" wirklich bedeutet:

„Streß"

1) Eine von dem kanadischen Arzt H. *Selye* eingeführte Bezeichnung für die jeder Krankheit vorausgehenden Reaktionen des Körpers zur Anpassung an die bevorstehende Belastung (Med.).

2) Streß hat in unseren Tage eine Vielzahl von Bedeutungen und man unterscheidet zum Beispiel zwischen positivem und negativem Streß

3) Streß heißt aber auch ein gerichteter, einseitiger Druck (Geol.). (Duden, Fremdwörterbuch)

„Streß" ist also weit mehr als bloß ein Modewort!

Testbeschreibung

Der SVF ist ein Fragebogen zur Erfassung der Art und Weise wie die Testperson den Streß im Sinne von „einseitigem Druck" verarbeitet oder nicht verarbeiten kann. Die Autoren des SVF verstehen darunter, diejenigen psychischen Vorgänge, die planmäßig und/oder unplanmäßig, bewußt und/oder unbewußt beim Auftreten von Streß in Gang gesetzt werden, um diesen Zustand zu vermindern und/oder zu beenden." (S. 7)

Der SVF mißt mit 19 Untertests, die alle im Gesamtfragebogen „eingebaut sind, die für die Art und Weise maßgeblichen Ausprägungen der Streßverarbeitung.

Testdurchführung

Der SVF enthält 114 Fragen, die der Proband durch ankreuzen folgender 5 Wahlantworten beantwortet:

- totale Verneinung
- nicht totale Verneinung
- möglicherweise zutreffend
- wahrscheinlich zutreffend
- sehr wahrscheinlich zutreffend

Die Bearbeitung dauert etwa 15 Minuten, ohne Zeitvorgabe. Beispielfragen können an dieser Stelle aus juristischen Gründen nicht veröffentlicht werden.

Testauswertung

Die Auswertung erfolgt mit einem Schablone und einem Profilblatt, welche dem Testleiter eine Zuordnung der Art und Weise der Streßverarbeitung des Getesteten ermöglichen. Der SVF ist also ein standardisiertes, objektives Testverfahren, das selbstverständlich nur Tendenzen aufzeigen kann.

TIP

- Es gilt auch für den SVF, daß Sie dem Gutachter vertrauen können, der sich derartiger Tests bedient, weil Sie somit nicht der Gefahr einer „guruhaften" Beurteilung Ihrer künftig wahrscheinlichen Fahrereignung ausgesetzt werden.

Kapitel 17
Das Obergutachten

Mit der zum 1. 1. 1999 in Kraft gesetzten neuen Fahrerlaubnis-Verordnung sind die bis dahin geltenden „Eignungsrichtlinien" ungültig geworden. Da die Oberbegutachtung durch die „Eignungsrichtlinien" geregelt wurde, entstand eine neue Situation, in der für die Obergutachterstellen ein Regelwerk fehlt. Dies führte dazu, daß es in einigen Bundesländern keine Obergutachter mehr gibt, während andere Bundesländer für eigene Regelung gesorgt und die Obergutachterstellen behalten haben. Es wird also abzuwarten sein, ob es eine bundeseinheitliche Regelung geben wird. Wenn Sie die Möglichkeit erhalten, sich oberbegutachten zu lassen, sollten Sie deshalb folgendes wissen:

Die Obergutachterstellen zur Beurteilung der Eignung zum Führen von Kraftfahrzeugen sind eingerichtet worden, um in den Fällen die Fahreignungsuntersuchung und Beurteilung vorzunehmen, in denen die Medizinisch-Psychologischen Untersuchungsstellen der gestellten **besonderen** Aufgabe aufgrund ihrer methodischen und personellen Ausstattung nicht gerecht werden können.

Die Obergutachterstellen sind in der Regel an Psychologischen Instituten von Universitäten oder an Gerichtsmedizinischen Instituten angesiedelt. Obwohl in den „Eignungsrichtlinien" des Bundesministers für Verkehr festgelegt ist, daß ein Obergutachten gefordert werden kann, wenn die Verwaltungsbehörde „das vorliegende Gutachten oder mehrere solcher Gutachten für die zu treffende Entscheidung nicht für ausreichend hält" oder „der Untersuchte erheblich erscheinende Einwendungen gegen das Ergebnis eines vorliegenden Gutachtens erhebt", sind die Obergutachterstellen keine Instanzen, die die **„tüvologischen"** Gutachten **überprüfen.** Die Obergutachterstellen erstellen immer nur Gutachten zur Frage der Fahreignung – auf die Ergebnisse der Vorgutachten gehen sie nicht ein. Insbesondere machen sie keine Aussage darüber, ob ein TÜV-Gutachten falsch oder richtig ist!

Obergutachten im Unterschied zu MPU-Gutachten und Untersuchung

Gleichgültig, ob ein ehemaliger Promille-Fahrer oder ein nach Punkten und ohne Alkohol auffällig gewordener Betroffener sich auf Veranlassung der Behörde oder aus eigenem Entschluß einer Oberbegutachtung unterzieht, stehen folgende Fragen im Raum:

Worin unterscheidet sich die Untersuchung von der der BfF-Stellen des TÜV?

Mit welchen besonderen Anforderungen hat ein Betroffener eventuell zu rechnen?

Die Beantwortung dieser Fragen ist relativ einfach:

1. Im Prinzip besteht kein wesentlicher Unterschied zwischen den Untersuchungen der Obergutachterstellen und BfF-Stellen des TÜV. Es werden nämlich ein und dieselben Fragen und Probleme erörtert: Die Obergutachterstellen stützen sich genauso stark auf das mit dem Betroffenen geführte Gespräch wie die BfF-Stellen.

2. Die Untersuchung durch Obergutachter ist für den Betroffenen zum einen vorteilhafter, zum anderen vielleicht schwerer. Der **Vorteil** liegt darin, daß für das „Gespräch" nahezu unbegrenzt Zeit genommen wird. Dem Betroffenen wird die Möglichkeit gegeben, alles für ihn Wichtige vorbringen zu können.

Die Untersuchung nimmt daher auch einen ganzen Tag in Anspruch – und sie ist auch sonst sehr gründlich und sorgfältig.

3. Da die Obergutachterstellen an die Persönlichkeit des Obergutachters und nicht an einen Träger wie den TÜV gebunden sind, hat ein Obergutachter stets größere methodische Freiheiten als MPU-Gutachter. Daraus folgt, daß Obergutachterstellen z.B. völlig andere Fragebogen einsetzen oder daß manche Obergutachterstellen in jedem Fall auch eine Fahrprobe durchführen lassen.

4. Aus der Tatsache, daß Obergutachterstellen in der Regel Universitäten oder Hochschulen angegliedert sind, folgt auch, daß an der Untersuchung sehr häufig Studenten beteiligt sind. Sie führen nämlich einen Großteil der Tests durch, und zwar im Rahmen ihrer Prüfungsarbeiten. Dagegen ist juristisch nichts einzuwenden, an Krankenhäusern wird nicht anders verfahren. Es stellt sich allenfalls die Frage nach der Berechtigung der sehr hohen Kosten, die der Betroffene (zugleich Gratis-Testperson für Studenten) zu entrichten hat.

5. Ein Obergutachten kostet im allgemeinen 1500 bis 2000 DM oder auch mehr, ohne eventuelle fachärztliche Untersuchung. In diesem Betrag sind jedoch die Kosten einer längeren Testfahrt in einem Fahrschulwagen mit Fahrlehrer enthalten.

6. Obergutachter lassen das mit dem Betroffenen geführte „Gespräch", mit dessen Zustimmung, in der Regel auf ‚Tonband aufnehmen. Dadurch ist die Gefahr eventueller Mißverständnisse auf ein Minimum begrenzt.

7. Die schriftlichen Gutachten vom Obergutachter sind im Vergleich zu denen der BfF-Stellen ausführlicher und somit Schritt für Schritt nachvollziehbarer. Das will jedoch nicht heißen, daß Obergutachten in jedem Fall besser sind als MPU-Gutachten.

8. Ob in Ihrem Fall eine medizinische Oberbegutachtung stattfindet, wird im voraus nach Aktenlage entschieden. Es ist in der Regel so, daß eine psychologische Untersuchung nicht durchgeführt wird, wenn die vorausgegangene medizinische Begutachtung negativ ist.

9. Im Gegensatz zu der „tüvologischen" Begutachtung finden medizinische und psychologische Oberbegutachtungen fast immer an zwei verschiedenen Tagen statt.

10. Im Gegensatz zur TÜV-Untersuchung werden bei der Oberbegutachtung in jedem Fall auch persönlichkeitsdiagnostische Verfahren durchgeführt. Es handelt sich dabei um Persönlichkeitstests, auf die der TÜV unter dem Druck der Öffentlichkeit schon vor Jahren verzichtet hat. Da die Obergutachterstellen an Universitäten angesiedelt sind, blieb dieser öffentliche Druck wirkungslos, zumal an den Universitäten die Freiheit der Wissenschaften gilt. Es ist ratsam, auch diese Persönlichkeitstests mitzumachen, weil Sie andernfalls sich verdächtig machen, etwas verbergen und zur Sachaufklärung nicht beitragen wollen – was schon an sich für Ihre Ungeeignetheit sprechen würde.

11. Falls Sie einen ausländisch klingenden Familiennamen haben, kann es leicht passieren, daß Sie eine Vordruckpostkarte erhalten mit der Frage, ob Sie einen Dolmetscher benötigen, einen mitbringen oder sich stellen lassen möchten. Viele fühlen sich dadurch zu Recht schon im Vorfeld der Untersuchung nicht sorgfältig behandelt und meinen, die Gutachter haben ihre Akte nur oberflächlich gelesen, denn daraus sei ja zu entnehmen, ob sie in Deutschland geboren, aufgewachsen und zur Schule gegangen seien.

Kapitel 18
Das Für und Wider von Selbsthilfegruppen

Bei der Eignungsbegutachtung kommt es häufig vor, daß BfF-Stellen eine positive Beurteilung davon abhängig machen, ob der/die Untersuchte in der Zeit zwischen Trunkenheitsfahrt und medizinisch-psychologischer Eignungsuntersuchung eine Selbsthilfegruppe besucht hat.

Manche TÜV-Gutachter gehen sogar soweit, daß sie den Besuch von Zusammenkünften von Selbsthilfegruppen höher bewerten als die persönliche Betreuung/Beratung durch einen Diplom-Psychologen – und disqualifizieren damit sogar ihren eigenen Berufsstand.

Das alles wirft natürlich die Frage auf, ob Selbsthilfegruppen überhaupt etwas taugen und ob es für Sie denn Sinn hat, deren Zusammenkünfte in Ihrem Bemühen um die Wiedererlangung der Fahrerlaubnis zu besuchen.

Zu klären ist aber auch, ob manche TÜV/BfF-Gutachter mit dem Verlangen nach einem Selbsthilfegruppenbesuch nicht bloß nach einem Grund suchen, eine negative Entscheidung mit an den Haaren herbeigezogenen Kriterien zu untermauern, was sehr häufig der Fall zu sein scheint. Werden TÜV/BfF-Gutachter, wie vom Unterzeichner bereits wiederholt getan, aufgefordert, die Notwendigkeit eines Besuches einer Selbsthilfegruppe zu begründen, bleibt die Antwort in der Regel entweder völlig aus oder sie besteht aus leeren Worthülsen.

Über die Selbsthilfegruppe muß gesagt werden. daß sie es immer mit Suchtproblemen zu tun hat und daß sie eine Zusammenkunft von Laien ist. In Selbsthilfegruppen treffen sich Menschen, die in der Regel anonym bleiben (oder sich gegenseitig zur Verschwiegenheit verpflichteten müssen) und eine Verhaltensänderung durch Kennenlernen der Schicksale des jeweils anderen erreichen möchten. Diese zumeist von Wohlfahrtsorganisationen unterhaltenen Selbsthilfegruppen sind Laienzusammenkünfte, die eine Art „Hilfe zur Selbsthilfe" versuchen.

Den Selbsthilfegruppen steht in der Regel ein(e) „EHEMALIGE(R)" vor, der sich bemüht die Gespräche nicht ins Uferlose abdriften und zumindest einer gewissen Struktur folgen zu lassen. Wenn nun ein(e) „ehemalige(r)" Betroffene(r), der/die sich bereits von zumindest den meisten seiner eigenen Probleme „freigeschwommen" hat, andere Betroffene dabei anleitet, mit einer zumeist sehr umfangreichen Problemlage fertig zu werden, liegt der Vergleich nahe, daß ein Blinder eine Gruppe anderer Blinder durch einen dunklen Tunnel zu führen versucht und es völlig ungewiß ist, ob die Gruppe jemals den Tunnelausgang findet.

Keinesfalls soll an dieser Stelle nur Kritik an den Selbsthilfegruppen geübt werden. Es ist bei realistischer Betrachtung jedoch darauf hinzuweisen, daß Selbsthilfegruppen nicht mehr als eine allgemeine Erstorientierung bieten können und einen „Gruppenzwang" erzeugen, was höchstens in der Anfangsphase hilft, einen gewissen Halt zu finden. Sobald es aber um die persönlichen Probleme des einzelnen geht, versagen Selbsthilfegruppen mangels therapeutischer Fachkenntnisse. Sie kennen eben nur Extremlösungen, was sich aus der nachfolgenden „Willenserklärung" der Anonymen Alkoholiker (AA) plastisch ergibt:

> *„Das Programm der Anonymen Alkoholiker beruht auf völliger Abstinenz. Wir lassen einfach das erste Glas stehen, wir trinken es nicht. Dieser Vorsatz gilt immer nur für den heutigen Tag. Wir erhalten uns unsere Nüchternheit, indem wir unsere Erfahrungen, unsere Kraft und Hoffnung in den Gruppenmeetings miteinander teilen und nach den Empfehlungen der 12–Schritte leben."*

Der Gruppenzwang, der, wie bereits gesagt, sicherlich eine Hilfe sein kann, ist jedoch keine Dauerlösung, und er kann es auch niemals sein, denn Sie müssen als Kraftfahrer allein in der Lage sein, sich zu bewähren, wie Sie auch völlig allein hinter dem Steuer Ihres Wagens sitzen und als Kraftfahrer stets eine Vielzahl verantwortlicher Entscheidungen treffen müssen.

Da aber bei vielen ehemaligen Promille-Fahrern keine medizinische und/oder psychologische Notwendigkeit für ein „Entweder/Oder" besteht, also eine Alkoholabstinenz nicht erforderlich ist, kann eine Selbsthilfegruppe für Sie nicht viel, schon gar nicht eine sachgerechte Problemlösung, also die Wiedererlangung der Fahrerlaubnis bringen.

Es besteht zudem auch noch die Gefahr, daß der andauernde Besuch einer Selbsthilfegruppe bei manchen Betroffenen seitens der MPU-Gutachter als ein Zeichen von Schwäche gesehen wird. Eine Schwäche, das entstandene Problem nur im Kreise von „Gleichgesinnten" erörtern zu können, was zu deutsch heißt, sich nur im Kreise zu bewegen und niemals in die Phase der unerläßlichen „Problemverarbeitung" zu gelangen. Eine positive Eignungsbegutachtung ist aber immer nur dann möglich, wenn das frühere Problem nicht nur erkannt, sondern auch bereits **verarbeitet** wurde.

Es gilt also generell: Die Zusammenkünfte von Selbsthilfegruppen können nur eine „ERSTE-HILFE" sein. Sie sind weder Ersatz für eine stationäre Therapie für wirkliche Problemfälle, noch für eine Vor- und/oder Nachschulung, oder gar eine sinnvolle, gezielte, legale Vorbereitung speziell für die medizinisch-psychologische Eignungsuntersuchung.

Bundeseinheitliche Liste der Amtlich Anerkannten Verkehrspsychologischen Berater mit Benutzungshinweisen

Benutzungshinweise für die bundeseinheitliche Liste der Amtlich Anerkannten Verkehrspsychologischen Berater nach § 71 FeV

Wenn die Zahl Ihrer Punkte im Flensburger Verkehrssünderkartei zwischen 14 und 17 liegt, erhalten Sie von der Behörde eine Empfehlung, sich einer Beratung bei einem Amtlich Anerkannten Verkehrspsychologischen Berater zu unterziehen, wofür Ihnen 2 Punkte gestrichen würden.

Sie können die Dienste dieser Berater jedoch auch ohne behördliche Aufforderung in Anspruch nehmen.

Die amtliche Liste, die wir auf den folgenden Seiten veröffentlichen, ist nach Postleitzahlen geordnet. Sie weist unter dem Namen die für Sie wichtige Information aus, ob nämlich der Berater ein Angestellter des TÜV, DEKRA, einer Obergutachterstelle, eines sonstiges Institutes oder ein in eigener Praxis tätiger Spezialist ist.

Es gilt nämlich das strenge Neutralitätsprinzip, das besagt, daß ein Gutachter niemals als Berater und ein Berater hinwiederum niemals als Gutachter wirken darf. Zwischen einem Berater und seinem Klienten kommt nämlich immer eine psychologische Übertragung und Gegenübertragung zustande, was bei einem als Gutachter tätigen Diplom-Psychologen auf keinen Fall passieren darf.

Der wohl entscheidendste Unterschied zwischen dem abhängig beschäftigten Berater und einem nicht angestellten niedergelassenen Verkehrspsychologen besteht darin, daß zwar beide an ihre Zulassungskriterien gebunden sind, ein Angestellter jedoch auch die Vorgaben, Anweisungen aber auch die Philosophie seines Brötchengebers einzuhalten hat. Diesen Zwängen ist ein niedergelassener Berater nicht unterworfen.

Da die angestellten Berater der TÜV-, DEKRA und Obergutachterstellen gleichzeitig auch als Gutachter tätig sind, kann das Neutralitätsprinzip niemals in der Praxis verwirklicht werden.

Ob dies für Sie gut oder schlecht ist, müssen Sie selbst entscheiden. Zu wem Sie auch immer gehen, Sie sollten darauf größten Wert legen, daß die über Sie angelegte Beratungsakte außer Ihrem Berater niemandem zugänglich wird.

Nicht weit hergeholt ist die Analogie, wonach kein Richter anwaltliche Beratung ausüben darf, und kein Angeklagter Ratschläge für seine Verteidigung bei seinem Richter holen wird.

Verzeichnis der Amtlich Anerkannten Verkehrspsychologischen Berater nach PLZ – Stand: Juli 1999 –
Quelle: Sektion Verkehrspsychologie im Berufsverband Deutscher Psychologinnen und Psychologen e.V.

Seidl, Dr. Joachim – Reg-Nr. 812050
AFN Zweigstelle Dresden

01127 Dresden, Torgauer Str. 5 – Sachsen
Tel.: 03 51-8 48 87 25, Fax: 03 51-8 48 87 26

Raum, Gisela – Reg-Nr. 812004
TÜV MPI GmbH Dresden

01159 Dresden, Löbtauer Str. 40 – Sachsen
Tel.: 03 51-4 94 14 25, Fax: 03 51-4 96 92 01

Kautz, Anita – Reg-Nr. 903094
Psychotherapeutische Praxis

01219 Dresden, Friebelstr. 15 – Sachsen
Tel.: 03 51-4 76 67 05, Fax: 03 51-4 76 67 05

Petersen, Wilhelm – Reg-Nr. 812090
DEKRA BfF

01239 Dresden, Köhlerstr. 18 – Sachsen
Tel.: 03 51-2 85 51 83, Fax: 03 51-2 85 52 00

Stiller, Roland – Reg-Nr. 903121
Psychologische Beratungsstelle

01968 Gentenberg, Dorothea-v.-Erxleben-Str. 3 – Brandenburg
Tel.: 03573-7 07 41 46, Fax: 03573-7 07 41 40

Raum, Dr. Harald – Reg-Nr. 812009
TÜV MPI Bautzen

02625 Bautzen, August-Bebel-Str. 3 – Sachsen
Tel.: 03591-4 24 56, Fax: 03591-4 24 56

Lehmann, Gisela – Reg-Nr. 812111
TÜV Kraftfahrt GmbH

03044 Cottbus, Karl-Marx-Str. 14 – Brandenburg
Tel.: 03 55-2 52 41, Fax: 03 55-2 52 42

Schneider, Christiane – Reg-Nr. 812053
Psychotherapeutische Praxis

04109 Leipzig, Bosestraße 5 – Sachsen
Tel.: 03 41-2 12 68 10, Fax: 03 41-2 12 68 11

Wiegner, Irene – Reg-Nr. 812099
DB AG, Gesundheitszentrum Halle

04109 Leipzig, Willy-Brandt-Platz 5 – Sachsen
Tel.: 03 41-9 60 48 15, Fax: 03 41-9 68 36 16

Rückert, Dr. Jürgen – Reg-Nr. 812084
DEKRA e.V. BfF

04347 Leipzig, Torgauer Str. 235 – Sachsen
Tel.: 03 41-2 59 39 66, Fax: 03 41-2 59 39 76

Hirsch, Henner – Reg-Nr. 903129
Med. Psych. Inst. Halle

06110 Halle, Georg-Schumann-Platz 9 – Sachsen-Anhalt
Tel.: 03 45-2 02 91 01, Fax: 03 45-2 02 91 02

Pelzel, Ronald – Reg-Nr. 812079
DEKRA e.V.

06126 Halle (Saale), Schieferstr. 2 – Sachsen-Anhalt
Tel.: 03 45-6 91 41 50, Fax: 03 45-6 91 41 99

Rückert, Dr. Jürgen – Reg-Nr. 812084
DEKRA e.V. BfF

06847 Dessau, Ernst-Zindel-Str. 7 – Sachsen-Anhalt
Tel.: 03 40-5 50 50, Fax: 03 40-5 50 52 50

Brusten, Wolfgang – Reg.-Nr. 812042
TÜV Thüringen Fahrzeug GmbH

07545 Gera, Friederici-Str. 8a – Thüringen
Tel.: 03 65-7 35 12 50, Fax: 03 65-7 35 12 09

Nötzold, Gunter – Reg.-Nr. 812001
TÜV MPI GmbH

08056 Zwickau, Bahnhofstr. 68–70 – Sachsen
Tel.: 03 75-28 25 07, Fax: 03 75-28 25 08

Richter, Dr. Klaus – Reg.-Nr. 902020
DEKRA e.V. BfF

08060 Zwickau, Olzmannstraße 22 – Sachsen
Tel.: 03 75-5 08 31 35, Fax: 03 75-5 08 32 00

Fadhil, Christine – Reg.-Nr. 812002
TÜV MPI GmbH

09111 Chemnitz, Bahnhofstr. 12 – Sachsen
Tel.: 03 71-67 52 70, Fax: 03 71-6 75 27 27

Marzai, Sylvia – Reg.-Nr. 812113
TÜV Rheinland-Berlin/Brdbg.

10178 Berlin, Karl-Marx-Allee 3 – Berlin
Tel.: 0 30-2 47 57 80, Fax: 0 30-24 75 78 10

Terhedebrügge, Andreas – Reg.-Nr. 812062
Psychologische Praxis

10823 Berlin, Belziger Str. 34 – Berlin
Tel.: 0 30-7 81 94 37, Fax: 0 30-7 81 94 38

Klepzig, Dr. Peter – Reg.-Nr. 903122
Verkehrspsych. Praxisgemeinschaft

12053 Berlin, Thomasstraße 27 – Berlin
Tel.: 0 30-68 89 32 25, Fax: 0 30-68 89 32 27

Bostan, Dede – Reg.-Nr. 812058
Verkehrspsychologische Praxis

12107 Berlin, Albulaweg 22 – Berlin
Tel.: 0 30-7 41 41 30, Fax: 0 30-7 41 41 90

Thiedemann, Gisela – Reg.-Nr. 812094
Verkehrspsychologische Praxis

12107 Berlin, Albulaweg 22 – Berlin
Tel.: 0 30-7 41 41 30, Fax: 0 30-7 41 41 90

Streblow, Frauke – Reg.-Nr. 902030
Freie Mitarb.-Gutachterin/Mod. LEER

13055 Berlin, Ferdinand-Schultze-Str. 65 – Berlin
Tel.: 0 30-9 86 09 80

Thurath, Ulrike – Reg.-Nr. 812066
DEKRA e.V. MPI

13055 Berlin, Ferdinand-Schultze-Str. 65 – Berlin
Tel.: 0 30-98 60 98 82

Triphaus, Karl-Heinz – Reg.-Nr. 903123
DEKRA e.V. Begutachtungsstelle

13055 Berlin, Ferdinand-Schultze-Str. 65 – Berlin
Tel.: 0 30-98 60 98 81-83

Kosellek, Dr. Ronald – Reg.-Nr. 902048
PRO-NON Verkehrspsych. Praxis

13187 Berlin, Klaustaler Str. 28 – Berlin
Tel.: 0 30-47 47 12 51, Fax: 0 30-47 47 12 52

Baddorek, Dr. Wolfgang – Reg.-Nr. 812016
DEKRA e.V.

13405 Berlin, Kurt-Schumacher-Damm 28 – Berlin
Tel.: 0 30-41 78 41 72, Fax: 0 30-41 78 41 93

Sehlmann, Günther – Reg.-Nr. 812049
DEKRA e.V. Inst. f. Verkehrssicherh.

13405 Berlin, Kurt-Schumacher-Damm 28 – Berlin
Tel.: 0 30-41 78 41 75, Fax: 0 30-41 78 41 93

Ebert, Michael – Reg.-Nr. 903106
Psychologische Praxis

14050 Berlin, Eichenallee 6 – Berlin
Tel.: 0 30-3 02 75 39, Fax: 0 30-3 02 75 40

Mehlhorn, Lutz – Reg.-Nr. 812105
Psychologische Praxis

14059 Berlin, Dankelmannstr. 32 – Berlin
Tel.: 0 30-3 21 23 01, Fax: 0 30-3 21 17 02

Tesch, Lutz – Reg-Nr. 812063
Verkehrspsychologische Praxis

14167 Berlin, Prinz-Handjery-Str. 9 – Berlin
Tel.: 030-811 5001, Fax: 030-8129 99 75

Lieven, Baronin Marianne von –
Reg-Nr. 812069 –
Verkehrspsychologische Praxis

14193 Berlin, Niersteiner Str. 6 – Berlin
Tel.: 030-981 1897, Fax: 030-981 18 98

Müller, Dr. Karin – Reg-Nr. 812110
TÜV Kraftfahrt GmbH

14467 Potsdam, Posthofstr. 9 – Brandenburg
Tel.: 0331-2 308970, Fax: 0331-2 308975

Töpler, Helmut – Reg-Nr. 902029
DEKRA e.V.

14478 Potsdam, Am Verkehrshof 11 –
Brandenburg
Tel.: 0331-888 6016, Fax: 0331-888 6099

Thielebeule, Helmuth – Reg-Nr. 812064
Verkehrspsychologische Praxis

16225 Eberswalde, Eisenbahnstr. 37 – Brandenburg
Tel.: 033 34-28 44 11, Fax: 033 34-28 44 12

Westphal, Manuela – Reg-Nr. 902038
Begutachtungsstelle f. Fahreignung

16515 Oranienburg, Walther-Bothe-Str. 75 –
Brandenburg
Tel.: 03301-606284, Fax: 03301-606270

Lieske, Birgit – Reg-Nr. 902042
TÜV Kraftfahrt GmbH

17291 Prenzlau, Uckerpromenade 17 –
Brandenburg
Tel.: 03984-804407

Aronow, Bernhard – Reg-Nr. 902015
Institut für Schulungsmaßnahmen

20354 Hamburg, Colonaden 49 – Hamburg
Tel.: 040-35 4069, Fax: 040-34 0565

Sohn, Jörg-Michael – Reg-Nr. 812023
Verkehrspsychologische Praxis

22529 Hamburg, Lokstedter Steindamm 61 a –
Hamburg
Tel.: 040-56 008008, Fax: 040-56 3163

Ewe, Rainer – Reg-Nr. 812121
Psych. Arbeitskreis PASS

22529 Hamburg, Stresemannallee 76 – Hamburg
Tel.: 040-56 0324 1, Fax: 040-56 008383

Rath, Daniela – Reg-Nr. 812124
Praxengemeinschaft

22761 Hamburg, Stresemann-Str. 375 – Hamburg
Tel.: 040-8 902404, Fax: 040-3 904558

Brieler, Paul – Reg-Nr. 903112
Inst. für Schulungsmaßnahmen GmbH

22765 Hamburg, Bahrenfelder Str. 162 – Hamburg
Tel.: 040-3 988850, Fax: 040-39 8885 10

Grunow, Hans-Peter – Reg-Nr. 903110
Inst. für Schulungsmaßnahmen GmbH

22765 Hamburg, Bahrenfelder Str. 162 – Hamburg
Tel.: 040-3 988850, Fax: 040-39 8885 10

Oelker, Edith – Reg-Nr. 812116
Inst. f. Schulungsmaßnahmen GmbH

22765 Hamburg, Bahrenfelder Str. 162 – Hamburg
Tel.: 040-3 988850, Fax: 040-39 8885 10

Preßler, Heide – Reg-Nr. 902043
Inst. für Schulungsmaßnahmen

22765 Hamburg, Bahrenfelder Str. 162 – Hamburg
Tel.: 040-3 988850, Fax: 040-39 8885 10

Schildmeier, Angelika – Reg.-Nr. 812096
Inst. für Schulungsmaßnahmen GmbH

22765 Hamburg, Bahrenfelder Str. 162 – Hamburg
Tel.: 040-39 88 85 0, Fax: 040-39 88 85 10

Butzmann, Rosemarie – Reg.-Nr. 812107
Werkstatt Verkehrstherapie

22765 Hamburg, Max-Brauer-Allee 45 – Hamburg
Tel.: 040-3 90 58 63, Fax: 040-3 90 58 76

Mutzenbecher, Yvonne von – Reg.-Nr. 812071 Werkstatt Verkehrstherapie

22765 Hamburg, Max-Brauer-Allee 45 – Hamburg
Tel.: 040-3 90 58 63, Fax: 040-3 90 58 76

Zentgraf, Maritta – Reg.-Nr. 902022
Inst. f. Schulungsmaßnahmen

23795 Bad Segeberg, Hamburger Str. 5 – Schleswig-Holstein
Tel.: 045 51-96 88 23, Fax: 045 51-96 88 24

Sohn, Jörg-Michael – Reg.-Nr. 812023
Verkehrspsychologische Praxis

24111 Kiel, Grunewaldstr. 15 – Schleswig-Holstein
Tel.: 04 31-6 96 98 00, Fax: 04 31-69 19 21

Frank, Hermann – Reg.-Nr. 902047
Psychotherapeutische Praxis

26160 Bad Zwischenahn, Bahnhofstr. 26 – Niedersachsen
Tel.: 01 80-2 31 94 94

Goetze, Urban – Reg.-Nr. 902006
Praxis

27568 Bremerhaven, Bgm.-Schmidt-Str. 33 – Bremen
Tel.: 04 71-9 41 36 30, Fax: 04 71-9 41 36 31

Lorenz, Erika – Reg.-Nr. 902063
Psychologische Praxis

27570 Bremerhaven, Am Knie 8 – Bremen
Tel.: 04 71-41 21 27

Becker-Nöchel, Monika – Reg.-Nr. 902051
Psycholigische Praxis

28205 Bremen, Hamburger Str. 196 – Bremen
Tel.: 04 21-4 91 53 59

Thielke, Wolfgang – Reg.-Nr. 812065
Psychologische Praxis

30161 Hannover, Eichstraße 57A – Niedersachsen
Tel.: 05 11-3 48 20 25

Zuschlag, Dr. Berndt – Reg.-Nr. 812076
Psychologische Praxis

30173 Hannover, Heinrich-Heine-Str. 11 – Niedersachsen
Tel.: 05 11-4 58 26 66, Fax: 05 11-4 58 43 56

Witte, Nelly – Reg.-Nr. 902027
Verkehrspsychologische Praxis

31199 Diekholzen, Wahrhausenweg 10 – Niedersachsen
Tel.: 0 51 21-26 71 25

Schmidt, Winfried – Reg.-Nr. 812117
Psychologische Praxis

32756 Detmold, Bielefelderstr. 80 – NRW (Reg.Bez. Detmold)
Tel.: 0 52 31-6 89 87, Fax: 0 52 31-1 76 57

Lüking, Jürgen – Reg.-Nr. 812078
Verkehrspsych. Beratungsstelle e.V.

32756 Detmold, Moltkestraße 14 – NRW (Reg.Bez. Detmold)
Tel.: 0 52 31-30 07 14, Fax: 0 52 31-39 05 07

Opper, Karl-Heinz – Reg.-Nr. 902040
Verkehrspsych. Beratungsstelle e.V.

32756 Detmold, Moltkestraße 14 – NRW
(Reg.Bez. Detmold)
Tel.: 05231-300714, Fax: 05231-390507

Gresch, Heike – Reg.-Nr. 902011
Psychologische Praxis

33602 Bielefeld, Turner Str. 27 – NRW (Reg.Bez. Detmold)
Tel.: 0521-170700, Fax: 0521-170701

Joneleit, Horst – Reg.-Nr. 903097
TÜV MPI Bielefeld

33609 Bielefeld, Böttcherstr. 11 – NRW (Reg.Bez. Detmold)
Tel.: 0521-786239, Fax: 0521-786162

Lehnert, Bernd – Reg.-Nr. 902056
Med. Psych. Inst. Kassel d. TÜ Hessen

34121 Kassel, Knorrstr. 36 – Hessen
Tel.: 0561-2091480, Fax: 0561-285652

Kellner, Susanne – Reg.-Nr. 902067
TÜ Hessen

34121 Kassel, Knorrstraße 36 – Hessen
Tel.: 0561-2091, Fax: 0561-486

Koerhuis-Arnold, Antonia –
Reg.-Nr. 902068
MPI Kassel d. TÜV Hessen

34121 Kassel, Knorrstraße 36 – Hessen
Tel.: 0561-2091-482

Blankenburg, Volker – Reg.-Nr. 902019
TÜ MPI GmbH

35398 Giessen, Leimenkauter Weg 59 – Hessen
Tel.: 0641-982290, Fax: 0641-86476

Brückmann, Susanne – Reg.-Nr. 902008
Med.-Psych. Institut

35398 Gießen, Leimenkauter Weg 59 – Hessen
Tel.: 0641-982290, Fax: 0641-86476

Sontowski, Joachim – Reg.-Nr. 902032
TÜ Hessen, Med.-Psych. Inst.

35398 Gießen, Leimenkauter Weg 59 – Hessen
Tel.: 0641-982290, Fax: 0641-86476

Desenritter, Wilhelm – Reg.-Nr. 812043
Führerschein-Management-Team

37085 Göttingen, Friedländer Weg 30 – Niedersachsen
Tel.: 0171-1419101, Fax: 05507-1395

Maertens, Christine – Reg.-Nr. 812021
Verkehrspsychologische Praxis

38106 Braunschweig, Humboldtstr. 21 – Niedersachsen
Tel.: 0531-238360, Fax: 0531-238 3616

Meyer-Gramcko, Fritz Dr. –
Reg.-Nr. 812048
Verkehrspsychologische Praxis

38106 Braunschweig, Humboldtstr. 21 – Niedersachsen
Tel.: 0531-238360, Fax: 0531-2383616

Kuske, Ilka – Reg.-Nr. 812020
Psychologische Praxis

38446 Wolfsburg, Dohlberg 8 – Niedersachsen
Tel.: 05365-7480, Fax: 05365-7481

Franz, Dr. Wolfgang – Reg.-Nr. 903128
TÜV Nord, MPI Magdeburg

39108 Magdeburg, Adelheidring 16 – Sachsen-Anhalt
Tel.: 0391-7366170, Fax: 0391-7366177

Amtlich anerkannte verkehrspsychologische Berater

Engewald, Johannes – Reg.-Nr. 812013
Verkehrspsychologisches Institut

39112 Magdeburg, Leipziger Str. 70 –
Sachsen-Anhalt
Tel.: 0391-6231769, Fax: 030-3257849

Höckendorf, Ulrich – Reg.-Nr. 903088
DEKRA BfF

39130 Magdeburg, Am Großen Silberberg 5 –
Sachsen-Anhalt
Tel.: 0391-7260500, Fax: 0391-7260505

Nieder, Anita – Reg.-Nr. 812088
Psychologische Praxis

40227 Düsseldorf, Linienstr. 129 – NRW
(Reg.Bez. Düsseldorf)
Tel.: 0211-7822688

Handels, Volker – Reg.-Nr. 812114
AUXILIUM

40227 Düsseldorf, Mindener Str. 24 – NRW
(Reg.Bez. Düsseldorf)
Tel.: 0211-771515, Fax: 0211-771068

Wolfram von Wolmar, Rüdiger –
Reg.-Nr. 903102 –
Beratungszentrum AFN

40237 Düsseldorf, Lindenmannstr. 3 – NRW
(Reg.Bez. Düsseldorf)
Tel.: 0211-672164, Fax: 0211-671586

Vogel, Gudrun – Reg.-Nr. 812068
TÜV Rheinl. Kraftfahrt GmbH

40470 Düsseldorf, Vogelsanger Weg 6 – NRW
(Reg.Bez. Düsseldorf) Tel.: 0211-6354235, Fax: 0211-6354255

Gierke, Patricia – Reg.-Nr. 903104
Psychologische Praxis

40597 Düsseldorf, Hauptstr. 21 – NRW
(Reg.Bez. Düsseldorf)
Tel.: 0211-7186863

Pies, Patrice – Reg.-Nr. 903115
Psychologische Praxis

40597 Düsseldorf, Weststr. 36 – NRW
(Reg.Bez. Düsseldorf)
Tel.: 0211-7186890, Fax: 0211-7186884

Schnicke, Ralf – Reg.-Nr. 812055
PIFAP

41460 Neuss, Hochstr. 1 – NRW
(Reg.Bez. Düsseldorf)
Tel.: 02131-499475, Fax: 02131-499476

Ochel, Theda – Reg.-Nr. 902039
Med. Psych. Untersuchungsstelle

42283 Wuppertal, Friedrich-Engels-Allee 346 –
NRW (Reg.Bez. Düsseldorf) – Tel.: 0202-5511252

Möllmann, Ralf – Reg.-Nr. 812100
Fahrschule H.Seidensticker

42719 Solingen, Friedrich-Ebert-Str. 52 – NRW
(Reg.Bez. Düsseldorf) –
Tel.: 0212-2591018, Fax: 0212-2591017

Zwilling, Uwe – Reg.-Nr. 812083
Psychologische Praxis

44135 Dortmund, Friedhof 4 – NRW
(Reg.Bez. Arnsberg)
Tel.: 0231-578613, Fax: 0231-578615

Schacht, Michael – Reg-Nr. 812051
Psychologische Praxis

44135 Dortmund, Weissenburger Str. 3 – NRW
(Reg.Bez. Arnsberg)
Tel.: 01 71-8 18 05 91, Fax: 0 25 95-9 81 83

Plenge, Volker – Reg-Nr. 812104
Therapie- und Beratungsservice

44137 Dortmund, Kampstraße 4 – NRW
(Reg.Bez. Arnsberg)
Tel.: 02 31-92 71 71, Fax: 02 31-9 27 17 12 22

Minderjahn, Hans-Willi – Reg-Nr. 902064
Praxis f. Therapie, Supervision u. Betr.

44797 Bochum, Blankensteiner Str. 292 –
NRW (Reg.Bez. Arns berg)
Tel.: 02 34-47 14 33, Fax: 02 34-47 33 63

Preuß, Ricarda – Reg-Nr. 902041
IVT – Hö

45130 Essen, Zweigertstr. 20 – NRW
Tel.: 02 01-7 98 89 38

Röllinghoff, Albert – Reg-Nr. 902034
RW TÜV Fahrzeug GmbH MPI

45138 Essen, Auf der Donau 41 – NRW
(Reg.Bez. Düsseldorf)
Tel.: 02 01-8 25 27 85

Schönfeld, Hans-Jörg – Reg-Nr. 812056
Psychologische Praxis

45147 Essen, Holsterhauser Str. 52 – NRW
(Reg.Bez. Düsseldorf)
Tel.: 02 01-8 77 72 90

Hellwig, Dr. Hans-Joachim – Reg-Nr.
812122 Psychologische Praxis

45257 Essen, Provesthöhe 3 – NRW
(Reg.Bez. Düsseldorf)
Tel.: 02 01-48 81 57

Kalwitzki, Dr. Klaus-Peter –
Reg-Nr. 902007

45468 Mülheim an der Ruhr, Muhrenkamp 111 –
NRW (Reg.Bez. Das Verkehrsbüro Düsseldorf)
Tel.: 02 08-3 30 31, Fax: 02 08-3 88 15 88

Doczyck, Ulrich – Reg-Nr. 902057
Psychotherapeurische Praxis

46045 Oberhausen, Marktstr. 51 –
NRW (Reg. Bez. Düsseldorf)
Tel.: 01 80-2 31 94 94, Fax: 02 21-9 41 78 40

Oberdorfer, Rudolf K. – Reg-Nr. 902035
INTRA GbR

46485 Wesel, Henningstege 17 – NRW
(Reg.Bez. Düsseldorf)
Tel.: 02 81-8 99 95, Fax: 02 81-8 35 17

Freund-Kurtzahn, Annette –
Reg-Nr. 812047
RW TÜV Fahrzeug GmbH

47058 Duisburg, Meidericher Str. 14-16 –
NRW (Reg.Bez. Düsseldorf)
Tel.: 02 03-30 42 91, Fax: 02 03-30 43 20

Klein-Tresp, Anita – Reg-Nr. 902036
RWTÜV Fahrzeuf GmbH

47058 Duisburg, Meidericherstr. 14-16 –
NRW (Reg.Bez. Düsseldorf)
Tel.: 02 03-30 42 91, Fax: 02 03-30 43 20

Schreuers, Christiane – Reg-Nr. 903090
TÜV Kraftfahrt GmbH

47800 Krefeld, Elbestraße 7 –
NRW (Reg.Bez. Düsseldorf)
Tel.: 02151-44 14 48, Fax: 02151-44 11 08

Amtlich anerkannte verkehrspsychologische Berater

Ott, Dr. Andreas – Reg-Nr. 812077
Psychother. Praxisgem. IVT-Hö

48143 Münster, Bahnhofstr. 44 – NRW
(Reg.Bez. Münster)
Tel.: 0251-519616, Fax: 0251-519617

Schilling, Albrecht – Reg-Nr. 902033
RW TÜV Begutachtungsstelle f. Fahreign.

48143 Münster, Berliner Platz 30 –
NRW (Reg.Bez. Münster)
Tel.: 0251-414320, Fax: 0251-4143250

Göhler, Martin – Reg-Nr. 903103
Psychologische Praxis

48431 Rheine, Emsstraße 34 –
Nordrhein-Westafeln
Tel.: 05971-915915

Huckenbeck-Gödecker, Bernd –
Reg-Nr. 812120 – Psychologische Praxis

49179 Ostercappeln, Knostweg 1 – Niedersachsen
Tel.: 05476-1419, Fax: 05476-911231

Meir, Ulrich Eberhard – Reg-Nr. 903096
Begutachtungsstelle f. Fahreignung

50668 Köln, Altenberger Str. 12 –
NRW (Reg.Bez. Köln)
Tel.: 0221-91284715

Niehues, Christof – Reg-Nr. 902055
Psychologische Praxis

50670 Köln, Hansaring 88 – NRW
(Reg.Bez. Köln)
Tel.: 0221-122417, Fax: 0221-124406

Gabor, Marian – Reg-Nr. 812081
IVT-HÖ

50672 Köln, Kaiser-Wilhelm-Ring 6-8 –
NRW (Reg.Bez. Köln)
Tel.: 0211-134583, Fax: 0221-133360

Höcher, Dr. German – Reg-Nr. 902053
IVT-Hö

50672 Köln, Kaiser-Wilhelm-Ring 6-8 –
NRW (Reg.Bez. Köln)
Tel.: 0221-134583, Fax: 0221-133360

Klare, Hans-Rudolf – Reg-Nr. 902062
Psychologische Praxis

50679 Köln, Thusneldastr. 18 –
NRW (Reg.Bez. Köln)
Tel.: 0221-812613, Fax: 0221-8800142

Schad, Jürgen – Reg-Nr. 812052
Verkehrspsychologisches Inst.

50733 Köln, Niehler Str. 102-116 –
NRW (Reg.Bez. Köln)
Tel.: 0221-9762876, Fax: 0221-9762878

Kürti, Dr. Karl – Reg-Nr. 812015
Verkehrspsychologische Praxis

50935 Köln, Decksteinerstr. 86 –
NRW (Reg.Bez. Köln)
Tel.: 0221-9436390, Fax: 0221-9436395

Tiemann, Manfred – Reg-Nr. 903100
Begutacht.stelle f. Fahreignung

51101 Köln, Altenberger Str. 12 –
NRW (Reg.Bez. Köln)
Tel.: 0221-91284714

Schippers, Rolf – Reg-Nr. 902001
Praxis f. Prävention u. Psychologie

51429 Bergisch-Gladbach, Im Alten Feld 24 –
NRW (Reg.Bez. Köln)
Tel.: 02204-911718

Hirtz, Ulrich – Reg-Nr. 903087
Psychologische Praxis

52134 Herzogenrath, Aachener Str. 39 –
NRW (Reg.Bez: Köln)
Tel.: 02406-7164

Pankratz, Hermann – Reg-Nr. 812022
Psychologische Praxis

53757 Sankt Augustin, Kamillenweg 20 –
NRW (Reg.Bez. Köln)
Tel.: 02241-342634

Rahn, Monika – Reg-Nr. 903085
Psychologische Praxis

53757 St. Augustin, Nordstraße 7 –
NRW (Reg.Bez. Köln)
Tel.: 02241-334343

Tank, Richard – Reg-Nr. 812057
Verkehrspsych. u. Familienther. Praxis

54290 Trier, Rindertanzstr. 7a – Rheinland-Pfalz
Tel.: 0651-40859, Fax: 0651-9943065

Messerschmidt, Hartmut – Reg-Nr. 903093
TÜV Rhld – Berlin Brandenburg

54292 Trier, Bahnhofsplatz – Rheinland-Pfalz
Tel.: 0651-2005134, Fax: 0651-2005198

Follmann, Wilfried – Reg-Nr. 812018
Obergutachtenstelle

54292 Trier, Theodor-Heuss-Allee 10 –
Rheinland-Pfalz
Tel.: 0651-147720, Fax: 0651-1477221

Gürten, Joachim – Reg-Nr. 903107
TÜV Begutachtungsstelle
für Fahreignung

55118 Mainz, Kaiser-Wilhelm-Ring 6 –
Rheinland-Pfalz
Tel.: 06131-965050, Fax: 06131-9650555

Leiß, Anette – Reg-Nr. 903119
Fahrschule Martin Reitz

56068 Koblenz, Hohenzollernstr. 60a –
Rheinland-Pfalz
Tel.: 0180-2319494

Gummert, Bernd – Reg-Nr. 903114
TÜV Kraftfahrt GmbH

56070 Koblenz, Hans-Böckler-Str. 6 –
Rheinland-Pfalz
Tel.: 0261-8085147, Fax: 0261-8085277

Weigt, Hans Joachim – Reg-Nr. 812112
Begutachtungsstelle f. Fahreignung

57518 Betzdorf, Wilhelmstraße 122 –
Rheinland-Pfalz
Tel.: 02741-295127, Fax: 02741-295202

Zebralla, Joachim – Reg-Nr. 902021
Psychologische Praxis

58097 Hagen, Feithstr. 188 – NRW
(Reg.Bez. Arnsberg)
Tel.: 02331-803228, Fax: 02331-803212

Spaeth, Hartmut – Reg-Nr. 902054
Psychologische Praxis

58239 Schwerte, Kleine Jahnstr. 7 –
NRW (Reg.Bez. Arnsberg)
Tel.: 0180-2319494

Wagenknecht, Angelika – Reg-Nr. 902028
MPI TÜV Hessen

60459 Frankfurt a. M., Eschborner Landstr. 42–50
– Hessen
Tel.: 069-9788240

Scheuber, Herbert – Reg.-Nr. 903091
Techn. Überwachung Hessen GmbH

60489 Frankfurt a. M., Eschborner Landstr. 42–50 – Hessen
Tel.: 069-97 88 24 21

Battlehner, Ulrike – Reg.-Nr. 903092
Med.-Psych. Institut

60489 Frankfurt a. M., Eschborner Landstraße 42–50 – Hessen
Tel.: 069-97 88 24 23, Fax: 069-7 89 64 12

Ziegler, Horst – Reg.-Nr. 902018
Med.-Psych. Inst. TÜ Hessen

60489 Frankfurt am Main, Eschborner Landstr. 42–50 – Hessen
Tel.: 069-97 88 24 15, Fax: 069-7 89 64 12

Hartenfels, Silke – Reg.-Nr. 902024
TÜ Med.-Psych. Inst. GmbH

60489 Frankfurt am Main, Eschborner Landstraße 42–50 – Hessen
Tel.: 069-97 88 24 20, Fax: 069-7 89 64 12

Fiesel, Peter – Reg.-Nr. 812046
Verkehrspsychologische Praxis

60598 Frankfurt a. M., Niersteiner Str. 20 – Hessen
Tel.: 069-63 22 21, Fax: 069-6 31 11 03

Titze, Matthias – Reg.-Nr. 812005
TÜV MPI GmbH

63739 Aschaffenburg, Weißenburger Str. 38 – Bayern
Tel.: 0 60 21-3 09 40, Fax: 0 60 21-30 94 22

Scheerer, Karin – Reg.-Nr. 812012
TÜH – MPI GmbH

64283 Darmstadt, Rheinstrasse 51 – Hessen
Tel.: 0 61 51-89 39 99, Fax: 0 61 51-89 70 70

Rürup, Brigitte – Reg.-Nr. 812085
Praxis für Verkehrspsychologie

64293 Darmstadt, Frankfurter Str. 19 – Hessen
Tel.: 0 61 51-7 45 23, Fax: 0 61 51-71 59 37

Heinemann, Mechthild – Reg.-Nr. 902059
Praxis für systemische Beratung

64293 Darmstadt, Morneweg Str. 33 – Hessen
Tel.: 0 61 51-89 84 72

Detlow, Jens – Reg.-Nr. 812044
PRO NON e.V. Psych. Praxis

65185 Wiesbaden, Friedrichstr. 57 – Hessen
Tel.: 06 11-37 54 70

Weidemann, Helga – Reg.-Nr. 903111
Psychologische Praxis

65510 Idstein, Dietrich-Bonhoeffer-Str. 3 – Hessen
Tel.: 0 61 26-5 54 28

Bieger, Adelheid – Reg.-Nr. 812095
Psychologische Praxis

65719 Hofheim, An der Obermühle 1 – Hessen
Tel.: 0 61 92-96 67 77

Uhle, Axel – Reg.-Nr. 812106
TÜV Med.-Psych. Institut

66111 Saarbrücken, Dudweiler Str. 2a – Saarland
Tel.: 06 81-37 11 21, Fax: 06 81-3 50 32

Reinhardt, Peter – Reg.-Nr. 903084
MPI TÜV Süddeutschland

68161 Mannheim, Kaiserring 10–12 – Baden-Württemberg
Tel.: 06 21-1 26 07 20, Fax: 06 21-1 26 07 77

Haas, Dr. Hans-Dieter – Reg.-Nr. 812119
Rechtsanwalt und Dipl.-Psychologe

68165 Mannheim, Sophienstraße 17 –
Baden-Württemberg
Tel.: 0621-411504, Fax: 0621-4181116

Schott, Dr. Erika – Reg.-Nr. 903118
Psychologische Praxis

68723 Plankstadt, Goethestr. 8 –
Baden-Württemberg
Tel.: 06202-14766, Fax: 06202-14739

Kamuf, Harald – Reg.-Nr. 902060
Psychologische Praxis

68789 St. Leon-Rot, Schönbornstr. 1 –
Baden-Württemberg
Tel.: 06227-88521, Fax: 06227-88522

Thieme, Christiane – Reg.-Nr. 902016
Inst. f. Rechts- u. Verkehrsmedizin

69115 Heidelberg, Bergheimer Str. 147 –
Baden-Württemberg
Tel.: 06221-568953

Schulz, Dr. Hans J. – Reg.-Nr. 812093
Verkehrspsychologische Praxis

70174 Stuttgart, Kronenstr. 35 –
Baden-Württemberg
Tel.: 0711-2261888, Fax: 0711-2268400

Wiesenauer, Inge – Reg.-Nr. 902049
Psychologische Praxis

70182 Stuttgart, Eugenstr. 9 –
Baden-Württemberg
Tel.: 0711-232866, Fax: 0711-233784

Sage, Edith – Reg.-Nr. 902012
TÜV MPI GmbH

70194 Stuttgart, Krailenshaldenstr. 30 –
Baden-Württemberg
Tel.: 0711-8933162

Pauli, Hugo – Reg.-Nr. 902066
Psychologische Praxis

70199 Stuttgart, Eierstr. 46 –
Baden-Württemberg
Tel.: 0711-605709, Fax: 0711-6409701

Borgmeier-Lütz, Ruth – Reg.-Nr. 902010
TÜV MPI GmbH

70469 Stuttgart, Krailenshaldenstr. 30 –
Baden-Württemberg
Tel.: 0711-8933252, Fax: 0711-8933266

Brenner-Hartmann, Jürgen –
Reg.-Nr. 812033
TÜV MPI GmbH

70469 Stuttgart, Krailenshaldenstr. 30 –
Baden-Württemberg
Tel.: 0711-8932 42, Fax: 0711-8933249

Sepeur, Norbert – Reg.-Nr. 903070
TÜV MPI GmbH

70469 Stuttgart, Krailenshaldenstr. 30 –
Baden-Württemberg
Tel.: 0711-8933177, Fax: 0711-8933249

Voß-Knippel, Christine – Reg.-Nr. 812038
TÜV Süddeutschland

70469 Stuttgart, Krailenshaldenstr. 30 –
Baden-Württemberg
Tel.: 0711-8933187, Fax: 0711-8933266

Grossmann, Judit Susanne –
Reg.-Nr. 902050
Verkehrspsych. Beratung

71067 Sindelfingen, Sommerhofenstr. 136-1 –
Baden-Württemberg
Tel.: 07031-807684

Fein, Branka – Reg-Nr. 812045
Verkehrspsychologische Praxis

71229 Leonberg, Heidenheimer Str. 8 –
Baden-Württemberg
Tel.: 07152-94590, Fax: 07152-945945

Genschow, Bernhard – Reg-Nr. 812101
Psychologische Praxis

71729 Erdmannhausen, Beethovenstr. 27 –
Baden-Württemberg
Tel.: 0711-2361888, Fax: 0711-2268400

Witoszek-Szymik, Alicija – Reg-Nr. 812074
Psychologische Praxis

72072 Tübingen, Französische Alle 20 –
Baden-Württemberg
Tel./Fax: 07071-368506

Weber, Robert – Reg-Nr. 812072
Verkehrspsychologische Praxis

72072 Tübingen, Französische Allee 20 –
Baden-Württemberg
Tel.: 07071-368505, Fax: 07071-368506

Grams, Uta – Reg-Nr. 902025
Psych.therap. & Verkehrspsych. Praxis

72072 Tübingen, Friedrichstraße 5 –
Baden-Württemberg
Tel.: 07071-915234

Czycholl, Dr. Dietmar – Reg-Nr. 812092
Psychotherapeutische Praxis

72250 Freudenstadt, Rippoldsauerstr. 69 –
Baden-Württemberg
Tel.: 07442-4317

Plank, Ully – Reg-Nr. 902058
Psychologische Praxis

72250 Freudenstadt, Straßburger Str. 17 –
Baden-Württemberg
Tel.: 07441-85665, Fax: 07441-82776

Wenzelburger, Rolf – Reg-Nr. 902065
Psychotherap. Praxis

72280 Dornstetten-Aach, Gaisberg 7 –
Baden-Württemberg
Tel.: 07443-3329, Fax: 07443-3330

Mayer, Reinhardt – Reg-Nr. 812108
Verkehrspsych. Praxis

72336 Balingen, Hermann-Rommel-Str. 22 –
Baden-Württemberg
Tel.: 07433-16451, Fax: 07433-273367

Klaus, Ulrich – Reg-Nr. 812017
Psychologische Praxis

72336 Balingen, Richard-Strauß-Str. 5 –
Baden-Württemberg
Tel.: 07433-275157, Fax: 07433-275158

Bitz, Norbert – Reg-Nr. 812032
TÜV MPI GmbH

72336 Balingen, Wilhelmstr. 34 –
Baden-Württemberg
Tel.: 07433-96820, Fax: 07433-25557

Gerber, Ingeborg – Reg.-Nr. 903069
TÜV MPI GmbH

72336 Balingen, Wilhelmstraße 34 –
Baden-Württemberg
Tel.: 07433-96820, Fax: 07433-22557

Lübeck, Annelies – Reg.-Nr. 812037
TÜV MPI GmbH

72336 Balingen, Wilhelmstraße 34 –
Baden-Württemberg
Tel.: 07433-96820, Fax: 07433-22557

Mandalka, Klaus – Reg.-Nr. 812097
Praxis f Psychotherapie
Verhaltensmedizin

72458 Albstadt, Gartenstr. 31 –
Baden-Württemberg
Tel.: 07431-590100

Scherrmann, Hans-Jürgen – Reg.-Nr. 903091 Verkehrspsychologische Praxis

72622 Nürtingen, Urbanstr. 12 –
Baden-Württemberg
Tel.: 07022-39224, Fax: 07022-39224

Bille, Artur – Reg.-Nr. 812040
Ambulantes Therapie Netz

72764 Reutlingen, Wilhelmstr. 93 –
Baden-Württemberg
Tel.: 07121-371837, Fax: 07121-371808

Nesper, Joachim – Reg.-Nr. 812089
Ambulantes Therapie Netz

72764 Reutlingen, Wilhelmstr. 93 –
Baden-Württemberg
Tel.: 07121-371837, Fax: 07121-371808

Maier, Otto – Reg.-Nr. 902014
TÜV – MPI GmbH

73430 Aalen, Stuttgarter Str. 6 –
Baden-Württemberg
Tel.: 07361-66430

Rothenberger, Dr. Bernd P. –
Reg.-Nr. 812087
Verkehrspsych. Praxis auto-MOBIL

73733 Esslingen, Spitalwaldweg 2 –
Baden-Württemberg
Tel.: 0711-9325901, Fax: 0711-9325902

Bogatzki, Werner – Reg.-Nr. 812080
Psychotherapeutische Praxis

73760 Ostfildern – Kemnat, Oberer Haldenweg 7
– Baden-Württemberg –
Tel.: 0711-4579517, Fax: 0711-4560297

Dworaczyk, Norbert – Reg.-Nr. 812034
TÜV MPI GmbH

74072 Heilbronn, Bahnhofstr. 19–23 –
Baden-Württemberg
Tel.: 07131-83705, Fax: 07131-80055

Sehi, Ingrid – Reg.-Nr. 812030
TÜV MPI GmbH Heilbronn

74072 Heilbronn, Bahnhofstraße 19–23 –
Baden-Württemberg
Tel.: 07131-83705, Fax: 07131-80055

Hammer, Günther – Reg.-Nr. 812059
Psychologische Praxis

74072 Heilbronn, Wilhelmstr. 16-2 –
Baden-Württemberg
Tel.: 07131-962244, Fax: 07131-962230

Hochheimer, Hannelore – Reg.-Nr. 812073 74074 Heilbronn, Dittmarstr. 84 –
Psychologische Praxis Baden-Württemberg
 Tel.: 07131-940040, Fax: 07131-940040

Fischer-Winkler, Gudela – Reg.-Nr. 902026 74074 Heilbronn, Herbert-Hoover-Str. 44 –
Psychologische Praxis Baden-Württemberg
 Tel.: 07131-256680

Seeger, Heike – Reg.-Nr. 902002 76133 Karlsruhe, Erbprinzenstr. 34 –
TÜV MPI GmbH Karlsruhe Baden-Württemberg
 Tel.: 0721-9137 9310, Fax: 0721-91379330

Trunzer, Petra – Reg.-Nr. 902003 76133 Karlsruhe, Erbprinzenstr. 34 –
TÜV Süddt. MPI GmbH Baden-Württemberg
 Tel.: 0721-91379313, Fax: 0721-91379330

Wehrle, Wilfried – Reg.-Nr. 812075 76137 Karlsruhe, Karl-Hoffmann-Str. 7 –
Psychologische Praxis Baden-Württemberg
 Tel.: 0721-937 4900, Fax: 0721-937490

Roux, Irmtraud – Reg.-Nr. 903116 76829 Landau, Maxburgstr. 45 –
Psychologische Praxis Rheinland-Pfalz
 Tel.: 06341-930002

Tannenberger, Wolfgang – Reg.-Nr. 812061 78054 Villingen-Schwenningen,
Psychologische Praxis Riemenäckerstr. 17 – Baden-Württemberg
 Tel.: 07720-1526, Fax: 07720-1313

Lauf, Brigitte – Reg.-Nr. 902013 78224 Singen, Erzbergerstr. 2 –
Med. Psych. Inst. GmbH Baden-Württemberg
 Tel.: 07731-61762

Schmitz, Jürgen – Reg.-Nr. 812054 79098 Freiburg, Colombistraße 11-13 –
Psychologische Praxis Baden-Württemberg
 Tel.: 0761-2924621, Fax: 0761-2924622

Schneider, Wolfgang – Reg.-Nr. 812118 79098 Freiburg, Nußmannstr. 14 –
Verkehrspsychologische Praxis Baden-Württemberg
 Tel.: 0761-289595, Fax: 0761-289696

Hartmann, Georg – Reg.-Nr. 812035 79106 Freiburg i. Br., Engelbergstr. 21 –
Med.-Psych. Institut Baden-Württemberg
 Tel.: 0761-387710, Fax: 0761-382289

Junker, Dr. Matthias – Reg.-Nr. 902023 80331 München, Orlandostr. 8 – Bayern
Verkehrspsychologische Praxis Tel.: 089-2916 5163, Fax: 089-29168347

Fontes, Angelika – Reg.-Nr. 902037 80335 München, Nymphenburger Str. 63 – Bayern
Startklar – Verkehrspsychol. Beratung Tel.: 089-1238686, Fax: 089-1292352

Runge, Hedwig – Reg-Nr. 902017
STARTKLAR-Verkehrspsych. Praxis

80335 München, Nymphenburger Str. 63 – Bayern
Tel.: 089-12 38 68 6

Vetter, Johannes – Reg-Nr. 812070
PRO-NON e.V.

80336 München, Schwanthaler Str. 60 – Bayern
Tel.: 089-54 40 41 33, Fax: 089-54 40 34

Scheucher, Birgit – Reg-Nr. 812098
Verkehrspsychologische Praxis

80337 München, Lindwurmstr. 92 – Bayern
Tel.: 089-76 32 80, Fax: 089-76 32 81

Allhoff-Cramer, Adalbert –
Reg-Nr. 902045
TÜV MPI GmbH

80686 München, Westendstr. 199 – Bayern
Tel.: 089-57 91 19 41

Brückner, Michael – Reg-Nr. 812024
TÜV MPI GmbH

80686 München, Westendstr. 199 – Bayern
Tel.: 089-57 91 19 49, Fax: 089-57 91 10 55

Klose, Erwin – Reg-Nr. 812003
TÜV MPI GmbH

80686 München, Westendstr. 199 – Bayern
Tel.: 089-57 91 19 36, Fax: 089-57 91 23 74

Marcinowski, Gernot – Reg-Nr. 903082
TÜV MPI GmbH

80686 München, Westendstr. 199 – Bayern
Tel.: 089-57 91 19 38, Fax: 089-57 91 23 74

Meier-Faust, Thomas – Reg-Nr. 903074
TÜV MPI GmbH

80686 München, Westendstr. 199 – Bayern
Tel.: 089-57 91 19 29

Lindlacher, Johann F. – Reg-Nr. 812103
Verkehrspsychologische Praxis

80687 München, Von-der-Pfordten-Str. 27 –
Bayern
Tel.: 089-58 99 81 96, Fax: 089-58 99 81 97

Spoerer, Edgar Dr. – Reg-Nr. 902005
AFN c/o Fahrschule Schmidt

81675 München, Einsteinsstr. 32 – Bayern
Tel.: 089-47 84 28, Fax: 089-42 85 24

Plab, Josef – Reg-Nr. 812006
TÜV MPI GmbH

83022 Rosenheim, Münchnerstr. 27 – Bayern
Tel.: 0 80 31-38 20 67, Fax: 0 80 31-38 20 60

Speckmeier, Helga – Reg-Nr. 902031
Verkehrspsychologische Praxis

84095 Fürth, Ringstr. 3 – Bayern
Tel.: 0 87 04-91 00 81, Fax: 0 87 04-91 00 84

Wicke, Thomas – Reg-Nr. 812029
TÜV MPI GmbH

85049 Ingolstadt, Pfarrgasse 6 – Bayern
Tel.: 08 41-1 79 12, Fax: 08 41-1 79 13

Pihale-Alboth, Annemarie –
Reg-Nr. 902044
Psychologische Praxis

85757 Karlsfeld, Mündmer Str. 199 – Bayern
Tel.: 0 81 31-9 44 66, Fax: 0 81 31-9 44 24

Rosenfeldt, Horst – Reg-Nr. 903081
TÜV MPI GmbH

86150 Augsburg, Fuggerstr. 26 – Bayern
Tel.: 08 21-34 32 90, Fax: 08 21-3 43 29 12

Rümmele, Prof. Dr. Edgar –
Reg.-Nr. 812086
IVS (Inst. für Verkehrresoz. u. Sicherh.)

86356 Neusäß – Steppach, Steppacher Str. 17 –
Bayern
Tel.: 0821-489747, Fax: 0821-4861557

Jessen, Bodo – Reg.-Nr. 812026
TÜV-MPI

87435 Kempten, Bodmanstr. 4 – Bayern
Tel.: 0831-521540, Fax: 0831-5215418

Mayr, Rudolf – Reg.-Nr. 812109
Praxis für Beratung u. Psychotherapie

87634 Obergünzburg, Marktplatz 9 – Bayern
Tel.: 0171-3852389

Hoerner-Maier, Kirsten – Reg.-Nr. 812014
Psychologische Praxis

88422 Bad Buchau, Am Bahndamm 4 –
Baden-Württemberg
Tel.: 07582-91919, Fax: 07582-91019

Wohlt, Rüdiger – Reg.-Nr. 812102
PRONON e.V. Überlingen

88662 Überlingen, Auf dem Stein 26 –
Baden-Württemberg
Tel.: 07551-67119, Fax: 07551-67116

Hohnerlein, Thomas – Reg.-Nr. 812036
TÜV MPI

89073 Ulm, Frauenstr. 65 –
Baden-Württemberg
Tel.: 0731-619851, Fax: 0731-6020191

Buesser, Rolf – Reg.-Nr. 903079
TÜV MPI GmbH

89073 Ulm, Frauenstraße 65 –
Baden-Württemberg
Tel.: 0731-619851, Fax: 0731-6020191

Bacherle, Xaver – Reg.-Nr. 812091
Psychologische Praxis

89073 Ulm, Pfauengasse 23 –
Baden-Württemberg
Tel.: 0731-9608503, Fax: 0731-9608505

Tischer, Sabine – Reg.-Nr. 812067
Verkehrspsychologische Praxis

89518 Heidenheim, Felsenstr. 34 –
Baden-Württemberg, Bayern
Tel.: 07321-40177

Stengl-Herrmann, Doris –
Reg.-Nr. 812011
TÜV MPI GmbH

90459 Nürnberg, Nelson-Mandela-Platz 18 –
Bayern
Tel.: 0911-944670, Fax: 0911-9446767

Strempel, Friederike – Reg.-Nr. 903080
TÜV MPI GmbH

90459 Nürnberg, Nelson-Mandela-Platz 18 –
Bayern
Tel.: 0911-9446731

Erl-Knorr, Peter – Reg.-Nr. 812025
TÜV MPI GmbH

92637 Weiden, Johannisstraße 27 –
Bayern
Tel.: 0961-418251, Fax: 0961-418252

Klar, Hans Dieter – Reg.-Nr. 812082
Gemeinschaftspraxis

92637 Weiden, Max-Reger-Straße 18 –
Bayern
Tel.: 0961-43191, Fax: 0961-4162800

Höfer, Achim – Reg.-Nr. 812115
Verkehrspsych. Beratung

92660 Neustadt – WN, Äußere Beernleite 19 –
Bayern
Tel.: 09602-2600, Fax: 09602-2600

Kraus, Martina – Reg.-Nr. 812027
Psychologische Praxis

93051 Regensburg, Friedensstr. 6 – Bayern
Tel.: 0941-9910222

Wagenpfeil, Thomas – Reg.-Nr. 812008
TÜV MPI GmbH, Regensburg

93051 Regensburg, Friedenstr. 6 – Bayern
Tel.: 0941-9910222, Fax: 0941-9910213

Hammer, Dominik – Reg.-Nr. 903073
TÜV MPI GmbH

94032 Passau, Ludwigstraße 15 – Bayern
Tel.: 0851-931380, Fax: 0851-9313838

Schmidbauer, Rudolf – Reg.-Nr. 812010
TÜV MPI GmbH

95444 Bayreuth, Wittelsbacherring 10 – Bayern
Tel.: 0921-759950, Fax: 0921-7599555

Schmitt, Dr. Almut – Reg.-Nr. 812028
TÜV MPI Bay.4

95445 Bayreuth, Wittelsbacherring 10 – Bayern
Tel.: 0921-759950

Pfaeler-Kaerlein, Helmut –
Reg.-Nr. 812007
TÜV MPI

97070 Würzburg, Hauserring 6 – Bayern
Tel.: 0931-3213614, Fax: 0931-3215620

Grossmann, Joachim – Reg.-Nr. 812060
Verkehrspsych. Praxis

97072 Würzburg, Sophienstr. 23 –
Bayern
Tel.: 0931-7841543, Fax: 0931-7841544

Biedler-Behnke, Sylke – Reg.-Nr. 812039
Psychologische Praxis

97688 Bad Kissingen, Untere Marktstr. 2 –
Bayern
Tel.: 0971-99544

Basten, Markus – Reg.-Nr. 812031
TÜV MPI GmbH

97980 Bad Mergentheim, Daimlerstr. 7 –
Baden-Württemberg
Tel.: 07931-51216, Fax: 07931-52626

Bittorf, Detlef – Reg.-Nr. 903109
Abt. Spez. Suchtbehandlung des
Kreiskrankenhauses Arnstadt

98701 Großbreitenbach, Schulstr. 12 – Thüringen
Tel.: 036781-2720, Fax: 036781-27245

Nolde, Cornelia – Reg.-Nr. 812019
TÜV Thüringen/Inst. f.
Verkehrssicherheit

99084 Erfurt, Am Anger 74–75 – Thüringen
Tel.: 0361-6463031, Fax: 0361-6461031

Braun, Vicki – Reg.-Nr. 812041
Institut für Verkehrssicherheit

99084 Erfurt, Anger 74–75 – Thüringen
Tel.: 0361-6461031, Fax: 0361-6461031

Faulwasser, Hellmut – Reg.-Nr. 812123
DEKRA Erfurt

99092 Erfurt-Marbach, St. Christophorus-Str. 3 –
Thüringen
Tel.: 0361-7432470, Fax: 0361-7432444

Anschriften der Begutachtungsstellen für Fahreignung des TÜV und der DEKRA E.V. (Stand Januar 1999)

Hinweis: Es sind nicht immer alle Stellen auch besetzt.

Aachen
TÜV Rheinland e.V.
Krefelder Straße 225
D-52070 Aachen
Tel: (0241) 1825-0
Fax: (0241) 1825-201

Aalen
TÜV Süddeutschland
Stuttgarter Str. 6
D-73430 Aalen
Tel: (07361) 6 64 30
Fax: (07361) 96 17 40

Arnsberg
Rheinisch-Westfälischer
TÜV e.V.
Clemens-August-Str. 16
D-59821 Arnsberg
Tel: (02931) 1 40 86
Fax: (02931) 2 32 50

Aschaffenburg
TÜV Süddeutschland
Weißenburger Str. 38
D-63739 Aschaffenburg
Tel: (06021) 30 94-0
Fax: (06021) 30 94-22

Augsburg
TÜV Süddeutschland
Fuggerstr. 26
D-86150 Augsburg
Tel: (0821) 3 43 29-0
Fax: (0821) 3 43 29-12

Bad Mergentheim
TÜV Süddeutschland
Daimlerstr. 7
D-97980 Bad Mergentheim
Tel: (07931) 51-216
Fax: (07931) 52626

Bad Oldesloe
TÜV Nord Gruppe
Bad Oldesloe
Terminvereinbarung über
MPU Kiel

Baienfurt
TÜV Süddeutschland
Baindterstr. 11
D-88255 Baienfurt
Tel: (0751) 5 61 48-0
Fax: (0751) 5 32 27

Balingen
TÜV Süddeutschland
Friedrichstr. 35
D-72336 Balingen
Tel: (07433) 9 68 20
Fax: (07433) 2 25 57

Bautzen
DEKRA e.V.
Löbauer Str. 75
D-02625 Bautzen
Tel: (03591) 2 78-19
Fax: (03591) 2 78-50

TÜV Süddeutschland
August-Bebel-Str. 3
D-02625 Bautzen
Tel: (03591) 4 24 56
Fax: (03591) 4 24 56

Bayreuth
TÜV Süddeutschland
Wittelsbacherring 10
D-95444 Bayreuth
Tel: (0921) 7 59 95-51
Fax: (0921) 7 59 95-55

Berlin
DEKRA e.V.
Ferdinand-Schulze-Str. 65
D-13055 Berlin
Tel: (030) 98 60 98 83/82
Fax: (030) 98 60 98 66

DEKRA e.V.
Kurt-Schumacher-Damm 28
D-13405 Berlin
Tel: (030) 4 17 84-175/-176
Fax: (030) 4 17 84-193
IAS Inst. f. Arbeits- und
Sozialhygiene- Gesund-
heitszentrum Springpfuhl -
Allee der Kosmonauten 47
D-12681 Berlin

TÜV Rheinland/Berlin-
Brandenburg e.V.
Karl-Marx-Allee 3
D-10178 Berlin
Tel: (030) 24 75 78-11 /-12
Fax: (030) 24 75 78-10

TÜV Rheinland/Berlin-
Brandenburg e.V.
Tauentzienstr. 3
D-10789 Berlin
Tel: (030) 23 51 40-0
Fax: (030) 23 51 40-23

Betzdorf
TÜV Rheinland e.V.
Wilhelmstr. 122
D-57518 Betzdorf
Tel: (02741) 2 95-127
Fax: (02741) 2 95-158

Bielefeld
TÜV Nord Gruppe
Böttcherstr. 11
D-33609 Bielefeld
Tel: (0521) 7 86-239
Fax: (0521) 7 86-244

Bonn
TÜV Rheinland e.V.
Godesberger Allee 125
D-53175 Bonn
Tel: (0228) 301-222
Fax: (0228) 301-201

Anschriften der Begutachtungsstellen für Fahreignung des TÜV und der DEKRA E.V.

Braunschweig
TÜV Nord Gruppe
Schmalbachstr. 8
D-38112 Braunschweig
Tel: (05 31) 23 90-271
Fax: (05 31) 23 90-234

Bremen
TÜV Nord Gruppe
Neuenlander Str. 73 c
D-28199 Bremen
Tel: (04 21) 5 59 07 99
Fax: (04 21) 5 59 07 40

Celle
TÜV Nord Gruppe
Fritzenwiese 117
D-29221 Celle
Tel: (0 51 41) 10 62
Fax: (0 51 41) 10 63

Chemnitz
DEKRA e.V.
Neefestr. 131
D-09129 Chemnitz
Tel: (03 71) 35 13-233
Tel: (03 71) 35 13-100

TÜV Süddeutschland
Begutachtung zur
Fahreignung
Bahnhofstr. 12
D-09111 Chemnitz
Tel: (03 71) 6 75 27-0
Fax: (03 71) 6 75 27-27

Cottbus
DEKRA e.V.
Gewerbeweg 7
D-03044 Cottbus
Tel: (0355) 8 77 32 56
Fax: (0355) 8 77 32 22

TÜV Rheinland/Berlin-
Brandenburg e.V.
Karl-Marx-Str.14
D-03053 Cottbus
Tel: (0355) 2 52 41 und
70 19 71
Fax: (0355) 2 52 41

Darmstadt
TÜ Hessen GmbH
Rheinstr. 51
D-64283 Darmstadt
Tel: (0 61 51) 89 36 38

Dessau
DEKRA e.V.
Ernst-Zindel-Str. 8
D-06847 Dessau
Tel: (03 40) 55 05-234
Fax: (03 40) 55 05-250
TÜV Nord Gruppe
Zerbster Str. 37
D-06844 Dessau
Terminvereinbarung über
MPU Halle

Dortmund
RWTÜV Fahrzeug GmbH
Hansastr. 7-11
D-44137 Dortmund
Tel: (02 31) 90 63 11
Fax: (02 31) 90 63 50

Dresden
DEKRA e.V.
Köhlerstr. 18
D-01239 Dresden
Tel: (03 51) 28 55-183
Fax: (03 51) 28 55-200

TÜV Süddeutschland
Löbtauer Str. 40
D-01159 Dresden
Tel: (03 51) 4 94 14 25
Fax: (03 51) 4 96 92 01

Duisburg
Rheinisch-Westfälischer
TÜV e.V.
Meidericher Str. 14-16
D-47058 Duisburg
Tel: (02 03) 3 04-291
Fax: (02 03) 3 04-320

Düsseldorf
TÜV Rheinland e.V.
Vogelsanger Weg 6
D-40470 Düsseldorf
Tel: (02 11) 63 54-234
Fax: (02 11) 63 54-255

Elmshorn
TÜV Nord Gruppe
Elmshorn
Terminvereinbarung über
MPU Kiel

Elsterwerda
DEKRA e.V.
Am Nordbahnhof 3
D-04910 Elsterwerda

Erfurt
DEKRA e.V.
St.-Christopherus Str. 3
D-99092 Erfurt
Tel: (03 61) 74 32-470
Fax: (03 61) 74 32-444

TÜV Thüringen e.V.
Anger 74/75
D-99084 Erfurt
Tel: (03 61) 6 46 10 31
Fax: (03 61) 6 46 10 31

Essen
Rheinisch-Westfälischer
TÜV e.V.
Kurfürstenstr. 58
D-45138 Essen
Tel: (02 01) 8 25-27 85
Fax: (02 01) 8 25-23 77

Esslingen
TÜV Süddeutschland
Fabrikstr. 5
D-73728 Esslingen
Tel: (07 11) 3 96 927-0
Fax: (07 11) 3 96 927-90

Frankfurt
TÜ Hessen GmbH
Eschborner Landstr. 42-50
D-60489 Frankfurt
Tel: (069) 9 78 82 4-0
Fax: (069) 7 89 64 12

Frankfurt/Oder
TÜV Berlin-Brandenburg
e.V.
Zehmeplatz 11
D-15230 Frankfurt/Oder
Tel: (03 35) 5 58 75-0
Fax: (03 35) 5 58 75-11

Anschriften der Begutachtungsstellen für Fahreignung des TÜV und der DEKRA E.V.

Freiburg i. Br.
TÜV Süddeutschland
Engelbergerstr. 21
D-79106 Freiburg i. Br.
Tel: (0761) 38771-0
Fax: (0761) 382289

Geldern
Rheinisch-Westfälischer
TÜV e.V.
Schloßstr. 28
D-47608 Geldern
Tel: (02831) 88408

Gera
TÜV Thüringen e.V.
Friedericistr. 8a
D-07545 Gera
Tel: (0365) 7351-250
Fax: (0365) 7351-209

Gießen
TÜ Hessen GmbH
Leimenkauter Weg 59
D-35398 Gießen
Tel: (0641) 980427

Göttingen
TÜV Nord Gruppe
Rudolf-Diesel-Straße 5
D-37075 Göttingen
Tel: (0551) 3855-151
Fax: (0551) 3855-154

Greifswald
TÜV Nord Gruppe
Grimmerstr. 4-6
D-17489 Greifswald
Tel: (03834) 501343 und 500731
Fax: (03834) 500731

Hagen
Rheinisch-Westfälischer
TÜV e.V.
Feithstr. 188
D-58097 Hagen
Tel: (02331) 803-228
Fax: (02331) 803-212

Halberstadt
TÜV Nord Gruppe
Wilhelm-Külz-Str. 1-3
D-38820 Halberstadt
Terminvereinbarung über
MPU Magdeburg

Halle
DEKRA e.V.
Schieferstr. 2
D-06126 Halle
Tel: (0345) 6914-151
Fax: (0345) 6914-199

TÜV Nord Gruppe
Georg-Schumann-Platz 9
D-06110 Halle
Tel: (0345) 2029101
Fax: (0345) 2029101

Hamburg
TÜV Nord Gruppe
Oberstr. 14 b
D-20144 Hamburg
Tel: (040) 423020-10
Fax: (040) 423020-26

Hamburg-Harburg
TÜV Nord Gruppe
Am Irrgarten 7
D-21073 Hamburg-Harburg
Terminvereinbarung über
MPU Hamburg

Hannover
TÜV Nord Gruppe
Am TÜV 1,
D-30519 Hannover
Tel: (0511) 986-1344/ -1341
Fax: (0511) 986-1237/ -1232

Heilbronn
TÜV Süddeutschland
Bahnhofstr. 19-23
D-74072 Heilbronn
Tel: (07131) 8370 5
Fax: (07131) 80055

Husum
TÜV Nord Gruppe
Theodor-Storm-Str. 2
D-25813 Husum
Terminvereinbarung über
MPU Kiel

Ingolstadt
TÜV Süddeutschland
Pfarrgasse 6
D-85049 Ingolstadt
Tel: (0841) 17912
Fax: (0841) 17913

Kaiserslautern
TÜV Pfalz e.V.
Merkurstr. 45
D-67663 Kaiserslautern
Tel: (0631) 3545-166
Fax: (0631) 3545-266

Karlsruhe
TÜV Süddeutschland
Ebertstr. 14
D-76137 Karlsruhe
Tel: (0721) 32639
Fax: (0721) 33829

Kassel
TÜ Hessen GmbH
Knorrstraße 36
D-34121 Kassel
Tel: (0561) 2091-165

Kempten
TÜV Süddeutschland
Bodmanstr. 4
D-87435 Kempten
Tel: (0831) 52154-0
Fax: (0831) 52154-18

Kiel
TÜV Nord Gruppe
Segeberger Landstr. 2 b
D-24145 Kiel
Tel: (0431) 7370-151
Fax: (0431) 7370-185

Anschriften der Begutachtungsstellen für Fahreignung des TÜV und der DEKRA E.V.

Koblenz
TÜV Rheinland e.V.
Hans-Böckler-Str. 6
D-56070 Koblenz
Tel: (0261) 8085-145
Fax: (0261) 8085-110

Köln
TÜV Rheinland e.V.
Altenburger Str. 12
D-50668 Köln
Tel: (0221) 912847-10
Fax: (0221) 912847-32

Krefeld
TÜV Rheinland e.V.
Elbestr. 7
D-47800 Krefeld
Tel: (02151) 4414-48
Fax: (02151) 4414-71

Landau
TÜV Pfalz e.V.
Horstschanze 46
D-76829 Landau
Tel: (06341) 61001
Fax: (06341) 62782

Landshut
TÜV Süddeutschland
MPI GmbH
Altstadt 362
D-84028 Landshut
Tel: (0871) 92364-0
Fax: (0871) 92364-19

Leer
TÜV Nord Gruppe
Heisfelder Str. 2
D-26789 Leer
Tel: (0491) 66539
Fax: (0491) 66535
Terminvereinbarung auch
über MPU Bremen

Leipzig
DEKRA e.V.
Torgauer Str. 235
D-04347 Leipzig
Tel: (0341) 25939-66
Fax: (0341) 25939-76

TÜV Süddeutschland
Karlstr. 10
(Hofmeisterhaus)
D-04103 Leipzig
Tel: (0341) 211 81 60
Fax: (0341) 211 81 62

Ludwigshafen
TÜV Pfalz e.V.
Achtmorgenstr. 5
D-67065 Ludwigshafen
Tel: (0621) 57007-61
Fax: (0621) 57007-20

Lüneburg
TÜV Nord Gruppe
Lüneburg
Terminvereinbarung über
MPU Hamburg

**Lutherstadt–
Wittenberg**
TÜV Nord Gruppe
Lutherstadt-Wittenberg
Terminvereinbarung über
MPU Halle

Magdeburg
DEKRA e.V.
Am großen Silberberg
D-39130 Magdeburg
Tel: (0391) 7260-500
Fax: (0391) 7260-412

TÜV Nord Gruppe
Adelheidring 16
D-39108 Magdeburg
Tel: (0391) 7366-171
Fax: (0391) 7366-177

Mainz
TÜV Rheinland e.V.
Kaiser-Wilhelm-Ring 6
D-55118 Mainz
Tel: (06131) 613006
Fax: (06131) 615867

Mannheim
TÜV Süddeutschland
Kaiserring 10–12

D-68161 Mannheim
Tel: (0621) 12607-0
Fax: (0621) 12607-77

Mönchengladbach
TÜV Rheinland e.V.
Theodor-Heuss-Str. 93/95
D-41065 Mönchengladbach
Tel: (02161) 822-137
Fax: (02161) 822-198

München
TÜV Süddeutschland
Westendstr. 199
D-80686 München
Tel: (089) 5791-2904
Fax: (089) 5791-2183

Münster
Rheinisch-Westfälischer
TÜV e.V.
Berliner Platz 30
D-48143 Münster
Tel: (0251) 660821
Fax: (0251) 6608250

Neubrandenburg
TÜV Nord Gruppe
Wolfwinkelstr. 2
D-17034 Neubrandenburg
Tel: (0395) 421 41 12
Fax: (0395) 421 41 12

Nordhausen
TÜV Thüringen e.V
Rathsfelder Str. 1
D-99734 Nordhausen
Tel: (03631) 630448
und -49
Fax: (03631) 36 04 36

Nürnberg
TÜV Süddeutschland
Nelson-Mandela-Platz 18
D-90459 Nürnberg
Tel: (0911) 94467-0
Fax: (0911) 94467-67

Offenburg
TÜV Süddeutschland
Okenstr. 18
D-77652 Offenburg
Tel: (0781) 2 89 38-0
Fax: (0781) 2 89 38-8

Oranienburg
DEKRA e.V
Walter-Bothe-Str.
D-16515 Oranienburg
Tel: (0 33 01) 60 62 83
Fax: (0 33 01) 60 62 70

Osnabrück
TÜV Nord Gruppe
Alte Poststraße 19
D-49074 Osnabrück
Tel: (05 41) 3 38 06-0
Fax: (05 41) 20 14 70

Paderborn
TÜV Nord Gruppe
An der Talle 7
D-33104 Paderborn
Tel: (0 52 51) 1 41-0
Fax: (0 52 51) 1 41-101

Passau
TÜV Süddeutschland
Ludwigstr. 15
D-94032 Passau
Tel: (0851) 9 31 38-0
Fax: (0851) 9 31 38-38

Potsdam
DEKRA e.V.
Verkehrshof 11
D-14478 Potsdam
Tel: (03 31) 8 88 60 16
Fax: (03 31) 8 88 60 49

TÜV Rheinland/Berlin-
Brandenburg e.V.
Posthofstr. 9
D-14473 Potsdam
Tel: (03 31) 2 70 87 14
Fax: (03 31) 2 70 87 15

Prenzlau
TÜV Rheinland/ Berlin-
Brandenburg e.V.
Uckerpromenade 17
D-17291 Prenzlau
Tel: (0 39 84) 80 44 08
Fax: (0 39 84) 80 44 07

Pritzwalk
TÜV Rheinland/Berlin-
Brandenburg e.V.
Doerfelstr. 8
D-16928 Pritzwalk
Tel: (0 33 95) 30 25 60
Fax: (0 33 95) 30 47 77

Ravensburg
TÜV Süddeutschland
Schwanenstr. 5
D-88214 Ravensburg
Tel: (0751) 5 61 47-20
Fax: (0751) 5 32 17

Regensburg
TÜV Süddeutschland
Friedenstr. 6
D-93051 Regensburg
Tel: (09 41) 99 10-222
Fax: (09 41) 99 10-213

Rosenheim
TÜV Süddeutschland
Münchener Str. 27
D-83022 Rosenheim
Tel: (0 80 31) 38 20 67
Fax: (0 80 31) 38 20 60

Rostock
TÜV Nord Gruppe
Trelleborgerstr. 15
D-18107 Rostock
Tel: (03 81) 77 03-505
Fax: (03 81) 77 03-515

Saarbrücken
TÜV Süddeutschland
Berliner Promenade
D-66111 Saarbrücken
Tel: (06 81) 37 11 21
Fax: (06 81) 3 50 32

Sangerhausen
TÜV Nord Gruppe
Göpenstr. 27
D-06526 Sangerhausen
Terminvereinbarung über
MPU Halle

Schwerin
TÜV Nord Gruppe
Medeweger Str. 20
D-19057 Schwerin
Tel: (03 85) 4 89 10-21
Fax: (03 85) 4 89 10-30

Siegen
Rheinisch-Westfälischer
TÜV e.V.
Leimbachstraße 227
D-57074 Siegen
Tel: (02 71) 33 78-158
Fax: (02 71) 33 78-161

Singen a. H.
TÜV Süddeutschland
Erzbergstr. 2
D-78224 Singen a. H.
Tel: (0 77 31) 6 17 62
Fax: (0 77 31) 6 18 58

Stendal
DEKRA e.V.
Uenglinger Str.
D-39576 Stendal
Tel: (03 91) 41 41 60 bis 63
Tel: (03 91) 41 41 64
TÜV Nord Gruppe
Rathenower Str. 16
D-39576 Stendal
Terminvereinbarung über
MPU Magdeburg

Stuttgart
TÜV Süddeutschland
Krailenshaldenstr. 30
D-70469 Stuttgart
Tel: (0711) 8933-250
Fax: 0711) 8933-266

Trier
TÜV Rheinland e.V.
Bahnhofplatz 8
D-54292 Trier
Tel: (0651) 2005-134
Fax: (0651) 2005-126

Ulm
TÜV Süddeutschland
Frauenstr. 65
D-89073 Ulm
Tel: (0731) 619851
Fax: (0731) 6020191

Weiden
TÜV Süddeutschland
Johannisstr. 27
D-92637 Weiden
Tel: (0961) 418251
Fax: (0961) 418252

Wiesbaden
TÜ Hessen GmbH
Bahnhofstr. 41
D-65185 Wiesbaden
Tel: (0611) 1820584

Wuppertal
TÜV Rheinland e.V.
Friedrich-Engels-Allee 346
D-42283 Wuppertal
Tel: (0202) 55112-52
Fax: (0202) 55112-61

Würzburg
TÜV Süddeutschland
Haugerring 6
D-97070 Würzburg
Tel: (0931) 32136-0
Fax: (0931) 32136-20

Zeitz
TÜV Nord Gruppe
Tiergartenstr. 9
D-06172 Zeitz
Terminvereinbarung über
MPU Halle

Zella–Mehlis
TÜV Thüringen e.V.
Industriestr. 13
D-98544 Zella-Mehlis
Tel: (03682) 452644
Fax: (03682) 452657

Zwickau
DEKRA e.V.
Olzmannstr. 22
D-08060 Zwickau
Tel: (0375) 5083-133
Fax: (0375) 5083-200

TÜV Süddeutschland
Reichenbacher Str. 62–68
D-08056 Zwickau
Tel: (0375) 282507
Fax: (0375) 282508

Anschriften der „privaten" Begutachtungsstellen für Fahreignung

In einigen Bundesländern haben sich auch inzwischen Institute mit unterschiedlichem Hintergrund als amtlich anerkannte Begutachtungsstellen für Fahreignung anerkennen lassen. Diese Anerkennung wird von den obersten Aufsichtsbehörden des jeweiligen Bundeslandes ausgesprochen, und die Anerkennung wird den jeweiligen Bestimmungen des Bundeslandes entsprechend gehandhabt.

Berlin
IAS Institut für Arbeits- und Sozialhygiene Stiftung
Gesundheitszentrum Springpfuhl
Allee der Kosmonauten
12681 Berlin 47
Tel.: 0 30/54 78 31 97
Fax: 0 30/5 41 40 86

Hamburg
AVUS – Gesellschaft für Arbeits-, Verkehrs- und Umweltsicherheit
Schillerstraße 44
22767 Hamburg
Tel.: 0 40/3 89 90 10

Ludwigshafen
Dr. Mahnke & Partner GmbH
Mundenheimer Straße 129
67061 Ludwigshafen
Tel.: 06 21/58 17 21

Mainz
PIMA GmbH
Privates Institut für Mobile Arbeitsmedizin
Anna-Birle-Straße 1
55252 Mainz-Kastel
Tel.: 0 61 34/6 30 27
Fax: 0 61 34/38 39

Mannheim
Berufsgenossenschaftlicher Arbeitsmedizinischer Dienst
Dynamostr. 7–9
68165 Mannheim
Tel: (06 21)
Fax: (06 21) 44 56-34 64

Vorläufiges Verzeichnis von benannten Obergutachtern und/oder Obergutachterstellen bzw. in der Oberbegutachtung erfahrenen Experten in Fahreignungsfragen

Die nachfolgende Liste von Persönlichkeiten veröffentlichen wir hier nur unter Vorbehalt. Diese Liste kann nicht in jeder Hinsicht als verbindlich gelten, weil durch Inkraftsetzung der Fahrerlaubnisverordnung die Institution der Obergutachter bzw. Obergutachterstellen zumindest teilweise aufgelöst worden ist. Bis 31.12.1998 wurde die Institution der Oberbegutachtung durch die **„Richtlinien für die Prüfung der körperlichen und geistigen Eignung von Fahrerlaubnisbewerbern und -inhabern"** (Eignungsrichtlinien, veröffentlicht in VkBl. 1982) geregelt. Am 1.1.1999 trat die neue Fahrerlaubnisverordnung in Kraft, und somit ersetzte die Verordnung mit Gesetzeskraft die Richtlinie, die sozusagen die unterste Stufe von Regelwerken der Staatsverwaltung ist.

Dadurch ist den Obergutachtern und Obergutachterstellen die Existenzgrundlage entzogen worden. Da jedoch in diesem Bereich die Bundesländer selbst Regelungen treffen können, ist es gegenwärtig so, daß es Bundesländer wie Nordrhein-Westfalen gibt, in denen die frühere Regelung beibehalten wurde und die Obergutachterstelle weiterhin arbeitet.

Um Ihnen bis zu einer vielleicht erst in einem halben Jahr oder noch später zu erwartenden Regelung doch eine Wegweisung geben zu können, bitten wir das nachfolgende Verzeichnis so zu betrachten, daß es sich bei den aufgeführten Personen um eine behelfsmäßige Auswahl derer handelt, die in der Regel über mehrjährige bis sehr große Erfahrungen auf dem Gebiet der sehr gründlichen Fahreignungsbegutachtung verfügen. Wenn Sie also mit Ihrem negativen Fahreignungsgutachten nicht einverstanden sind, und dessen Güte, nämlich die Nachprüfbarkeit und Nachvollziehbarkeit, überprüfen lassen wollen, wenden Sie sich an eine Person Ihres Vertrauens mit einem sogenannten „herausragenden wissenschaftlichen Ruf auf dem Gebiet der Kraftfahreignung".

Unter den genannten Adressen können Sie sich aber auch erkundigen, welche Übergangsregelung eventuell in Ihrem Bundesland gilt.

Gießen
Dr. med. Roland Schuster
Institut für Rechtsmedizin
Klinikum der Justus-Liebig-
Universität
Frankfurter Straße 58
D-35392 Gießen

Hamburg
Dr. Jürgen Hebestreit
Abt. für Forensische und
Kriminalpsychiatrie
Martinistr. 52
D-20251 Hamburg

Prof. Dr. Herbert Lewrenz
Institut für Rechtsmedizin
Universität Hamburg
Butenfeld 34
D-22529 Hamburg

Prof. Dr. Klaus Püschel
Institut für Rechtsmedizin
Universität Hamburg
Butenfeld 34
D-22529 Hamburg

Dr. Dieter Spazier
Nobistor 34
D-22767 Hamburg

Prof. Dr. Ulrich Supprian
Abt. für Forensische und
Kriminalpsychiatrie
Martinistr. 52
D-20251 Hamburg

Hannover
Prof. Dr. W. Winkler
Am TÜV 1
D-30519 Hannover

Heidelberg
Prof. Dr. Rainer Mattern
Institut für Rechtsmedizin
Universität Heidelberg
Voßstr. 2
D-69115 Heidelberg

Homburg
Prof. Dr. Ch. Rittner
Untersuchungsstelle für
Verkehrstauglichkeit
Universität des Saarlandes
Universitäts-Kliniken-
Gebäude 42
D-66424 Homburg

Kiel
Prof. Dr. W.D. Gerber
Abteilung Med. Psychologie
Klinikum der Christian-
Albrechts-Universität
Zentrum Nervenheilkunde
Niemannsweg 147
D-24105 Kiel

Köln
Prof. Dr. Egon Stephan
Obergutachterstelle zur
Beurteilung der Eignung
von Kraftfahrzeugführern
Universität zu Köln
Psychologisches Institut
Widdersdorfer Str. 236–240
D-50825 Köln

Laatzen
Prof. Dr. Werner Winkler
An der Masch 24
D-30880 Laatzen

Magdeburg
Prof. Dr. B. Sabel, Ph. D.
Obergutachtenstelle
Sachsen-Anhalt
Institut für Medizinische
Psychologie
Otto-Von-Guericke-Uni-
versität Magdeburg
Leipziger Str. 44
D-39120 Magdeburg

Mainz
Prof. Dr. Hellmuth Benesch
Psych. Institut / Abt.
f. angewandte u. klinische
Psychologie
Johannes-Gutenberg-
Universität Mainz
Saarstraße 21
D-55122 Mainz

Prof. Dr. O. Benkert
Psychiatrische Klinik und
Poliklinik
Johannes-Gutenberg-Uni-
versität Mainz
Langenbeckstraße 1
D-55131 Mainz

Dr. W. Demuth
Psychiatrisches Klinikum
Johannes-Gutenberg-Uni-
versität
Untere Zahlbacher Straße 8
D-55131 Mainz

Eberhard Kunkel
TÜV Rheinland e.V.
An der Krimm 23
D-55124 Mainz

Prof. Dr. Ch. Rittner
Institut für Rechtsmedizin
Johannes-Gutenberg-Uni-
versität Mainz
Am Pulverturm 3
D-55131 Mainz

Mannheim
Dr. B. Biehl
Lehrstuhl für
Psychologie III
Universität Mannheim
D-68131 Mannheim

Dr. U. Seydel
Lehrstuhl für
Psychologie III
Universität Mannheim
D-68131 Mannheim

München
H. Maukisch
Med.-Psych.-Techn. Ober-
gutachterstelle
Universität München
Leopoldstraße 13
D-80802 München

Stuttgart
Prof. Dr. Schlottke
Abteilung Psychologie
Universitätsklinik Stuttgart

Dillmannstr. 15
D-70193 Stuttgart

Trier
Prof. Dr. Egon Stephan
Obergutachterstelle für
med.-psych. Eignungsgutachten
Theodor-Heuss-Allee 10
D-54292 Trier

Tübingen
Prof. Dr. Birbaumer
Psychologisches Institut
Universität Tübingen
Gartenstraße 29
D-72074 Tübingen

Prof. Dr. K. Foerster
Obergutachter für Med.-Psych. Fahrtauglichkeitsbegutachtung
Psychiatrische Universitätsklinik
Osianderstr. 22
D-72076 Tübingen

Prof. Dr. Dr. K. Mayer
Neuropsychologie mit Neurologischer Poliklinik
Neurologische Universitäts-Klinik Tübingen
Kliniken Schnarrenberg
Hoppe-Seyler-Str. 3
D-72076 Tübingen

Prof. Dr. Kurt Stapf
Psychologisches Institut
Universität Tübingen
Friedrichstraße 21
D-72072 Tübingen

Waldmohr
Prof. Dr. A. Müller
Oelbühler Str. 29
D-66914 Waldmohr

Weilmünster
Dr. med. Roland Schuster
Psychiatrische Klinik
Krankenhaus Weilmünster
Weilstr. 10
D-35789 Weilmünster

Anschriften von Beratungsstellen und Selbsthilfegruppen

Im folgenden finden Sie Anschriften von Beratungsstellen und Selbsthilfegruppen, die Ihnen Hilfe geben können, wenn Sie Ihre Trinkgewohnheiten ändern wollen. Diese Organisationen haben in vielen Orten eigene Gruppen oder Büros, die auch meist im Telefonbuch verzeichnet sind. An dieser Stelle nennen wir Ihnen die Anschriften und Telefonnummern der Dachorganisationen, bei denen Sie, wenn nötig, eine Anschrift in Ihrer Nähe erfragen können.
Stand: 1999

Bundesverband der Arbeiterwohlfahrt
Oppelner Straße 130
53119 Bonn
Tel.: 02 28/6 68 50

Deutscher Guttempler Orden (I.O.G.T.) e.V.
Kurt-Tucholsky-Straße 7
63329 Egelsbach

Deutscher Frauenbund für alhokolfreie Kultur e.V.
Kurt-Tucholsky-Straße 7
63329 Egelsbach

Deutscher Paritätischer Wohlfahrtsverband e.V.
Referat Gefährdetenhilfe
Heinrich-Hoffmann Straße 3
60528 Frankfurt
Tel.: 0 69/6 70 60

Deutscher Caritsverband
Referat Gefährdetenhilfe/Suchtkrankenhilfe
Karlstraße 40
79104 Freiburg

Bund für drogenfreie Erziehung
Adenauerallee 45
20097 Hamburg

Deutsche Hauptstelle gegen Suchtgefahren (DHS)
Westring 2
59065 Hamm
Tel.: 0 23 81/2 58 55

Katholische Arbeitsgemeinschaft zur Abwehr der Sichtgefahren
Jägerallee 5
59071 Hamm

Kreuzbund e.V.
Jägerallee 5
59071 Hamm
Tel.: 02381/8768

Blaues Kreuz in der Evengelischen Kirche e.V.
Dieterichstraße 17 a
30159 Hannover
Tel.: 0511/3631814

Fachverband Drogen und Rauschmittel (FDR) e.V.
Brüderstraße 4
30159 Hannover
Tel.: 0511/1316474

Gesamtverband für Suchtkrankenhilfe im Diakonischen Werk der Ev. Kirche in Deutschland e.V.
Brüder-Grimm-Platz 4
34117 Kassel
Tel.: 0561/109570

Bundesarbeitsgemeinschaft der Freundeskreise
Brüder-Grimm-Platz 4
34117 Kassel
Tel.: 0561/780413

Verband der Fachkrankenhäuser für Suchtkranke
Brüder-Grimm-Platz 4
34117 Kassel
Tel.: 0561/1780413

Anonyme Alkoholiker (AA)
Postfach 100422
80078 München
Tel.: 089/555685

Blaues Kreuz in Deutschland e.V.
Freiligrathstraße 27
42289 Wuppertal-Barmen
Tel.: 0202/621098

Literaturhinweise

Arztons, K., Schulz, W.: Normales Trinken und Suchtentwicklung. Verlag für Psychologie Dr. C. J. Hogrefe, Göttingen 1976

Becker, Klaus-Peter, Alkohol im Straßenverkehr, Luchterhand Verlag, Neuwied, 1999

Beine, R.: Die rechtlichen Maßstäbe bei der Beurteilung der Eignung zum Führen von Kraftfahrzeugen und die Aufgaben der Sachverständigen. In: Arbeits- und Forschungsgemeinschaft für Straßenverkehr und Verkehrssicherheit, Köln (Hrsg.) 1972, Buchreihe Bd. XXI.

Buikhuisen, W.: Alcohol en verkeer, J. A. Boom en Zoon, Meppel 1968, boom paperback 21, S. 132 f.

Buikhuisen, W., Jongmann, R. W.: Der Einfluß des Alkohols auf das Wahrnehmen von Verkehrssituationen, Dr.Arthur-Tetzlaff-Verlag, Frankfurt am Main 1971

Bundesanstalt für Straßenwesen: Beeinflussung und Behandlung alkoholauffälliger Kraftfahrer, Bericht der Projektgruppe Bereich Unfallforschung. Köln 1978

Der Bundesminister für Verkehr: Alkohol und Straßenverkehr – Neue Fronten bei einem alten Problem? Bonn 1985

Feuerlein et. al.: Münchener Alkoholismustest (MALT), Beltz-Test GmbH, Weinheim 1979

Funke et. al.: Trierer Alkoholismusinventar (TA1), Verlag für Psychologie Dr. C. J. Hogrefe, Göttingen 1987

Grohmann, P.: Relative alkoholbedingte Fahrunsicherheit. In: Zschr. Polizei, Verkehr + Technik 5/1985, S. 139 ff.

Hampel, R. und Serg, H.: Fragebogen zur Erfassung von Aggressivitätsfaktoren – Verlag für Psychologie, Dr. C. J. Hogrefe, Göttingen 1975

Heifer, U.: Alkoholbedingte Leistungsmängel und ihre Auswirkungen auf die Fahrsicherheit. In: Arbeits- und Forschungsgemeinschaft für Straßenverkehr und Verkehrssicherheit, Köln 1972

Hehlmann, W.: Wörterbuch der Psychologie. Körners Taschenbuchausgabe Bd. 269, Stuttgart 4. Auflage, 1965

Hentschel, P.: Trunkenheit, Fahrerlaubnisentziehung, Fahrverbot, 8. Auflage, Werner Verlag, Düsseldorf 1999

Himmelreich, K., Hentschel, P.: Fahrverbot – Führerscheinentzug, 7. Auflage in 2 Bänden, Werner Verlag, Düsseldorf 1995

Himmelreich K. / Janker H.: MPU-Begutachtung, 2. Aufl. Werner Verlag 1999

Janke, W., Erdmann, G., Kallus, W.: Streßverarbeitungsfragebogen (SVF) – Verlag für Psychologie, Dr. C. J. Hogrefe, Göttingen 1985

Kerner, H. J.: Dokumentation von Gesetzgebung, Kontrolle und Sanktion (Alkohol und Fahren), Institut für Kriminologie der Universität Heidelberg, 1984

Kretschmer-Bäumel, E.: Alkohol am Steuer: Orientierungen und Verhalten der Kraftfahrer (Untersuchungen Alkohol und Fahren, Bd. 12), Bergisch Gladbach 1985

Kroj, G. / Pfeiffer, G.: Der Kölner Fahrverhaltenstest (K-F-V-T), Dr. Arthur Tetzlaff-Verlag, Frankfurt a.M., 1973

Kürti, K.: Fehlerquellen bei der psychologischen Fahreignungsbegutachtung. In: Blutalkohol Vol. 23, Nr. 6, 1986

Kürti, K.: Der Weg zurück zum Führerschein, 3. Auflage, Werner Verlag, Düsseldorf, 1999

Kürti K./Bringewatt D.: Geheimsprache „TÜVologischer" Fahreignungsbegutachtung, Werner Verlag, Düsseldorf, 1995

Kunkel, E.: Die anlaßbezogene Untersuchung der Fahreignung in den amtlich anerkannten Untersuchungsstellen. ZVS 4, 4, 1980, 160–165

Kunkel, E.: Biographische Daten und Rückfallprognose bei Trunkenheitstätern im Straßenverkehr, Verlag TÜV Rheinland, Köln, 1977

Kunkel, E.: Die Rückfallwahrscheinlichkeit als Kriterium der Fahreignung bei alkoholauffälligen Kraftfahrern. Blutalkohol 21, 5, 1984, 385–395

Kuntz, E., Kuntz, H.-D.: Praktische Hepatologie, J.A. Barth Verlag, Heidelberg, 1998

Leitfaden zur Begutachtung der Eignung zum Führen von Kraftfahrzeugen in amtlich anerkannten Medizinisch-Psychologischen Untersuchungsstellen (MPU). ZVS 29 (1984) 4

Menken, E.: Die Rechtsbeziehungen zwischen Verwaltungsbehörde, Betroffenem und Gutachter bei der Medizinisch-Psychologischen Fahreignungsbegutachtung. Verlag TÜV Rheinland, Köln 1980

Müller, A.: Psychologische Begutachtung, Problembereiche und Praxisfelder, S. 306–328. Hrsg. H. Hartmann u. R. Haubl. Verlag Urban & Schrazenberg, München 1984

Paczensky, S. v.: Der Testknacker. C.-Bertelsmann-Verlag GmbH, München 1974

Pfeiffer, G., Trams, L., Welzel, U.: Der Einfluß der Person des Gutachters auf das Gutachtenergebnis. Köln 1977. Psychologisches Institut I der Universität Köln. Bibliothek-Katalog-Nr.: 178/05043

Roth, Johannes: Fragebogen zur Klassifikation des Trinkverhaltens Alkoholabhängiger (FTA) – Psychodiagnostisches Zentrum HUB, 1987 *Stephan,* E.: Die Rückfallwahrscheinlichkeit bei alkoholauffälligen Kraftfahrern in der Bundesrepublik Deutschland. ZVS 30, 1984, 28-34 *Stern-Magazin* vom 4. 7. 1985

Undeutsch, U.: Psychologische Impulse für die Verkehrssicherheit. Verlag TÜV Rheinland GmbH, Köln 1977

Undeutsch, U., Pfeiffer, G., Welzel, U., Friedeler, A.: Im Spannungsfeld von Trinken und Fahren. Dr.-Arthur-Tetzlaff-Verlag GmbH, Darmstadt 1976

Welzel, U.: Zur Rückfallprognose bei dem Delikt „Trunkenheit beim Führen von Kraftfahrzeugen", Tetzlaff-Verlag GmbH, Darmstadt 1976

Trink-Diagramme – Trinkmusterbogen – Laborwert-Berichte

Für ehemalige Promille-Fahrer ist eine erfolgreiche Begutachtung nicht möglich ohne genaue Kenntnis der früheren und jetzigen Trinkgewohnheiten. Die häufigste Ursache von Trunkenheitsfahrten ist ja gerade die Unkenntnis der Gefahren der schleichend entstandenen Trinkgewohnheit. Die erforderliche Kenntnis über die eigene Trinkgewohnheit können Sie sich leicht erarbeiten, indem Sie in die beigefügten **Trink-Diagramme** die Alkoholmengen eintragen, die Sie nach Tageszeit zu konsumieren pflegten oder pflegen. Aus dem Diagramm können Sie dann die Promille für den jeweiligen Zeitraum berechnen. Die genauen Anleitungen für die Umrechnung in Ihrem persönlichen Fall finden Sie auf den Seiten 59 bis 61.

Die **Trink-Diagramme** ermöglichen Ihnen, sich Ihre Gewohnheiten klarzumachen und damit die gefährlichen, weil unbewußten Verhaltensmuster selbst zu analysieren und zu durchbrechen, die Sie sich möglicherweise über einen längeren Zeitraum hinweg angeeignet haben.

Die dazu notwendigen Daten müssen Sie zunächst in den anliegenden **Trinkmusterbogen** zusammentragen, um überhaupt eine Übersicht zu erhalten darüber, was man zu genießen, nicht immer aber auch zu „zählen" pflegte.

Die **Laborwert-Berichte** sollten Sie Ihrem Hausarzt geben und sich die festgestellten Werte eintragen lassen. (Viele Ärzte verfügen über derartige Vordrucke mit Normwerten nicht. Das Attest wird jedoch von den Medizinisch-Psychologischen Untersuchungsstellen [MPU-Stellen] nur mit Normwerten anerkannt.) Die Laborwerte sollten etwa alle 6–8 Wochen erhoben werden. Die MPU-Stellen können auch ältere Befunde zusätzlich verlangen.

Trink-Diagramme – Trinkmusterbogen – Laborwert-Berichte

Mein persönliches Trink-Diagramm

Trink-Diagramme – Trinkmusterbogen – Laborwert-Berichte

Mein Trinkmuster (für „Ersttäter")

Vor der Trunkenheitsfahrt			Nach der Trunkenheitsfahrt			Heute		
Wann?	Wieviel?	Wie oft?	Wann?	Wieviel?	Wie oft?	Wann?	Wieviel?	Wie oft?
Vermeidungstechniken			Vermeidungstechniken			Vermeidungstechniken		

305

Mein Trinkmuster (für „Rückfäller")

Vor der ersten Trunkenheitsfahrt (TRF)			Nach der ersten TRF			Vor der zweiten TRF/ersten MPU		
Wann?	Wieviel?	Wie oft?	Wann?	Wieviel?	Wie oft?	Wann?	Wieviel?	Wie oft?
Vermeidungstechniken			Vermeidungstechniken			Vermeidungstechniken		

Nach der zweiten TRF/ersten MPU			Nach der dritten TRF/zweiten MPU			Heute		
Wann?	Wieviel?	Wie oft?	Wann?	Wieviel?	Wie oft?	Wann?	Wieviel?	Wie oft?
Vermeidungstechniken			Vermeidungstechniken			Vermeidungstechniken		

(Stempel des Arztes)

LABORWERT-BERICHT

Name d. Patienten:
Geburtsdatum:

Datum der Untersuchung:
Labortag: Labornummer:
Serumbeschaffenheit: Untersuchungsart:

Blutbild   **Ist-Wert**   **Normbereich**

Erythrozyten   4,40–5,90/pl
Hämoglobin   14,0–18,0 g/dl
Hämotokrit   40,0–50,0 %
Mittleres Zellvolumen   83–103 fl
Mittlerer Hämoglobingehalt   27,0–32,0 pg
Mittl. korp. Hämoglobinkonz.   32,0–36,0 g/dl
Leukozyten   4,0–9,0/nl
Thrombozyten   150 000–300 000/µl

Allgemeine Blut-/Serum-Untersuchung

Glutamat-Oxalat-Transaminase   –18 U/l
Glutamat-Pyruvat-Transaminase   –22 U/l
Gamma-Glutamyl-Transferase   6–28 U/l
Creatinin i. S.   0,60–1,20 mg/dl
Bilirubin i. S.   0,10–1,00 mg/dl
Gesamt-Eiweiß   6,6–8,7 g/dl

Stoffwechselbefunde

Harnsäure i. S.   3,4–7,0 mg /dl
Cholesterin   –200 mg/dl
Triglyzeride   –250 mg/dl
Glucose i. S.   70–120 mg/dl

Kohlenhydratdefizientes Transferrin (CDT)   –20 µg/ml

Anmerkungen:

                                Stempel u. Unterschrift
                                d. Arztes

(Stempel des Arztes)

LABORWERT-BERICHT

Name d. Patienten:
Geburtsdatum:

Datum der Untersuchung:
Labortag: Labornummer:
Serumbeschaffenheit: Untersuchungsart:

Blutbild   Ist-Wert   **Normbereich**

Erythrozyten   4,40–5,90/pl
Hämoglobin   14,0–18,0 g/dl
Hämotokrit   40,0–50,0 %
Mittleres Zellvolumen   83–103 fl
Mittlerer Hämoglobingehalt   27,0–32,0 pg
Mittl. korp. Hämoglobinkonz.   32,0–36,0 g/dl
Leukozyten   4,0–9,0/nl
Thrombozyten   150 000–300 000/µl

Allgemeine Blut-/Serum-Untersuchung

Glutamat-Oxalat-Transaminase   –18 U/l
Glutamat-Pyruvat-Transaminase   –22 U/l
Gamma-Glutamyl-Transferase   6–28 U/l
Creatinin i. S.   0,60–1,20 mg/dl
Bilirubin i. S.   0,10–1,00 mg/dl
Gesamt-Eiweiß   6,6–8,7 g/dl

Stoffwechselbefunde

Harnsäure i. S.   3,4–7,0 mg /dl
Cholesterin   –200 mg/dl
Triglyzeride   –250 mg/dl
Glucose i. S.   70–120 mg/dl

Kohlenhydratdefizientes Transferrin (CDT)   –20 µg/ml

Anmerkungen:

                                Stempel u. Unterschrift
                                d. Arztes

(Stempel des Arztes)

LABORWERT-BERICHT

Name d. Patienten:
Geburtsdatum:

Datum der Untersuchung:
Labortag: Labornummer:
Serumbeschaffenheit: Untersuchungsart:

Blutbild	**Ist-Wert**	**Normbereich**
Erythrozyten		4,40–5,90/pl
Hämoglobin		14,0–18,0 g/dl
Hämotokrit		40,0–50,0 %
Mittleres Zellvolumen		83–103 fl
Mittlerer Hämoglobingehalt		27,0–32,0 pg
Mittl. korp. Hämoglobinkonz.		32,0–36,0 g/dl
Leukozyten		4,0–9,0/nl
Thrombozyten		150 000–300 000/µl

Allgemeine Blut-/Serum-Untersuchung

Glutamat-Oxalat-Transaminase		–18 U/l
Glutamat-Pyruvat-Transaminase		–22 U/l
Gamma-Glutamyl-Transferase		6–28 U/l
Creatinin i. S.		0,60–1,20 mg/dl
Bilirubin i. S.		0,10–1,00 mg/dl
Gesamt-Eiweiß		6,6–8,7 g/dl

Stoffwechselbefunde

Harnsäure i. S.		3,4–7,0 mg /dl
Cholesterin		–200 mg/dl
Triglyzeride		–250 mg/dl
Glucose i. S.		70–120 mg/dl

Kohlenhydratdefizientes Transferrin (CDT)   –20 µg/ml

Anmerkungen:

Stempel u. Unterschrift
d. Arztes

(Stempel des Arztes)

LABORWERT-BERICHT

Name d. Patienten:
Geburtsdatum:

Datum der Untersuchung:
Labortag: Labornummer:
Serumbeschaffenheit: Untersuchungsart:

Blutbild   Ist-Wert   **Normbereich**

	Ist-Wert	Normbereich
Erythrozyten		4,40–5,90/pl
Hämoglobin		14,0–18,0 g/dl
Hämotokrit		40,0–50,0 %
Mittleres Zellvolumen		83–103 fl
Mittlerer Hämoglobingehalt		27,0–32,0 pg
Mittl. korp. Hämoglobinkonz.		32,0–36,0 g/dl
Leukozyten		4,0–9,0/nl
Thrombozyten		150 000–300 000/µl

Allgemeine Blut-/Serum-Untersuchung

Glutamat-Oxalat-Transaminase		–18 U/l
Glutamat-Pyruvat-Transaminase		–22 U/l
Gamma-Glutamyl-Transferase		6–28 U/l
Creatinin i. S.		0,60–1,20 mg/dl
Bilirubin i. S.		0,10–1,00 mg/dl
Gesamt-Eiweiß		6,6–8,7 g/dl

Stoffwechselbefunde

Harnsäure i. S.		3,4–7,0 mg /dl
Cholesterin		–200 mg/dl
Triglyzeride		–250 mg/dl
Glucose i. S.		70–120 mg/dl

Kohlenhydratdefizientes Transferrin (CDT)   –20 µg/ml

Anmerkungen:

Stempel u. Unterschrift
d. Arztes

Der Weg zurück zum Führerschein

Kürti
Der Weg zurück zum Führerschein

3., völlig überarbeitete und
erweiterte Auflage 1999.
288 Seiten 14,8 x 21 cm,
kartoniert
DM/sFr 48,–/öS 350,–
ISBN 3-8041-4931-6

Jährlich werden viele Fahreignungsgutachten erstellt, die nicht nachvollziehbar oder fehlerhaft sind. Betroffene, Rechtsanwälte und Richter müssen sich selbst kundig machen, wenn sie erfolgreich entscheiden wollen. Hier setzt das Buch an und erklärt aus psychologischer Sicht den rechtlichen Verfahrensgang und die Fehler der Gutachten. Die Vor- und Nachteile der neuen Fahrerlaubnis-Verordnung für die Betroffenen stellt die 3. Auflage ausführlich dar.

WERNER VERLAG

Werner Verlag, Verlagsauslieferung
Luchterhand, Postfach 23 52,
56513 Neuwied, Tel.: 02631/801-0,
Fax: 02631/801-204

Ideal für ...

Betroffene Kraftfahrer, Straf- und Verwaltungsrichter, sowie Verwaltungsbeamte

Erhältlich im Fachbuchhandel oder beim Verlag.

Der neue Bußgeldkatalog

**Ferner
Der neue Bußgeldkatalog**

Der neue, noch ausführlichere Bußgeldkatalog mit

- den vollständigen amtlichen Bußgeld- und Verwarnungsgeldkatalogen
- Erklärung der Tatbestände beider Kataloge
- Erläuterung der Fachbegriffe
- Darstellung der zulässigen Radarmeßmethoden
- Schriftsatzmustern
- den Grundsatzurteilen
- Aktualisierungen per Internet

7. Auflage 1999, 292 Seiten,
DM/sFr 12,80/öS 93,–
ISBN 3-472-03708-3

Ideal für ...
Rechtsanwälte, Autofahrer

VON PROFI ZU PROFI

Postfach 2352 · 56513 Neuwied
Tel.: 02631/801-0 · Fax:/801-204
info@luchterhand.de
http://www.luchterhand.de

Erhältlich im Fachbuchhandel oder beim Verlag.